Geschichte
plus

Geschichte Klasse 10

Herausgegeben von
Walter Funken
Bernd Koltrowitz

Autoren
Brigitte Bayer
Dr. Manfred Bormann
Walter Funken
Harald Goeke
Volker Habermaier
Bernd Koltrowitz
Dr. Michael Krenzer
Thomas Thieme
Dr. Helmut Willert

unter Mitarbeit von
Gertrud Deutz
Dr. Birgit Scholz
Guido Skirlo

Geschichte *plus*

Ausgabe Sachsen
Gymnasium

Cornelsen

Volk und Wissen Verlag

Dieses Werk ist in allen seinen Teilen urheberrechtlich geschützt.
Jegliche Verwendung außerhalb der engen Grenzen des Urheberrechts bedarf
der schriftlichen Zustimmung des Verlages.
Dies gilt insbesondere für Vervielfältigungen, Mikroverfilmungen, Einspeicherung
und Verarbeitung in elektronischen Medien sowie für Übersetzungen.

Der Inhalt des Werkes folgt der reformierten Rechtschreibung und Zeichensetzung.
Währungsangaben erfolgen, soweit fachlich und historisch geboten, in Euro.

🅔 Mit diesem Zeichen sind die im Lehrwerk abgedruckten Internet-Adressen kenntlich gemacht.
Alle aufgenommenen Internet-Adressen/-Dateien wurden vom Verlag vor Drucklegung auf ihre
Eignung für Unterrichtszwecke geprüft. Stand: April 2003.
Für die Aktualität und den Inhalt dieser Internet-Adressen/-Dateien (oder solcher, die mit
ihnen verknüpft sind) übernimmt der Verlag jedoch keine rechtliche Gewähr.

Cornelsen im Internet   Volk und Wissen im Internet

http://www.cornelsen.de   http://www.vvv.de/webtipp/geschichte.html

ISBN 3-06-111034-8

1. Auflage
5 4 3 2 1 / 07 06 05 04 03
Alle Drucke dieser Auflage sind im Unterricht parallel nutzbar.
Die letzte Zahl bedeutet das Jahr dieses Druckes.
© vwv Volk und Wissen Verlag GmbH & Co. OHG, Berlin 2003
Printed in Germany
Redaktion: Gertrud Deutz, Walter Funken, Dr. Birgit Scholz
Kartografische Beratung: Prof. Dr. Wolfgang Plapper
Bildbeschaffung und -recherche: Peter Hartmann
Einband: Gerhard Medoch
Grafiken / Illustrationen: Hans-Joachim Petzak, Hans Wunderlich
Zwischentitelgestaltung: Roswitha König
Typografische Gestaltung: Atelier vwv und Birgit Riemelt
Reproduktion: deutsch-türkischer fotosatz, Berlin
Kartenherstellung: GbR Peter Kast, Ingenieurbüro für Kartografie, Schwerin
Herstellung: Kerstin Zillmer
Druck und Binden: Universitätsdruckerei Stürtz AG, Würzburg

Inhaltsverzeichnis

Der Aufstieg der USA zur Weltmacht 9–28

1. Kolonisation des Westens und Bürgerkrieg 11
2. Geschichte und Kultur der Indianer 13
3. Der Wirtschaftsaufschwung nach dem Bürgerkrieg 14
4. Soziale Spannungen zu Beginn des 20. Jahrhunderts 16
5. Imperialistische Außenpolitik und Erster Weltkrieg 18
6. Nachkriegsboom und große Wirtschaftskrise 20
7. Die Überwindung der Krise – der „New Deal" 22
8. Die USA nach dem Zweiten Weltkrieg 23
9. New Frontier und Bürgerrechtsbewegung 24
   Zeitstrahl und Zusammenfassung 27

Die Entwicklung der Sowjetunion bis 1991 29–52

1. Die russische Gesellschaft zu Beginn des 20. Jahrhunderts 31
2. Sozialistische Ideen von einer gerechten Gesellschaft 32
3. Russland im Ersten Weltkrieg / Beginn der Revolution 34
4. Oktoberrevolution und Gründung der UdSSR 36
5. Industrialisierung und Kollektivierung 38
6. Die Sowjetunion unter Stalin – Terror und Personenkult 40
   Methodenseite: Arbeit mit historischen Fotografien 41
7. Die Außenpolitik der UdSSR 1922–1939 44
8. Die Sowjetunion im Zweiten Weltkrieg 45
9. Die UdSSR nach Stalin 46
10. Die Ära Gorbatschow 48
11. Russland nach 1991 50
    Zeitstrahl und Zusammenfassung 51

Nachkriegszeit und Kalter Krieg 53–92

Deutschland unter Besatzungsrecht
1. Alliierte Deutschlandpläne und ihre Auswirkungen 55
2. Der Alltag in den Besatzungszonen 1945–1949 58
3. Sachsen in der sowjetischen Besatzungszone 62
4. Abrechnung mit dem NS-Regime und Entnazifizierung 64
5. Politischer Neubeginn nach 1945 66
6. Stationen auf dem Weg zur deutschen Teilung 68
7. Die Blockade Berlins 70

Parteien und Parteigründungen
1. Historische Wurzeln und Neugründung nach 1945 71
2. Die Parteien in Ostdeutschland 72
   Methodenseite: Arbeit mit politischen Plakaten 75
3. Die Parteien in Westdeutschland 76
4. Parteienkritik – Was tun? 78

Kalter Krieg und Entspannungspolitik
1. Die Teilung der Welt 79
2. Gründung und Aufgaben der UNO 82
3. Der Kalte Krieg wird heiß 84
4. Krisen um Ungarn und Kuba 86
5. Beginn der Entspannungspolitik 89
   Zeitstrahl und Zusammenfassung 91

Das geteilte Deutschland 93–142

Deutsch-deutsche Entwicklung 1949–1969
1. Gründung zweier deutscher Staaten 95
2. Wirtschaftliche Grundentscheidungen 98
3. Eingliederung in die militärischen Bündnissysteme 100
4. Außenpolitik in der Ära Adenauer 102
5. „Wirtschaftswunderland" Bundesrepublik 104
6. Zeit des Umbruchs: Die Bundesrepublik in den 1960er Jahren 106
7. Außerparlamentarische Opposition und „68er-Bewegung" 108
   Methodenseite: Arbeit mit Zeitungsartikeln 109
8. Die sozialistische Umgestaltung der DDR 110
9. Herrschaftssicherung in der DDR 112
10. Der 17. Juni 1953: Volksaufstand oder „Konterrevolution"? 114
11. Wirtschaftsentwicklung in der DDR: 1950er/60er Jahre 116
12. Mauerbau und „Zwei-Staaten-Theorie" 118
13. „Nischengesellschaft" und Opposition in der DDR 120
14. Jugend in der DDR 122
15. Darstellende Kunst und Literatur in der DDR 124

Deutschland im Zeichen der Entspannungspolitik 1969–1989
1. Machtwechsel in Bonn 125
2. Ausgleich und Versöhnung mit den östlichen Nachbarn 126
3. Deutsch-deutsche Annäherung 128
4. Reformen und Bürgerbewegungen in der Bundesrepublik 130
5. Krise und Kontinuität – die Bundesrepublik bis 1989 132
6. Die Entwicklung in der DDR 1970 bis 1989 135
7. Frauen in beiden Teilen Deutschlands 138
8. Sport und Sportförderung in der DDR 140
   Zeitstrahl und Zusammenfassung 141

Die Wiedervereinigung Deutschlands 143–170

1. Der Niedergang der Sowjetunion 145
2. Die Auflösung des Ostblocks 148
3. Die Opposition in der DDR wächst 150
4. Die Vierzigjahrfeier der DDR 152
5. Die friedliche Revolution in der DDR 154
   Methodenseite: Geschichte im/Geschichte durch das Fernsehen 157
6. Der Weg zur deutschen Wiedervereinigung 159
7. Nur mühsam wächst zusammen 162
8. Die Hinterlassenschaft der Staatssicherheit der DDR 164
9. Die Sorben in Sachsen – Geschichte einer Minderheit 165
10. Sachsen nach der Wiedervereinigung 166
11. Deutschland nach 1998 168
    Zeitstrahl und Zusammenfassung 169

Längsschnitt: Historische Wurzeln Europas 171–174

Internationale Problemfelder 175–198

Nahostkonflikt und Re-Islamisierung
1. Israel auf dem Weg zum eigenen Staat 177
2. Feindschaft, Kriege und Versuche einer Friedenslösung 178
3. Die Bedeutung des Islam: Iran und Türkei als Beispiele 180
4. Krieg(e) am Erdölgolf 182

Entwicklungsländer zwischen Befreiung und Abhängigkeit
1. Dekolonisation und Entstehung neuer Staaten 183
2. Beispiel: Der Kongo unter Kolonialherrschaft 184
3. Die Republik Kongo als unabhängiger Staat 186
4. Indiens Weg in die Unabhängigkeit 188
5. „Entwicklungsländer" und Entwicklungshilfe 190

Globale Menschheitsprobleme
1. Bevölkerungswachstum und Welternährung 192
2. Wasser und Klima: kostbar und schutzbedürftig! 194
3. Gewalt, Krieg, Terrorismus im Namen Gottes? 196
   Zeitstrahl und Zusammenfassung 197

Längsschnitt: Migration früher und heute 199–206

Längsschnitt: Aus der Geschichte lernen 207–214

Register 215
Glossar 220
Bildnachweis 224

Der Aufstieg der USA zur Weltmacht

Zu Beginn des 19. Jahrhunderts wanderten Hunderttausende Menschen aus Nord- und Westeuropa in die USA ein. Sie wollten die wirtschaftliche Not sowie die politische und religiöse Reglementierung ihrer Heimatländer hinter sich lassen. In den USA wollten sie teilhaben am „American Dream", der Gleichheit, Selbstbestimmung und Wohlstand versprach. Doch nicht für alle ging dieser Traum in Erfüllung.

Der Aufstieg der USA zur Weltmacht

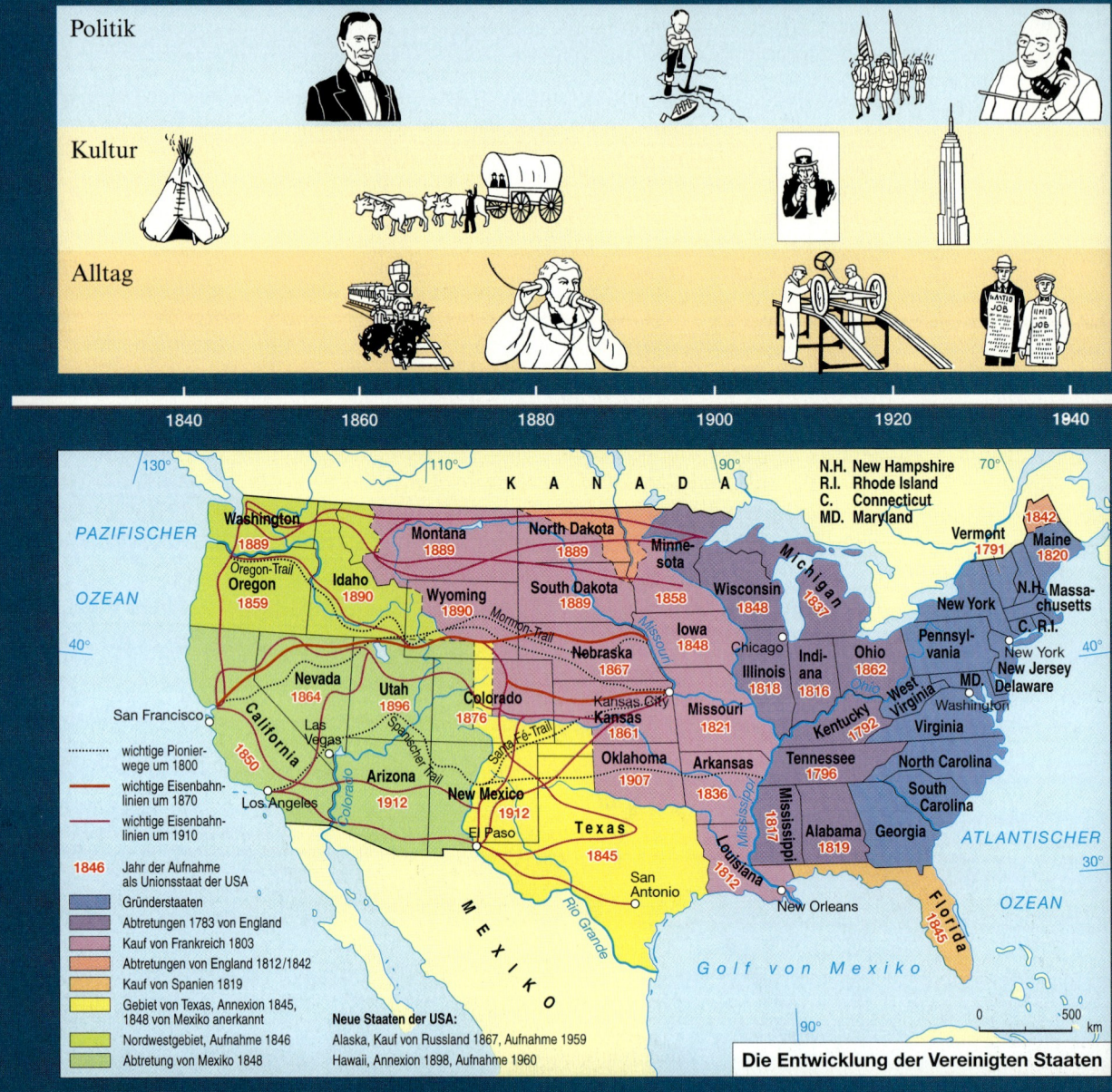

ARBEITSAUFTRAG

Beschreiben Sie die Phasen und den zeitlichen Verlauf der Besiedlung der USA durch die weißen Einwanderer. Erklären Sie, warum die Besiedlung von Osten nach Westen erfolgte.

1. Kolonisation des Westens und Bürgerkrieg

Im 19. Jahrhundert begann die Entwicklung der USA zur Großmacht. Dies war mit einer massiven Einwanderungswelle sowie tief greifenden Veränderungen des nordamerikanischen Kontinents verbunden. Aus welchen Gründen kamen die Menschen in die USA?

Einwanderer werden zu Siedlern – In der Mehrzahl kamen Familien aus Ländern Nord- und Westeuropas, die ihre Arbeitsplätze in der Landwirtschaft durch die dort einsetzende Industrialisierung verloren hatten. In den weiten Gebieten des nordamerikanischen Kontinents hofften sie auf Landbesitz und Arbeit. Die **Homestead Act**, ein Gesetz von 1862, machte es jedem Bürger möglich, in den von Weißen noch unerschlossenen Gebieten des Westens 65 ha Land gegen eine geringe Gebühr zu erwerben und zu besiedeln. Unter den Einwanderern waren auch viele Abenteurer, die als Jäger, Pelzhändler und Goldgräber oder beim Eisenbahnbau ihr Glück suchten.

„**Melting pot of nations**" – Die Neuankömmlinge vereinte ein starker **Pioniergeist** und die Zuversicht, in einem freien Land voller scheinbar unbegrenzter Möglichkeiten ihr Glück zu finden. Trotz unterschiedlicher Herkunftsländer wuchs diese Pioniergeneration im 19. Jahrhundert zu einer Nation zusammen. Die USA wurden zum „**melting pot of nations**" (dt.: Schmelztiegel der Nationen). 🕮/1

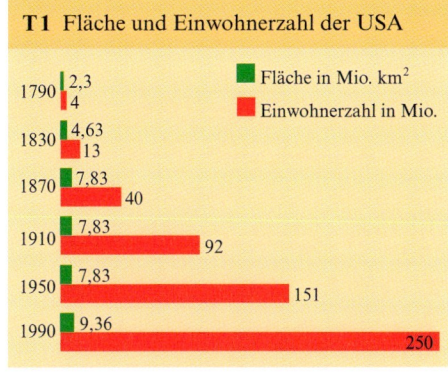

T1 Fläche und Einwohnerzahl der USA

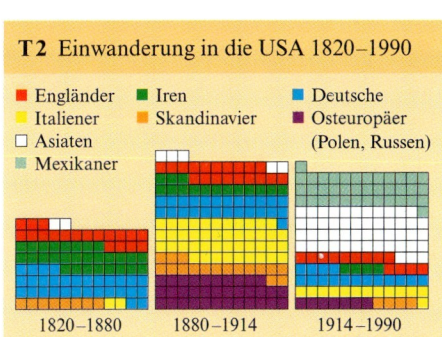

T2 Einwanderung in die USA 1820–1990

B4 Das Vordringen der Eisenbahn in den Westen der USA

Der Westen	Trapper Frontier	Cattle Frontier Cowboys	Farming Frontier		Urban Frontier	Der Osten
Mythos für Wohlstand und Reichtum	Jäger Fallensteller Pelzhändler	Lumering Frontier (Holzfäller) Mining Frontier (Goldgräber)	Squatters („wilde Siedler")	Farmer (Landbesitzer, Pächter, Landarbeiter)	Handwerker Gewerbetreibende Händler Kleinstädte	Arbeiter Unternehmer Großstädte Universitäten
Indianer	Indianer	Indianer	Indianer		Indianer	Indianer

B3 „Go West" – Verlaufsschema der von Ost nach West wandernden Grenze (= Frontier) der USA

Der Zug nach Westen – Als Mitte des 19. Jahrhunderts die Industrialisierung auch in den USA einsetzte, wurden zahlreiche Eisenbahnstrecken von Ost nach West gebaut. Die Menschen und alle Transportgüter, die ursprünglich mit Pferdetrecks nach Westen gelangten, erreichten nun sehr viel schneller die Siedlungsgrenze der Weißen, **Frontier** genannt. Die nordamerikanischen Ureinwohner, etwa **500 Indianervölker**, wurden dabei vertrieben, getötet oder zwangsumgesiedelt. Um 1890 war Nordamerika von europäischen Siedlern im Wesentlichen erschlossen.

Krieg zwischen Nord- und Südstaaten – In den Jahren 1775 bis 1783 hatten sich die ehemals englischen Kolonien in einem blutigen Krieg die Selbstständigkeit erkämpft. Nicht einmal hundert Jahre später kam es zwischen den Bundesstaaten der USA zu einem erbitterten **Bürgerkrieg**, in dem mehr als eine halbe Million Amerikaner ihr Leben verloren. Welche Konflikte führten zu diesem Krieg?

In den **Südstaaten** der USA hatte sich seit dem 18. Jahrhundert eine aristokratisch geprägte Gesellschaft von Plantagenbesitzern gebildet. Günstige Klimabedingungen ermöglichten hier den großflächigen und Gewinn bringenden Anbau von Baumwolle und Tabak. Der Gewinn der Plantagenbesitzer war vor allem deshalb groß, weil die Mehrzahl der Arbeitskräfte schwarze **Sklaven** waren. So blieben die Südstaaten zunächst von Agrarwirtschaft, Großgrundbesitz und Sklaverei geprägt.

Auf den Farmen der **Nordstaaten** gab es dagegen keine Sklaverei. Außerdem durchlief der Nordosten eine rasche Industrialisierung und in den Industriebetrieben waren keine Sklaven, sondern Einwanderer als Arbeiter beschäftigt.

In den Nordstaaten entwickelte sich eine starke Bewegung gegen die Sklaverei der Südstaaten. Als der neu gewählte Präsident Abraham Lincoln die totale **Abschaffung der Sklaverei** forderte, kam es zur **Abspaltung** (Sezession) des Südens und zum Bürgerkrieg (1861–1865) zwischen den Nordstaaten (Union) und den Südstaaten (Konföderation). Dabei ging es nicht nur um die ethische Frage der Sklaverei. Der Krieg entzündete sich auch an den verschiedenen wirtschaftlichen Interessen und Einflussmöglichkeiten der Nord- und Südstaaten in den neuen westlichen Bundesstaaten. Die Südstaaten wurden von den militärisch und wirtschaftlich überlegenen Nordstaaten besiegt und wieder angeschlossen.

Die Sklaverei wurde nun abgeschafft; die soziale Benachteiligung der Schwarzen blieb aber bestehen. Viele wanderten in der Folge ihrer Befreiung in die Industriestädte des Nordens aus, um dort Arbeit zu finden.

PERSONENLEXIKON

ABRAHAM LINCOLN, 1809–1865, Anwalt. 1861–1865 Präsident der USA. Lincoln war ein gemäßigter Gegner der Sklaverei. Er wurde von einem fanatischen Südstaatenanhänger ermordet.

Die Vereinigten Staaten im Sezessionskrieg

ARBEITSAUFTRÄGE

1. Erläutern Sie anhand von T1 und B3 sowie der Auftaktkarte von S. 10 den Verlauf der Erschließung Nordamerikas.
2. Erklären Sie mit Hilfe von B4 die Bedeutung der Eisenbahn für die weißen Siedler und für die Indianer.
3. Analysieren Sie T2. Begründen Sie, warum die Einwanderer des 19. Jahrhunderts bald zu einer Nation werden konnten.
4. Erläutern Sie anhand von K5 die wirtschaftlichen Gründe des Bürgerkriegs. Berücksichtigen Sie dabei auch die Verteilung der Schwarzen in den Süd- und Nordstaaten.

2. Geschichte und Kultur der Indianer

Bis zur Eroberung Nordamerikas lebten auf dem Gebiet der heutigen USA und Kanadas 5 bis 6 Millionen Ureinwohner, die Indianer. Wie veränderte sich ihr Leben nach der Ankunft der Europäer?

Das Stammesleben – Die Indianer lebten und wirtschafteten im Einklang mit der Natur. Je nach den natürlichen Gegebenheiten jagten, fischten und sammelten sie in der Umgebung. Im Südwesten betrieben Puebloindianer hoch entwickelten Ackerbau und bewohnten seit Jahrhunderten aus Lehmziegeln oder Steinen erbaute Dörfer. Auch andere Stämme waren **sesshaft** und lebten in Holz- oder Erdhäusern. Wieder andere wie die Büffel jagenden Apachen und Sioux zogen als **Nomaden** mit ihren Zelten durch die Prärie. Familien und Stämme regelten ihre Angelegenheiten selbstständig.

Zusammenprall zweier Kulturen – Die Beziehungen zu den europäischen Siedlern veränderten sich rasch: Zunächst gab es friedlichen Handel, doch bald verdrängten die Farmer die Indianer auf ihrer Westwanderung fast vollständig. Etwa 300 Jahre nach Ankunft der Weißen lebten nur noch 5 % der Indianer! Gründe waren eingeschleppte Krankheiten, Ausrottung und Hungersnöte. Die Indianer erlebten die Weißen als Eindringlinge, die ihr Land wegnahmen und Verträge brachen. Sie setzten sich dagegen zur Wehr, aber nur ca. 250.000 überlebten die blutigen Kriege. Die Überlebenden wurden zwangsweise in Reservate umgesiedelt, oft weit entfernt von ihrem früheren Stammesland. Dort verelendeten viele und verloren ihre kulturelle Identität.

Neues Selbstbewusstsein – Erst 1924 erhielten die Indianer die freie Staatsbürgerschaft. Viele haben sich auf alte Stammestraditionen zurückbesonnen; ihre Kulte sind seit 1978 den christlichen, jüdischen und islamischen Bekenntnissen gleichgestellt. Heute leben wieder ca. 2 Millionen „**Native Americans**" in den USA, davon nur noch jeder vierte in einem Reservat.   @/4

Tipi der Sioux-Indianer

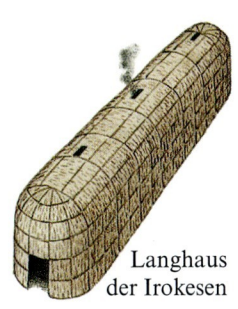
Langhaus der Irokesen

Indianerstämme Nordamerikas auf dem Gebiet der späteren USA   K 2

Q 1 Der Sioux-Häuptling Großer Adler, um 1862:

1 Die Weißen haben immer versucht, die Indianer dazu zu bringen, ihre Lebensweise aufzugeben und wie Weiße zu leben – eine
5 Farm zu betreiben, hart zu arbeiten und zu tun, was die Weißen taten – und die Indianer wussten nicht, wie man das macht, und wollten es auch gar nicht ... Hät-
10 ten die Indianer versucht, ihre Lebensweise den Weißen aufzuzwingen, so hätten die Weißen sich dagegen gewehrt; bei vielen Indianern war dies genauso.

(In: D. Brown, Begrabt mein Herz an der Biegung des Flusses, Hamburg¹⁰ 1995, S. 50. Gekürzt)

ARBEITSAUFTRÄGE

1. Arbeiten Sie die Gründe heraus, die der Sioux-Häuptling in Q 1 für die Konflikte zwischen Indianern und Weißen nennt.
2. Erklären Sie mit Hilfe von K 2 und der Abbildungen der Randspalte Unterschiede in der Lebensweise von Sioux-Indianern und Irokesen.

3. Der Wirtschaftsaufschwung nach dem Bürgerkrieg

In der 2. Hälfte des 19. Jahrhunderts führte die wirtschaftliche Entwicklung die USA an die Spitze der Industrienationen und zur Position einer Weltmacht. Worin gründete ihre wirtschaftliche Stärke?

Ursachen des Aufschwungs – Im Vergleich zu Großbritannien und auch zu Frankreich begann die Industrialisierung in den USA relativ spät; ab Mitte des 19. Jahrhunderts vollzog sie sich dann jedoch mit ungeheurer Geschwindigkeit. Steinkohle und Eisenerz lagerten genügend im Nordosten. Der **Eisenbahnbau** förderte nicht nur die Eisen- und Stahlindustrie, den Kohlebergbau und den Maschinenbau, er ermöglichte auch die rentable Ausbeutung der Bodenschätze, den schnellen und kostengünstigen Transport großer Warenmengen und landwirtschaftlicher Produkte. Der Bau von Telegrafenlinien revolutionierte parallel dazu die Kommunikationsmöglichkeiten.

In der **Landwirtschaft** vollzog sich früher als in Europa eine Mechanisierung des landwirtschaftlichen Anbaus, besonders in den Nordstaaten. Dies steigerte die Erträge. Eine kräftig wachsende Bevölkerung und der große Bedarf an Fleisch führten zum Aufschwung der Viehzucht.

Selbstverständnis der Amerikaner – Eine Hauptursache für den raschen Aufschwung lag im Selbstverständnis der Amerikaner von sich und von der Organisation ihres Staates und ihrer Gesellschaft. Sie wollten sich von den feudalistischen Verhältnissen in Europa abheben und ihre Vorstellungen von Demokratie, Gleichheit, Freiheit des Individuums, Selbstverwaltung und Recht auf Privateigentum verwirklichen. Diese Vorstellungen nannten sie den „**American Dream**".

PERSONENLEXIKON

ALEXANDER G. BELL, 1847–1922. Erfinder des ersten verwendbaren Telefons

Q2 Der amerikanische Historiker F. J. Turner über die Auflösung alter Standesschranken, 1920:

1 Im Grenzerleben gab es keine Freizeit, [nur] harte Arbeit. Ererbte Titel und althergebrachte Klassenunterschiede [waren] bedeutungslos, [weil] der Wert eines Menschen für die Gesellschaft nach seinen persönlichen Fähigkei-
5 ten beurteilt wurde. Ein demokratisches Gesellschaftssystem mit größeren Aufstiegschancen war die Folge. Vor allem aber [bot] das weite Land im Grenzgebiet dem Einzelnen so große Entfaltungsmöglichkeiten, dass äußere Kontrollen unnötig waren. Individualismus und
10 Demokratie wurden Leitbilder der Grenzer.

(In: R. A. Billington, America's Frontier Heritage, Albuquerque 1974, S. 3, Übersetzung: F. Anders. Gekürzt)

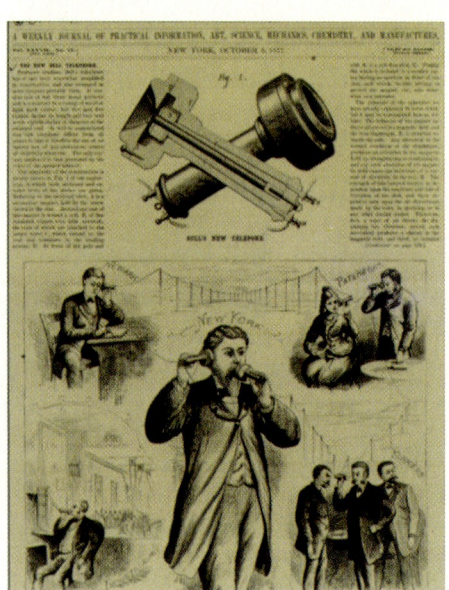

B1 Zeitungsartikel über Bells Telefon, 1877

Q3 John L. O'Sullivan, der Herausgeber einer großen Zeitung, 1839:

1 Es ist sicher, dass unser Land dazu bestimmt ist, die große Nation der Zukunft zu sein. Die Zukunft ist unsere Arena und das Feld unserer Geschichte. Wir sind die Nation des menschlichen Fortschritts. Diese Nation aus vie-
5 len Nationen [ist] bestimmt, der Menschheit die Größe der göttlichen Prinzipien aufzuzeigen. [Unser Land ist] bewohnt von Millionen Menschen, die niemandem untertan sind, sondern bestimmt von Gottes natürlichem und moralischem Gesetz der Gleichheit [und] Brüderlichkeit –
10 vom Frieden und guten Willen unter den Menschen.

(In: O. Handlin, American Principles and Issues, New York 1961, S. 536 / 537. Gekürzt)

In diesem Bewusstsein verschwand die anfängliche Verbundenheit zur alten Heimat schon ab der zweiten Generation nach der Einwanderung. Es entwickelte sich eine neue amerikanische Identität, die nach dem Grundsatz lebte, dass jeder für sein Glück selbst verantwortlich sei.

Kapitalistische Wirtschaftsordnung – Auf der Grundlage des amerikanischen Selbstverständnisses entstand ein leistungsstarkes kapitalistisches Wirtschaftssystem nach dem Grundsatz „Laissez faire" (dt. gewähren lassen). Das Misstrauen der Amerikaner gegenüber einem zu starken Staat führte dazu, dass die Politik in die wirtschaftlichen Handlungen des Einzelnen und von Unternehmen kaum eingriff. Weil sich die Unternehmen völlig frei entfalten konnten, entstanden gegen Ende des 19. Jahrhunderts so genannte **Monopole** (= marktbeherrschende Unternehmen) und **Trusts**, Zusammenschlüsse riesiger Unternehmen. Diese Monopole und Trusts konnten die Preise für Produkte regelrecht diktieren, da ein Wettbewerb zwischen mehreren konkurrierenden Unternehmen nur noch eingeschränkt stattfand. Die Geld- und Sachwerte der Wirtschaft konzentrierten sich auf wenige Personen und Unternehmen. Um den Wettbewerb in der Wirtschaft zu bewahren, verabschiedete der Staat 1890 ein **Anti-Trust-Gesetz**, das die wirtschaftliche Größe von Unternehmen begrenzte. Unfaire Geschäftspraktiken wie Marktaufteilung und Preisabsprachen wurden verboten.

Kehrseite des amerikanischen Traums – In den entstehenden städtischen Zentren mit industriellen Schwerpunkten wie **Detroit** als Zentrum des Automobilbaus, **Pittsburgh** als Zentrum der Schwerindustrie und **New York** als Börsen- und Handelsmetropole lebte eine große Anzahl Arbeiter und Angehöriger der Unterschicht. Auch sie träumten den „American Dream", jedoch waren die meisten weit davon entfernt, ihn jemals verwirklichen zu können und einen auch nur bescheidenen Wohlstand zu erreichen.

Die Figur des „Uncle Sam" steht für das erfolgreiche Amerika

Q 4 Der Industrielle Andrew Carnegie 1889:

1 Der freie Wettbewerb mag zwar für den Einzelnen manchmal schwierig sein, der Menschheit insgesamt jedoch dient er zum Besten,
5 weil er auf jedem Gebiet das Überleben des Tüchtigsten garantiert. Deshalb akzeptieren und begrüßen wir die Ungleichheit der Lebensbedingungen, die Konzen-
10 tration von Industrie und Handel in den Händen weniger Unternehmer, weil sie für den zukünftigen Fortschritt der Menschheit zwingend erforderlich sind. Die Zivilisa-
15 tion an sich beruht auf der Unantastbarkeit des Eigentums – dem Recht des Arbeiters auf seine hundert Dollar ebenso wie dem Recht des Millionärs auf seine Millionen.

(In: A. Carnegie, Wealth, in: North American Review 391, Juni 1889, S. 655 f. Übersetzung: F. Anders. Gekürzt)

T 5 Anteil der USA an der Weltproduktion 1820–1913 in Prozent

	1820	1840	1870	1896–1900	1913
England	34	29	31,8	19,5	14
Frankreich	25	20	10,3	7,1	6,4
Deutschland	10	11	13,2	16,6	15,7
USA	6	7	23,3	30,1	35,8
Russland	2	3	3,4	5	5,5

(Nach: W. P. Adams, Die Vereinigten Staaten von Amerika, Frankfurt/M. 1977, S. 126)

ARBEITSAUFTRÄGE

1. Beschreiben Sie mit B 1 die Auswirkung des Telefons auf die Kommunikationsmöglichkeiten in einem Land wie den USA.
2. Analysieren Sie Q 2 und Q 3 und schreiben Sie die Begriffe heraus, die für den „American Dream" kennzeichnend waren.
3. Geben Sie die Vorstellung, die der Herausgeber in Q 3 von der Zukunft der USA entwickelt, mit eigenen Worten wieder.
4. Listen Sie die Argumente Carnegies in Q 4 für einen freien, unregulierten Wettbewerb auf. Vergleichen Sie mit den Aussagen in Q 3. Schreiben Sie eine Antwort aus der Sicht eines Arbeiters.
5. Beschreiben Sie mit T 5 den Anteil der USA an der Weltindustrieproduktion im Verhältnis zu den anderen Staaten.

4. Soziale Spannungen zu Beginn des 20. Jahrhunderts

Mit Beginn des 20. Jahrhunderts verschärften sich die Gegensätze in der amerikanischen Gesellschaft erheblich. Einer relativ kleinen Ober- und Mittelschicht stand eine ständig größer und ärmer werdende Unterschicht gegenüber. Wie zeigten sich die Spannungen und welche Ursachen hatten sie?

Polarisierung von Arm und Reich – Als Folge der raschen Industrialisierung und der dynamischen Wirtschaftsentwicklung vergrößerte sich der Einkommens- und Vermögensunterschied in der Bevölkerung beständig. Der Wirtschaftsaufschwung ließ die Unternehmer, nicht aber die Arbeiter reicher werden. Die liberale Wirtschaftspolitik des Staates, die Eingriffe in das Wirtschaftsleben vermied, begünstigte dies noch. Die gut verdienende Ober- und Mittelschicht konnte sich zunehmend einen **luxuriösen Lebensstandard** leisten und zog aus den engen Großstädten in Villenvororte.

Dem Luxus der Vororte stand das **Massenelend** der **Slums** gegenüber, in denen die Arbeiterfamilien dicht gedrängt und meist in der Nähe der großen Industriebetriebe oder im Innern der Großstädte lebten. In den Slums gab es weder eine geregelte Müllabfuhr noch eine ausreichende Versorgung mit Frischwasser oder eine Kanalisation. Die Menschen lebten dort auf engstem Raum miteinander. Da ihre Eltern nicht genug verdienten, mussten viele Kinder sehr früh arbeiten und konnten nicht regelmäßig zur Schule gehen.

Fehlende soziale Absicherung – Eine gesetzliche Versicherung der Arbeiter bei Krankheit, Invalidität oder für das Alter, wie Bismarck sie in Deutschland seit den 80er Jahren des 19. Jahrhunderts geschaffen hatte, gab es in den USA nicht. Sie entsprach auch nicht der amerikanischen Mentalität, nach der jeder für sein Glück selbst verantwortlich ist.

Organisationsgrad der Arbeiterschaft – Durch die hohe Einwanderung in die USA entstand bald ein **Überschuss an Arbeitskräften**. Deshalb lagen die Löhne der Arbeiter niedrig und konnten von den Arbeitgebern oft sogar noch gesenkt werden. Entlassungen aus den Betrieben waren keine Seltenheit. Um gegen diese Situation zu protestieren und Verbesserungen zu erzwingen, riefen die Arbeiter immer wieder zu **Streiks** und Arbeiterdemonstrationen auf, die von den Gewerkschaften unterstützt wurden. Doch Polizei und Armee standen auf der Seite der Arbeitgeber und bekämpften die Streikenden.

Trotz dieser extremen und schlechten Lebens- und Arbeitsbedingungen der unteren Schichten entwickelte sich in den USA im Gegensatz zu vielen europäischen Staaten **keine starke sozialistische Arbeiterbewegung**. Es gab zwar Gewerkschaften, die sich für die Interessen ihrer Mitglieder einsetzten, aber deren Mitgliederzahlen blieben gering. Ständige Westwanderung und die amerikanische Mentalität aus Individualismus und persönlichem Erfolgsstreben hielten die Arbeiter mobil und ließen ein festes Klassenbewusstsein nicht aufkommen.

Zweisprachiger Aufruf an die Arbeiterschaft in Chicago 1886

Kinder aus den Textilfabriken von Philadelphia während des Streiks von 1903 zur Durchsetzung der 55-Stunden-Woche

B1 „Uncle Sam in den Händen seiner selbstlosen Freunde", Karikatur von 1897

4. Soziale Spannungen zu Beginn des 20. Jahrhunderts

Auch die ethnischen Spannungen innerhalb der Arbeiterschaft verhinderten die Bildung einer einheitlichen Arbeiterbewegung. Welche Ursachen hatten sie?

Vormacht der weißen Amerikaner – Die weißen US-Bürger, die anfangs vor allem aus Nord- und Westeuropa gekommen waren, empfanden die vielen neuen Einwanderer aus Ost- und Südosteuropa sowie aus Asien als „Fremdkörper". Diese waren zudem bereit, zu noch schlechteren Bedingungen zu arbeiten und zu leben. Auch die Schwarzen, die nach der „Sklavenbefreiung" in die Industriegebiete des Nordens kamen, galten als Konkurrenz.

Als Folge dieser Konflikte entstanden **ethnisch geprägte Wohnviertel** in den Städten. Da neue und alte Bewohner nicht friedlich miteinander leben wollten, zogen die ursprünglichen Bewohner in andere Viertel und verdrängten dort ihrerseits wieder deren alte Bewohner. Soziale und ethnische Spannungen überlagerten und verstärkten einander.

Der wachsende Fremdenhass vieler Weißer bildete den Nährboden für die Wiedergründung des **Ku-Klux-Klans**, der sich bereits 1865 in den Südstaaten gebildet hatte, später aber verboten worden war. Der Geheimbund, der auf bis zu 3 Millionen Mitglieder anwuchs, forderte die Vormachtstellung der weißen protestantischen Amerikaner und terrorisierte Schwarze, Asiaten und Juden.

Auch heute gibt es noch rassistische Aktionen des Ku-Klux-Klans

Q2 Ein Gewerkschaftsführer beschreibt die Auswirkungen des Wirtschaftssystems anlässlich des von der Armee niedergeschlagenen Pullman-Streiks in Pullman-City:

Zwischen Mai und Dezember 1893 sind fünf Kürzungen der Löhne, der Arbeitszeit und Verschlechterungen der Arbeitsbedingungen durch die Werkshallen von Pullman gefegt. Mit fast 30% war die letzte Kürzung die einschneidendste, ohne dass im Gegenzug unsere Mieten gesenkt wurden. Der Unternehmer Pullman wie auch seine Stadt sind ein Krebsgeschwür der Gesellschaft. Ihm gehören die Wohnhäuser, die Schulen und die Kirchen dieser Stadt, der er seinen vorher völlig unbekannten Namen gab. Was er uns mit der einen Hand als Lohn zahlt, nimmt er uns mit der anderen wieder ab. So kann er jeden anderen Waggonbauer im Land unterbieten. Um mit ihm mithalten zu können, müssen seine Konkurrenten die Löhne ihrer Arbeiter kürzen. Dann kann auch er unsere Löhne noch weiter senken. Und dieser Prozess geht immer so weiter. Ohne die mildtätige Hilfe der herzensguten Menschen in und um Chicago würden wir verhungern!

(In: P. Angle, The Nation Divided, Bd. 3, New York 1967, S. 220 ff. Übersetzung: F. Anders. Gekürzt)

B3 Witwe mit ihren 9 Kindern, die alle in einer Textilfabrik arbeiten. Georgia/USA, um 1908

ARBEITSAUFTRÄGE

1. Erklären Sie, was der Zeichner in B1 zum Ausdruck bringen wollte.
2. Geben Sie mit Ihren Worten wieder, wie in Q2 das Verhältnis des Unternehmers Pullman zur Stadt und seinen Einrichtungen beschrieben wird. Beurteilen Sie die Lage der Arbeiter.
3. Versetzen Sie sich in die Lage der ältesten Tochter der Witwe von B3 und beschreiben Sie einen Tag im Leben der Familie.

5. Imperialistische Außenpolitik und Erster Weltkrieg

Wie die großen europäischen Mächte Großbritannien, Frankreich, Deutschland und Russland, so dehnten auch die USA am Ende des 19. Jahrhunderts ihre politische Macht und ihren wirtschaftlichen Einfluss auf andere Regionen oder Staaten der Erde aus. Sie wollten nun eine aktive Rolle in der Weltpolitik spielen und scheuten dabei auch vor militärischen Maßnahmen gegen andere Staaten nicht zurück. Welche Triebfedern hatte diese neue Politik?

Ursachen des US-Imperialismus – Nachdem der nordamerikanische Kontinent gänzlich besiedelt und als Absatzmarkt für die Produkte der Industrie erschlossen worden war, suchte die Wirtschaft **neue Märkte**. Sie fand sie in Kolonien, deren Besitz auch für die USA zum Großmachtprestige gehörte. Dafür benötigte man eine **starke Flotte**; sie war das modernste militärische Instrument für eine imperialistische Politik! Und um mit der Flotte weltweit agieren zu können, legten die USA Versorgungsstützpunkte in vielen Regionen der Welt an, in denen sie nun präsent waren. Nicht zu unterschätzen war auch das Sendungsbewusstsein, mit dem die Amerikaner demokratische Werte auf der Welt verbreiten wollten.

Mittelamerika und Pazifik – Hauptgegner einer imperialistischen Politik der USA war Spanien mit seinen Besitzungen in Mittelamerika und im westlichen Pazifik. Doch im Krieg mit den USA verlor Spanien 1898 sämtliche Kolonien. Zahlreiche Inseln im Pazifik, die Philippinen und Puerto Rico wurden US-amerikanisch. Andere Staaten Mittelamerikas wurden gegen starken Widerstand zeitweilig von den USA besetzt oder gelangten in wirtschaftliche Abhängigkeit. Man nannte dies **Dollar-Diplomatie** und die Region seitdem auch den „Amerikanischen Hinterhof".

Ein strategisch wichtiger Zug gelang den USA, als sich Panama 1903 mit ihrer Hilfe von Kolumbien trennte. Der neue Staat verpachtete für 99 Jahre die spätere **Panama-Kanalzone** als Hoheitsgebiet an die USA, die dort zwischen 1903 und 1914 den Panama-Kanal bauten. Die US-Flotte konnte nun viel besser zwischen Atlantik und Pazifik operieren, aber auch die Handelsschifffahrt profitierte von dem Kanal. Wirtschaftlichen Einfluss sicherten sich die USA auch in China. 1899 einigten sie sich mit den europäischen Großmächten auf eine „**Politik der offenen Tür**" in China, sodass dieser Absatzmarkt für US-Firmen offen blieb. ⓔ/6

„Präsident McKinley und der Panamakanal", amerikanische Karikatur von 1899

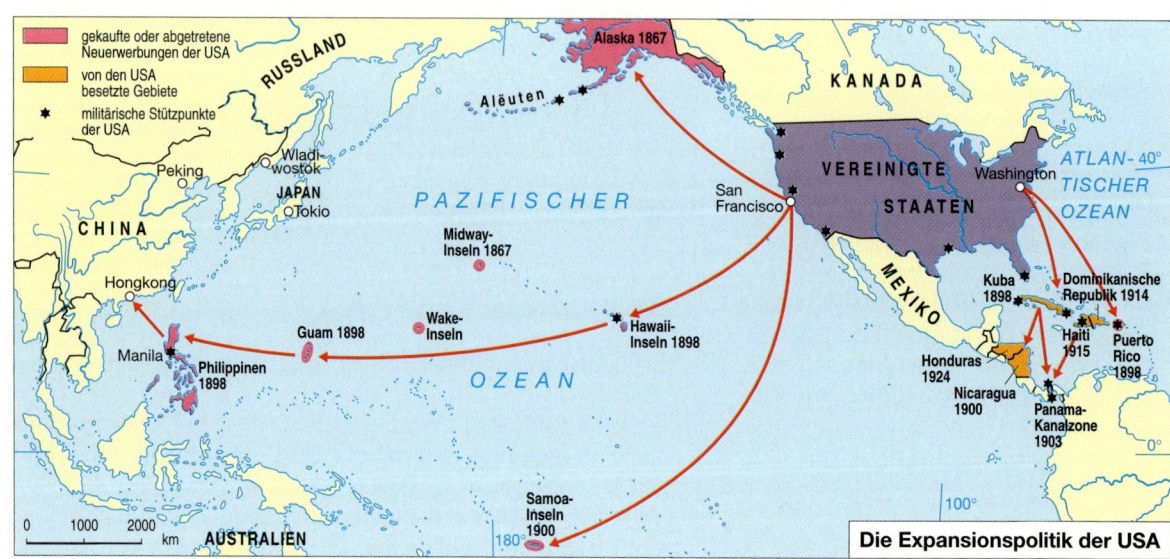

Die Expansionspolitik der USA K1

5. Imperialistische Außenpolitik und Erster Weltkrieg

Der Erste Weltkrieg – Als 1914 in Europa der Erste Weltkrieg ausbrach, erklärte der neu gewählte Präsident Wilson die Neutralität der USA. Dies stand ganz im Einklang mit der außenpolitischen Tradition. 1917 traten die USA dennoch gegen Deutschland und die Mittelmächte an der Seite der alliierten Westmächte in den Krieg ein. Was waren die Gründe?

„Kreuzzug für die Demokratie" – Die Amerikaner standen den alliierten Westmächten näher als dem Deutschen Reich. Deutschland wie Österreich galten wegen ihrer monarchischen Tradition als autoritär und antidemokratisch. Auch wirtschaftliche Gründe sprachen für eine Parteinahme zugunsten der Alliierten. Bereits vor dem Krieg war Großbritannien der wichtigste Handelspartner der USA gewesen, Deutschland hingegen ihr schärfster Konkurrent. Ab 1914 kaufte Großbritannien große Mengen Lebensmittel, Waffen und Munition in den USA, die ihrerseits den Alliierten **Kredite zur Kriegsfinanzierung** gewährten. Als Deutschland 1917 den uneingeschränkten U-Boot-Krieg gegen alle Schiffe, auch gegen Passagierschiffe, beschloss, erklärten die USA dem deutschen Kaiserreich den Krieg. Sie begründeten ihren Kriegseintritt mit der Gefährdung des amerikanischen Handels und der amerikanischen Sicherheit, bezeichneten ihn aber auch als Krieg für die Demokratie. Gegen Ende des Ersten Weltkrieges kämpften zwei Millionen US-Soldaten in Europa. Die Stärke der US-Wirtschaft und ihre Rüstungsproduktion führten die Wende zugunsten der alliierten Staaten herbei. Nach Kriegsende zogen sich die USA aus der Form der aktiven – auch militärischen – Weltpolitik weitgehend zurück.

Amerikanische Truppen in Paris 1917

Q 2 Theodore Roosevelt über seine außenpolitischen Ziele, 1904:

1 Jedes Land, dessen Bewohner sich gut betragen, kann unserer herzlichen Freundschaft sicher sein. Wenn eine Nation zeigt, 5 dass sie weiß, wie man mit angemessener Tüchtigkeit und Anständigkeit soziale und politische Angelegenheiten anfasst, wenn sie für Ordnung sorgt und Schul-10 den bezahlt, braucht sie kein Eingreifen der Vereinigten Staaten zu befürchten. Chronisches Fehlverhalten oder Schwäche kann schließlich die Intervention einer 15 zivilisierten Nation erfordern ... Wie dieses Einschreiten aussieht, hängt von den Umständen des Falls ab ... Die Fälle, in denen wir uns mit Waffengewalt wie in Kuba 20 einmischen ..., sind selbstverständlich sehr selten.

(In: G. Moltmann, Die Vereinigten Staaten von Amerika, Paderborn 1980, S. 87 f. Gekürzt)

B 3 „Schlagt die Hunnen mit Kriegsanleihen", US-Propagandaplakat 1917/18

ARBEITSAUFTRÄGE

1. Beschreiben Sie mit K 1 die Expansion der USA um 1900.
2. Fassen Sie die Position in Q 2 zusammen. Schreiben Sie eine Entgegnung aus der Sicht eines mittelamerikanischen Landes.
3. Erläutern Sie anhand von B 3, wie die USA die Teilnahme am Ersten Weltkrieg begründeten.

6. Nachkriegsboom und große Wirtschaftskrise

Anders als die meisten europäischen Staaten erlebten die USA nach Kriegsende eine beispiellose Phase wirtschaftlichen Wachstums. Doch im Jahr 1929 folgte unvermittelt der Absturz in die schwerste Krise ihrer Geschichte. Welche Ursachen hatten der Boom und die nachfolgende Krise?

Der Boom der zwanziger Jahre – In der Zeit nach dem Ersten Weltkrieg änderte sich viel im Alltag der Amerikaner. Der Wohlstand nahm zu, in den Städten entwickelte sich ein quirliges Leben. Diese Zeit, auch **Roaring Twenties** genannt, brachte den Haushalten zahlreiche neue Konsumgüter wie Telefone, Autos, Radios und Kühlschränke. Die Arbeitszeiten in der Wirtschaft sanken, die Preise für Konsumgüter ebenso, sodass nun immer breitere Schichten der Bevölkerung am Wohlstand teilhaben konnten.

Ursachen des Booms – Während des Krieges hatte die Rüstungsindustrie Vorrang vor der Konsumgüterproduktion gehabt. Doch nach dem Krieg wurde ein großer Nachholbedarf an Konsumgütern wirksam und regte die zivile Produktion an. Technische Erfindungen hatten die Arbeitsabläufe weiter rationalisiert, sodass schneller und preiswerter produziert werden konnte. Der Industrielle HENRY FORD hatte beispielsweise das **Fließband** in seinen Automobilwerken eingeführt; die Herstellung seines berühmten „Modells T" („Tin Lizzy") wurde dabei in viele einzelne Arbeitsgänge zerlegt. Der Preis für das Auto sank von 780 $ auf etwa 350 $, sodass erstmals Angehörige der Mittelschichten ein Auto kaufen konnten. Die Steigerung der Produktivität erlaubte es auch, die Reallöhne der Arbeiter zu erhöhen. Höhere Einkommen, neue Werbemethoden steigerten die Umsätze der Unternehmen, ebenso die neue Strategie der **Ratenkäufe** für langlebige Konsumgüter.

Geprägt wurde das Bild der amerikanischen Gesellschaft von den großen **Metropolen**: Sie wuchsen doppelt so schnell wie die Gesamtbevölkerung. Repräsentative Bauten wie das **Empire State Building**,

Q 1 Eine Journalistin über den „neuen feministischen Stil", 1927:

Die ständig wachsende Gruppe junger Frauen in den Zwanzigern und Dreißigern, die wahrhaft modernen, sind überzeugt, dass ein er-
5 fülltes Leben sowohl nach Ehe und Kindern als auch nach einer beruflichen Karriere verlangt ... Darüber hinaus sind sie überzeugt, dadurch bessere Ehefrauen und Mütter zu
10 werden, weil ihre außerhäusliche Tätigkeit ihnen einen weiteren Horizont beschert ... Die Feministin neuen Stils verkündet, dass Männer und Kinder nicht länger ihre Welt
15 begrenzen sollen, auch wenn sie darin eine große Rolle spielen mögen. Sie ist ausgesprochen selbstbewusst und weiß, dass es ihr amerikanisches ... Geburtsrecht ist, sich
20 von einem Instinktwesen zu einem voll entwickelten Individuum zu erheben, das imstande ist, sein eigenes Leben zu gestalten.

(In: D. J. u. S. M. Rothmann, Sources of the American Social Tradition, Vol. 2, New York 1975, S. 194 f. Gekürzt)

PERSONENLEXIKON

HENRY FORD, 1863–1947. Autokonstrukteur, Pionier der Serienfertigung (Fließband)

T 3 Verkaufte Kühlschränke (KS) und Radios in den USA, in 1000 Stück

Jahr	KS	Radios
1920/21	5	?
1922/23	18	600
1924/25	75	3500
1926/27	390	4100
1928/29	890	7680

(Quelle: Kursbuch Geschichte. Berlin 2000, S. 201)

B 2 Fließbandproduktion bei Ford: Hergestellt wird das Modell T 4

6. Nachkriegsboom und große Wirtschaftskrise

lange Zeit das höchste Bauwerk der Welt, sollten die Weltgeltung und Modernität der USA zum Ausdruck bringen. ⓔ/7

Die große Krise – Der 25. Oktober 1929 ist weltweit als „Schwarzer Freitag" in die Börsen- und Wirtschaftsgeschichte eingegangen. Von diesem Tag an wurden panikartig die Aktien vieler Wirtschaftsunternehmen verkauft, sodass deren Kurse um bis zu 90 % sanken. Die Wirtschaftskrise der USA begann. Wie war es zu dieser Entwicklung gekommen?

Ursachen der Krise – Wirtschaftsschwankungen treten in allen Ländern immer wieder auf. Die große Wirtschaftskrise zwischen 1929 und 1933, die in den USA begann und die gesamte Weltwirtschaft erfasste, hatte jedoch zusätzliche Gründe. In psychologischer Hinsicht herrschte in den 1920er Jahren ein grenzenloser **Wachstumsoptimismus**. Durch das System der Ratenzahlung angeheizt, sollte immer mehr gekauft und produziert werden. Auch die Unternehmen glaubten an ständig steigende Absätze und nahmen Kredite auf, um ihre Produktionsstätten auszubauen. Dadurch kam es zu einer **Überproduktion von Konsumgütern**: Die zu viel produzierten Mengen konnten von der Bevölkerung, deren Kaufkraft nicht im gleichen Maß gestiegen war, gar nicht gekauft werden. Die Aktienkurse und der Wert der überschuldeten Unternehmen fielen innerhalb kurzer Zeit ins Bodenlose.

Die Folgen der Krise – Aktienbesitzer verloren in den folgenden Monaten den größten Teil ihres Wertpapiervermögens. Das galt für Privatpersonen ebenso wie für viele Banken, die große Aktienmengen besessen hatten. Den Not leidenden Unternehmen fehlten dadurch die Geldgeber für neue Kredite. Bald erfasste die Krise die ganze Wirtschaft. Absatz und Produktion stockten. Die Löhne sanken um bis zu 50 %, viele Arbeiter wurden entlassen, sodass die Kaufkraft weiter sank. Jetzt wirkte sich die im Vergleich zu Europa mangelnde soziale Sicherung der ärmeren Schichten besonders negativ aus: Weite Kreise der amerikanischen Bevölkerung, auch der Mittelschicht, verelendeten. ⓔ/8

Das Empire State Building in New York

T6 Arbeitslosigkeit und Industrieproduktion der USA in Prozent (1913 = 100 % der Industrieprod.)

Jahr	Arbeits-lose	Ind.-Prod.
1927	3,3	155
1928	4,2	163
1929	3,2	181
1930	8,7	148
1931	15,9	122
1932	23,6	94
1933	24,9	112
1934	21,7	122
1936	16,9	171
1938	19,0	143
1941	9,9	186
1943	1,9	?

(nach: Kennedy, P., Aufstieg und Fall der großen Mächte., Frankfurt/M. 1991, S. 451; Adams, W. P., Die Vereinigten Staaten von Amerika. Frankfurt/M. 1977, S. 505)

Q4 Die Zeitschrift „Fortune" über Folgen der Weltwirtschaftskrise, 1932

1 Eine Stichprobe in zwölf Wohnungen der Stadt Benton zeigte: kein Geld, abgetragene Kleidung, von „unnötigem" Mobiliar entblößte
5 Häuser, aus Mehl bereitete Gerichte, abgezehrte Eltern, unterernährte Kinder, unbezahlte Mieten und eine durchschnittliche Verschuldung der Familien von $ 300 für
10 Lebensmittel und Arztrechnungen.

(In: College of the University of Chicago [Hg.], The people shall judge, Bd. 2, Chicago 1949, S. 447)

B5 Arbeitslose in Chicago, 1934

ARBEITSAUFTRÄGE

1. Beschreiben Sie anhand von Q1 die Situation von Frauen in den USA in den 1920er Jahren und den Wandel gegenüber früher. Berücksichtigen Sie dabei auch T3.
2. Erläutern Sie mit B2 das Prinzip der Fließbandarbeit. Diskutiert die Vor- und Nachteile dieser neuen Produktionsweise.
3. Beschreiben Sie mit Hilfe von Q4 und B5 die Auswirkungen der Wirtschaftskrise auf weite Teile der Bevölkerung.
4. Analysieren Sie mit T6 den Zusammenhang von Arbeitslosigkeit und Industrieproduktion. Beurteilen Sie, inwieweit die Arbeitslosigkeit Folge *und* Ursache der Wirtschaftskrise war.

7. Die Überwindung der Krise – der „New Deal"

Im Jahre 1933, mitten in der Wirtschaftskrise, wurde Franklin D. Roosevelt zum Präsidenten der USA gewählt. Sein wichtigstes politisches Ziel bestand darin, die schwere Wirtschaftskrise zu bekämpfen. Welche Mittel setzte er dazu ein?

Staatliche Steuerung der Wirtschaft – Da die wirtschaftliche und soziale Not groß war, handelte Roosevelt schnell. Seine Politik des **New Deal** (dt.: Neuanfang) fand das Vertrauen der Bevölkerung. Mit einem umfangreichen Maßnahmen- und Gesetzesbündel reformierte seine Regierung das Bankenwesen, führte eine staatliche Überwachung der Börsen ein, schuf wirksamere Regeln des Wettbewerbs, garantierte den Farmern Mindestpreise für Agrarprodukte und den Industriearbeitern Mindestlöhne sowie die 40-Stunden-Woche. Um die Wirtschaft zu beleben, vergab der Staat Aufträge für Straßenbau, Flussregulierung und Stadtsanierung.

Q1 Rede Franklin D. Roosevelts zu seiner Amtseinführung am 4. März 1933:

1 Der Bevölkerung Arbeit zu verschaffen ist unsere größte und wichtigste Aufgabe. Sie kann durch die Einstellung von Arbeits-
5 kräften seitens der Regierung gelöst werden, indem wir diese Aufgabe genauso wie einen Kriegsfall behandeln. Dabei [führen wir] dringend notwendige
10 Projekte durch, die die Nutzung unserer natürlichen Ressourcen fördern und neu organisieren. Auch die staatliche Planung und Überwachung des Verkehrs- und
15 Kommunikationswesens sowie aller sonstigen öffentlichen Einrichtungen kann zur Lösung dieser Aufgabe beitragen.

(In: H.S. Commager [Hg.], Documents of American History, Bd. 2, New Jersey 1988, S. 239 ff. Übersetzung: F. Anders. Gekürzt)

Q2 Die Aufgaben des Staates in der Wirtschaft nach J. M. Keynes:

1 Der britische Ökonom John Maynard Keynes (1883–1946) hatte in den 1930er Jahren gefordert, dass der Staat in wirtschaft-
5 lichen Krisensituationen große Geldmengen bereitstellt – notfalls durch staatliches Schuldenmachen (= deficit spending) – und die Wirtschaft durch staatlich finan-
10 zierte Aufträge, Arbeitsbeschaffungsmaßnahmen sowie durch die Förderung der privaten Nachfrage ankurbelt. Die Schulden sollten später, wenn die Wirtschaft florier-
15 te, mit den dann höheren Steuereinnahmen zurückgezahlt werden. Diese Forderung Keynes nach einer antizyklischen, kreditfinanzierten Geld- und Wirt-
20 schaftspolitik in Krisenzeiten ist bis heute unter Ökonomen und Politikern umstritten.

(Autorentext)

PERSONENLEXIKON

FRANKLIN D. ROOSEVELT, 1882–1945. 1933–1945 Präsident der USA

B3 „New Deal Arzneien". Roosevelt zum Kongress: „Natürlich müssen wir die Arzneien wechseln, wenn wir keine Erfolge haben." Amerikanische Karikatur von 1936

ARBEITSAUFTRÄGE

1. Erläutern Sie mit Q1 und Q2 die Wirtschaftspolitik Roosevelts. Vergleichen Sie diese Politik mit dem Selbstbild der Amerikaner: dem Individualismus, dem Ideal des freien Wettbewerbs.
2. Interpretieren Sie die Karikatur B3.

8. Die USA nach dem Zweiten Weltkrieg

Wie nach dem Ersten Weltkrieg gab es auch nach dem Zweiten Weltkrieg in den USA eine lange Phase des wirtschaftlichen Aufschwungs. Sie wurde als „Glanzzeit des modernen amerikanischen Kapitalismus" empfunden. In welchem Maße gelangte die Bevölkerung zu Wohlstand?

Die Wohlstandsgesellschaft – In den 50er Jahren stellten die USA 60 Prozent aller weltweit produzierten Industriegüter her. Auch technologisch lagen sie vorn: Erfindungen und Innovationen wurden von den amerikanischen Unternehmen schnell und überzeugend in neue Produkte umgesetzt. Die Fließbandproduktion war durch neue, elektronische Steuerungstechniken und die **Automatisierung** weiter verbessert worden. Dadurch konnten preiswerte industrielle **Massenprodukte** hergestellt und von vielen Menschen gekauft werden. Auto, Waschmaschine, Fernseher, Telefon, Staubsauger, Geschirrspüler und viele andere Konsumgüter gehörten wie regelmäßiger Urlaub bereits Anfang der 60er Jahre zum normalen Lebensstandard. Das Einkommen der Bevölkerung erhöhte sich kontinuierlich. Dies zeigte sich auch darin, dass 1960 62 Prozent der Familien ein Eigenheim besaßen.

Die **Jugend** entwickelte eine eigene Kultur mit Idolen wie dem Schauspieler JAMES DEAN oder dem Rockstar ELVIS PRESLEY und begann gegen die Elterngeneration zu rebellieren. Gleichzeitig wurde sie zu einer wichtigen „Zielgruppe" der Werbung, die schon früh am Konsum teilhaben sollte.

B 2 „...denn sie wissen nicht, was sie tun", US-amerikanischer Spielfilm von 1955, Filmplakat

B 3 Die typische amerikanische Wohlstandsfamilie. Werbefoto

Q 1 Ein amerikanischer Journalist 1960 über die „Kommerzialisierung":

Alle Bemühungen, den Verbrauch immer weiter zu steigern, laufen im Grunde [darauf] hinaus, [dass] der Amerikaner fast unablässig von
5 Leuten belagert [wird], die ihm mit zäher Energie, durch sanfte Überredung, mit Witz oder auf gerissene Art etwas verkaufen wollen. Für jedes Stück Ware, das umgesetzt
10 werden soll, muss immer mehr Geld zur Bedarfsweckung ausgegeben werden.

(In: V. Packard, Die große Verschwendung, Frankfurt/M. 1964, S. 211. Gekürzt)

ARBEITSAUFTRÄGE

1. Erläutern Sie mit Q1 die Bedeutung der Werbung für die amerikanische Wirtschaft. Vergleichen Sie mit der heutigen Werbung in Deutschland.
2. Beschreiben Sie B 3 und überlegen Sie, welche Amerikaner sich in der Abbildung nicht wiederfinden können.
3. Diskutieren Sie, ob in der Haltung und im Ausdruck von J. Dean in B 2 ein Protest gegen die Gesellschaft deutlich wird.

9. New Frontier und Bürgerrechtsbewegung

Im Jahr 1960 gab es in den USA mehr Wohnungen mit Fernsehgeräten als mit sanitären Einrichtungen. Dies macht deutlich, dass die Entwicklung der amerikanischen Wohlstandsgesellschaft nicht ohne Widersprüche verlief. Wie zeigten sich diese Widersprüche?

Ungerechte Vermögensverteilung – Der Wohlstand verteilte sich nicht gleichmäßig auf alle Bevölkerungsschichten. Durch die neue Produktionsmethode der Automation verloren viele, vor allem ungelernte Industriearbeiter, ihren Arbeitsplatz. 1960 waren fast vier Millionen Menschen in den USA arbeitslos. Besonders farbige Amerikaner waren von der **Arbeitslosigkeit** betroffen, und diejenigen, die einen Arbeitsplatz fanden, waren meist zu schlechteren Bedingungen beschäftigt als Weiße. Die Innenstädte verfielen zunehmend, weil wohlhabende Familien in die Vorstädte zogen und die neu hinzugezogenen Gruppen wie Schwarze und Puertoricaner nicht für die Sanierung aufkommen konnten.

Verlust der Führungsrolle – Ende der 50er Jahre wurde das amerikanische Selbstbewusstsein schwer erschüttert. 1957 hatte die Sowjetunion als erstes Land einen künstlichen Satelliten in die Erdumlaufbahn gebracht und schien damit die USA technisch zu überflügeln. Der amerikanische Einfluss in der Welt ging spürbar zurück, Japan und Europa holten gegenüber den USA in der Weltwirtschaft deutlich auf. Auch nahm die Kritik des Auslands an der Rassenpolitik der USA zu. Welche Wege suchte die Politik, die Probleme im Innern zu lösen und dem Verlust der internationalen Führungsrolle zu begegnen?

New Frontier – Die Wahl von JOHN F. KENNEDY zum neuen Präsidenten der USA im Jahre 1960 bedeutete einen Wendepunkt. Kennedy leitete ein **Reformprogramm** ein. Er appellierte an das **Selbstverständnis der Amerikaner** und an die Verantwortung jedes Einzelnen gegenüber der Gesellschaft. Wirtschaftspolitisch schloss er an Roosevelts „New Deal" an und versprach Aufschwung, soziale Verbesserungen und Fortschritte in der Rassenfrage. Den „**Aufbruch zu neuen Grenzen**" symbolisierte am deutlichsten sein Weltraumprogramm, mit dem er die amerikanische Überlegenheit zur Geltung bringen wollte.

PERSONENLEXIKON

JOHN F. KENNEDY, 1917–1963. 1961–1963 Präsident der USA. Entwarf innenpolitisch ein umfangreiches Sozialreformprogramm, vertrat außenpolitisch eine harte Linie gegen die UdSSR. Er wurde 1963 ermordet.

> **Q1** Präsident John F. Kennedy 1961:
>
> Jetzt muss Amerika mit einem großen Unternehmen beginnen – jetzt muss unser Volk bei der Eroberung des Weltraums führend vorangehen, jenem Unternehmen, das auf mancherlei Weise den Schlüssel zu unserer Zukunft auf Erden in sich bergen mag ... Ich glaube, dass unser Volk sich zum Ziele setzen sollte, noch vor Ende dieses Jahrzehnts einen Menschen auf dem Mond landen zu lassen und ihn wieder sicher zur Erde zurückzubringen.
>
> (In: J. F. Kennedy, Dämme gegen die Flut, Frankfurt/M. 1964, S. 65 f. Gekürzt)

B2 US-Astronauten landen 1969 als erste Menschen auf dem Mond

Kampf gegen die Armut – Als Kennedy im November 1963 ermordet wurde, stand das Land zunächst unter einem Schock, denn der Präsident hatte viele Hoffnungen und Erwartungen geweckt.

> **Q 3** Urteil des Obersten Bundesgerichts der USA über die „Gleichheit der Rassen", 1896:
>
> 1 Zweck des [13.] Verfassungszusatzes war es ohne Zweifel, die absolute Gleichheit beider Rassen vor dem Gesetz zu sichern. Aber
> 5 es liegt in der Natur der Dinge, dass nicht beabsichtigt sein konnte, Unterscheidungen abzuschaffen, die auf der Hautfarbe beruhen, oder gesellschaftliche Gleichheit
> 10 im Unterschied zu rechtlicher Gleichheit zu erzwingen oder eine Vermischung der beiden Rassen ...
>
> (In: H. Wasser, Die USA – der unbekannte Partner, Paderborn 1983, S. 95. Gekürzt)

> **Q 4** Urteil des Obersten Bundesgerichts zur Aufhebung der Rassentrennung an Schulen, 1954:
>
> 1 Heutzutage ist sie [die Schulbildung] ein Hauptmittel dafür, das Kind für seine spätere Berufsausbildung vorzubereiten und ihm bei
> 5 der normalen Anpassung an seine Umgebung zu helfen. Kinder allein wegen ihrer Rasse von anderen ähnlicher Altersstufe und Befähigung zu trennen, erzeugt ein Un-
> 10 terlegenheitsgefühl hinsichtlich ihrer Stellung in der Gemeinschaft, das Herz und Sinn bei ihnen in einer Weise in Mitleidenschaft ziehen kann, dass es wahrscheinlich
> 15 nie mehr ungeschehen gemacht werden kann. Wir ziehen den Schluss, dass auf dem Gebiet des öffentlichen Bildungswesens die Doktrin des „seperate but equal"
> 20 keinen Platz mehr hat.
>
> (In: H. Wasser, Die USA – der unbekannte Partner, Paderborn 1983, S. 95. Gekürzt)

Sein Reformprogramm wurde von seinem Nachfolger Lyndon B. Johnson fortgeführt. Er versprach „Wohlstand und Freiheit für alle". Zur Bekämpfung der Arbeitslosigkeit führte er Arbeitsbeschaffungsmaßnahmen durch. Städte und Slums wurden saniert, **Hilfs- und Bildungsprogramme** für Arme durchgeführt. Der Sozialstaat wurde durch ein **Krankenversicherungsgesetz** weiter ausgebaut. Der Prozentsatz der unter dem Existenzminimum lebenden Amerikaner sank von 22,4 auf 12,6 Prozent.

Bürgerrechtsbewegung – Noch 1896 war die **Rassentrennung** vom höchsten amerikanischen Gericht unter dem Motto „seperate but equal" (engl.: getrennt aber gleich) für rechtmäßig erklärt worden.

PERSONENLEXIKON

Martin Luther King, 1929–1968. Theologe und Prediger; erhielt 1964 den Friedensnobelpreis; wurde 1968 von einem fanatischen Weißen ermordet

B 5 Farbige Schüler auf dem Weg zur Schule. Atlanta/USA 1956

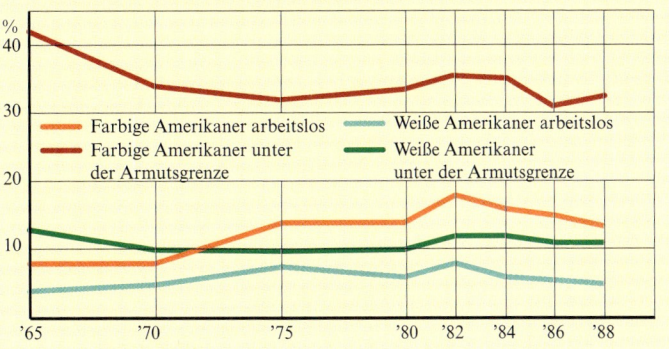

D 6 Entwicklung der Arbeitslosigkeit in den USA und des Bevölkerungsanteils der Amerikaner mit einem Einkommen unter der Armutsgrenze

Vor allem in den Südstaaten wurde diese Rassentrennung praktiziert. Hier durften Schwarze nicht mit Weißen zusammen im Bus sitzen, nicht mit ihnen im Restaurant essen, schwarze Kinder durften nicht mit weißen zur Schule gehen. In vielen Bundesstaaten war ihr Wahlrecht an die Zahlung einer Steuer und an Schreibtests gebunden. Eine **Bürgerrechtsbewegung** unter Führung des Baptistenpredigers MARTIN LUTHER KING forderte dagegen die Gleichbehandlung der farbigen Amerikaner in allen Bereichen der Gesellschaft. Mit wachsender Unterstützung auch der Weißen organisierte sie seit der Mitte der 50er Jahre gewaltlose Proteste: Demonstrationen oder Sit-Ins in Restaurants, zu denen Schwarze keinen Zutritt hatten. Rassistische Unternehmen und Geschäfte wurden boykottiert.

Erfolge und Grenzen der Bürgerrechtsbewegung – Die Bürgerrechtsbewegung erreichte in den 1950er Jahren die gesetzliche Aufhebung der Rassentrennung an staatlichen Schulen und in öffentlichen Verkehrsmitteln. 1964 und 1965 verboten die **Bürgerrechtsgesetze** jede Diskriminierung (= Benachteiligung) auf Grund von Hautfarbe, Religion, nationaler Herkunft oder Geschlecht. Obwohl diese Reformpolitik dazu führte, dass farbige Amerikaner zunehmend in die Mittelschicht aufstiegen und politische Funktionen und Ämter übernahmen, ist ihre Benachteiligung und der **Rassismus** weiterhin ein ungelöstes Problem der amerikanischen Gesellschaft. Besonders in den Großstädten kommt es bis heute zu schweren **Rassenunruhen.**

Q7 Aus dem Bürgerrechtsgesetz von 1964:

Jedermann soll Anspruch haben auf den vollen und gleichen Genuss der Güter, Dienstleistungen, Einrichtungen ohne Diskriminierungen oder Trennungen aufgrund von Rasse, Hautfarbe, Religion oder nationaler Herkunft. Jede der folgenden Einrichtungen ist eine öffentliche Einrichtung im Sinne dieses Abschnitts: Jedes Gasthaus, Motel, jedes Restaurant, jede Cafeteria, jeder Imbissstand, jedes Kino, Theater, Konzertgebäude, Stadion, jeder Sportplatz: Wann immer der Justizminister hinreichenden Grund zu der Annahme hat, dass ein Einzelner oder eine Gruppe bestrebt ist, die volle Nutzung der Rechte zu verhindern, so kann er ein Zivilverfahren in Gang bringen...

(In: D. Düsterloh, J. Rohlfes, Politische Weltkunde II, Die Vereinigten Staaten von Amerika, Stuttgart 1980, S. 151 f. Gekürzt)

B8 Über 200.000 Bürgerrechtler beteiligten sich an dem Marsch auf Washington am 23. August 1963

ARBEITSAUFTRÄGE

1. Geben Sie Q1 mit eigenen Worten wieder. Erklären Sie, warum Kennedy sein Programm „New Frontier" nennt. Berücksichtigen Sie dabei auch T2 sowie B3 auf S. 11.
2. Welche Unterscheidung bei den Rechten der Farbigen trifft das Gericht 1896 in Q3? Erläutern Sie die Folgen für die Farbigen.
3. Fassen Sie die Begründung des Obersten Gerichtshofs in Q4 zusammen. Erläutern Sie die Veränderungen, die durch das Urteil und das Gesetz von 1964 (Q7) eingeleitet werden sollten.
4. Erläutern Sie mit Hilfe von D6 die Entwicklung der Einkommensstruktur von 1965 bis 1988. Stellen Sie Vermutungen darüber an, warum die Einkommen noch unterschiedlich sind.
5. Beschreiben Sie die in B8 abgebildeten Personen. Versetzen Sie sich in einige der Teilnehmer und schreiben Sie einen Forderungskatalog an die Regierung in Washington.

Der Aufstieg der USA zur Weltmacht

	Politik	Kultur	Alltag/Wirtschaft
1950	seit 1960: Politisches und technologisches Reformprogramm (New Frontier) der Regierungen Kennedy und Johnson 1954: Gesetz zur Aufhebung der Rassentrennung an Schulen 1933: „New Deal"-Politik als Maßnahme gegen die schwere Wirtschaftskrise	Bürgerrechtsbewegung farbiger Amerikaner kämpft für die gesellschaftliche Gleichstellung Entstehung einer neuen Jugendkultur mit Idolen aus der Film- und Musikbranche Die Massenmedien Radio und Film beginnen das Kulturleben zu prägen	Die Benachteiligung farbiger Amerikaner führt zu gewaltsamen Rassenunruhen 1964: Einführung einer Krankenversicherung 1940 ff.: Lang anhaltender Wirtschaftsaufschwung; die USA entwickeln sich zur Wohlstandsgesellschaft seit 1929: Wirtschaftskrise mit Firmenzusammenbrüchen, Arbeitslosigkeit, Verelendung
1900	1917: Eintritt der USA in den 1. Weltkrieg, der dadurch zugunsten der Alliierten entschieden wird Imperialistische Politik der USA in Mittel- und Südamerika und im pazifischen Raum 1890: Anti-Trust-Gesetz der amerikanischen Regierung gegen Wirtschaftsmonopole und -kartelle	Der Luxus der Vororte und das Elend der Slums symbolisieren soziale Unterschiede Neue Einwanderungen aus Süd-/Osteuropa und Asien führen zu ethnischen Konflikten und verschärfen die bestehenden sozialen Konflikte; sie gipfeln in Fremdenhass und offenem Rassismus	Telefon, Radio, Kühlschrank, das Auto und andere Konsumgüter verbessern den Lebensstandard der Bevölkerung ca. 1920: Industrielle Massenproduktion von Konsumgütern; Einführung der Fließbandarbeit ca. 1890: Die USA sind die führende Industrie- und Wirtschaftsmacht der Welt; ca.1890: Die Kolonisation des amerikanischen Kontinents durch weiße Siedler ist weitgehend abgeschlossen
1850	1861–1865: Bürgerkrieg zwischen den Nord- und den Südstaaten. Mit dem Sieg der Nordstaaten 1865 erfolgt die Abschaffung der Sklaverei		1865: Abschaffung der Sklaverei per Gesetz
1800	1783: Unabhängigkeitserklärung der ehemals englischen Kolonien; Gründung der USA	Geringschätzung und Verachtung der indianischen Kultur und Bevölkerung bei den Weißen USA sind „Melting pot of nations" Die Neuankömmlinge und Siedler vereint ein starker Pioniergeist und der amerikanische Traum von Gleichheit, Freiheit, wirtschaftlichem Erfolg	Die Eisenbahn wird zum wichtigsten Transportmittel; seit Mitte des 19. Jh.: Industrieller Aufschwung der USA; Mechanisierung der Landwirtschaft; seit ca. 1800: Kolonisation des Kontinents; Vertreibung und Ausrottung der indianischen Ureinwohner; seit ca. 1800: Mehrere große Einwanderungswellen, anfangs vor allem aus Ländern Nord- und Westeuropas

Zusammenfassung – Der Aufstieg der USA zur Weltmacht

Im 19. Jahrhundert wanderten Hunderttausende Menschen in die USA ein, die zum **"Melting pot of nations"** wurden. Bis 1890 hatten die weißen Siedler den gesamten nordamerikanischen Kontinent erschlossen. Die indianischen Ureinwohner wurden vertrieben, getötet oder mit Gewalt in Reservate umgesiedelt. Von 1861–1865 erlebten die USA die Zerreißprobe eines **Bürgerkriegs** zwischen den Süd- und den Nordstaaten. Der Krieg endete mit dem Sieg der Nordstaaten und der Abschaffung der Sklaverei.

In der zweiten Hälfte des 19. Jahrhunderts entwickelten sich die USA zur **führenden Industrienation**. Dabei kam es zu sozialen Konflikten, Arbeitskämpfen und zu einer Verelendung der Industriearbeiter. Diese Konflikte wurden von Spannungen zwischen alten und neuen Einwanderern überlagert.
Am Ende des 19. und zu Beginn des 20. Jahrhunderts betrieben die USA eine **imperialistische Politik** in Mittel- und Südamerika sowie im pazifischen Raum. Mit Hilfe ihrer Flotte und der starken Wirtschaft sicherten sie sich dort politischen Einfluss und Exportmärkte. Durch ihre Teilnahme entschieden die USA den **Ersten Weltkrieg** zugunsten der Alliierten.

Auf den wirtschaftlichen Aufschwung der 1920er Jahre folgte 1929 eine schwere **Wirtschaftskrise** mit Unternehmenszusammenbrüchen, Arbeitslosigkeit und Verelendung weiter Bevölkerungskreise. Durch Reformen, Staatskredite und Arbeitsbeschaffungsmaßnahmen versuchte Präsident Roosevelt, die Wirtschaftskrise zu überwinden. Nach dem Zweiten Weltkrieg erlebte das Land eine lange Phase des **technologischen und wirtschaftlichen Aufschwungs**: Neue Produkte und Konsumgüter, die Automatisierung der industriellen Massenproduktion und steigende Einkommen waren die Voraussetzungen für die **Wohlstandsgesellschaft**. Die farbigen Amerikaner sind jedoch bis heute gesellschaftlich benachteiligt. @/8

ARBEITSAUFTRAG

Technische Erfindungen wie das Fließband beschleunigten den Aufstieg der USA zur führenden Industrienation. Sie ermöglichten eine schnellere und preiswertere Produktion von Waren, veränderten aber die Arbeitsweise der Menschen grundlegend. Überlegen Sie, wie die Arbeiter und Arbeiterinnen diese Veränderungen erlebten. Welche technischen Entwicklungen beeinflussen heute unsere Arbeitswelt nachhaltig?

ZUM WEITERLESEN

K. Recheis: Bevor die Büffel starben. Das abenteuerliche Leben der Crow. Arena, Würzburg ² 1997.
B.S. Cummings: Feuer über Virginia, dtv-junior, München 1991.
D. Brown: Begrabt mein Herz an der Biegung des Flusses. Hoffmann & Campe, Hamburg ¹⁰ 1995.
S. O'Dell: Rollender Donner. Arena, Würzburg 1996.
@/1 http://odur.let.rug.nl/~usa/H/1954ge/index.htm
@/2 http://www.a-nation-a-history.de/
@/3 http://www.wissen-erleben.de/themen/roots/
@/4 http://www.indianer.de
@/5 http://www-theol.kfunigraz.ac.at/kat/rb/kkk/ku_klux_klan_seite.htm
@/6 http:/private.addcom.de/tim.treude/dokumente/panama.htm
@/7 http://www.esbnyc.com/
@/8 http://www.boersendschungel.de/htdocs/crash2.htm

Die Entwicklung der Sowjetunion bis 1991

Im Vergleich mit den westeuropäischen Ländern war Russland zu Beginn des 20. Jahrhunderts ein rückständiges Land: Die Industrie war noch wenig entwickelt, die einfache Bevölkerung lebte meist in sehr ärmlichen Verhältnissen. Mitten im Krieg, im Oktober 1917, fand in Russland eine sozialistische Revolution statt. Sie veränderte die russische Gesellschaft tiefgreifend und hatte großen Einfluss auf die Weltgeschichte des 20. Jahrhunderts.

Die Entwicklung der Sowjetunion bis 1991

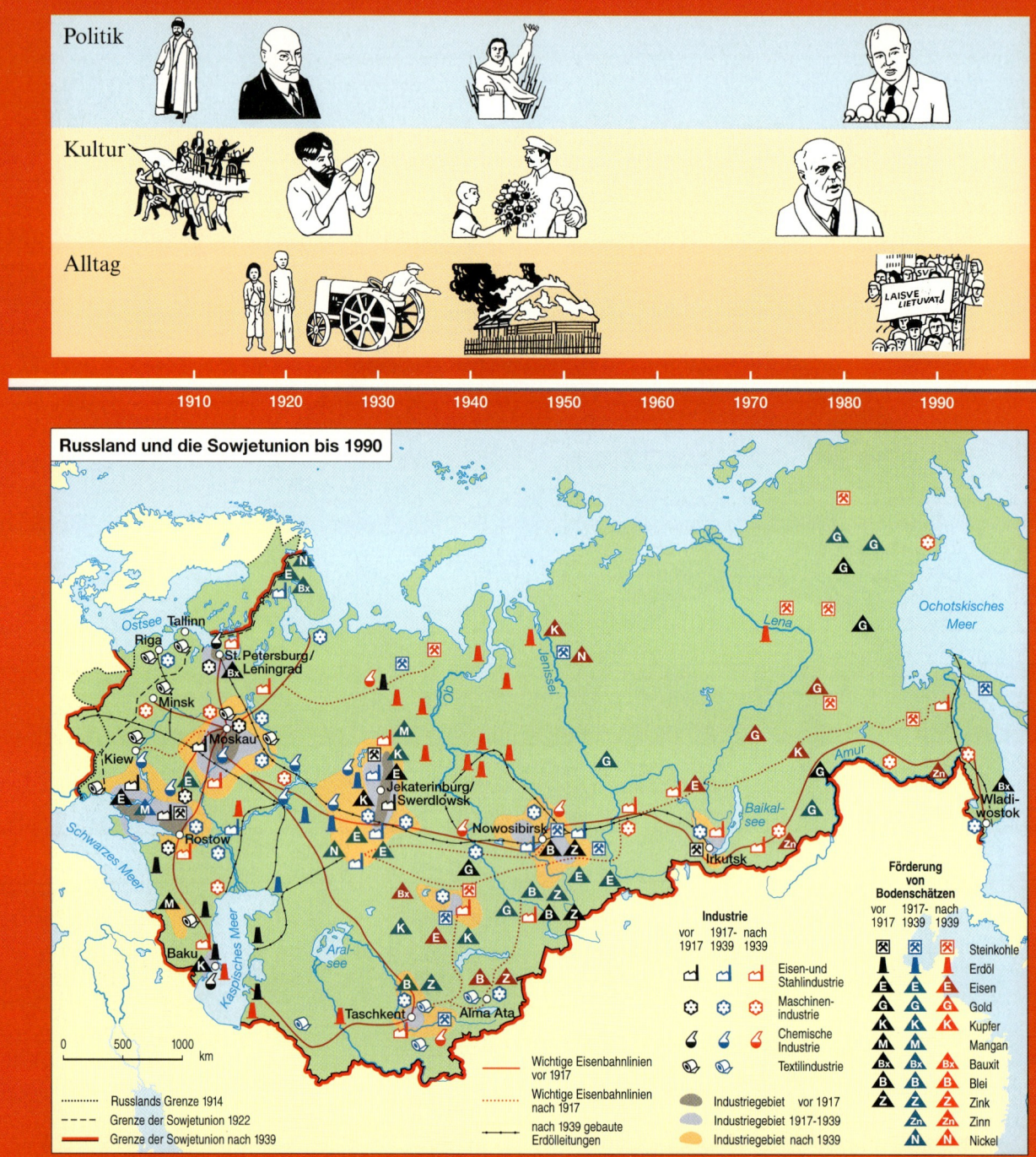

ARBEITSAUFTRÄGE

Beschreiben Sie die geografische und wirtschaftliche Entwicklung Russlands bzw. der Sowjetunion von der Zeit vor dem Ersten Weltkrieg bis 1990.

1. Die russische Gesellschaft zu Beginn des 20. Jahrhunderts

Tiefe soziale, wirtschaftliche und politische Gegensätze spalteten die russische Gesellschaft zu Beginn des 20. Jahrhunderts. Immer häufiger forderten Arbeiter, Bauern und Intellektuelle bei Streiks und Demonstrationen bessere Arbeits- und Lebensbedingungen sowie politische Mitsprache. Doch Zar NIKOLAUS II. ließ aus Angst vor dem Verlust seiner Alleinherrschaft (=Autokratie) jeden Widerstand gewaltsam niederschlagen. Welche Ursachen hatten diese Konflikte?

Die Lage der Bauern und der Arbeiter – Über 80 Prozent der russischen Bevölkerung lebten auf dem Land. Doch zwei Drittel des Bodens befanden sich im Besitz einer kleinen Schicht meist adliger **Gutsbesitzer**. Zwar war die Leibeigenschaft 1861 aufgehoben worden, doch das hatte nicht zu einer gerechten Verteilung des Bodens geführt. Die Gutsbesitzer ließen sich das Land teuer abkaufen; schon für ein kleines Stück Land mussten sich die Bauern hoch verschulden. Viele verarmte Bauern und Landarbeiter wanderten daher in die neuen **Industriezentren** ab, um dort als **Lohnarbeiter** ein Auskommen zu finden. Die Industrie war auf wenige Zentren wie Moskau und St. Petersburg begrenzt. Aufgrund von Kapitalmangel im eigenen Land befand sie sich weitgehend in ausländischer Hand; auch die Gewinne flossen meist ins Ausland. Ohne gesetzlichen Schutz litten die Arbeiter unter unmenschlichen Arbeitsbedingungen.

T 2 Ökonomische Entwicklung Russlands

	1860	1890	1900	1913
Bevölkerung (in Mio.)	74	118	133	175
Roheisen (in 1000 t)	336	976	2934	4636
Kohle (in 1000 t)	467	6015	16156	36036
Eisenbahn (in 1000 km)	1,6	30,6	53,2	70,2

(Nach: K. Funken, Die ökonomischen Voraussetzungen der Oktoberrevolution, Zürich 1976, S. 203)

PERSONENLEXIKON

ZAR NIKOLAUS II., 1868–1918, russischer Zar von 1894–1917. Er setzte die konservative Politik seiner Vorgänger fort und behinderte Russlands Modernisierung; im Juli 1918 wurden er und seine Familie ermordet.

Q 1 Aus der vom Zaren 1906 erlassenen Verfassung:

4: Dem Kaiser von Allrussland gehört die Oberste Selbstherrschende Gewalt. 14: [Er] ist der herrschende Führer der russischen Armee und Flotte. 17: [Er] ernennt und entlässt den Vorsitzenden des Ministerrats, die Minister und die Hauptchefs der Verwaltungen. 86: Kein Gesetz kann ohne Zustimmung der Staatsduma [Volksvertretung] erfolgen und ohne Bestätigung Seiner Majestät in Kraft treten. 105: Die Staatsduma kann durch eine Verordnung des Kaisers aufgelöst werden...

(In: H. G. Linke: Die russischen Revolutionen 1905/1917, Stuttgart 1991, S. 44 f. Gekürzt)

B 3 So genannte Treidler ziehen ein Lastschiff flussaufwärts, Foto 1900

ARBEITSAUFTRÄGE

1. Benennen und vergleichen Sie mit Q 1 die Rechte, die die Verfassung dem Zaren und der Volksvertretung gab. Halten Sie den Titel „Oberster Selbstherrscher" für angemessen?
2. Beurteilen Sie mit T 2 die Wirtschaftsentwicklung Russlands 1860–1913. Vergleichen Sie sie mit der anderer Länder (S. 15, T 5).
3. Betrachten Sie B 3 und formulieren Sie einen Zeitungsbericht über die Arbeitsbedingungen der Treidler.

2. Sozialistische Ideen von einer gerechten Gesellschaft

Im 18. und 19. Jahrhundert entstanden in Mittel- und Westeuropa sozialistische Vorstellungen von einer gerechteren Gesellschaft. Wie sollte diese neue Gesellschaftsordnung aussehen? Und wie wurden diese Ideen im zaristischen Russland aufgenommen?

Frühsozialismus – Während der Französischen Revolution forderte FRANÇOIS NOËL BABEUF (1760–1797) die Abschaffung des Privateigentums und die gemeinschaftliche Nutzung aller Güter. Die von ihm zum Sturz der Regierung organisierte Verschwörung scheiterte jedoch. Babeuf wurde hingerichtet. In der ersten Hälfte des 19. Jahrhunderts, mit Beginn der Industrialisierung, forderten immer mehr Menschen eine Änderung der als ungerecht empfundenen gesellschaftlichen Zustände. Graf HENRI DE SAINT SIMON (1760–1825) teilte die Gesellschaft in zwei Gruppen ein: in „Müßiggänger" und „Arbeitende". Die „Müßiggänger" (Adelige, Offiziere, Priester) seien überflüssig. Ihre Macht müsse in die Hände der Arbeitenden (Arbeiter, Bauern, Unternehmer) übergehen. Auf der Grundlage der christlichen Nächstenliebe forderte der deutsche Schneidergeselle WILHELM WEITLING (1808–1871) eine **kommunistische Gesellschaft**, in der das Privateigentum abgeschafft ist.

Der „Wissenschaftliche Sozialismus" – Der Journalist KARL MARX und der Unternehmer FRIEDRICH ENGELS beschrieben Mitte des 19. Jahrhunderts die Geschichte der Menschheit als eine Abfolge von **Klassenkämpfen**. Seit der Frühzeit hätten sich die Klasse der Unterdrücker und die der Unterdrückten gegenübergestanden. In der Menschheitsgeschichte sei die Arbeiterklasse, das **Proletariat**, die letzte unterdrückte Klasse. Sie werde die Kapitalistenklasse, die **Bourgeoisie**, durch eine Revolution stürzen und deren Privateigentum an Boden und Gütern in Gemeinschaftsbesitz umwandeln. Industrie und Landwirtschaft würden danach einen großen Aufschwung erleben, sodass die Bedürfnisse aller Menschen befriedigt

PERSONENLEXIKON

KARL MARX, 1818–1883. Deutscher Philosoph; Begründer des „Wissenschaftlichen Sozialismus" (Marxismus); veröffentlichte mit Engels das „Kommunistische Manifest"; nach der Revolution von 1848 Ausweisung aus Preußen und Emigration nach London; von dort Einwirken auf die deutsche Sozialdemokratie; Hauptwerk: „Das Kapital" (1867)

FRIEDRICH ENGELS, 1820–1895. Sozialistischer Theoretiker; stammte aus einer Unternehmerfamilie. Er beschrieb 1845 die sozialen Verhältnisse in England, veröffentlichte mit Marx das Kommunistische Manifest; lebte ab 1870 in England und unterstützte Marx finanziell im englischen Exil.

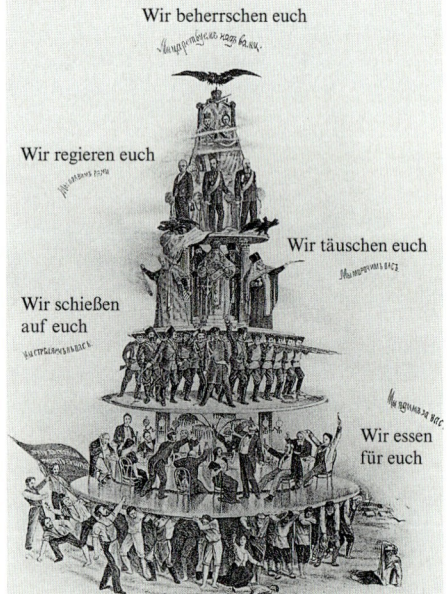

B 1 „Die Gesellschaft des Zarenreichs", Lithografie eines russischen Flugblatts, 1900

Q 2 Der Dichter Heinrich Heine: Deutschland. Ein Wintermärchen (1844) / Caput I (Auszug)

1 Ein neues Lied, ein besseres Lied,
O Freunde, will ich Euch dichten!
Wir wollen hier auf Erden schon
Das Himmelreich errichten.

5 Wir wollen auf Erden glücklich sein,
Und wollen nicht mehr darben;
Verschlemmen soll nicht der
          faule Bauch
Was fleißige Hände erwarben.

10 Es wächst hienieden Brot genug
Für alle Menschenkinder,
Auch Rosen und Myrten,
          Schönheit und Lust,
Und Zuckererbsen nicht minder.

(In: H. Heine, Werke, Bd. 2., 2. Teil, Wiesbaden o.J. S. 92)

werden könnten. Für eine Übergangszeit werde das Proletariat eine „**revolutionäre Diktatur**" ausüben, die den Aufbau einer **sozialistischen Gesellschaft** sicherstelle. Dann sei der Staat überflüssig geworden.

Die sozialistische Bewegung in Russland – Im Laufe des 19. Jahrhunderts fanden auch in Russland die sozialistischen Ideen von Marx und Engels Anhänger, vor allem unter der so genannten **Intelligentsia** (= Rechtsanwälte, Lehrer, Studenten etc.). Sie vertraten jedoch verschiedene Meinungen über den richtigen Weg zu einer erfolgreichen Revolution. So zogen etwa im Sommer 1874 russische Studenten in die Dörfer, um die Bauern für die Revolution zu mobilisieren. Allerdings scheiterte diese Bewegung der **Narodniki** (dt.: Volksfreunde), da die Bauern noch immer auf die Hilfe des Zaren hofften.

Die Anhänger von Marx und Engels setzten dagegen auf die Arbeiterschaft als Träger der Revolution. Doch die Industrialisierung hatte in Russland erst begonnen und das Proletariat machte Ende des 19. Jahrhunderts erst 3 % der russischen Bevölkerung aus. Nach Ansicht des Rechtsanwalts WLADIMIR I. ULJANOW (1870–1924), der sich seit 1901 LENIN nannte, brauchte das Proletariat die Führung von „Berufsrevolutionären", um sich zu einer revolutionären Klasse zu entwickeln. Diese Aufgabe sollte, so Lenin, die 1898 gegründete **Russische Sozialdemokratische Arbeiterpartei** übernehmen.

Deckblatt des 1848 von Karl Marx und Friedrich Engels veröffentlichten „Kommunistischen Manifestes"

Q3 Aus den „Statuten des Bundes der Kommunisten" (1847):

1 Art. 1. Der Zweck des Bundes ist der Sturz der Bourgeoisie, die Herrschaft des Proletariats, die Aufhebung der alten, auf Klassen-
5 gegensätzen beruhenden bürgerlichen Gesellschaft und die Gründung einer neuen Gesellschaft ohne Klassen und ohne Privateigentum.

(In: K. Marx / F. Engels, Das Manifest der Kommunistischen Partei, Stuttgart 1953, S.79)

Q4 Lenin über das Bündnis von armen Bauern und städtischen Arbeitern, 1903:

1 Damit alle Werktätigen vollständig befreit werden, muss die Dorfarmut [= Landbewohner mit sehr wenig oder ohne Landbesitz] im
5 Bündnis mit den städtischen Arbeitern den Kampf gegen die gesamte Bourgeoisie, darunter auch gegen die reichen Bauern führen. [Sonst] wird die Dorfarmut sich
10 nie von jeder Knechtschaft, von Not und Elend befreien. Unser letzter Schritt aber in Stadt und Land wird darin bestehen: Wir werden den Gutsbesitzern und
15 der Bourgeoisie den ganzen Grund und Boden und alle Fabriken wegnehmen und die sozialistische Gesellschaft errichten.

(In: H. G. Linke, Die russischen Revolutionen 1905/1917, Stuttgart 1991, S. 34. Gekürzt)

Q5 Lenin über die „Diktatur des Proletariats" (1917):

1 Die Diktatur des Proletariats kann nicht nur eine Erweiterung der Demokratie ergeben. Zugleich bringt die Diktatur eine Reihe von Freiheitsbeschränkungen für die Unterdrücker, die Ausbeuter, die Kapitalisten. Diese müs-
5 sen wir niederhalten, um die Menschheit von der Lohnsklaverei zu befreien; ihr Widerstand muss mit Gewalt gebrochen werden, und es ist klar, dass es dort, wo es Gewalt gibt, keine Freiheit, keine Demokratie gibt ...

(In: H.G. Linke, Die russischen Revolutionen 1905/1917, Stuttg. 1991, S. 35. Gek.)

ARBEITSAUFTRÄGE

1. Beschreiben Sie den Aufbau der russischen Gesellschaft, wie ihn die sozialdemokratische Partei Russlands in B 1 darstellt.
2. Erläutern Sie die Vorstellungen des Dichters Heinrich Heine von einer besseren Welt, wie sie in Q 2 zum Ausdruck kommen.
3. Benennen Sie mit Q 3 die Ziele des „Bundes der Kommunisten".
4. Erläutern Sie mit Q 4 die Bedeutung eines Bündnisses zwischen städtischen Arbeitern und der Dorfarmut aus der Sicht Lenins.
5. Diskutieren Sie mit Q 5 die Rechtfertigung Lenins für eine „Diktatur des Proletariats" und das damit verbundene Vorgehen.

3. Russland im Ersten Weltkrieg / Beginn der Revolution

"Nieder mit dem Krieg" – Um den von Österreich 1914 bedrohten Serben zu helfen und um seine eigene Großmachtstellung auf dem Balkan ausbauen zu können, kämpfte Russland seit August 1914 an der Seite Frankreichs und Großbritanniens im Ersten Weltkrieg gegen Deutschland und Österreich-Ungarn. Die anfängliche Kriegsbegeisterung der russischen Bevölkerung schlug jedoch angesichts schwerer militärischer Niederlagen, über 1 Million getöteter Soldaten und einer katastrophalen Versorgungslage bald in wachsenden Widerstand um. Wie würde der Zar auf den Stimmungswandel und die Not der Menschen reagieren?

Die Februarrevolution – Am 23. Februar 1917 – nach dem damaligen russischen Kalender Internationaler Frauentag – demonstrierten Tausende verzweifelter Mütter in der Hauptstadt Petrograd für mehr Lebensmittel. Schon bald solidarisierten sich rund 400 000 Arbeiter mit ihnen und forderten das Ende des Krieges sowie den Sturz des Zaren. Aus der Demonstration wurde ein **Generalstreik**. Erneut wollte Zar Nikolaus II. den Widerstand mit Waffengewalt unterdrücken. Doch die Soldaten, meist Arbeiter- und Bauernsöhne, liefen zu den Streikenden über: Aus dem Generalstreik wurde eine **Revolution**. Die Revolutionäre stürmten die Waffenlager, befreiten die Gefangenen und verhafteten die zaristische Regierung. Am 2. März 1917 musste der Zar abdanken. Die Abgeordneten der DUMA (= russ. Parlament) bildeten eine neue **Provisorische Regierung**, in der neben gemäßigten Sozialisten mehrheitlich bürgerliche Politiker vertreten waren.

> **Q1** Fürst G. L. Lwow in einem Brief an den Präsidenten der Reichsduma, 29. Oktober 1916:
>
> Die gewaltige patriotische Erhebung des Volkes ist von der Staatsmacht nicht ausgenützt worden. In der Provinz erregen die Maßnahmen [der Regierung] Gefühle des Zweifels, der Gereiztheit, ja sogar der Empörung und der Wut. Alle Maßnahmen scheinen darauf abzuzielen, die Lage des Landes weiter zu erschweren. Dazu gehören etwa die Maßnahmen in Fragen der Lebensmittelversorgung, die die Lage mehr und mehr verschärfen. Die Verabsäumung anderer militärischer Maßnahmen [setzt] sogar Menschen und Material des Landes aufs Spiel.
>
> (In: M. Hellmann [Hg.], Die russische Revolution 1917, München 1969, S. 86 f. Gekürzt)

B2 Revolutionäre Bauern stürmen ein Gut, G. Gorolew, Gemälde 1953

B3 Bewaffnete Arbeiter auf dem Schlossplatz von Petrograd, 1917

3. Russland im Ersten Weltkrieg / Beginn der Revolution

Doppelherrschaft – Im Verlauf der Revolution hatten sich im ganzen Land Arbeiter-, Bauern- und Soldatenräte (russisch: Sowjets) gebildet. Auch sie verstanden sich als Vertreter der russischen Bevölkerung und bildeten in Petrograd das **Exekutivkomitee der Sowjets**. Noch im Februar 1917 einigten sich Regierung und Exekutivkomitee der Sowjets auf ein gemeinsames Reformprogramm, wonach Russland in eine Republik nach westlichem Vorbild umgewandelt werden sollte.

„Alle Macht den Räten" – Mit dieser Parole und dem Ziel einer sozialistischen Neuordnung Russlands kehrte der Führer der radikalen Sozialisten, WLADIMIR ILJITSCH LENIN, am 3. April 1917 mit deutscher Hilfe aus seinem Schweizer Exil nach Petrograd zurück. Bereits seit 1903 hatten die russischen Sozialdemokraten über den richtigen Weg zu einer sozialistischen Revolution gestritten: Während der gemäßigte Flügel der Sozialdemokraten, die **Menschewiki**, das rückständige Russland noch nicht reif für eine sozialistische Revolution hielt, wollte der radikale Flügel, die **Bolschewiki**, die Februarrevolution weiterführen. Im Sommer 1917 konnten die Bolschewiki ihren politischen Einfluss beträchtlich steigern, denn die Provisorische Regierung verlor den Rückhalt in der Bevölkerung, weil sie den verhassten Krieg fortgesetzt und auch die erhoffte Landreform verzögert hatte.

Q5 Am 4. April 1917 verkündet Lenin sein Programm („Aprilthesen"):

2. Die Revolution muss die Macht in die Hände des Proletariats und der armen Schichten der Bauernschaft legen. 3. Keine Unterstützung der Provisorischen Regierung. 5. Nicht parlamentarische Republik, sondern eine Republik von Arbeiter-, Landarbeiter- und Bauerndeputiertenräten. Abschaffung der Polizei, der Armee, des Beamtentums. 6. Enteignung des gesamten adligen Grundbesitzes. Nationalisierung des gesamten Bodens im Lande.

(In: M. Hellmann [Hg.], Die russische Revolution 1917, München 1969, S.189 f. Gekürzt)

PERSONENLEXIKON

WLADIMIR I. LENIN, 1870–1924. Führer der radikalen Sozialisten, die im November 1917 die Macht in Russland an sich rissen. Lenin war Vorsitzender des Rats der Volkskommissare (Regierung).

Q6 Lenin und die kaiserliche deutsche Regierung 1917:

Lenin wollte die Weltrevolution, einschließlich der Revolution gegen das deutsche Kaiserreich, seine deutschen Partner wollten den Sieg und die europäische Vorherrschaft dieses deutschen Kaiserreichs ... Beide Seiten wollten eine Revolutionsregierung in Russland und ein Friedensangebot dieser Regierung; und jeder hoffte, sich des anderen für seine Zwecke zu bedienen.

(In: S. Haffner, Der Teufelspakt, Die deutsch-russischen Beziehungen vom Ersten zum Zweiten Weltkrieg, Zürich 1988, S.19 f. Gekürzt)

Q4 Erklärung der Provisorischen Regierung vom 3. März 1917:

1. Vollständige Amnestie aller politischen Vergehen. 2. Freiheit der Rede, der Presse, Vereins-, Versammlungs- und Streikfreiheit. 3. Abschaffung aller benachteiligenden Unterschiede [wegen] Zugehörigkeit zu bestimmten Ständen, Religionsgemeinschaften und Nationalitäten. 4. Einberufung einer Konstituierenden Versammlung auf der Grundlage des allgemeinen, gleichen, geheimen und direkten Wahlrechts. 5. Ersetzung der Polizei durch eine Volksmiliz.

(In: M. Hellmann [Hg.], Die russische Revolution 1917, München 1969, S.152 f. Gekürzt)

ARBEITSAUFTRÄGE

1. Welche Einschätzung gibt Fürst Lwow in Q1 von der zaristischen Regierung und der Lage in Russland Ende 1916?
2. Betrachten Sie B2 und B3. Überlegen Sie, warum die russischen Arbeiter sich nach der Februarrevolution bewaffneten und eigene Milizen (kämpfende Verbände) aufstellten.
3. Erläutern Sie anhand von Q4 die politischen Veränderungen in Russland nach der Februarrevolution.
4. Vergleichen Sie Q4 mit Q5. Worin unterscheiden sich die Forderungen Lenins von denen der neuen Regierung? Wie sollten Staat und Gesellschaft nach Lenin gestaltet sein?
5. Versuchen Sie die Zusammenarbeit Lenins mit der kaiserlichen deutschen Regierung, die in Q6 geschildert wird, zu erklären.

4. Oktoberrevolution und Gründung der UdSSR

Staatsstreich der Bolschewiki – Als die Bolschewiki im September 1917 einen Großteil der Stimmen in den einflussreichen Räten von Moskau und Petrograd erhielten, drängten Lenin und LEO TROTZKI auf den Sturz der Provisorischen Regierung, um selber die Macht zu übernehmen. Dies gelang ihnen am 25. Oktober 1917 in einem Staatsstreich, der kaum auf Widerstand stieß. Die Bolschewiki setzten eine neue Regierung unter der Führung Lenins ein, den **Rat der Volkskommissare**. Warum traf der Staatsstreich nicht auf Widerstand in der Bevölkerung?

Maßnahmen zur Sicherung der Herrschaft – Schon im Oktober 1917 erfüllten die Bolschewiki die wichtigsten Forderungen der Bauern und Arbeiter. Gegen heftigen Widerstand innerhalb der eigenen Partei schlossen Lenin und Trotzki im März 1918 in Brest-Litowsk einen für Russland sehr harten Frieden mit Deutschland und Österreich-Ungarn. Russland musste auf die baltischen Länder verzichten und die Unabhängigkeit Finnlands sowie der Ukraine anerkennen. Dadurch verlor es ein Viertel seiner Bevölkerung sowie drei Viertel seiner Eisenindustrie und Kohlebergwerke. Doch die Bolschewiki wollten sich die Sympathie der kriegsmüden Arbeiter, Bauern und Soldaten sichern, um ihre Macht gegen die politischen Gegner im eigenen Land stabilisieren zu können.

Sowjetisches Propagandaplakat von 1920: „Genosse Lenin säubert die Welt vom Unrat"

Q1 Ein Historiker über den Umsturz im Oktober 1917 in Petrograd:

1 Am 25. Oktober um zwei Uhr morgens besetzten Soldaten den Bahnhof der Strecke nach Moskau, wenig später Elektrizitäts-
5 werk, Post- und Telegrafenamt, Staatsbank und die wichtigsten Plätze und Brücken. Als sie um acht Uhr auch im Warschauer Bahnhof patrouillierten, war der
10 Machtwechsel bereits vollzogen – kampflos und ohne Blutvergießen. Gegen Mittag umzingelten bewaffnete Aufständische den Winterpalast und forderten
15 die Kapitulation der Regierung. Die Minister harrten jedoch aus. Erst am nächsten Morgen, als die Verteidiger ihre Posten schon aufgegeben hatten, verschafften
20 sich die Angreifer – entgegen der späteren Legende ohne Sturmangriff – Zutritt und verhafteten das versammelte Kabinett.

(In: M. Hildermeier, Geschichte der Sowjetunion 1917–1991, München 1998, S.112 f. Gekürzt)

Q2 Aus dem Dekret über Grund und Boden, 26. Oktober 1917:

1 1. Das Eigentumsrecht der Gutsbesitzer an Grund und Boden wird unverzüglich aufgehoben. Eine Entschädigung wird nicht geleis-
5 tet. 4. Jedes Land wird zum Besitz des ganzen Volkes erklärt und denen, die es bearbeiten, zur Nutznießung überlassen. Alle Bodenschätze: Erze, Erdöl, Kohle, Salz
10 gehen in den ausschließlichen Besitz des Staates über…

(In: M. Hellmann [Hg.], Die russische Revolution 1917, München 1969, S. 315 ff. Gekürzt)

Kalenderreform
Am 1. Februar 1918 wurde in Russland der im übrigen Europa gültige Gregorianische Kalender eingeführt. Der 1. Februar wurde damit zum 14. Februar 1918. Die Zeitangaben im Buch folgen dem jeweils gültigen Kalender.

B3 Erstürmung des Winterpalais, Szenenfoto aus einem sowjetischen Film von 1927/28

4. Oktoberrevolution und Gründung der UdSSR

Alleinherrschaft oder Mehrparteiensystem? – Im Januar 1918 trat die frei gewählte **verfassunggebende Versammlung** zusammen, um über die künftige politische Ordnung des Landes zu entscheiden. Die Bolschewiki hatten diesen Wahlen widerwillig zustimmen müssen, um in der Bevölkerung nicht ihre Glaubwürdigkeit zu verlieren. Wie befürchtet erlitten sie eine Wahlschlappe und erhielten nur ein Viertel der Stimmen. Als die mehrheitlich von gemäßigteren Sozialrevolutionären besetzte Versammlung sich weigerte, einer von den Bolschewiki geforderten **Räterepublik** zuzustimmen, ließ Lenin die verfassunggebende Versammlung auflösen, Oppositionspolitiker verhaften und nichtbolschewistische Zeitungen verbieten. Die Bolschewiki lehnten die demokratischen Regeln eines frei gewählten Parlaments ab. Eine neue Räteverfassung erlaubte auch nur den Arbeitern, Angestellten, Bauern und Soldaten zu wählen; und nur sie konnten gewählt werden.

Bürgerkrieg und Kriegskommunismus – Mit großer Härte bekämpften sich Trotzkis millionenstarke **Rote Armee** und die als „Weiße" bezeichneten Gegner der Bolschewiki. Schließlich siegten die „Roten" mithilfe erfahrener Offiziere der Zarenzeit über die uneinigen „Weißen". Etwa 10 Millionen Menschen verloren in diesen Kämpfen ihr Leben. Die Maßnahmen des Kriegskommunismus (Verstaatlichung aller Betriebe, Verbot des Privathandels, Lebensmittelzuteilungen) sollten alle Kräfte für den Sieg mobilisieren und gleichzeitig den Aufbau einer sozialistischen Gesellschaft vorantreiben.

Wirtschaftskrise und Massenelend – Nach vier Jahren Weltkrieg, nach Bürgerkrieg und Kriegskommunismus war Russlands Wirtschaft 1920 vollkommen zerrüttet: Millionen Menschen verhungerten. Landesweite Unruhen der Bauern und Streiks der Arbeiter zwangen die Sowjetregierung zu einer neuen Wirtschaftspolitik. Die **Neue Ökonomische Politik** (russisch abgekürzt NEP) gab der Bevölkerung vorübergehend wieder mehr wirtschaftliche Freiheit: So durften Bauern ihre überschüssigen Produkte frei auf Märkten verkaufen und private Kleinbetriebe konnten Dienstleistungen anbieten.

Gründung der UdSSR – 1922 schlossen sich die russische, ukrainische, transkaukasische und die weißrussische Räterepublik zur **Union der sozialistischen Sowjetrepubliken (UdSSR)** zusammen. Moskau wurde neue Hauptstadt.

PERSONENLEXIKON

LEO D. TROTZKI, 1879–1940. Trotzki war neben Lenin die treibende Kraft der Revolution und Organisator der Roten Armee. Stalin, dessen politischer Gegenspieler er in den 1920er Jahren war, ließ ihn 1940 im mexikanischen Exil ermorden.

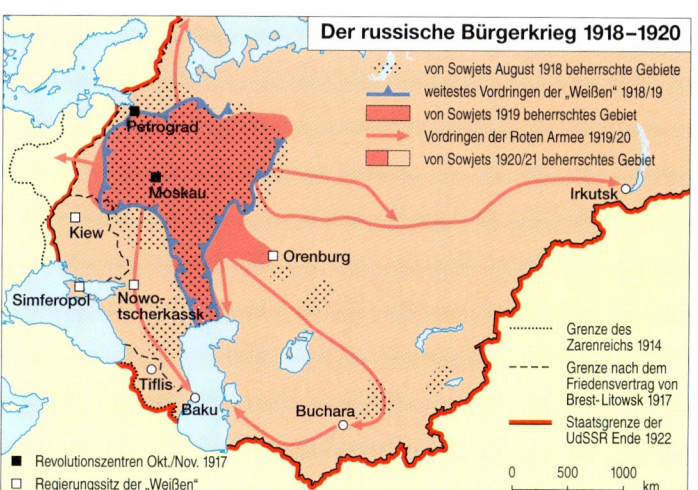

K 5 Der russische Bürgerkrieg 1918–1920

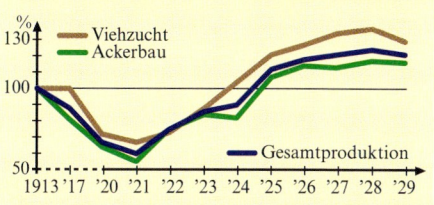

T 4 Agrarische Produktion. 1917–1929 in % der Produktion von 1913 (1913 = 100 %)
(Nach: R. A. Clarke, Soviet Economic Facts 1917–1970, Basingstoke 1972, S. 10)

ARBEITSAUFTRÄGE

1. Prüfen Sie mit Q 1, welche Aktionen für den Erfolg der Revolution entscheidend war, welche mehr Symbolcharakter hatten.
2. Erläutern Sie mit Q 2, wie die Bolschewiki den Forderungen der Arbeiter- und Bauernräte nachkamen.
3. Betrachten Sie B 3. Welchen Eindruck wollte der Regisseur des Filmes mit dieser Darstellung hervorrufen? Vergleichen Sie das Bild mit der Darstellung in Q 1.
4. Beschreiben Sie mit T 4 die Entwicklung der Landwirtschaft. Erklären Sie die Produktionssteigerung nach 1921.
5. Fassen Sie mit K 5 den Verlauf des Bürgerkriegs zusammen.

5. Industrialisierung und Kollektivierung

Die Bolschewiki (seit 1918 Kommunistische Partei) wollten den Aufbau des Sozialismus und die Unabhängigkeit vom kapitalistischen Ausland durch eine rasche Industrialisierung der Sowjetunion erreichen. Deshalb entschieden sie sich für den Weg einer staatlich gesteuerten **Planwirtschaft**. Die Ziele des ersten Fünfjahresplanes von 1928 waren hoch: Binnen fünf Jahren sollte die Industrieproduktion, insbesondere die Schwerindustrie, mehr als verdoppelt werden. Konnte dieses ehrgeizige Ziel erreicht werden?

Beschleunigte Industrialisierung – Trotz erheblicher Wachstumsraten erreichte die Sowjetunion ihr Planziel nicht. Es fehlte an gut ausgebildeten Ingenieuren und Facharbeitern. Der Lebensstandard der Arbeiter sank, da die Preise für Nahrungsmittel und andere Güter des täglichen Bedarfs stiegen und sich die Versorgung insgesamt verschlechterte. Daraufhin übten die Planungsbehörden starken **Leistungsdruck auf die Arbeiter** aus. Dies hatte zwar zur Folge, dass die Produktionszahlen stiegen, die Qualität der Produkte jedoch ließ nach. Trotzdem gelang es der Sowjetunion insgesamt, das Industrialisierungstempo enorm zu steigern. Ende der 1930er Jahre lag der Umfang ihrer Produktion weltweit auf dem zweiten Platz hinter den USA.

Zwangskollektivierung – Auch 1928 waren noch etwa drei Viertel der Bevölkerung Bauern. Während der Revolution war die Sympathie dieser größten Bevölkerungsgruppe für die Bolschewiki sehr wichtig gewesen. Daher hatten sie der Aufteilung des Adels- und Kirchenbesitzes unter den Bauern zunächst zugestimmt. Grundsätzlich lehnten sie den Privatbesitz von Bauernhöfen jedoch ab. Die Bauern sollten sich zu **Kolchosen** (genossenschaftliche Großbetriebe) und **Sowchosen** (landwirtschaftliche Spezialbetriebe in staatlicher Regie) zusammenschließen und das Land „**kollektiv**" (gemeinschaftlich) bebauen. Für die private Bewirtschaftung sollte ihnen nur ein kleines Stück Land und etwas Vieh bleiben.

1929/30 beschloss die Kommunistische Partei daher die **Zwangskollektivierung** aller landwirtschaftlichen Betriebe. Der Hauptangriff richtete sich zunächst gegen die Mittel- und Großbauern, die so genannten **Kulaken**. Sie stellten zwar nur etwa fünf Prozent der bäuerlichen Bevölkerung, produzierten aber über 20 % des Getreides und anderer Agrarerzeugnisse. Man beschimpfte sie als „Klassenfeinde", die den Aufbau des Sozialismus verhindern würden. Mit ihren Familien wurden sie von ihren Höfen verjagt, nach Sibirien verschleppt oder getötet. Als die Zwangs-

„Wir werden für den Aufbau des Sozialismus 1931 8 Millionen Tonnen Roheisen erzeugen." Propagandaplakat, 1931

T1 Industrielle Produktion 1917–1940 in % der Produktion von 1913

	Insgesamt	Produktionsgüter	Konsumgüter
1913	100	100	100
1917	71	81	67
1921	31	29	33
1925	73	80	69
1927	111	128	102
1930	193	276	151
1935	411	713	258
1940	852	1554	497

(Nach: H. Altrichter, Kleine Geschichte der Sowjetunion 1917–1991, München 1993, S. 216)

B2 Elektrizität und elektrisches Licht halten Einzug im Dorf, Foto 1926

5. Industrialisierung und Kollektivierung 39

kollektivierung auch die Kleinbauern traf, regte sich erbitterter Widerstand. Die Bauern schlachteten ihr Vieh ab und versteckten die Vorräte. Kommunistische Milizen gingen mit großer Härte gegen die Bauern vor. Die **Zerstörung der traditionellen bäuerlichen Arbeitsformen** führte zu einem starken Rückgang der Erträge. Da die staatlichen Zwangseintreiber keine Rücksicht auf schlechte Ernten nahmen, kam es 1932/33 erneut zu schweren **Hungersnöten** mit Millionen Toten. Dennoch hatte die Kommunistische Partei 1936 schon 90% der Bauern gezwungen, in Kolchosen und Sowchosen zu arbeiten.

Q 5 Stalin über die Liquidierung des Kulakentums als Klasse (1929):

1 Heute haben wir die Möglichkeit, es [das Kulakentum] als Klasse zu liquidieren und seine Produktion durch die Produktion der Kollek-
5 tiv- und Sowjetwirtschaften zu ersetzen. Natürlich darf man [den Kulaken] nicht in die Kollektivwirtschaft lassen, weil er ein geschworener Feind der kollektiv-
10 wirtschaftlichen Bewegung ist.

(In: Geschichte in Quellen, Bd. 5, S. 142. Gek.)

Q 3 Der deutsche Journalist Egon Erwin Kisch berichtet über einen Besuch in der Sowjetrepublik Usbekistan (1931):

1 Noch immer stößt die Durchführung der allgemeinen Schulpflicht für Mädchen auf steile Hindernisse ... Im Frauenklub werden
5 Tageskurse und Abendkurse zur Liquidierung des Analphabetentums abgehalten. Die Klubmitglieder bilden verschiedene Zirkel: Sport, Theater, Musik und
10 Landesverteidigung ... Eine Filiale der staatlichen Sparkasse amtiert im Klubgebäude, verschleierte Frauen legen erspartes Geld auf ihren Namen ein ...

(In: E. E. Kisch: Asien gründlich verändert, Berlin [Ost]/Weimar 1980, S. 237. Gekürzt.)

B 6 Hungernde Bauernkinder in der Sowjetunion, Foto 1920er Jahre

T 4 Anzahl der Lese- und Schreibkundigen in Russland in Prozent

	1887	1926	1939
Insgesamt	24	51,5	81,2
Männer	35,8	66,5	90,8
Frauen	12,4	37,1	72,6
Stadtbewohner insgesamt	52,3	76,3	89,5
Dorfbewohner insgesamt	19,6	45,2	76,8
Dorfbewohner Frauen	8,6	30	66,5

ARBEITSAUFTRÄGE

1. Beschreiben Sie mit T 1 die Fortschritte der Industrialisierung in der UdSSR. Erläutern Sie, welche Bedeutung die Produktions- bzw. die Konsumgüter für die Menschen hatten.
2. Betrachten Sie B 2; erläutern Sie, welche Veränderungen die Elektrizität für das Leben der bäuerlichen Bevölkerung brachte.
3. Erläutern Sie mit Q 3, wie die Emanzipation der Frauen in der Sowjetrepublik Usbekistan vorangetrieben wurde.
4. Analysieren Sie T 4. Welche Fortschritte in der allgemeinen Volksbildung werden deutlich? Welche Unterschiede zwischen den einzelnen Gruppen der Bevölkerung lassen sich erkennen?
5. Vergleichen Sie Q 5 mit Q 2 auf S. 36. Wie beurteilen Sie die Enteignung der Kulaken? (Vergleichen Sie auch B 6.)

6. Die Sowjetunion unter Stalin – Terror und Personenkult

Im Januar 1924 starb Lenin. Mit großer Zielstrebigkeit und Härte gegenüber Andersdenkenden hatte er die Entwicklung Russlands seit 1917 entscheidend geprägt. Die politische Opposition – auch kritische Geister in der eigenen Partei – hatte er ausgeschaltet und der Kommunistischen Partei eine fast allmächtige Stellung verschafft. Welche Entwicklung nahm die Sowjetunion nach Lenins Tod?

Kampf um die Macht – Seit 1922 war JOSEF W. STALIN Generalsekretär der Kommunistischen Partei. Geschickt hatte er es verstanden, viele wichtige Positionen mit treuen Anhängern zu besetzen. Zwar hatte sich der schon schwer kranke Lenin kurz vor seinem Tod in einem „Brief an den Parteitag" gegen Stalin als seinen Nachfolger ausgesprochen, aber dieser Brief wurde von Stalin unterdrückt. Mit der Unterstützung seiner Anhänger gelang es ihm, sich gegen Trotzki im innerparteilichen Machtkampf durchzusetzen. Durch politische Intrigen, **Schauprozesse**, deren Urteile schon vorher feststanden, und auch durch Mord schaltete Stalin bis 1928 alle innerparteilichen Gegner aus. So machte er sich in den folgenden Jahren zum Alleinherrscher in der Kommunistischen Partei und im Staat. ●/2

Politischer Kurswechsel – Lenin hatte die Auffassung vertreten, dass der Agrarstaat Russland nicht im Alleingang den Sozialismus aufbauen könne. Sein Ziel war es daher, die kommunistische Revolution in den fortgeschrittenen Industriestaaten zu fördern. Stalin vertrat dagegen nach dem Scheitern der kommunistischen Revolution in Deutschland die Meinung, dass zunächst der Aufbau des Sozialismus in der Sowjetunion Vorrang habe. Seit 1927 setzte er die Abkehr von der Neuen Ökonomischen Politik (NEP) und allen privatwirtschaftlichen Erleichterungen durch. Stattdessen wurde die Zwangskollektivierung in der Landwirtschaft mit großer Härte durchgeführt und die rasche Industrialisierung des Landes beschlossen.

Die veränderten Verhältnisse in der Sowjetunion wurden 1936 durch eine **neue Verfassung** festgeschrieben: Bodenschätze und Industriebetriebe gehörten demnach dem Staat; das Land der Kolchosen war „genossenschaftliches" Eigentum. Die neue Verfassung versprach aber auch die demokratischen Rechte der arbeitenden Bevölkerung zu stärken. Die Räte als gesetzgebende Organe sollten demokratisch gewählt werden und die Richter unabhängig sein. Doch dieser Anschein einer sozialistischen Demokratie war trügerisch. Denn die Kommunistische Partei war die einzig anerkannte Partei. Jeder Abgeordnete und jeder Amtsinhaber war Parteimitglied.

Aufgaben und Struktur der Partei – Die Kommunistische Partei hatte 1933 etwa 3,5 Millionen Mitglieder. Sie wurde straff von oben nach unten geführt. Alle Parteimitglieder hatten die Anweisungen der Führung widerspruchslos auszuführen. Die Parteiführung überwachte alle Mitglieder und zog jeden zur Rechenschaft, der von der „richtigen" Linie abwich. Die einfachen Kommunisten hatten die Aufgabe, der Bevölkerung die Entscheidungen der Parteiführung zu vermitteln und ihre Durchführung zu überwachen.

PERSONENLEXIKON

JOSEF W. DSHUGASHWILI, genannt STALIN, 1879–1953.
Stalin stammte aus Georgien; seit 1904 gehörte er zum bolschewistischen Flügel der Arbeiterpartei. Nach der Revolution 1917 wurde er einer der Volkskommissare, 1922 Generalsekretär der Kommunistischen Partei. Nach Lenins Tod erlangte er eine allmächtige Stellung in der Partei und im Staat.

Q1 Aus einem Brief Lenins an den Parteitag der Kommunistischen Partei, diktiert vom 23.12.1922–4.1.1923 (veröffentlicht 1956):

1 Genosse Stalin hat, nachdem er Generalsekretär geworden ist, eine unermessliche Macht in seinen Händen konzentriert, und ich bin nicht überzeugt, dass er es immer verstehen wird, von dieser Macht vorsichtig genug
5 Gebrauch zu machen ... Persönlich ist Trotzki wohl der fähigste Mann im gegenwärtigen ZK [Zentralkomitee der Partei], aber [er ist] auch ein Mensch, der ein Übermaß von Selbstbewusstsein und eine übermäßige Leidenschaft für rein administrative Maßnahmen hat ...
10 Stalin ist zu grob [und] kann in der Funktion des Generalsekretärs nicht geduldet werden.

(In: H. Hecker, Staat zwischen Revolution und Reform, Die innere Entwicklung der Sowjetunion 1922–1990, Stuttgart 1991, S. 14. Gekürzt)

Arbeit mit historischen Fotografien

Seit der Entwicklung der Fotografie im 19. Jahrhundert geben Fotos Informationen über eine konkrete Zeit und Situation an die nachfolgenden Generationen weiter. Das Foto zeigt dabei nur einen Ausschnitt der Wirklichkeit, es stellt eine Momentaufnahme dar. Selbst ein „Schnappschuss" ist keine genaue Abbildung der Realität, er dokumentiert vielmehr das, was aus Sicht des Fotografen oder seines Auftraggebers interessant erscheint.

Eine nachgestellte Aufnahme, wie zum Beispiel die von der Erstürmung des St. Petersburger Winterpalais (vgl. Seite 68), ist zwar auch ein Zeitdokument, aber kein authentisches. Vielmehr muss man in diesem Fall kritisch fragen, warum und für wen die Szene des Fotos nachgestellt wurde und ob sie wahrheitsgemäß nachgestellt wurde.
Trotz dieser Einschränkungen sind historische Fotos wichtige Quellen, die Rückschlüsse auf die Vergangenheit zulassen.

So alt wie die Fotografie selbst sind aber auch die Versuche, Fotografien nachträglich zu verändern (zu fälschen), um sie dann zu missbrauchen. Die beiden Fotos auf dieser Seite sind ein bekanntes Beispiel dafür aus dem Bereich der politischen Geschichte. Sie stammen aus dem Jahr 1920 und zeigen Lenin, der Soldaten der Roten Armee verabschiedet. Der Fotograf machte damals zwei Aufnahmen von dieser Szene; nur die Perspektiven waren etwas verschieden. Auf dem ersten Foto sieht man rechts neben der Tribüne in Uniform Leo Trotzki, den Organisator der Roten Armee. Auf dem zweiten Foto ist Trotzki später „wegretuschiert" worden. In wessen Auftrag, wann und mit welcher Absicht geschah dies?

Trotzki war ein enger Wegbegleiter Lenins. Als Stalin nach Lenins Tod im Jahr 1924 dessen Nachfolger wurde, ließ er viele seiner Gegenspieler entmachten, um seine eigene Position zu sichern. So war es auch bei dem angesehenen Trotzki, den Stalin 1940 sogar umbringen ließ. Alle Hinweise auf Trotzki mussten auf Anweisung Stalins entfernt werden – auch auf Fotos.

B 1 und B 2 Lenin verabschiedet Soldaten der Roten Armee, 1920

WORAUF SIE ACHTEN MÜSSEN

1. Stellen Sie fest, aus welcher Zeit das Foto stammt, wo es gemacht wurde und, falls möglich, von wem es gemacht wurde.
2. Betrachten Sie das Foto genau und sammeln Sie Informationen, die Sie dem Foto direkt entnehmen können.
3. Ordnen Sie das Foto in den geschichtlichen Zusammenhang ein.
4. Formulieren Sie Fragen, auf die Sie durch das Foto keine ausreichenden Antworten erhalten, die Ihnen aber wichtig sind. Versuchen Sie nun, mit Hilfe anderer Quellen darauf Antworten zu finden.
5. Wenn Sie wissen, dass ein Bild (nachträglich) gestellt oder gefälscht wurde, suchen Sie nach möglichen Motiven dafür.

Terror durch die Tscheka – Bereits im Dezember 1917 hatte Felix Dsershinski, ein Mitstreiter Lenins, die Geheimpolizei der Bolschewisten gegründet: die **Tscheka**. Unter verschiedenen Bezeichnungen (Tscheka, GPU, NKWD, KGB) erlangte sie im Laufe der Jahre große Macht. Schon im Bürgerkrieg erschossen Tscheka-Angehörige mit ausdrücklicher Zustimmung Lenins zahlreiche politische Gegner. Während der Industrialisierung und Zwangskollektivierung verfolgten sie angebliche Verschwörer, spürten geheime Vorräte der Bauern auf, vertrieben oder ermordeten Kulaken. Als die Zahl der Inhaftierten nach 1930 stark anstieg, übernahm die Geheimpolizei auch die Verwaltung der über die gesamte Sowjetunion verteilten **Zwangsarbeitslager**. 1938 gab es ca. 10 Millionen Männer und Frauen, die unter unmenschlichen Bedingungen im Straßen-, Eisenbahn- und Bergbau, in Fabriken oder in der Landwirtschaft arbeiten mussten. Man schätzt, dass mehr als 1 Million Menschen in den Lagern umkamen.

„Große Säuberungen" – Auf Befehl des krankhaft misstrauischen Stalin nahm der Terror der Geheimpolizei seit 1935 kaum vorstellbare Ausmaße an. Eine beispiellose Welle von Verhaftungen überrollte das ganze Land. Bereits eine kritische Bemerkung über Stalin konnte die Todesstrafe zur Folge haben. Der Höhepunkt dieses Terrors waren die drei **„Moskauer Schauprozesse"** in der Zeit von 1936 bis 1938. Unter dem Vorwurf, den Sturz der Regierung und seine Ermordung geplant zu haben, ließ Stalin nicht nur fast die gesamte Parteiführung der 1920er Jahre, sondern auch Offiziere der Roten Armee und sogar zahlreiche Mitglieder der Geheimpolizei umbringen. Seinen Erzfeind Trotzki ließ Stalin zuerst nach Zentralasien verbannen, 1929 des Landes verweisen und 1940 im mexikanischen Exil ermorden. An die Stelle der Verschwundenen und Ermordeten traten in der Partei wie im Staat ergebene Nachwuchskräfte. Diese hatten vor allem eines gelernt: den Anweisungen der Parteiführung blind zu folgen.

Q2 Stalin 1936 über das sowjetische Einparteiensystem:

1 Es gibt bei uns keine einander entgegengesetzten Parteien, ebenso wie es bei uns keine einander entgegengesetzten Klassen der Kapi-
5 talisten gibt oder von Kapitalisten ausgebeutete Arbeiter. Unsere Gesellschaft besteht ausschließlich aus freien Werktätigen – aus Arbeitern, Bauern und der Intelli-
10 genz. Jede dieser Schichten kann ihre speziellen Interessen haben und sie durch die vorhandenen zahlreichen gesellschaftlichen Organisationen zum Ausdruck bringen. Aber sobald es keine Klassen
15 gibt, sobald sich die Grenzen zwischen den Klassen verwischen, kann es keinen Nährboden für die Bildung einander bekämpfender
20 Parteien geben...

(In: K. Farner [Hg.], Verfassung der UdSSR, Zürich 1945, S.15 f. Gekürzt)

B3 „Die harte Hand Jeshows". N.I. Jeshow war seit 1937 Chef der Geheimpolizei NKWD. Er zerdrückt eine Schlange mit den Köpfen der Stalingegner Trotzki, Bucharin, Rykow; der Schwanz der Schlange ist als Hakenkreuz dargestellt. Russisches Plakat von 1937

6. Die Sowjetunion unter Stalin – Terror und Personenkult

Personenkult – Während Lenin die wachsende Verehrung seiner Person abgelehnt hatte, ließ Stalin sich 1929 an seinem 50. Geburtstag mit riesigen Abbildungen an allen öffentlichen Gebäuden feiern. Diese Verherrlichung Stalins wurde bewusst inszeniert und stellte seine Verdienste zuerst neben, später sogar über die Lenins, den Gründer der Sowjetunion. Sein Bild und sein Name waren allgegenwärtig. Die staatlichen Medien und Künstler der Partei priesen Stalin in geradezu religiöser Verehrung als „gütigen" Vater aller Völker der Sowjetunion, als unfehlbares Genie, das außerhalb jeder Kritik stand. Man gab den Menschen damit ein Vorbild, dem sie einerseits nacheifern sollten, das sie andererseits wegen seiner Allmacht und Allgegenwart aber auch fürchten sollten. Erst nach Stalins Tod im Jahr 1953 wurde nach und nach das Ausmaß seiner Terrorherrschaft bekannt.

B 5 Steine klopfende Zwangsarbeiter in einem Lager, Foto 1930er Jahre

B 6 „Rosen für Stalin", Gemälde von B. E. Wladimirski, 1949

Q 4 Eine Augenzeugin berichtet über ihre Erlebnisse im Jahr 1934:

In jenen schrecklichen Dezembertagen [begann] eine Verhaftungswelle. Sie ergriffen fast jeden, der vom NKWD [Geheimpolizei] verdächtigt worden war. Einer der Ersten war unser Wohnungsnachbar, ein Bursche von siebenundzwanzig Jahren. Wir kannten ihn als ruhigen, bescheidenen jungen Mann, der sich für seine invalide Mutter aufopferte. Dann erklang plötzlich um zwei Uhr morgens ein schrilles, unaufhörliches Klingeln in unserer Wohnung. Alle wachten auf und hatten nur den einen Gedanken: „Zu wem sind sie gekommen?" Zwei NKWD-Männer traten ein, in Begleitung unseres verwirrten und erschrockenen Hausmeisters. Er bezeichnete die Tür unseres Nachbarn Pawlow. Mir wurde leichter ums Herz; zumindest diesmal waren sie dran und nicht wir…

(In: E. Skrjabin, Von Petersburg bis Leningrad, Wiesbaden 1986, S. 127 f. Gekürzt)

ARBEITSAUFTRÄGE

1. Geben Sie Lenins Einschätzung über Stalin und Trotzki in Q 1 wieder. Erklären Sie, warum der Brief erst 1956 veröffentlicht wurde.
2. Wie begründet Stalin in Q 2, dass in der Sowjetunion nur eine einzige Partei, die KPdSU, existieren sollte?
3. Interpretieren Sie B 3: An wen richtet sich das Plakat? Welche Aussage will es vermitteln? Wie beurteilen Sie die Wirkung?
4. Lesen Sie Q 4. Entwerfen Sie einen Brief, mit dem die Autorin ihrem Bruder Georg die Ereignisse jener Nacht mitteilt. Berücksichtigen Sie dabei, dass dieser Brief in andere Hände geraten konnte.
5. Beschreiben Sie B 5 und stellen Sie die Bildaussage in einen Zusammenhang mit der in Q 4 beschriebenen Verhaftungswelle.
6. Welches Bild von Stalin sollte mit B 6 vermittelt werden? Mit welchen Darstellungsmitteln hat der Maler versucht, den beabsichtigten Eindruck zu erreichen?

7. Die Außenpolitik der UdSSR 1922–1939

Nach dem Ersten Weltkrieg war Russland politisch isoliert. Aus Angst vor einer Ausbreitung des Kommunismus unterstützten Frankreich, Großbritannien, Japan und die USA im russischen Bürgerkrieg die Gegner der Bolschewiki, die so genannten „Weißen". Daher näherte sich Russland dem ebenfalls isolierten früheren Kriegsgegner Deutschland an: 1922 nahmen beide Länder diplomatische Beziehungen auf (**Rapallo-Vertrag**); 1926 vereinbarten sie gegenseitige Neutralität im Fall eines Angriffs durch ein drittes Land (**Berliner Vertrag**). Welche Ziele hatte die Außenpolitik der UdSSR?

Stalin wollte den raschen Aufbau des Sozialismus ohne Störungen durch außenpolitische Konflikte fortsetzen. Daher schloss die UdSSR Nichtangriffspakte mit ihren Nachbarländern. Auch als in Deutschland 1933 die Nationalsozialisten unter HITLER an die Macht kamen, wollte Stalin die guten politischen und wirtschaftlichen Beziehungen zu Deutschland aufrechterhalten. Als jedoch die Verfolgung der deutschen Kommunisten durch das NS-Regime immer brutalere Formen annahm und der friedensgefährdende Charakter der deutschen Außenpolitik deutlich wurde, änderten die kommunistischen Parteien 1935/36 auf Anweisung Stalins ihre Politik: Die Kommunisten sollten nun mit den bisher bekämpften Sozialdemokraten und anderen gesellschaftlichen Kräften eine „**Volksfront**" gegen den Faschismus bilden.

Hitler-Stalin-Pakt – Nach der Annexion Österreichs im März 1938 und dem deutschen Überfall auf die Tschechoslowakei im März 1939 glaubte Stalin nicht mehr an die Hilfe der Westmächte im Fall eines deutschen Angriffs auf die UdSSR. Er schloss daher im August 1939 mit Hitler einen Nichtangriffspakt. In einem geheimen Zusatzprotokoll beschlossen die Diktatoren, Polen unter beiden Ländern aufzuteilen. Die deutsche Wehrmacht begann daraufhin im September 1939 den lang geplanten Überfall auf Polen; sowjetische Soldaten marschierten in Ostpolen ein. ⓔ/3

> **Q 1** Aus den Beschlüssen des VII. Weltkongresses der Kommunistischen Internationalen vom 20.8.1935:
>
> 1 Angesichts der immer größer werdenden Gefahr des Faschismus für die Arbeiterklasse ist die Aktionseinheit aller Gruppen der
> 5 Arbeiterklasse [erforderlich]. Deshalb muss die Unterstützung der Sowjetunion die Handlungen jeder revolutionären Organisation des Proletariats, jedes parteilosen Ar-
> 10 beiters, jedes ehrlichen Intellektuellen und Demokraten bestimmen.
>
> (In: H.-W. Ballhausen, Aufstieg und Zerfall der Sowjetunion, Stuttgart 1998, S. 87. Gekürzt)

B 2 Ein sowjetischer Kommissar mit deutschen Offizieren über eine Landkarte Polens gebeugt, Foto 1939

ARBEITSAUFTRÄGE

1. Erarbeiten Sie mit Hilfe von Q 1 die Schlussfolgerungen, die die kommunistischen Parteien auf ihrem Weltkongress 1935 aus dem Erstarken des Faschismus zogen.
2. Betrachten Sie B 2. Vor welchen Problemen hätte ein sowjetischer Kommunist gestanden, der einem in die UdSSR geflüchteten deutschen Kommunisten dieses Bild erklären sollte? Berücksichtigen Sie bei Ihren Überlegungen auch Q 1.

8. Die Sowjetunion im Zweiten Weltkrieg

Der deutsche Angriff – Trotz des Nichtangriffspakts von 1939 überfiel die deutsche Wehrmacht am 22. Juni 1941 die Sowjetunion. Bis zum Ende des Zweiten Weltkriegs und der deutschen Kapitulation am 8. Mai 1945 verloren etwa 27 Millionen sowjetischer Soldaten und Zivilisten ihr Leben. Wie konnte die Sowjetunion diesen Krieg bestehen und welche Auswirkungen hatte er für die Menschen?

Der „Große Vaterländische Krieg" – Stalin appellierte an die patriotischen Gefühle der Menschen, indem er sie an die erfolgreiche Abwehr früherer Bedrohungen erinnerte, etwa an den Sieg über Napoleon im Jahre 1812. Gleichzeitig wurde den Soldaten unter Androhung der Todesstrafe jeder Rückzug verboten. Die seit langem in Russland lebenden Wolgadeutschen ließ Stalin in die östlichen Steppen verschleppen, da er sie der Zusammenarbeit mit dem deutschen Feind verdächtigte. Obwohl seit 1917 unterdrückt, rief auch die orthodoxe Kirche die Gläubigen zur Verteidigung Russlands auf.

Kriegsalltag – Wegen der Flüchtlingsströme aus den von den Deutschen eroberten und zerstörten Gebieten kam es zu einer großen Wohnungsnot. Auch die streng rationierten Lebensmittel waren bald aufgebraucht, sodass die Menschen unter Hunger litten. Mit allen Mitteln versuchten Staat und Partei die Produktion zu steigern: Die Arbeitszeiten wurden erhöht und die gesetzlichen Feiertage abgeschafft. 1944 arbeitete ein Industriearbeiter durchschnittlich 54–55 Stunden in der Woche. Frauen nahmen die Arbeitsplätze der kämpfenden, gefallenen oder gefangenen Männer ein. 1944 stellten sie 57,4 % der Arbeiter und Angestellten.

„Die Heimat ruft", Sowjetisches Propagandaplakat von 1941

> **Q 1** Der 16-jährige Jura Rjabinkin über die Belagerung Leningrads
>
> 6./7. November 1941: Wir haben keinen Reis für Brei mehr. Demnach werde ich drei Tage hungern müssen. Ich kann den Unterrichtsstoff einfach nicht mehr aufnehmen. Ich denke immer ans Essen.
> 9./10. November 1941: Jetzt ist Alarm. Er dauert schon an die zwei Stunden. Not und Hunger treiben die Leute zu den Läden, in die Kälte und in die langen Menschenschlangen, wo sie sich drängen und stoßen lassen. Und das wochenlang. Danach hat man keine Wünsche mehr. Es bleibt nur stumpfe, kalte Gleichgültigkeit gegenüber allem, was vor sich geht.
>
> (In: H. Altrichter/H. Naumann [Hg.], Die Sowjetunion, Bd. 2, München 1987, S. 454 f. Gekürzt)

B 2 Von Deutschen in Brand gestecktes russisches Bauernhaus, 1941

ARBEITSAUFTRÄGE

1. Beschreiben Sie die Stimmung des 16-jährigen Schülers Jura in Q 1. Versetzen Sie sich in seine Lage und überlegen Sie, warum Stalins Propaganda vom „Großen Vaterländischen Krieg" nicht auf ihn gewirkt hat.
2. Beschreiben Sie B 2 und suchen Sie Erklärungen dafür, dass die deutschen Truppen Bauern töteten oder vertrieben und ihre Dörfer zerstörten. Beurteilen Sie die Verhaltensweise.

9. Die UdSSR nach Stalin

Als Siegermacht im Zweiten Weltkrieg war die UdSSR 1945 zu einer Weltmacht aufgestiegen. Den osteuropäischen Nachbarstaaten zwang sie ihr politisches System auf. Als Stalin 1953 starb, hofften viele Menschen in der UdSSR und ganz Osteuropa auf mehr Freiheit und ein besseres Leben. Wie entwickelte sich die Sowjetunion nach dem Tod des Diktators?

Entstalinisierung und Reformen – Nach kurzem Machtkampf setzte sich der Parteichef von Moskau, NIKITA S. CHRUSCHTSCHOW, als Nachfolger Stalins durch. Er entmachtete den Chef der Geheimpolizei BERIJA und ließ ihn hinrichten. Im Jahr 1956 wagte Chruschtschow einen Aufsehen erregenden Schritt, indem er den Terror der stalinistischen Säuberungen und den Personenkult um Stalin verurteilte. Das Lagersystem (**Gulag**) wurde allmählich abgeschafft. Die Menschen hofften auf eine bessere Zukunft, da die neue Parteiführung umfassende wirtschaftliche, gesellschaftliche und politische Reformen ankündigte.

Den Aufbruch in eine bessere und modernere Zukunft symbolisierte das Weltraumprogramm. Tatsächlich konnte die UdSSR 1961 kurzzeitig die Führung in der bemannten Weltraumfahrt übernehmen, als ihrem Kosmonauten JURI GAGARIN erstmals die **Umkreisung der Erde** gelang. Doch trotz vielfältiger Reformen gelang es Chruschtschow nicht, den niedrigen Lebensstandard der Bevölkerung spürbar zu erhöhen. Seine Reform der Kommunistischen Partei brachte ihm mehr Gegner als Freunde ein. Zwischen 1956 und 1961 wechselte er zwei Drittel der Parteifunktionäre aus, sodass viele Amtsinhaber um ihre Posten fürchteten; ehemalige Funktionäre wollten ihre Macht zurückgewinnen. 1964 wurde Chruschtschow entmachtet.

Stillstand und Reformstau – Die neue Führung unter LEONID BRESCHNEW machte die meisten Reformen Chruschtschows wieder rückgängig. Außerdem sicherte sie die Vorrechte der Nomenklatura (= höhere Parteifunktionäre) wie

PERSONENLEXIKON

NIKITA SERGEJEWITSCH CHRUSCHTSCHOW 1894–1971.
1953–1964 Erster Sekretär der KPdSU; betrieb vorsichtig den Abbau des Kalten Kriegs, schlug aber 1956 einen Aufstand in Ungarn nieder; gab den Auftakt zur Entstalinisierung; provozierte 1962 eine Raketenkrise um Kuba; wurde 1964 gestürzt und verlor bis 1966 alle Parteiämter

Q1 Aus Chruschtschows Geheimrede auf dem XX. Parteitag der Kommunistischen Partei (1956):

1 [Es] ist dem Geist des Marxismus-Leninismus zuwider, eine Person zu einem Übermenschen zu machen. Stalin hielt sich nicht
5 damit auf, die Menschen zu überzeugen, sondern er zwang anderen seine Absichten auf und verlangte absolute Unterwerfung unter seine Meinung. Wer sich
10 seiner Konzeption widersetzte, wurde sowohl moralisch als auch physisch vernichtet. Zahlreiche prominente Parteiführer und auch einfache Parteimitglieder, die der
15 Sache des Kommunismus mit aufrichtiger Hingebung dienten, [fielen] dem Despotismus Stalins zum Opfer.

(In: W. Süß, Die Sowjetunion. Machtentfaltung und Niedergang, Frankfurt/M. 1997. S.17 f. Gekürzt)

T2 Ein Arbeiter mit Durchschnittseinkommen arbeitete 1982 für

	in Moskau	in Washington
1 kg Brot	17 Min.	16 Min.
1 kg Kartoffeln	7 Min.	7 Min.
1 kg Rindfleisch	123 Min.	69 Min.
1 kg Butter	222 Min.	56 Min.
100 g Tee	53 Min.	10 Min.
1 kg Äpfel	22 Min.	10 Min.
1 Herrenhemd	615 Min.	137 Min.
Herrenschuhe	25 Stunden	8 Stunden
Fernsehgerät (schwarz-weiß, 61-cm-Bildröhre)	299 Stunden	38 Stunden
Auto (Kleinwagen)	53 Monate	5 Monate
Bus-Fahrschein (2–3 km)	3 Minuten	7 Minuten
Miete (staatl. subventioniert für 4-Personen-Haushalt)	12 Stunden	51 Stunden

(Nach: H. Altrichter, Kleine Geschichte der Sowjetunion, München 1993, S. 220)

bessere Versorgung mit Lebensmitteln oder die Möglichkeit, ins Ausland zu reisen. Das politische System erstarrte, jüngere Parteimitglieder gelangten kaum noch an die Spitze. Der Staat gab gewaltige Summen für das **Wettrüsten** aus, um den Westen zu überholen. Die Versorgung der Bevölkerung mit Lebensmitteln, Konsumgütern und gutem Wohnraum wurde dagegen stark vernachlässigt.

Unterdrückung und Verbannung – Gegen das Wettrüsten mit dem Westen, den Niedergang der Wirtschaft, die Verarmung der Bevölkerung und die politische Unterdrückung regte sich Widerstand in der Gesellschaft. Bekannte Schriftsteller wie ALEXANDER SOLSCHENIZYN und Wissenschaftler wie ANDREJ SACHAROW forderten die kritische Auseinandersetzung mit der Stalinzeit, umfassende Reformen und die Verwirklichung der Menschenrechte in der UdSSR. Um die kritischen Stimmen zum Schweigen zu bringen, wies die sowjetische Führung viele **Dissidenten** (= Andersdenkende) in psychiatrische Kliniken ein, schickte sie in die Verbannung oder trieb sie ins Exil.

PERSONENLEXIKON

ANDREJ D. SACHAROW, 1921–1989. Sowjetischer Physiker und Regimegegner

B 3 „Bezwinger des Kosmos", Aquarell 1961

Q 5 Aus einem Brief Sacharows und anderer Dissidenten an die Partei- und Staatsführung (1970):

1 Wir schlagen folgendes Musterprogramm vor, das in vier bis fünf Jahren verwirklicht werden könnte:
   1. Offizielle Erklärung der Partei- und Regierungsorgane über die Notwendigkeit einer weiteren Demokratisie-
5 rung ...
   3. Auf breiter Basis Organisation von komplexen Produktionseinheiten (Firmen) mit einem hohen Grad von Selbstständigkeit in Fragen der Produktionsplanung sowie in Finanz- und Personalfragen.
10 4. Freier Verkauf ausländischer Bücher und Zeitschriften. Erleichterung des internationalen Fremdenverkehrs in beiden Richtungen ...
   6. Amnestie politischer Gefangener ...
   12. Stufenweise Einführung eines neuen Wahlmodus
15 mit Aufstellung mehrerer Kandidaten bei Wahlen in die Partei- und Sowjetorgane auf allen Ebenen.

(In: A. D. Sacharow, Stellungnahme, Wien-München-Zürich 1974, S. 73–76, Gekürzt)

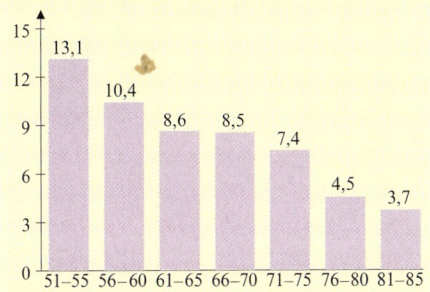

D 4 Wachstumsraten der Industrieproduktion der UdSSR 1951–1985, in % zu den Vorjahren

51–55: 13,1
56–60: 10,4
61–65: 8,6
66–70: 8,5
71–75: 7,4
76–80: 4,5
81–85: 3,7

(Nach: M. Hildermeier, Geschichte der Sowjetunion 1917–1991, München 1998, S. 1174)

ARBEITSAUFTRÄGE

1. Benennen Sie mit Q 1 Chruschtschows Kritik an Stalin. Überlegen Sie, wie die Menschen in der UdSSR darauf reagiert haben.
2. Listen Sie mit T 2 die Produkte oder Dienstleistungen auf, für die ein sowjetischer Arbeiter deutlich länger arbeiten musste als ein amerikanischer. Für welche hat er kürzer gearbeitet?
3. Erläutern Sie, welches Bild der Sowjetunion das Aquarell B 3 vermitteln soll. Vergleichen Sie auch mit B 2 auf S. 24.
4. Beschreiben und beurteilen Sie mit D 4 die Entwicklung des Wachstums der sowjetischen Industrieproduktion 1951–1985.
5. Stellen Sie die Hauptforderungen Sacharows zusammen. Wie beurteilen Sie diese Forderungen? Wie mag die Führung der Sowjetunion auf die Forderungen reagiert haben?

10. Die Ära Gorbatschow

Im März 1985 wurde MICHAIL GORBATSCHOW zum neuen Generalsekretär der Kommunistischen Partei gewählt. Gorbatschow – mit 54 Jahren ein Vertreter der jüngeren Generation in der stark überalterten Führungsspitze – nahm sofort ein umfassendes Reformprogramm in Angriff. Was wollte er verändern und waren seine Bemühungen erfolgreich?

Glasnost und Perestroika – Gorbatschow kritisierte die zahlreichen Missstände in der UdSSR: die einseitige Konzentration auf die Schwerindustrie, Vernachlässigung der Lebensmittel- und Konsumgüterversorgung, Korruption der Funktionäre und das fehlende Mitspracherecht für die Bevölkerung. Er forderte den **grundlegenden Umbau** (= Perestroika) von Wirtschaft, Gesellschaft und Politik. Um dies hoch gesteckte Ziel zu erreichen, müsse es **Offenheit und Öffentlichkeit** (= Glasnost) geben. Mehr Information und öffentliche Diskussionen sollten staatliche Entscheidungen künftig für die Menschen durchschaubarer machen. Trotz seines umfassenden Reformprogramms blieb Gorbatschow jedoch ein überzeugter Anhänger des Sozialismus. Diesen wollte er durch die Aufnahme **marktwirtschaftlicher Elemente** und eine **Demokratisierung** zu seiner vollen Entfaltung bringen.

Erfolge und Rückschläge – Die sowjetische Wirtschaft wurde seit 1987 durch die Gründung von Privatbetrieben belebt. Auch Kooperationsverträge (engl.: **joint-ventures**) mit dem Ausland brachten der UdSSR westliches Know-how und Kapital. Die Medien zeigten auch kritische Berichte, etwa über den Atomkraftunfall von Tschernobyl (1986). Man holte Dissidenten wie Sacharow aus der Verbannung zurück. Demonstrationen wurden erlaubt. In Partei und Regierung nahmen Reformbefürworter wichtige Positionen ein. 1989 wurde eine neue gesetzgebende Versammlung einberufen, der **Kongress der Volksdeputierten**. Ein Drittel seiner Mitglieder wurde von der Bevölkerung – erstmals seit 70 Jahren – in geheimen Wahlen aus mehreren

PERSONENLEXIKON

MICHAIL S. GORBATSCHOW, *1931 Jurist. 1985–1991 Erster Generalsekretär der KPdSU, 1990–1991 Staatspräsident. Er ermöglichte einen Wandel durch Demokratisierung und Offenheit nach innen und außen. Gorbatschow erhielt 1990 den Friedensnobelpreis; seine Politik ermöglichte auch die deutsche Wiedervereinigung.

> **Q1** Der sowjetische Parteichef Gorbatschow über Perestroika und Glasnost:
>
> 1 Perestroika ist eine unumgängliche Notwendigkeit ... Diese Gesellschaft ist reif für eine Veränderung. Sie hat sich lange danach
> 5 gesehnt. Jeder Aufschub hätte in naher Zukunft zu einer Verschlechterung der Situation im Innern führen können und eine ernste soziale, wirtschaftliche
> 10 und politische Krise heraufbeschworen ... Wir wollen Offenheit in allen öffentlichen Angelegenheiten und in allen Bereichen des Lebens. Das Volk muss wissen,
> 15 was gut und was schlecht ist, um das Gute zu mehren und das Schlechte zu bekämpfen. So sollten die Dinge im Sozialismus sein.
>
> (In: M. Gorbatschow, Perestroika, Die zweite russische Revolution, München 1997, S.17 und S.92. Gekürzt)

B2 Der zerstörte Reaktor des Atomkraftwerks Tschernobyl nach der Explosion, Luftaufnahme vom Mai 1986.

Kandidaten gewählt. Es entstanden weitere Parteien. Die Alleinherrschaft der Kommunistischen Partei war zu Ende.

Doch die alte, um ihre Macht besorgte Funktionärselite versuchte Gorbatschows Reformen zu behindern. Vor allem aber zeigte sich, dass mit dem alten, von Gorbatschow anfänglich noch befürworteten System der Planwirtschaft die Probleme nicht mehr zu lösen waren. Die weiter sinkende Produktion, Versorgungsengpässe, die beschleunigte Inflation und eine hohe Arbeitslosigkeit wandelten die anfängliche Begeisterung der Bevölkerung bald in Enttäuschung über die **Verschlechterung des Lebensstandards**. Gleichzeitig lebten überall in der UdSSR **nationale Unabhängigkeitsbewegungen** auf. So erklärten Estland, Lettland und Litauen, die 1940 zum Anschluss an die UdSSR gezwungen worden waren, 1990 ihre Unabhängigkeit. Andere Unionsrepubliken folgten.

Das Ende der UdSSR – Gorbatschow, der 1990 zum Staatspräsidenten gewählt worden war, wollte das Auseinanderbrechen der UdSSR verhindern. Doch künftig sollten die Einzelrepubliken mehr Selbstständigkeit besitzen. Am 19. August 1991, am Tag vor der geplanten Unterzeichnung des Unionsvertrags, unternahmen Reformgegner einen Putschversuch. Dieser schlug vor allem dank des unerschrockenen Widerstands der Moskauer Bevölkerung fehl. Glasnost war nicht ohne Wirkung auf die Menschen geblieben. Der Zerfall der Union war dennoch nicht aufzuhalten. Am 31.12.1991 endete die Geschichte der UdSSR. Gorbatschow trat zurück. Q/6

B 4 Demonstration in Vilnius für die Unabhängigkeit Litauens, 1990

K 5

B 3 „Lasst uns Demokratie lernen". Karikatur aus dem Wahlkampf 1989

ARBEITSAUFTRÄGE

1. Benennen Sie mit Hilfe von Q 1 die Ziele, die Gorbatschow mit Glasnost und Perestroika verfolgte.
2. Beschreiben Sie mit B 2 das Ausmaß der Zerstörung des Reaktors von Tschernobyl. Lesen Sie nach, welche Folgen der Reaktorunfall für die Menschen und die Umwelt hatte.
3. Beschreiben Sie die Karikatur aus dem Wahlkampf von 1989. Überlegen Sie, welche Absicht der Zeichner damit verfolgte.
4. Betrachten Sie B 4 und stellen Sie Vermutungen über die Forderungen der Demonstranten an. Spielen Sie eine Fernsehdiskussion über die Forderung nach der Unabhängigkeit Litauens. Besetzen Sie die Rollen eines Funktionärs der KPdSU, eines Unabhängigkeitsführers und des Fernsehmoderators.
5. Listen Sie mit K 5 die ehemaligen Sowjetrepubliken auf.

11. Russland nach 1991

Nach Auflösung der UdSSR gründeten 11 der 15 ehemaligen Sowjetrepubliken im Dezember 1991 unter Führung Russlands die „**Gemeinschaft unabhängiger Staaten**" (**GUS**). Sie war als lockere Verbindung für eine politische und wirtschaftliche Zusammenarbeit der früheren Sowjetrepubliken geplant. Die baltischen Staaten und Georgien blieben der GUS fern. Wie sieht Russlands Zukunft aus?

Neuordnung von Politik und Wirtschaft – Der ehemalige Präsident des Obersten Sowjets, BORIS JELZIN, hatte sich Ende der 1980er Jahre an die Spitze der Reformbewegung gestellt. 1992 wurde er zum ersten Präsidenten Russlands gewählt.
1993 erhielt Russland eine dem Prinzip der Gewaltenteilung verpflichtete **demokratische Verfassung**. An der Spitze der Regierung steht ein mit großen Vollmachten ausgestatteter **Präsident**. Für die Gesetzgebung ist das **Parlament** (= Duma) zuständig. Die Rechtsprechung soll unabhängig sein. In wirtschaftlicher Hinsicht hatte die sehr radikal betriebene Umgestaltung von der Planwirtschaft zur Marktwirtschaft für den Großteil der russischen Bevölkerung bisher jedoch überwiegend negative Folgen.

Russland zu Beginn des 21. Jahrhunderts – Gegenwärtig steht das Land vor schweren Problemen. Einige Völker, besonders in der Kaukasusregion, sind mit der ihnen zugestandenen Selbstverwaltung innerhalb der Russischen Föderation nicht zufrieden und streben nach Unabhängigkeit. Außerdem zweifeln viele Menschen angesichts zunehmender Verarmung und wachsender Kriminalität an den Vorzügen der westlichen Demokratie und der Marktwirtschaft. Wird es Russland gelingen, seine wirtschaftlichen, sozialen und politischen Probleme bald zu lösen?

D2 Die wirtschaftliche Entwicklung der UdSSR 1980–1990 bzw. der Russischen Föderation 1991–1999 (1990 = 100 %)

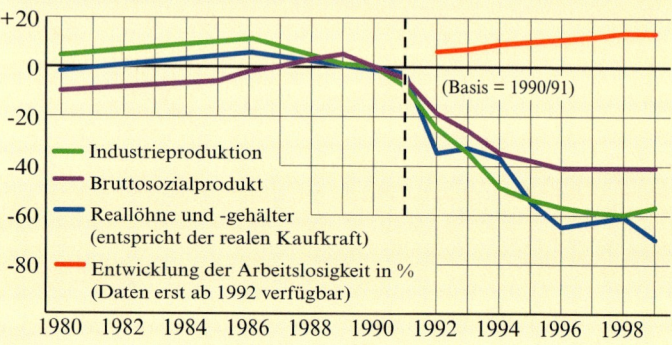

Q1 Der Schriftsteller Alexander Solschenizyn über die Privatisierung der russischen Industrie:

1 Das war der reinste Betrug. Das staatliche Eigentum gelangte in private Hände von ein paar Halunken und Hochstaplern. Ganze
5 Industrie-Giganten wurden verschleudert. Binnen zwei Jahren sank die Produktion um 50 Prozent. Unsere Reformen waren eine Katastrophe. Über die Hälfte un-
10 serer Bevölkerung wurde ins Elend gestürzt und lebt nicht vom Lohn oder Gehalt, sondern von ihren kleinen Privatgrundstücken.

(In: DER SPIEGEL Nr.10/2000, S.192. Gekürzt.)

Q3 Der Journalist Christian B. Sucher berichtet 1996:

1 [Die] Neureichen, die selbst für westliche Verhältnisse außergewöhnlich vermögend sind, über die besten Kontakte zur Mafia verfügen oder ihr selbst angehören, haben die Macht übernommen. Es gibt kein soziales Netz [...]
5 Bettler kauern überall. Wer den Fernseher anmacht, wähnt sich in einem anderen Land. [In] der Werbung werden Brillanten, Autos und Parfums angeboten, die sich kein Arzt, kein Taxifahrer wird je leisten können.

(C.B. Sucher, in: Süddeutsche Zeitung, 30./31. März 1996. Gekürzt)

ARBEITSAUFTRAG

Beschreiben Sie mit Hilfe von Q1, D2 und Q3 die wirtschaftliche und soziale Situation in Russland 1996/98. Nennen Sie mögliche Auswirkungen auf den Demokratisierungsprozess in Russland.

Die Entwicklung der Sowjetunion – Zeitstrahl

	Politik	Kultur	Alltag/Wirtschaft
1990	1993: demokrat. Verfassung; 1991/1992: Gründung der GUS; Wahl Jelzins zum Präsidenten Russlands	seit Ende der 1980er Jahre: zunehmende Enttäuschung der Menschen von Glasnost und Perestroika	seit 1992: von Problemen begleitete Einführung der Marktwirtschaft; seitdem Massenarmut und wachsende Unzufriedenheit; seit Ende der 1980er Jahre: Versorgungsengpässe, Inflation, hohe Arbeitslosigkeit;
	März 1985: umfangreiches Reformprogramm des neuen Generalsekretärs der KPdSU Gorbatschow	seit Mitte der 1980er Jahre: Glasnost und Perestroika sollen zur vollen Entfaltung des Sozialismus führen; kritische Berichterstattung der Medien, z. B. über Tschernobyl	seit 1987: Gründung von Privatbetrieben; Zunahme von Demonstrationen
1970	seit 1964: Erstarrung des Systems unter Breschnew; 1964: Entmachtung Chruschtschows	1960er–1980er Jahre: Dissidenten fordern Demokratie, der Staat reagiert mit Unterdrückung	1960er – Mitte der 1980er Jahre: Gewaltige Ausgaben für das Wettrüsten, dadurch starke Vernachlässigung der Versorgung der Bevölkerung
	1956: Chruschtschows „Geheimrede" leitet Entstalinisierung und Reformen ein	1961: Weltraumprogramm, erste Erdumkreisung durch den Kosmonauten Juri Gagarin	Anfang der 60er Jahre: Niedriger Lebensstandard trotz Reformen;
1950	seit 1945: Aufstieg der UdSSR zur Weltmacht; 8. Mai 1945: Ende des 2. Weltkriegs; seit 1941: Verschleppung von Völkern innerhalb der UdSSR; Juni 1941: Angriff Deutschlands auf die UdSSR, Stalin erklärt den „Großen Vaterländischen Krieg"; Sept. 1939: Beginn 2. Weltkrieg; Aug. 1939: Hitler-Stalin-Pakt; 1924–1928: Stalin setzt sich gegen Trotzki und andere führende Politiker der KPdSU durch; 1924: Tod Lenins; 1922: Gründung der UdSSR; März 1918: Frieden von Brest-Litowsk; Okt. 1917: Staatsstreich der Bolschewiki („Oktoberrevolution"); Feb./März 1917: Revolution, Abdankung des Zaren; Aug. 1914: Beginn 1. Weltkrieg; Autokratie des Zaren	seit den 1930er Jahren: atheistische Propaganda und Kirchenverfolgung seit Ende der 1920er Jahre: ausgeprägter Stalinkult, heroisierende Propaganda- und Revolutionsfilme bzw. -bilder seit den 1920er Jahren: Verbesserung der Volksbildung seit den 1920er Jahren: Kunst als Mittel der politischen Agitation ab 1916: aus Kriegsbegeisterung wird Kriegsmüdigkeit; die russische Gesellschaft und Kultur sind noch stark durch die Feudalgesellschaft des 19. Jahrhunderts geprägt	1941–1945: Hunger und Wohnungsnot; Frauen übernehmen die Arbeitsplätze der kämpfenden Männer; ca. 27 Mill. Kriegstote der UdSSR; seit den 1930er Jahren: Allgegenwart der Geheimpolizei; Ende der 1930er Jahre: die UdSSR belegt Platz zwei der weltweiten Industrieproduktion; ab 1928/29: Ende der NEP, Zwangskollektivierung und Planwirtschaft; 1922: „Neue Ökonomische Politik" (NEP) mit größerer wirt-schaftlicher Freiheit; 1917–1922: Bürgerkrieg: Millionen Tote und Hungersnöte; Okt. 1917: Enteignung der Gutsbesitzer, Verstaatlichung der Industrie; 1916/17: Massenstreiks der Arbeiter, Aufstände der Soldaten; geringe Industrialisierung; über 80 % der Bevölkerung leben auf dem Land
1930			
1910			

Zusammenfassung – Die Entwicklung der Sowjetunion

Im Vergleich mit west- und mitteleuropäischen Ländern waren Russlands Gesellschaft und Wirtschaft zu Beginn des 20. Jahrhunderts rückständig. Bauern und Arbeiter lebten in sehr ärmlichen Verhältnissen. Millionen Kriegstote und die schlechte Versorgungslage der Bevölkerung im Ersten Weltkrieg führten zu Massenstreiks und Aufständen der Soldaten, die im Februar 1917 in einer Revolution mündeten. Der Zar wurde zur Abdankung gezwungen. Die **neue Regierung** musste die Macht mit den **Arbeiter- und Soldatenräten** teilen.

Unter der Parole „Alle Macht den Räten!" forderten die radikalen Sozialisten, die **Bolschewiki**, die Umwandlung Russlands in einen **sozialistischen Staat**. Unter Führung Lenins rissen sie am 26.10. 1917 in einem Staatsstreich die Macht an sich und errichteten eine Alleinherrschaft. Die russische Räterepublik und andere Räterepubliken auf dem Gebiet des früheren Zarenreiches schlossen sich 1922 zur **Union der sozialistischen Sowjetrepubliken** (UdSSR) zusammen.

Das kriegsbedingte Massenelend der Bevölkerung und die schwere Wirtschaftskrise Anfang der 1920er Jahre wollten die Bolschewiki mit einer „**Neuen Ökonomischen Politik**" (NEP) beenden. Die damit verbundene größere wirtschaftliche Freiheit wurde unter Lenins Nachfolger Stalin wieder aufgehoben. Die Wirtschaftspolitik war nun durch **Zwangskollektivierung** in der Landwirtschaft und eine forcierte **Industrialisierung unter staatlicher Kontrolle** geprägt. Stalins Herrschaft fielen Millionen Bürgerinnen und Bürger zum Opfer; zugleich war er Mittelpunkt der Propaganda und des **Personenkults**.

Unter Gorbatschow wurde Mitte der 1980er Jahre mit umfassenden **politischen und wirtschaftlichen Reformen** begonnen. Doch die Mehrheit der Bevölkerung hat davon bisher nicht profitiert. Die UdSSR zerfiel 1991 in zahlreiche Einzelstaaten. 🌐/6

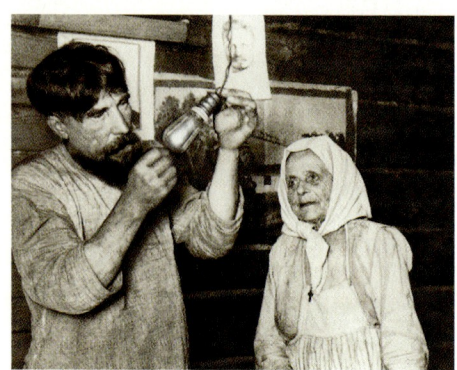

ARBEITSAUFTRAG

Stellen Sie in einer Tabelle zusammen, wodurch sich die Sozialistische Sowjetrepublik der 1920er und 1930er Jahre von einer demokratischen Republik nach westlicher Prägung unterschied. Berücksichtigen Sie bei Ihrer Zusammenstellung die Wirtschaftsordnung sowie die Stellung und Macht der Regierung bzw. einzelner Personen.

ZUM WEITERLESEN

A. Rybakow: Die Kinder vom Arbat. dtv, München 1994.
A. Rybakow: Stadt der Angst. dtv, München 1994.
V. Pelewin: Generation P. Volk und Welt, Berlin 1999.
M. Scholochow: Michail, Der stille Don. dtv, München 1994.
J. ter Haap: Oleg oder die belagerte Stadt. dtv, München 1994.
🌐/1 http://www.hdg.de/lemo/html/biografien/NikolausII/index.html
🌐/2 http://www.hdg.de/lemo/html/biografien/StalinJosef/index.html
🌐/3 http://www.dhm.de/sammlungen/zendok/hitler-stalin-pakt/
🌐/4 http://www.kssursee.ch/schuelerweb/kalter-krieg/ende/gorbatschow.htm
🌐/5 http://www.greenpeace-berlin.de/tschernobyl
🌐/6 http://www.ruhr-uni-bochum.de/lirsk/plakateb.htm

Nachkriegszeit und Kalter Krieg

Nach dem Zusammenbruch des nationalsozialistischen Regimes wurde Deutschland von den alliierten Siegermächten besetzt. Doch die Koalition der Alliierten brach bald auseinander: Zwischen den USA und der UdSSR entbrannte der „Kalte Krieg", auf dessen Höhepunkt ein dritter Weltkrieg und der Einsatz von Atombomben drohten. Eine Folge der Konfrontation war die Teilung Europas und Deutschlands.

Nachkriegszeit und Kalter Krieg

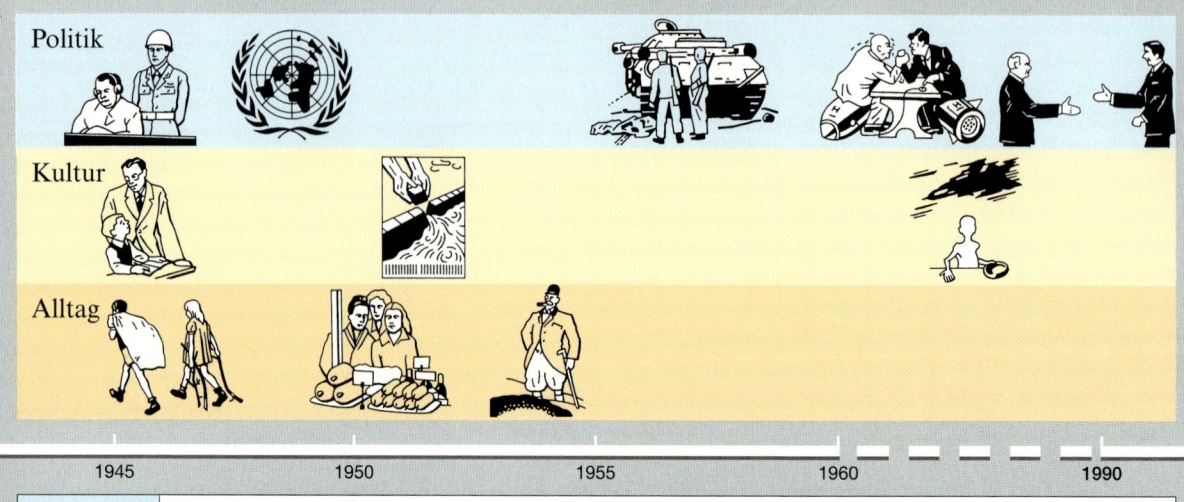

Die wichtigsten politischen und militärischen Mächtegruppen während des Kalten Krieges 1945–1990

ALB.	ALBANIEN	BU.	BULGARIEN	IT.	ITALIEN	SIMB.	SIMBABWE
AFGH.	AFGHANISTAN	DK.	DÄNEMARK	JUG.	JUGOSLAWIEN	SYR.	SYRIEN
B.	BELGIEN	DDR	DEUTSCHE DEMOKR. REPUBLIK	N.	NIEDERLANDE	TSCH.	TSCHECHOSLOWAKEI
BRD	BUNDESREPUBLIK DEUTSCHLAND	GR.	GRIECHENLAND	P.	PORTUGAL	U.	UNGARN
				R.	RUMÄNIEN		

Legende:
- USA
- NATO (Nordatlantikpakt, gegr. 1949)
- OAS (Organisation der Amerikanischen Staaten, gegr. 1948)
- ANZUS (Pazifikpakt, gegr. 1951)
- Zeitweilige Verteidigungsabkommen mit USA außerhalb von NATO und ANZUS
- Sowjetunion
- Warschauer Pakt (1955–1991)
- Volksrepublik China und kommunistische Volksrepubliken in Asien
- Kommunistische Volksrepubliken außerhalb des Warschauer Paktes mit Militärabkommen mit der UdSSR
- Kommunistische Volksrepubliken außerhalb des Warschauer Paktes ohne Militärabkommen mit der UdSSR oder VR China
- OAU (Organisation für die Einheit Afrikas, gegr. 1963)
- Arabische Liga (gegr. 1945)
- Bündnisfreie

ARBEITSAUFTRAG

Beschreiben Sie die Einbindung der Staaten Europas in die politischen und militärischen Bündnissysteme der Zeit von 1945 bis 1990. Nennen Sie mögliche Ursachen für diese Entwicklung.

Deutschland unter Besatzungsrecht
1. Alliierte Deutschlandpläne und ihre Auswirkungen

Der von den Nationalsozialisten entfesselte Zweite Weltkrieg endete am 8. Mai 1945 mit der bedingungslosen Kapitulation der deutschen Wehrmacht. Die Siegermächte USA, UdSSR, Großbritannien und Frankreich teilten Deutschland in vier Besatzungszonen und übernahmen die oberste Regierungsgewalt. Welche Vorstellungen von der weiteren Zukunft Deutschlands hatten die Alliierten?

Die Kriegsziele der Alliierten – Die Staatsmänner der „**Großen Drei**" (USA, UdSSR und Großbritannien) hatten bereits im Winter 1942/43 erste Überlegungen über eine gemeinsame Politik nach dem Krieg und die Zukunft Deutschlands angestellt. Erneut diskutiert wurden sie auf Konferenzen in Teheran (November 1943) und Jalta (Februar 1945). Dabei wurde auch über eine mögliche Zerstückelung Deutschlands in mehrere Einzelstaaten oder die Umwandlung in einen entindustrialisierten Agrarstaat nachgedacht. US-Präsident ROOSEVELT und der britische Premierminister CHURCHILL stimmten STALINS Forderung zu, Polens Staatsgebiet zugunsten der UdSSR nach Westen zu verschieben und dafür Polen mit deutschen Gebieten zu entschädigen. Der genaue Verlauf der deutsch-polnischen Grenze wurde nicht festgelegt.

Die „Großen Drei". Von links nach rechts: Churchill, Truman (Nachfolger Roosevelts) und Stalin

Q 1 Aus dem Potsdamer Protokoll der Alliierten vom 2. August 1945:

Die Armeen der Alliierten haben ganz Deutschland besetzt. Das deutsche Volk hat begonnen, für die schrecklichen Verbrechen zu
5 sühnen, die unter der Führung von Personen begangen worden sind, denen es auf der Höhe ihres Erfolges offen zugestimmt und blind gehorcht hat ... Militarismus und
10 Nazismus werden in Deutschland ausgerottet werden und die Alliierten werden ... die Maßnahmen treffen, [damit] Deutschland weder seine Nachbarn noch den Weltfrie-
15 den jemals wieder bedrohen kann. ... Es ist nicht die Absicht der Alliierten, das deutsche Volk zu vernichten oder zu einem Volk von Sklaven zu machen ..., vielmehr ...
20 dem deutschen Volk Gelegenheit zu bieten, sich auf eine spätere Erneuerung seines Lebens auf einer friedlichen, demokratischen Grundlage vorzubereiten ...

(In: Geschichte in Quellen Bd. 7, S. 73 f. Gekürzt)

B 2 / B 3 Maschinenhalle vor und nach der Demontage, Berlin 1945

Nachkriegszeit und Kalter Krieg / Deutschland unter Besatzungsrecht

Die Konferenz von Potsdam – Wenige Wochen nach der deutschen Kapitulation trafen sich die „Großen Drei" erneut in Potsdam, um die Grundlinien der gemeinsamen Besatzungspolitik in Deutschland zu verabreden. Im „**Potsdamer Abkommen**" vom 2. August 1945 einigten sie sich darauf, Deutschland als wirtschaftliche Einheit zu erhalten; von einer Zerstückelung in mehrere Teilstaaten war nun nicht mehr die Rede. Als weitere „politische Grundsätze" der gemeinsamen Besatzungspolitik wurden festgelegt:
- die Dezentralisierung (Entflechtung) von Großindustrie und Banken,
- die vollständige **Demilitarisierung** (Abrüstung) Deutschlands,
- die **Entnazifizierung** (Entfernung der Nazis aus allen öffentlichen Ämtern sowie deren Bestrafung)
- die **Demokratisierung** der deutschen Politik, Wirtschaft und Erziehung,
- die **Wiedergutmachung** (Reparationen) der verursachten Kriegsschäden.

In Potsdam traten aber auch Konflikte und Interessengegensätze zwischen den Alliierten zutage.

Die Westmächte wollten verhindern, dass der Wiederaufbau der deutschen Wirtschaft wie nach dem Ersten Weltkrieg durch zu hohe Reparationsforderungen erschwert würde. Die UdSSR, die selber sehr hohe Kriegsschäden zu beklagen hatte, wollte die Höhe der Reparationen davon unabhängig festlegen. Da man sich nicht auf eine Gesamthöhe einigen konnte, sollte jede Besatzungsmacht die Reparationen aus ihrer Zone entnehmen. Aufgrund ihrer hohen Kriegsverluste wurden der UdSSR zusätzlich auch 25 Prozent der in den Westzonen demontierten Industrieanlagen zugesprochen. ⊙/1

Während der Kriegskonferenzen hatte es keine genaue Festlegung der neuen polnischen Westgrenze gegeben. Dennoch hatte Stalin die Gebiete östlich der Oder-Neiße-Linie bereits an Polen übertragen. Das Potsdamer Abkommen bestätigte schließlich die schon in Jalta verabredete Verkleinerung Deutschlands; die **Oder-Neiße-Grenze** sollte „bis zur endgültigen Festlegung" durch einen zukünftigen Friedensvertrag mit Deutschland als Westgrenze Polens gelten.

Flucht und Vertreibung – Schon vor Kriegsende waren über eine Million Menschen aus den deutsch besiedelten Ostgebieten vor der heranrückenden Roten Armee geflüchtet. Nach dem Potsdamer Abkommen folgte eine weitere Welle von Vertreibungen und Zwangsumsiedlungen, besonders aus den Gebieten Polens, der Tschechoslowakei und Ungarns. Bis 1947 geschah dies meist sehr brutal; man schätzt, dass über 2 Millionen Menschen die Massenflucht nicht überlebten.

Besatzungspolitik – Am 30. August 1945 nahm der **Alliierte Kontrollrat** der vier Siegermächte USA, UdSSR, Großbritannien und Frankreich seine Arbeit zur Umsetzung der Potsdamer Beschlüsse auf. Eine Einstimmigkeit der Beschlüsse wurde aber nur selten erreicht, zumal die Potsdamer Konferenz die Eigenständigkeit jeder Zone betont hatte und die Siegermächte zunehmend unterschiedliche Interessen in ihren Zonen vertraten. Die UdSSR begann damit, die politische, wirtschaftliche und soziale Ordnung ihrer Zone **nach sowjetischem Vorbild** umzugestalten. Frankreich strebte nach **größtmöglicher Sicherheit** und wollte die Wiederherstellung der Einheit Deutschlands verhindern. Es löste das Saargebiet aus der eigenen Besatzungszone heraus, unterstellte es französischer Verwaltung und schloss seine Zone hermetisch ab. Gemeinsam mit der UdSSR forderte Frankreich, das Ruhrgebiet unter internationale Kontrolle zu stellen.

Großbritannien und die USA lehnten dies ab. Vor allem Großbritannien wollte einen **sowjetischen Einfluss in Westeuropa verhindern**. Für die USA galt der **freie Handel auf einem offenen Weltmarkt** als beste Möglichkeit zur Sicherung des Friedens und ihres eigenen Einflusses in Deutschland und Europa. Sie unterstützten daher den politischen und wirtschaftlichen Wiederaufbau Deutschlands. Seit Herbst 1946 suchten die USA und Großbritannien die Westzonen Deutschlands in die demokratische und kapitalistische Ordnung des Westens zu integrieren.

Q5 Der amerikanische Diplomat G. F. Kennan 1945 über die Zusammenarbeit der USA mit der UdSSR:

1 Die Idee, Deutschland gemeinsam mit den Russen regieren zu wollen, ist ein Wahn ... Wir haben keine andere Wahl, als unseren
5 Teil Deutschlands zu einer Form von Unabhängigkeit zu führen, die so befriedigend, so gesichert, so überlegen ist, dass der Osten sie nicht gefährden kann ... Zugege-
10 ben, dass das Zerstückelung bedeutet ... Besser ein zerstückeltes Deutschland, von dem wenigstens der westliche Teil als Prellbock für die Kräfte des Totalitarismus wirkt,
15 als ein geeintes Deutschland, das diese Kräfte wieder bis an die Nordsee vorlässt.

(In: A. M. Birke, Nation ohne Haus, Berlin 1994, S. 42. Gekürzt)

Q6 Der SED-Politiker E. Mielke über die Rolle der Sowjetischen Besatzungszone, 30.10.1946:

1 Deutschland ist zur Zeit keine Einheit, es gibt zwei Zonen und daher zwei Entwicklungen. Hier in der Sowjetzone [ist] die Arbeiterklasse die führende Kraft in der demokratischen Entwicklung, die sowjetische Besat-
5 zungsmacht erleichtert unsere Aufgabe, sie unterstützt uns und hält die versteckte Reaktion nieder. In den anderen Zonen haben wir keine Führung der Arbeiterklasse, sondern eine Koalition mit der Bourgeoisie, die von der Sozialdemokratie geführt wird. Zusätzlich drei
10 Armeen aus kapitalistischen Ländern ... .

(In: M. Judt [Hg.], DDR-Geschichte in Dokumenten, Bonn 1998, S. 508. Gek.)

ARBEITSAUFTRÄGE

1. Erarbeiten Sie mit Q1 die wichtigsten Bestimmungen des Potsdamer Abkommens und die Ziele der Alliierten.
2. Erläutern Sie mit B2 und B3 die Folgen von Reparationsleistungen durch die Demontage von Produktionsanlagen.
3. Erläutern Sie mit K4 die Folgen der Potsdamer Bestimmungen für die betroffenen Gebiete Ostmitteleuropas und deren Bevölkerung.
4. Erarbeiten Sie mit Q5 und Q6 die unterschiedlichen Begründungen für die sich anbahnende Teilung Deutschlands.

2. Der Alltag in den Besatzungszonen 1945–1949

Der 8. Mai 1945 wurde oft als „Stunde Null" für das zerstörte Nachkriegsdeutschland bezeichnet. Besonders die städtischen Ballungs- und Industriegebiete waren in vielen Regionen Deutschlands fast völlig zerstört. Welche Probleme mussten die Menschen im Alltag lösen?

Leben in Ruinen – Die Aufräumarbeiten, die sofort mit dem Kriegsende begannen, wurden zum großen Teil von den **„Trümmerfrauen"** geleistet. Sie sammelten Ziegelsteine aus dem Schutt der zerstörten Gebäude und säuberten sie von Mörtel, damit sie wiederverwendet werden konnten. Zunächst mussten in großer Zahl **Notunterkünfte** errichtet werden, denn 25 bis 30 Millionen Menschen waren ohne Unterkunft. Dazu zählten 9 Millionen **Evakuierte**, die aus den am meisten zerstörten Städten in ländliche Gebiete gebracht worden waren. Vor allem aber die etwa 12 Millionen **Flüchtlinge, Vertriebenen und Zwangsausgesiedelten** aus den

> **Q 1** Der ehemalige Bundespräsident Richard von Weizsäcker über die deutsche Kapitulation (1985):
>
> Der 8. Mai ist für uns Deutsche kein Tag zum Feiern ... [Manche] empfanden Schmerz über die vollständige Niederlage des eigenen Vaterlandes. Verbittert standen Deutsche vor zerrissenen Illusionen; dankbar [waren] andere für den geschenkten neuen Anfang ... Der 8. Mai war ein Tag der Befreiung. Er hat uns alle befreit vom menschenverachtenden System der nationalsozialistischen Gewaltherrschaft. Niemand wird um dieser Befreiung willen vergessen, welche schweren Leiden für viele Menschen mit dem 8. Mai erst begannen und danach folgten. Aber wir dürfen nicht im Ende des Krieges die Ursache für Flucht, Vertreibung und Unfreiheit sehen. Sie liegt vielmehr in seinem Anfang und im Beginn jener Gewaltherrschaft, die zum Krieg führte. Wir dürfen den 8. Mai 1945 nicht vom 30. Januar 1933 trennen.
>
> (In: Informationen zur politischen Bildung H. 270, Bonn 2001, S. 41. Gekürzt)

B 2 Flüchtlingszug in Berlin, 1945

B 3 „Trümmerfrauen" beim Wiederaufbau der Städte, 1945

ehemaligen deutschen Ostgebieten, aus Polen, der Tschechoslowakei und Ungarn waren davon betroffen. Unterwegs waren auch die 700 000 **Überlebenden der Konzentrations- und Vernichtungslager** sowie etwa 8–10 Millionen so genannte Displaced Persons, die Mehrzahl von ihnen ehemalige **Zwangsarbeiter** der deutschen Industrie, die aus ihren Heimatländern verschleppt worden waren und nun zurückwollten. Das Verkehrswesen war jedoch fast vollständig zusammengebrochen. Die auf den wenigen intakten Gleisen verkehrenden Züge fuhren ohne Fahrplan und waren völlig überfüllt.

Hunger – Die deutsche Landwirtschaft hatte vor dem Krieg 80 % des Bedarfs an Lebensmitteln gedeckt. Ein Viertel der landwirtschaftlichen Nutzfläche war im Osten durch die Gebietsverluste verloren gegangen. Durch den **Mangel an Arbeitskräften**, landwirtschaftlichen Maschinen, Saatgut und Dünger sanken die Ernteerträge auf die Hälfte der Vorkriegszeit. Dennoch musste damit eine Bevölkerung ernährt werden, die durch die Flüchtlinge um 20 Prozent größer geworden war. So war der Hunger in den ersten Nachkriegsjahren der tägliche Begleiter der Menschen. Ein Erwachsener verbraucht heute zwischen 2800 und 3500 Kalorien. Die **Lebensmittelkarten** der Nachkriegszeit sahen Tagesrationen von 1500 Kalorien in der amerikanischen und nur 900 in der französischen Zone vor. Da die Stadtbevölkerung kaum Möglichkeiten hatte, sich durch Gemüseanbau zusätzliche Nahrung zu verschaffen, fuhr sie zum „Hamstern" aufs Land. Wer noch Wertgegenstände besaß, tauschte sie beim Bauern gegen Lebensmittel ein. ⊕/2

Schwarzmarkt – Das System der Verteilungswirtschaft, das schon zu Kriegszeiten existierte, musste auch in den ersten Nachkriegsjahren beibehalten werden. Es ermöglichte den reglementierten Kauf von Waren zu Vorkriegspreisen. Doch

Ein Jugendlicher verkauft Schuhe auf dem Schwarzmarkt, 1945

B 5 Die tägliche Lebensmittelration, 1945

B 4 Leben in Notwohnungen, 1948

B 6 Kinder beschaffen Heizmaterial, 1945

daneben waren viele Waren auch auf dem Schwarzmarkt erhältlich; dort allerdings zu wesentlich höheren Preisen. Da die Reichsmark kaum mehr einen Gegenwert hatte, ersetzte der Tauschhandel auf dem Schwarzmarkt die Geldwirtschaft.

Gesellschaftsprobleme – Wie schon in den Kriegsjahren arbeiteten die **Frauen** in der Nachkriegszeit oft in Berufen, die vormals als typische „Männerberufe" galten. Allerdings wurden sie schlechter bezahlt als Männer, weil sie diese Berufe überwiegend als Angelernte ausübten. Auch in der Familie und in der Gesellschaft hatten Frauen während der Kriegszeit die Rolle der Männer übernommen. Nach der Rückkehr der Männer aus Krieg und Kriegsgefangenschaft sollten viele Frauen ihre neuen Berufe wieder aufgeben und sich auf die traditionelle Frauenrolle beschränken. In vielen Familien führte dies zu Problemen und Auseinandersetzungen, denn nicht alle Frauen waren bereit, auf die gewonnenen Freiräume nun wieder zu verzichten.

Die Eingliederung der 12 Millionen Heimatvertriebenen war aber das größte gesellschaftliche Problem. Sie wurden vor allem in den ländlichen Gebieten Bayerns, Schleswig-Holsteins, Niedersachsens und Mecklenburg-Vorpommerns angesiedelt. Die „Entwurzelten" – so der damals amtliche Ausdruck – wurden zunächst von vielen Einheimischen als Fremde und Störenfriede empfunden, die man beherbergen und zusätzlich durchfüttern müsse. Doch die Integration der Vertriebenen in Gesellschaft und Wirtschaft gelang. Sie gehört mit zu den größten Leistungen der Deutschen nach dem Krieg.

Kultur als Beitrag zur Entnazifizierung – Unmittelbar nach dem Ende des Krieges begann auch der Wiederaufbau des **Theater- und Konzertlebens**, das in den letzten Kriegsjahren völlig zum Erliegen gekommen war. Literatur, Musik und Kunstwerke, die während der NS-Zeit verboten waren, wurden jetzt ebenso verbreitet wie amerikanische, englische, französische und sowjetische Kunst und Musik. Für die Alliierten war Kulturpolitik ein wesentlicher Bestandteil zur Demokratisierung der Deutschen.

Nachdem das NS-System die Literatur und die Kunst gezielt in den Dienst ihrer verbrecherischen Ziele gestellt hatte, setzten sich einzelne Künstler der Nachkriegszeit kritisch mit der nationalsozialistischen Vergangenheit auseinander.

PERSONENLEXIKON

LOUISE SCHROEDER, 1887–1957. Sozialdemokratische Politikerin, 1946–1948 Bürgermeisterin, 1947–1949 stellvertretende Oberbürgermeisterin Berlins

T7 Offizielle Preise und Schwarzmarktpreise im Vergleich, 1946/47. RM = Reichsmark

Ware	Offizielle Preise 1947	Schwarzmarktpreise 1946/47
1 kg Fleisch	2,20 RM	60– 80 RM
1 kg Brot	0,37 RM	20– 30 RM
1 kg Kartoffeln	0,12 RM	4– 12 RM
1 kg Zucker	1,07 RM	120–180 RM
1 kg Butter	4,00 RM	350–550 RM
20 Zigaretten	2,80 RM	70–100 RM
1 Stück Seife	0,35 RM	30– 50 RM

(Nach: K. H. Rothenberger, Die Hungerjahre nach dem Zweiten Weltkrieg, Boppard 1980, S. 140)

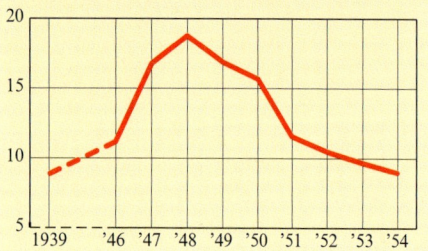

D8 Scheidungen pro 10 000 Einwohner

Q9 Erinnerungen von Dora G. (geb. 1927) an die Nachkriegszeit:

1 ... Die Frauen hatten sich ihr eigenes Leben aufgebaut. Meine Halbschwester, die eine sehr resolute Frau war, sagte, es sei die schwerste Zeit ihres Lebens gewesen, als ihr Mann wieder heimkam. Nicht, weil sie einen ande-
5 ren Mann hatte, sondern sie war es gewohnt, die Zügel in der Hand zu haben, alle Entscheidungen zu treffen, alles zu machen. Und auf einmal war ihr Mann wieder da und hat gesagt: „Ja wie, du kannst mich ja auch fragen." Und wollte, dass alles wieder so weitergeht, wie es vorher
10 war, ohne die Entwicklung der Frau zu berücksichtigen ...

(In: M. Dörr, „Wer die Zeit nicht miterlebt hat...", Frauenerfahrungen im Zweiten Weltkrieg und in den Jahren danach, Bd. 3, Frankfurt/New York 1998, S. 34)

2. Der Alltag in den Besatzungszonen 1945–1949

Dazu gehörten Schriftsteller wie HEINRICH BÖLL, ALFRED ANDERSCH und WOLFGANG BORCHERT. Doch diese kritische Haltung galt längst nicht für alle Künstler und Schriftsteller. Bezeichnend war ein Streit, der über die Rolle der Kunst und der Künstler während der Zeit des Nationalsozialismus entbrannt war: So wurde dem Literatur-Nobelpreisträger von 1928, THOMAS MANN, vorgeworfen, er habe das angenehme Exil in den USA gewählt, anstatt in der „Inneren Emigration" für das deutsche Publikum präsent zu sein. Viele Exilierte kamen nicht nach Deutschland zurück. Thomas Mann übersiedelte in die Schweiz.
BERTOLT BRECHT, ANNA SEGHERS und andere gingen in die Sowjetische Besatzungszone (SBZ). Sie hofften, in einer sozialistischen Gesellschaft ihre Ideale besser verwirklichen zu können als im Kapitalismus.

Massenmedien – Das NS-System hatte auch den Rundfunk vollständig kontrolliert. Im Gegensatz dazu schufen die Westalliierten nach dem Kriegsende in den drei Westzonen das bis heute bestehende System des **öffentlich-rechtlichen Rundfunks.** Die Sendeanstalten waren nun für ihr Programm selbst verantwortlich. Die ersten Nachkriegszeitungen waren von den Alliierten noch selbst produziert worden. Doch bald übergaben sie unbelasteten Deutschen **Lizenzen** zur Herausgabe von Tages- und Wochenzeitungen. Noch heute existieren einige dieser ersten westdeutschen Nachkriegszeitungen, z. B. DIE ZEIT und die „Frankfurter Rundschau". In der Sowjetischen Besatzungszone gerieten Presse und Rundfunk jedoch schon bald wieder unter politische Kontrolle.

„Draußen vor der Tür", 1946 als Hörspiel geschrieben, 1947 als Theaterstück uraufgeführt; Buchtitel der Theaterfassung, 1983

Q 10 „Wir Frauen und die Politik", Zeitschriftenartikel vom Juni 1945:

1 Gewiss, das Kampffeld [der Politik] gehört hauptsächlich den Männern, aber auch wir wollen, wir dürfen nicht müßig zurückstehen!
5 Darum helft, wo ihr eben könnt! Ihr meint, ihr hättet keine Zeit, ihr habt sie! Schaut euch um beim unvermeidlichen Schlangestehen, hört, was da erzählt wird, klärt auf, wenn
10 es erforderlich ist, redet einfach und sachlich, sprecht überzeugend! Und wie sieht es zu Hause aus? Seht euch die Spielecke der Kinder an. Da steht die Burg mit
15 den Soldaten, Tanks, Kanonen, ein Stahlhelm – hinweg damit! Die Kriegsbücher der Jungs – ins Feuer! Wir müssen überhaupt die Forderung stellen, die Spielzeug-
20 industrie zu überwachen, damit das hergestellt wird, was der Erziehung im Kinde zum selbstbewussten, frei schaffenden Menschen entgegenkommt ...

(In: Der Aufbau Nr. 3 (Juni 1945), Nachdruck, Frankfurt/M. 1978. Gekürzt)

Q 11 Bericht eines amerikanischen Offiziers über das Berliner Kulturleben, Juli 1945:

1 Die gegenwärtige Lage des Berliner Film-, Theater- und Musiklebens ist das Ergebnis ... einer gezielten russischen Politik, die ... mit allem Nachdruck durchgeführt wurde ... Zugrunde liegt der russischen Politik eine fast
5 fanatische Verehrung von Kunst und Künstlern ... Es liegt auf der Hand, dass für die russische Führung die Wiederbelebung des Kulturlebens eine Aufgabe ersten Ranges war, nicht nur, weil sie die beruhigende Wirkung auf die Bevölkerung brauchte, sondern auch, weil sie von der
10 Notwendigkeit eines solchen Kulturlebens ... überzeugt ist, ganz gleich, wie unnormal die Zeiten sein mögen.

(In: A. M. Birke, Nation ohne Haus, Berlin 1994, S. 95. Gekürzt)

ARBEITSAUFTRÄGE

1. Fassen Sie die Ansicht von Weizsäckers in Q 1 zur Bedeutung des 8. Mai 1945 zusammen und beurteilen Sie sie.
2. Schreiben Sie mit Hilfe der Bilder B 2–B 6 eine Reportage über die Probleme der unmittelbaren Nachkriegszeit.
3. Erläutern Sie mit T 7 und dem Darstellungstext Gründe für das Entstehen eines Schwarzmarktes.
4. Beschreiben und begründen Sie mit D 8 und Q 9 die Entwicklung der Scheidungsraten 1939–1954.
5. Erarbeiten und beurteilen Sie, welche Rolle den Frauen in der Politik nach 1945 zugeschrieben wurde (Q 10). Vergleichen Sie mit der heutigen Rolle von Frauen in der Politik.
6. Erklären Sie mit Q 11, warum die UdSSR und die Westalliierten dem Kulturleben eine solche Bedeutung zumaßen.

3. Sachsen in der sowjetischen Besatzungszone

Sachsen war flächenmäßig das kleinste Land der sowjetischen Besatzungszone. Andererseits war es mit seinen bedeutenden, aber stark kriegszerstörten Industriezentren das bevölkerungsstärkste Land der SBZ. Wie entwickelte sich Sachsen unter sowjetischer Besatzung?

Verordneter Neubeginn – Im Juli 1945 nahm die Sowjetische Militäradministration für Sachsen (SMAS) ihren Dienst auf. Zusammen mit KPD-Mitgliedern aus dem Moskauer Exil gab sie am 17.8.1945 eine Verordnung über die **Entnazifizierung** der öffentlichen Verwaltung heraus. Ehemalige Nationalsozialisten wurden entlassen; die Schlüsselpositionen in der Verwaltung sollten vor allem mit KPD-Mitgliedern neu besetzt werden.
NS-Verbrecher kamen in sowjetische Internierungslager; nach der Zwangsvereinigung von KPD und SPD 1946 waren aber auch oppositionelle bürgerliche Politiker, Sozialdemokraten und selbst Kommunisten von Inhaftierung betroffen.

Bodenreform – In Übereinstimmung mit der SMAS begann am 10.9.1945 die entschädigungslose **Enteignung von „Großgrundbesitzern"** (über 100 ha Besitz) sowie von ehemaligen Nationalsozialisten. Dies betraf insgesamt 260 000 ha Land. Bereits im November 1945 war auf diesem Weg ein Achtel der Nutzfläche enteignet; im industrialisierten Sachsen war dies jedoch weniger als in anderen, stärker landwirtschaftlich geprägten Ländern der SBZ. Die Gutsbesitzer wurden meist mit Gewalt vertrieben. Wer sich wehrte, wurde inhaftiert. Etliche flohen in die Westzonen. Von vielen Menschen in Sachsen wurde die Bodenreform begrüßt: Über 13 000 Kleinbauern, fast 25 000 Landarbeiter und Kleinpächter sowie 7800 Umsiedler erhielten neues Land, das sie jedoch mit der Kollektivierung der Landwirtschaft ab 1952 wieder verloren.

Volksentscheid – Im Juni 1946 war die Bevölkerung aufgerufen, über Verstaatlichungen und **Enteignungen in Industrie und Bergbau** abzustimmen. Bei über 90 % Wahlbeteiligung stimmten in noch freier Wahl fast 80 % für die Verstaatlichung. Doch viele enteignete Betriebe blieben vorerst unter direkter sowjetischer Verwaltung und mussten später durch die DDR zurückgekauft werden.

PERSONENLEXIKON

Dr. Rudolf Friedrichs, 1892–1947. SED-Politiker, 1946–1947 Ministerpräsident Sachsens

Q 1 Brief der Firma V. Hänig & Co., Heidenau-Dresden, 29.11.1945

1 Infolge [der] Demontage unseres ... Betriebes durch die Rote Armee ist uns eine Bearbeitung Ihrer Anfrage zur Zeit unmöglich. Obwohl
5 wir uns ernstlich damit befassen, den Betrieb schnellstens wieder anlaufen zu lassen, Unterhandlungen wegen Anschaffung von Maschinen, Werkzeugen und Ma-
10 terialien schweben bereits, die behördliche Genehmigung ist erteilt, wird noch einige Zeit vergehen, ehe wir Ihnen mit Vorschlägen und Angeboten dienen können ...

(In: M. Judt [Hg.], DDR-Geschichte in Dokumenten, Bonn 1998, S. 106 f. Gekürzt)

B 2 Propaganda zum Volksentscheid über die Enteignung von Industrie und Bergbau. Parteihaus der SED in Leipzig, Foto 1946

Eine neue Verfassung – Im September 1946 wurde erstmals wieder ein sächsischer Landtag gewählt. Die bürgerlichen Parteien LDP* und CDU* waren durch die sowjetische Militäradministration bei den Wahlvorbereitungen benachteiligt worden, zum Beispiel bei der Papierzuteilung. Dennoch erhielt die SED* in der traditionellen Hochburg der Arbeiterparteien nur eine knappe Mehrheit. Zusammen mit der Vereinigung der Bauernhilfe (VdgB) und dem Kulturbund besaß sie eine Regierungsmehrheit von vier Stimmen. Erste Aufgabe der neuen Landesregierung unter Ministerpräsident RUDOLF FRIEDRICHS (SED) war die Ausarbeitung einer Verfassung, die 1947 angenommen wurde. Diese Verfassung lehnte sich an die demokratischen Traditionen der Weimarer Reichsverfassung an. Mit Artikel 8, Ziff. 2 und 3 eröffnete sie die Möglichkeit zur Ausgrenzung von Feinden der Demokratie. Auch politisch missliebige Gegner konnten nun ausgeschaltet werden. Mit der **Auflösung der Länder** durch die DDR-Regierung 1952 wurde Sachsen in Bezirke eingeteilt: Dresden, Chemnitz (1953–90 Karl-Marx-Stadt) und Leipzig.

*LDP: Liberaldemokratische Partei;
*CDU: Christlich-demokratische Union;
*SED: Sozialistische Einheitspartei Deutschlands.
Zu den Parteien im Nachkriegsdeutschland vgl. S. 20/21 sowie S. 25–27

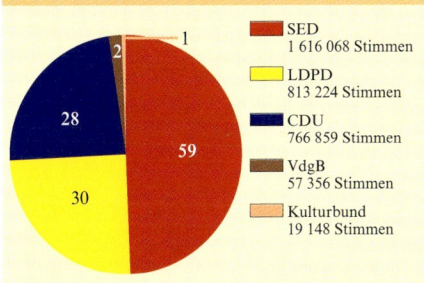

D 3 Wahlergebnis und Mandate im sächsischen Landtag, Oktober 1946

SED 1 616 068 Stimmen
LDPD 813 224 Stimmen
CDU 766 859 Stimmen
VdgB 57 356 Stimmen
Kulturbund 19 148 Stimmen

Q 4 Aufruf der Landesverwaltung zur Neulehrerausbildung, 20.12.1945:

1 Die demokratische Erneuerung des deutschen Schulwesens kann nur von einer Lehrerschaft durchgeführt werden, die fähig und ge-
5 willt ist, im Geiste der Völkerversöhnung und ... Demokratie zu erziehen. Großen Teilen der bisherigen Lehrerschaft kann diese Erziehungsaufgabe nicht übertragen
10 werden, weil sie während der letzten zwölf Jahre in der Schule Propagandisten des Dritten Reiches und außerhalb der Schule Aktivisten der Nazipartei waren. Im
15 Bundesland Sachsen fehlen 9000 Lehrer! [Daher] werden ab 1. Januar 1946 in allen Landesteilen ... Kurse für Neulehrer durchgeführt.

(In: Amtl. Nachrichten der Landesverwaltung Sachsen, 1. Jg., Nr. 17–29, Dez. 1945, S. 1. Gek.)

Q 5 Aus der Verfassung des Landes Sachsen, 28.2.1947:

1 Art. 7. Bei der Ausübung der Staatsgewalt, die dem Wohle des Volkes zu dienen hat, sind die ... Menschen- und Grundrechte zu wahren.
Art. 8. (1) Vor dem Gesetz sind alle gleich. (2) Alle Bür-
5 ger haben die gleichen staatsbürgerlichen Pflichten und Rechte, es sei denn, dass die staatsbürgerlichen Rechte ihnen ... wegen eines Verbrechens oder wegen nazistischer, faschistischer oder militaristischer Betätigung aberkannt worden sind. (3) Personen, die derartige Auf-
10 fassungen verbreiten oder unterstützen, sind aus den öffentlichen Diensten sowie aus allen leitenden Stellungen zu entfernen und vom Wahlrecht auszuschließen. Art. 25. (1) Gesetzliche Bestimmungen, die infolge der aus der nazistischen Katastrophenpolitik entstandenen Notla-
15 ge seit dem 8. Mai 1945 ergangen sind oder noch ergehen werden, können unerlässliche Eingriffe vornehmen in Grundrechte ... Art. 26. (1) Der Landtag ist das höchste demokratische Organ des Landes. Ihm obliegt die Gesetzgebung. Er übt die oberste Kontrolle über alle Regie-
20 rungsmaßnahmen und ... [die] Rechtsprechung aus.

(In: S. Drehwald/Ch. Jestaedt, Sachsen als Verfassungsstaat, Leipzig 1998, S. 157 ff. Gekürzt)

ARBEITSAUFTRÄGE

1. Erläutern Sie den in Q 1 geschilderten Sachverhalt vor dem Hintergrund der Vereinbarungen der Alliierten.
2. Nennen und beurteilen Sie die in B 2 dargestellten Argumente für die Enteignung der Industrie- und Bergbaubetriebe.
3. Schätzen Sie mit D 3 das politische Gewicht der SED sowie der bürgerlichen Parteien in Sachsen ein.
4. Beurteilen Sie mit Q 4 die Maßnahme im Schulwesen.
5. Erörtern Sie mit Q 5, inwieweit die sächsischen Landesverfassung demokratisch und rechtsstaatlich war.

4. Abrechnung mit dem NS-Regime und Entnazifizierung

Zu den gemeinsamen Kriegszielen der Alliierten gehörte die Zerschlagung des deutschen Militarismus, die restlose Beseitigung des Nationalsozialismus und die Bestrafung der Täter. Wie setzten sie diese Ziele nach dem Krieg um?

Der Nürnberger Kriegsverbrecherprozess – Bereits am 8. August 1945 schlossen die Alliierten ein Abkommen über die Verfolgung und Bestrafung der Hauptkriegsverbrecher. In Nürnberg setzten sie einen Gerichtshof ein, der über die Anklage wegen **„Verbrechen gegen den Frieden und die Menschheit"** und wegen Kriegsverbrechen zu urteilen hatte. Der **„Nürnberger Prozess"** begann am 14. November 1945. Angeklagt waren 22 Personen, darunter Parteiführer der NSDAP, Minister sowie Generäle der Wehrmacht, die gesamte NSDAP als Partei, die Gestapo und andere NS-Organisationen, die an Verbrechen beteiligt waren. Folgende Verbrechen sollten abgeurteilt werden:

– Verbrechen gegen den Frieden (Planung und Durchführung eines Angriffskrieges),
– Kriegsverbrechen gegen die Zivilbevölkerung (Mord, Misshandlung, Deportation, Zwangsarbeit),
– Verbrechen gegen die Menschlichkeit (Mord, Ausrottung, Versklavung, Deportation aus politischen, „rassischen" oder religiösen Motiven).

Nach einem Jahr verkündete das Gericht die Urteile: Zwölf der Hauptangeklagten wurden zum Tode, drei zu lebenslanger Haftstrafe verurteilt, vier erhielten Haftstrafen zwischen 10 und 20 Jahren, drei Angeklagte wurden freigesprochen. Die NSDAP, die Gestapo, die SS-Truppen, der SD (Sicherheitsdienst) wurden zu verbrecherischen Organisationen erklärt.

Obwohl der Nürnberger Prozess das ganze schreckliche Ausmaß der NS-Verbrechen allen Deutschen vor Augen führte, wurde der Prozess von Teilen der Bevölkerung als einseitige „Siegerjustiz" gewertet.

In Folgeprozessen wurden weitere 70 000 Personen wegen Kriegsverbrechen verurteilt. Wichtige Verfahren waren der **Auschwitz-Prozess** (1963–1965) und der **Majdanek-Prozess** (1975–1981).

Plakat zum Nürnberger Kriegsverbrecherprozess

B1 „Er hat's mir doch befohlen." Karikatur von 1946

B2 Nürnberger Prozess, 1945–1946. In den ersten Reihen die Verteidiger, hinter der Brüstung in zwei Reihen die Angeklagten. In der ersten Reihe (von links nach rechts): Hermann Göring, Rudolf Heß, Joachim von Ribbentrop, Wilhelm Keitel, Alfred Rosenberg, Hans Frank, Wilhelm Frick, Walther Funk, Julius Streicher

Entnazifizierung – 8,5 Millionen Deutsche waren Mitglieder der NSDAP gewesen. Die Alliierten stellten zunächst alle Parteifunktionäre und Inhaber öffentlicher Ämter unter Arrest: Ende 1945 saßen über 200 000 Personen in den **Internierungslagern** der Westalliierten. In der SBZ wurden in den ehemaligen KZ über 150 000 Personen interniert, von denen Tausende umkamen. Bis 1950 wurden in diesen KZ nicht nur NS-Funktionäre gefangen gehalten, sondern auch Gegner der Umgestaltung Ostdeutschlands nach sowjetischem Vorbild.

Ab Herbst 1945 musste jeder erwachsene Deutsche in den Westzonen einen **Fragebogen** zu seinem Verhalten während der NS-Zeit ausfüllen. **Spruchkammern** aus deutschen Laienrichtern teilten die Deutschen dann in fünf Gruppen ein: Hauptschuldige, Belastete, Minderbelastete, Mitläufer und Entlastete. Wegen der zahlreichen Freisprüche aufgrund fadenscheiniger Entlastungszeugnisse, so genannter **Persilscheine**, galt das Verfahren als problematisch und ungerecht. In den Westzonen wurden nur etwa 2 % der Beschuldigten verurteilt; selbst schwer Belastete kamen mit leichten Strafen davon.

Zumindest wurden viele der als belastet eingestuften Verwaltungsbeamten, Richter, Lehrer, Polizisten etc. entlassen. Auch Industrieunternehmen mussten sich von früheren NS-Funktionären trennen. ⓔ/3

In der SBZ wurde konsequenter zwischen bloßen Mitläufern und den aktiven Tätern unterschieden. Die Täter wurden eher bestraft als in den Westzonen; bis 1949 wurden in der SBZ etwa 500 000 Personen aus ihren Stellungen entfernt, darunter 80 % aller Juristen und etwa 50 % aller Lehrer. Die freien Stellen wurden meist mit Personen besetzt, die im Sinne der sozialistischen Umgestaltung der Gesellschaft handelten. Vermeintliche „Klassenfeinde" oder politische Gegner des Sozialismus wurden ausgeschaltet.

Q 4 Brief des Bürgermeisters von Doberlug an den brandenburgischen Regierungsausschuss, 30. Oktober 1947:

[Am] 16.10.1947 wurde dem Lebensmittelgeschäftsinhaber Helmut Linke wegen aktiver Betätigung in der ehemaligen NSDAP das Recht zur Weiterführung seines Geschäftes abgesprochen ... Von der Fa. Linke ist bekannt, dass der Ortsgruppenleiter der NSDAP zum öffentlichen Boykott des Geschäftes aufgerufen hatte ... Um schwere Schäden nicht nur für das Geschäft, sondern auch für die Familie abzuwenden, trat Linke 1938 als einfaches Mitglied der NSDAP bei ... In den darauffolgenden Jahren ist L. alles andere gewesen als ein Aktivist ... Wenn L. [als] Aktivist gelten soll, so wurde von allen beteiligten Parteien und Antifaschisten festgestellt, dass es dann überhaupt keine Mitläufer gäbe ... Ich muss daher feststellen, dass die Bevölkerung die Aufhebung des ergangenen Urteils erwartet.

(In: M. Judt [Hg.], DDR-Geschichte in Dokumenten, Bonn 1998, S.112 f. Gek.)

B 3 Neulehreranwerbung in der SBZ, 1945

ARBEITSAUFTRÄGE

1. Erläutern Sie die historischen Zusammenhänge für B 1 und deuten Sie die Absicht des Karikaturisten.
2. Informieren Sie sich über die namentlich genannten Hauptangeklagten des Nürnberger Prozesses (B 2, Legende) und über deren Funktion innerhalb des NS-Systems.
3. Erläutern Sie die Wirkungsabsicht von B 3.
4. Schreiben Sie einen Antwortbrief der Regierungskommission zur Durchführung der Entnazifizierung. Begründen Sie Ihre Entscheidung über das Gesuch in Q 4.

5. Politischer Neubeginn nach 1945

Nach der Kapitulation der Wehrmacht übernahmen die Alliierten die Regierungsgewalt im besetzten Deutschland. Auf welche Weise erfolgte der Neuaufbau der staatlichen Ordnung?

Wiederzulassung von Parteien in der SBZ – Schon am 10. Juni 1945 wurden in der SBZ antifaschistische und demokratische Parteien zugelassen. Bereits einen Tag später trat die KPD als erste Partei an die Öffentlichkeit. Innerhalb eines Monats folgten die sozialdemokratische SPD, die überkonfessionelle christlich-demokratische CDU und die liberaldemokratische LDPD. Doch bereits im Juli 1945 mussten sich die Parteien der SBZ in der „Einheitsfront der antifaschistisch-demokratischen Parteien" zusammenschließen; dort meldete die KPD bald einen Führungsanspruch an.

Als die Sowjetunion und die von ihr installierte KPD-Führung unter WALTER ULBRICHT befürchteten mussten, bei den für 1946 in der SBZ angesetzten Wahlen zu unterliegen, strebten sie eine direkte Vereinigung von KPD und SPD an. Unter starkem Druck der sowjetischen Militäradministration (SMAD) schlossen sich am 21. April 1946 die SPD der Sowjetischen Zone unter OTTO GROTEWOHL und die KPD zur **Sozialistischen Einheitspartei Deutschlands (SED)** zusammen. Eine vorherige Befragung der SPD-Mitglieder war durch die SMAD verboten worden. Nur in West-Berlin kam es zu einer Abstimmung; dort lehnten 82 Prozent der SPD-Mitglieder den Zusammenschluss ab.   ℹ/4

Wiederzulassung von Parteien in den Westzonen – In den drei Westzonen verlief die Entwicklung langsamer. Zwischen Ende August und Dezember 1945 ließen die Westalliierten erstmals demokratische

PERSONENLEXIKON

OTTO GROTEWOHL, 1894–1964. Mitglied der SPD, vollzog 1946 gegen den Widerstand der SPD-Führung im Westen und vieler SPD-Mitglieder im Osten den Zusammenschluss von SPD und KPD zur SED; 1949–1964 Ministerpräsident der DDR

Q 1 Aus dem Befehl Nr. 2 der Sowjetischen Militäradministration in Deutschland (SMAD), 10.06.1945:

1. Auf dem Territorium der Sowjetischen Besatzungszone in Deutschland ist die Bildung und Tätigkeit aller antifaschistischen Parteien zu erlauben, die sich die Festigung der Grundlage der Demokratie und der bürgerlichen Freiheiten in Deutschland zum Ziel setzen.

2. Der werktätigen Bevölkerung ist das Recht zur Vereinigung in freien Gewerkschaften und Organisationen zu gewähren …

3. Alle in den Punkten 1 und 2 genannten antifaschistischen Parteiorganisationen und freien Gewerkschaften sollen ihre Vorschriften und Programme registrieren lassen …

4. Es wird bestimmt, dass für die ganze Zeit des Besatzungsregimes die Tätigkeit aller … genannten Organisationen unter der Kontrolle der sowjetischen Militäradministration … vor sich gehen wird.

(In: A. Birke, Nation ohne Haus, Berlin 1998, S. 51. Gekürzt)

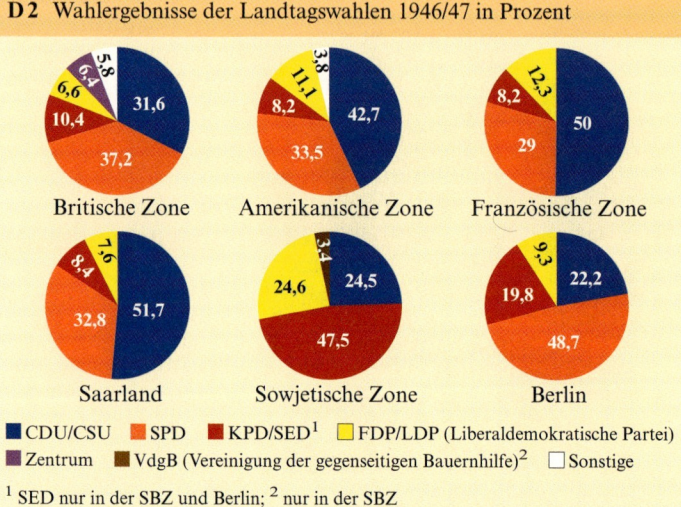

D 2 Wahlergebnisse der Landtagswahlen 1946/47 in Prozent

■ CDU/CSU   ■ SPD   ■ KPD/SED[1]   ■ FDP/LDP (Liberaldemokratische Partei)
■ Zentrum   ■ VdgB (Vereinigung der gegenseitigen Bauernhilfe)[2]   □ Sonstige

[1] SED nur in der SBZ und Berlin; [2] nur in der SBZ

(Wahlergebnisse nach: E. Wilms, Deutschland seit 1945, Berlin 1995, S. 46)

Parteien zu; anfangs nur auf Kreisebene. Überall wurde das Parteienspektrum der Weimarer Republik wiederbelebt.
Die Unterordnung der Parteien der SBZ unter den Führungsanspruch der Kommunisten in der „Einheitsfront der antifaschistisch-demokratischen Parteien" verhinderte einen Zusammenschluss der Parteien der Ostzone mit denen der Westzonen. KONRAD ADENAUER, der die West-CDU seit dem Frühjahr 1946 führte, und der SPD-Vorsitzende KURT SCHUMACHER lehnten alle Zugeständnisse an die Kommunisten grundsätzlich ab. Auch die Versuche, eine liberale Partei für ganz Deutschland zu gründen, schlugen fehl; 1948 schlossen sich die Liberalen der Westzonen unter der Führung von THEODOR HEUSS zur FDP zusammen.

Aufbau der Verwaltung – Unmittelbar nach Kriegsende übernahmen die alliierten Militärkommandanten den Wiederaufbau der **Verwaltungen in den Städten und Gemeinden**. Dafür beriefen sie auch politisch unbelastete deutsche Politiker und Verwaltungsfachleute. Bald gingen die Besatzungsmächte dazu über, die **Verwaltung auf Länderebene** auszudehnen. Dabei wurden teilweise die alten Länder neu gegründet: Bayern und Württemberg-Baden in der amerikanischen Zone; Mecklenburg, Thüringen und Sachsen in der sowjetischen Zone. Teilweise entstanden auch ganz neue Länder, wie Nordrhein-Westfalen und Niedersachsen in der britischen, Rheinland-Pfalz in der französischen Zone oder Sachsen-Anhalt in der SBZ. Die Grundlagen der heutigen Bundesländer waren damit gelegt.

Entgegen ihren offiziellen Verlautbarungen bereiteten die Kommunisten rasch die **Sowjetisierung der SBZ** vor. Die Führung der KPD besetzte zielstrebig die Schlüsselstellen in der Verwaltung der Kommunen. Die Sowjetische Militäradministration in Deutschland (SMAD) setzte mit einer **Bodenreform** und der **Verstaatlichung von Industrieunternehmen** sofort eine tief greifende Umstrukturierung von Wirtschaft und Gesellschaft in Gang.

PERSONENLEXIKON

KONRAD ADENAUER, 1876–1967.
1917–1933 Oberbürgermeister von Köln. 1945 Mitbegründer und seit 1946 Vorsitzender der West-CDU. 1949–1963 erster Bundeskanzler der Bundesrepublik Deutschland

Q3 Erklärung der KPD-Führung vom 11. Juni 1945:

1 Wir sind der Auffassung, dass der Weg, Deutschland das Sowjetsystem aufzuzwingen, falsch wäre ... Wir sind vielmehr der Auffas-
5 sung, dass die entscheidenden Interessen des deutschen Volkes einen anderen Weg vorschreiben, ... den Weg zur Aufrichtung eines antifaschistischen, demokratischen
10 Regimes, einer parlamentarisch-demokratischen Republik mit allen demokratischen Rechten und Freiheiten für das Volk.

(In: Ch. Kleßmann, Die doppelte Staatsgründung, Bonn 1991, S. 411. Gekürzt)

Q4 Handlungsrichtlinien des KPD-Politikers W. Ulbricht für den Aufbau der Verwaltungen in der SBZ, 1945:

1 Kommunisten als Bürgermeister können wir nicht brauchen ... Die Bürgermeister sollen in den Arbeiterbezirken in der Regel Sozialdemokraten sein. In den bürgerlichen Vierteln ... müssen wir an die Spitze einen
5 bürgerlichen Mann stellen, einen, der früher dem Zentrum, den Demokraten oder der Deutschen Volkspartei angehört hat, ... er muss aber auch Antifaschist sein.
... Der erste stellvertretende Bürgermeister, der Dezernent für Personalfragen und der Dezernent für Volksbil-
10 dung – das müssen unsere Leute sein. Dann müsst ihr noch einen ganz verlässlichen Genossen in jedem Bezirk ausfindig machen, den wir für den Aufbau der Polizei brauchen ... Es muss demokratisch aussehen, aber wir müssen alles in der Hand haben.

(In: W. Leonhard, Die Revolution entlässt ihre Kinder, Köln und Berlin 1955, S. 356. Gekürzt)

ARBEITSAUFTRÄGE

1. Erarbeiten Sie mit Q1 die Grundsätze, nach denen in der SBZ 1945 politische Parteien zugelassen wurden.
2. Vergleichen Sie in D2 die Verteilung der Wählerstimmen auf die Parteien in den einzelnen Besatzungszonen. Versuchen Sie, eine Erklärung für die Wahlergebnisse zu finden, zum Beispiel für die Unterschiede in der SBZ und in Berlin.
3. Fassen Sie die Aussagen von Q3 und Q4 in eigenen Worten zusammen. Welche Schlussfolgerungen lassen sich daraus für die politische Strategie der KPD nach 1945 ziehen?

6. Stationen auf dem Weg zur deutschen Teilung

Die nach dem Kriegsende weltweit aufbrechende Konfrontation zwischen den Westmächten und der UdSSR führte in Deutschland seit 1946 dazu, dass sich die drei Westzonen und die sowjetische Zone zunehmend voneinander abgrenzten. Wie vollzog sich diese Abgrenzung?

Die Bildung der Bizone – Am 6. September 1946 kündigte der amerikanische Außenminister JAMES F. BYRNES in Stuttgart an, die Amerikaner wollten den Deutschen wieder zu einem „Platz unter den freien und friedliebenden Nationen" verhelfen. Ferner stellte er die Verschmelzung der Wirtschaft der amerikanischen und der britischen Zone in Aussicht. Die beiden anderen Besatzungsmächte lud er ein, sich der „**Bizone**" anzuschließen. Unter Aufsicht der Amerikaner und Briten konnte nun ein **Wirtschaftsrat** aus gewählten Mitgliedern der beiden Länderparlamente Gesetze und Vorschriften für den Wiederaufbau der Wirtschaft erlassen. Unter seinem Direktor LUDWIG ERHARD legte der Wirtschaftsrat wichtige Grundlagen für den wirtschaftlichen Aufschwung Westdeutschlands und die Einführung der **sozialen Marktwirtschaft**. Auch die Grenze zwischen der französischen Besatzungszone und der Bizone wurde ab Frühjahr 1948 durchlässiger.

Q1 Aus einem Memorandum des britischen Außenministers E. Bevin vom 22.11.1947:

1 Ich befürchte, so wie die Dinge im Moment aussehen, können wir nicht ernsthaft hoffen, dass die Russen wirklich mit uns zusam-
5 menarbeiten ... Im Gegenteil ... sie werden alle Anstrengungen darauf konzentrieren, ihr Hauptziel zu erreichen, nämlich die politische und wirtschaftliche Penetration
10 des Ruhrgebietes, während sie weiter dafür sorgen würden, dass ihnen in ihrer eigenen Zone niemand in die Quere kommen könnte ... Auf jeden Fall ist die
15 wirtschaftliche Spaltung Deutschlands politisch weniger gefährlich als eine deutsche Einheit, die es den Russen erlaubt, nicht nur auf die Wirtschaft, sondern auch auf
20 die Verwaltung und Politik [ganz Deutschlands] Einfluss zu nehmen und sie zu untergraben.

(In: R. Steiniger [Hg.], Deutsche Geschichte 1945–1961, Darstellung und Dokumente I, Frankfurt/M. 1983, S. 242 f. Gekürzt)

B2 Volles Schaufenster im Westen nach der Währungsreform, 1948

Q3 Der westdeutsche Nationalökonom A. Müller-Armack über die Soziale Marktwirtschaft, Mai 1948:

1 Die Lage unserer Wirtschaft zwingt uns zu der Erkenntnis, dass wir uns in Zukunft zwischen zwei grundsätzlich voneinander verschiedenen Wirtschaftssystemen zu entscheiden haben, nämlich dem System der
5 antimarktwirtschaftlichen Wirtschaftslenkung und dem System der auf freie Preisbildung, echten Leistungswettbewerb und soziale Gerechtigkeit gegründeten Marktwirtschaft. [Der] soziale Charakter [der Marktwirtschaft] liegt bereits in der Tatsache begründet, dass
10 sie in der Lage ist, eine größere und mannigfaltigere Gütermenge zu Preisen anzubieten, die der Konsument durch seine Nachfrage entscheidend mitbestimmt und die durch niedrige Preise den Realwert des Lohnes erhöht und dadurch eine größere und breitere Befrie-
15 digung der menschlichen Bedürfnisse erlaubt.

(In: Ch. Kleßmann, Die doppelte Staatsgründung, Bonn 1991, S. 428)

6. Stationen auf dem Weg zur deutschen Teilung

Widerstände der Sowjetunion – Die Sowjetunion hatte den Beitritt der SBZ zur geplanten Bizone bereits im Sommer 1946 abgelehnt. Gleichfalls lehnte sie das wirtschaftliche Hilfsprogramm ab, das der neue US-Außenminister GEORGE C. MARSHALL im Juni 1947 allen Staaten Europas angeboten hatte (→ „**Marshall-Plan**"). Nicht zu Unrecht fürchtete die Sowjetunion, die Westmächte wollten ihre überlegene Wirtschaftskraft in der SBZ als Instrument der Politik für sich nutzen. Stattdessen setzte sie den Aufbau einer **Planwirtschaft in der SBZ** fort.

Bodenreform und Verstaatlichungen in der SBZ – Seit dem Herbst 1945 waren in der SBZ rund 14 000 Großgrundbesitzer und Großbauern enteignet worden. Die damit verbundene **Bodenreform** verhalf vielen Landarbeitern und Flüchtlingen aus den Ostgebieten zu eigenem Land.
In einem Volksentscheid in Sachsen sprach sich am 30. Juni 1946 die Bevölkerung mit großer Mehrheit für die **Enteignung von Betrieben und Unternehmen** aus. Anfangs waren nur solche Betriebe betroffen, die verurteilten Kriegsverbrechern gehörten oder die aktiv dem Kriegsverbrechen gedient hatten. Dieser sächsische Volksentscheid war mit einem Gesetzentwurf über die Schaffung „Volkseigener Betriebe" (VEB) verbunden. Ohne dass es in den anderen Ländern der SBZ zu weiteren Volksabstimmungen kam, wurden bis 1948 in der ganzen SBZ etwa 10 000 Großkonzerne und Industriebetriebe verstaatlicht.

Die Währungsreform – Die wichtigste Voraussetzung für den wirtschaftlichen Aufschwung war die Ersetzung der alten Reichsmark durch eine stabile Währung. Nur so konnte der Kampf gegen die fortschreitende Geldentwertung (= Inflation) und den Schwarzmarkt gewonnen werden. Doch die Verhandlungen der vier Siegermächte über eine gemeinsame Währungsreform für ganz Deutschland waren im Frühjahr 1948 gescheitert. Unter strenger Geheimhaltung bereiteten die Westalliierten nun eine eigene **Währungsreform** vor; auch die westdeutsche Bevölkerung erfuhr erst zwei Tage vor Inkrafttreten am 20. Juni 1948 davon. Jeder Bürger erhielt zunächst eine „**Kopfquote**" von 40,– DM; nach einiger Zeit weitere 20,– DM. Bargeld und Bankguthaben wurden im Verhältnis 100 RM : 6,50 DM umgetauscht. Das Angebot an Waren und die Nachfrage stiegen rapide an, denn die neue D-Mark wurde von der Bevölkerung Westdeutschlands schnell akzeptiert.
Um nicht von der wertlos gewordenen Reichsmark überschwemmt zu werden, führte die UdSSR am 23. Juni 1948 auch in der SBZ eine neue Ostmark ein.

Plakat der KPD, 1945

Q 4 Beschluss des Zentralkomitees der SED zur Währungsreform in den Westzonen, 22.8.1948:

1 Unter der Losung der „Selbstverwaltung" geht [in den Westzonen] die Lenkung der Wirtschaft an die monopolistischen Unternehmerverbände über, jene Organisationen, die die Träger der faschistischen Kriegswirtschaft
5 waren ... In der Sowjetischen Besatzungszone Deutschlands werden die sich als notwendig erweisenden Gegenmaßnahmen unter grundsätzlich anderen Bedingungen erfolgen. Die Konzern- und Bankherren, Kriegsverbrecher und Großgrundbesitzer sind enteignet. Das werktätige
10 Volk hat die Staatsverwaltung in den Händen.

(In: Geschichte in Quellen, Bd. 7, München 1980, S. 142. Gekürzt)

T 5 Die Entwicklung der industriellen Produktion in Deutschland von Juli 1945–August 1949 (Angaben in Prozent; 1936=100 Prozent)

Jahr/Quartal	amerik. Zone	brit. Zone	franz. Zone	sowj. Zone
1945, III+IV	15,5	18,5	k. A.	22
1946	41	34	36	44
1947 (Bizone)	▲ 44 ▲		45	54
1948, I+II	55,5		52	60 (I–IV)
1948, III+IV	72		64	
1949 (Jan.–Aug.)	86		78	68

ARBEITSAUFTRÄGE

1. Erläutern Sie, wie der englische Außenminister die Politik der UdSSR bewertet und welche Konsequenzen er daraus zieht.
2. Beschreiben und erklären Sie B 2 aus der Sicht von 1948.
3. Erläutern Sie mit Q 3 das Prinzip der Sozialen Marktwirtschaft.
4. Erklären Sie die Haltung der SED zur Währungsreform (Q 4).
5. Beschreiben Sie mit T 5 die Entwicklung der Industrieproduktion und die Wirkung der beiden Währungsreformen.

7. Die Blockade Berlins

In Berlin führten die beiden Währungsumstellungen zu einer schweren Krise. Was waren die Ursachen?

Blockade und Luftbrücke – Der sowjetische Stadtkommandant hatte am 19. Juni 1948, einen Tag vor der Währungsumstellung in den Westzonen, den Gebrauch der D-Mark in Berlin verboten. Stattdessen sollte in ganz Berlin die für den 23. Juni angekündigte Ostmark der SBZ gelten. Doch dagegen protestierten die Westmächte und führten nun die D-Mark in den drei Westsektoren Berlins ein.
Die Sowjetunion nahm den Konflikt zum Anlass für eine **Blockade**: Am 24. Juni 1948 sperrte sie sämtliche Straßen, Eisenbahnlinien und Wasserwege zwischen West-Berlin und den Westzonen. Gleichzeitig unterband sie die Lieferung von Strom, Kohle, Gas und Lebensmitteln. Als einzige Verbindung der Westzonen nach Berlin blieb der Luftweg. Daraufhin beschlossen die USA und Großbritannien, West-Berlin über eine **Luftbrücke** zu versorgen. Nach einem Plan des US-Generals Lucius D. Clay flogen amerikanische und britische Flugzeuge, von der Berliner Bevölkerung liebevoll „**Rosinenbomber**" genannt, 213 000 Mal Berlin an und versorgten die eingeschlossene Stadt mit Lebensmitteln, Kohle, Maschinen und allen anderen Gütern des täglichen Bedarfs. Erst am 12. Mai 1949 brach die sowjetische Führung die fehlgeschlagene Blockade Berlins ab.

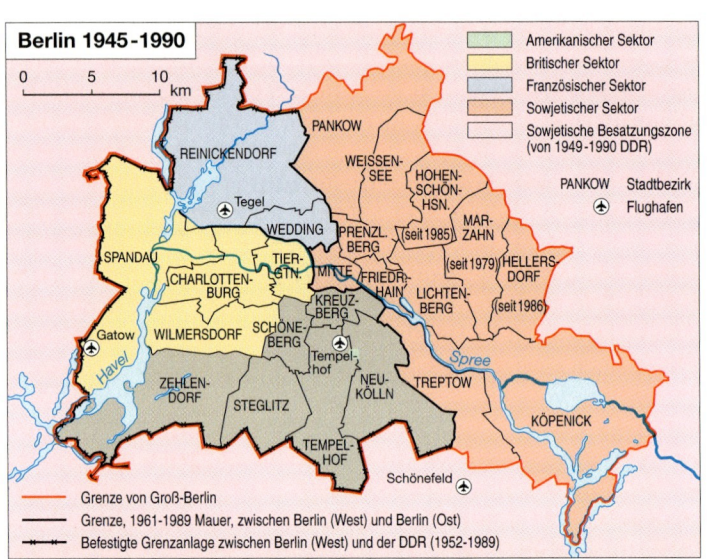

K 2

B 3 Am Flughafen Tempelhof während der Blockade Berlins, 1948

> **Q 1** Berlins Oberbürgermeister E. Reuter am 9. September 1948:
>
> Ihr Völker der Welt! Schaut auf diese Stadt und erkennt, dass ihr diese Stadt und dieses Volk nicht preisgeben dürft! ... Helft uns in
> 5 der Zeit, die vor uns steht, ... mit dem standhaften und unzerstörbaren Einstehen für die gemeinsamen Ideale, die allein unsere Zukunft und die allein eure Zukunft
> 10 sichern können! ... Und Volk von Berlin, sei dessen gewiss, diesen Kampf, den wollen, ... den werden wir gewinnen.
>
> (In: A. M. Birke, Nation ohne Haus, Berlin 1998, S. 198. Gekürzt)

ARBEITSAUFTRÄGE

1. Beschreiben Sie mit den Karten auf S. 94 die besondere Lage Berlins und erläutern Sie mit K 2 die Probleme, die eine gemeinsame Verwaltung Berlins durch die Alliierten mit sich brachte.
2. Verfassen Sie eine Reportage zu Q 1 und B 3, in der Sie die Atmosphäre in Berlin zur Zeit der Luftbrücke schildern.

Parteien und Parteigründungen
1. Historische Wurzeln und Neugründung nach 1945

In Deutschland gibt es seit der Mitte des 19. Jh. Parteien. Sie vertreten die politischen und gesellschaftlichen Interessen ihrer Wähler: Das sind Mitglieder, aber auch Nichtmitglieder der Parteien. In einer parlamentarischen Demokratie entsenden sie ihre gewählten Vertreter in die Parlamente. Da es in jeder Gesellschaft unterschiedliche, auch gegensätzliche Interessen gibt, gehören zu einer funktionierenden Demokratie immer mehrere Parteien. Welche Geschichte haben die deutschen Parteien?

1933–1945: Einparteiensystem – Als 1933 die Nationalsozialisten die Macht erlangten, schalteten sie binnen weniger Monate alle anderen Parteien aus. Deren Mitglieder und Funktionäre mussten während der NS-Diktatur auf politische Betätigung verzichten. Wer sich nicht fügte, wurde verfolgt, mit KZ-Haft oder dem Tode bestraft. Erst nach Ende des Zweiten Weltkrieges, 1945, veranlassten die Siegermächte die **Neugründung demokratischer Parteien** in Deutschland.

SPD-Plakat, 1948

D 1 Die 1998 in den deutschen Bundestag gewählten Parteien mit ihren Stimmanteilen

- **FDP**: Freie Demokratische Partei
- **CSU**: Christlich Soziale Union
- **CDU**: Christlich Demokratische Union
- **Bündnis 90/Die Grünen**
- **SPD**: Sozialdemokratische Partei Deutschlands
- **PDS**: Partei des demokratischen Sozialismus

Q 2 Aufruf der britischen Besatzungsmacht an die Deutschen, 1945

Wieder Herr im eigenen Hause werden! ... Da fängt es an mit dem Selbst regieren! Da wirst Du gebraucht! Da hilf mit! Natürlich, es
5 kann nicht jeder zum Rathaus laufen. Es wird nichts draus, wenn jeder nur in seine eigne Richtung zerrt. Der einzelne ist nicht immer stark genug; Zusammenschluß
10 mit Gleichgesinnten ist nötig. Die politischen Parteien, die jetzt wiedererstehen, sind Sammelbecken für die Bürger, denen das Gemeinwohl am Herzen, nicht nur im
15 Munde liegt. Schließ Dich einer Partei an, arbeite mit, hilf mit!

(In: K. Wasmund, Politische Plakate aus dem Nachkriegsdeutschland, Frankfurt/M., 1986, S.15)

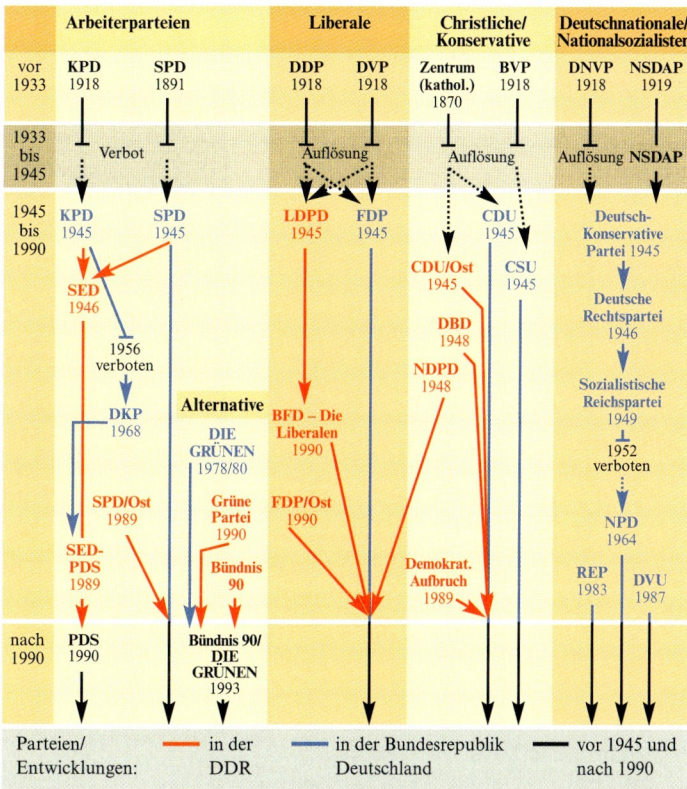

B 3 Parteien der Bundesrepublik Deutschland und ihre Vorläufer

ARBEITSAUFTRÄGE

1. Beschreiben Sie mit Hilfe von B 3 und D 1 die Entwicklung des deutschen Parteiensystems von 1933 bis 1998.
2. Nennen und beurteilen Sie die Argumente in Q 2, mit denen die Deutschen 1945 zur Mitarbeit in Parteien aufgefordert werden.

2. Die Parteien in Ostdeutschland

Bereits am 10. Juni 1945 erlaubte die sowjetische Militärverwaltung in ihrer Besatzungszone die „Bildung und Tätigkeit aller antifaschistischen Parteien". Schon einen Tag später wurde die Kommunistische Partei Deutschlands (KPD) gegründet. Kurz darauf entstanden die Sozialdemokratische Partei Deutschlands (SPD), die Christlich-Demokratische Union Deutschlands (CDU) und die Liberal-Demokratische Partei Deutschlands (LDPD). Die Grundlage eines neuen Parteiensystems in Ostdeutschland war gelegt. Doch welche Möglichkeiten hatten diese Parteien und wie entwickelte sich das Kräfteverhältnis zwischen ihnen?

Die Einheitsfront – Nach der Erfahrung mit der NS-Diktatur wollten SPD und KPD unmittelbar nach dem Kriegsende die bisherige Spaltung der Arbeiterbewegung überwinden. Doch für viele überraschend lehnte die KPD eine sofortige Vereinigung der beiden Arbeiterparteien ab. Die Führung der KPD unter WALTER ULBRICHT und die sowjetische Militärverwaltung befürchteten im Sommer 1945, dass die SPD bei einer sofortigen Vereinigung der beiden Parteien die prägende Kraft sein würde. Der Mittelstand und die Bauern waren die Zielgruppen von LDPD und CDU. Alle Parteien waren sich im Bekenntnis zu „Antifaschismus" und „Demokratie" einig.

Auf Veranlassung der sowjetischen Militärverwaltung verbanden sich diese vier Parteien im Juli 1945 zur **„Einheitsfront der antifaschistisch-demokratischen Parteien"** (später „Demokratischer Block"), in dem bald die KPD dominierte.

Q 1 Die Neugründung der KPD im Sommer 1945 (aus dem Bericht eines Zeitzeugen):

[Walter Ulbricht und andere führende deutsche Kommunisten reisten am 4. Juni 1945 nach Moskau.] ... Am selben Abend fand ein Gespräch mit Stalin und weiteren Mitgliedern des sowjetischen Politbüros statt, auf dem die Neubegründung der KPD beschlossen wurde. In der Nacht vom 5. zum 6. Juni schrieb Ackermann [ein Mitglied der Gruppe] den Entwurf eines Gründungsaufrufs der Kommunistischen Partei ... Nach ihrer Rückkehr aus Moskau wurden uns neue Direktiven mitgeteilt: „... Die Kommunistische Partei Deutschlands soll sofort gegründet werden..."

(In: W. Leonhard, Die Revolution entlässt ihre Kinder, Köln 1992, S. 479 f. Gekürzt)

B 2 Die symbolische Vereinigung von SPD und KPD: Szene aus einem DEFA-Film von 1946 über den Vereinigungsparteitag am 21./22.4.1946

T 3 Mitgliederzahlen der SED und der Blockparteien 1946–1987

	SED	CDU	LDPD	NDPD	DBD
1946	1 298 415	68 000	180 000	–	30 000 (1948)
1955	1 673 305	105 000	100 000	120 000	98 000 (1954)
1966	1 769 912	90 000	80 000	110 000	k. A.
1975	2 043 697	100 000	70 000	80 000	90 000
1985	2 293 000	131 000	92 000	98 000	103 000 (1982)
1987	2 328 331	140 000	104 000	110 000	114 000

(In: K. Schroeder, Der SED-Staat, München 1988, S. 414. Gekürzt. Die Angaben für die DBD wurden vom Autor aus verschiedenen Quellen zusammengestellt.)

2. Die Parteien in Ostdeutschland

Die Zwangsvereinigung von KPD und SPD – Die SPD entwickelte sich in der sowjetischen Besatzungszone zur stärksten Partei. Deshalb änderte die KPD im Herbst 1945 ihre Haltung zum Zusammenschluss der beiden Parteien. Unterstützt von der sowjetischen Besatzungsmacht setzte sie im Frühjahr 1946 die Gründung der **Sozialistischen Einheitspartei Deutschlands** (SED) durch. Dabei wurde massiver Druck ausgeübt: Widerstrebende SPD-Mitglieder erhielten Redeverbot oder wurden verhaftet; andere, wie Otto Grotewohl, der führende SPD-Politiker in der sowjetischen Besatzungszone, ließen sich überreden. ❷/8
Obwohl vereinbart worden war, dass die Leitungsorgane der neuen Partei paritätisch (zu gleichen Teilen) mit Angehörigen beider Parteien besetzt sein sollten, verdrängten die Kommunisten im Laufe der nächsten Jahre fast alle früheren Sozialdemokraten aus der SED-Führung.

Führungsanspruch der SED – Die Sowjetunion hatte andere Vorstellungen von einer Demokratie als die westlichen Siegermächte. Wie in den besetzten osteuropäischen Ländern verankerte sie auch in Ostdeutschland die Regierungsform der so genannten „**Volksdemokratie**". Wie ging sie dabei vor?
Obwohl die anderen Parteien in den ersten Nachkriegsjahren versuchten, ihre Eigenständigkeit zu bewahren, wurde ihr Einfluss immer geringer. Dafür war neben dem Zusammenschluss aller Parteien im so genannten „Demokratischen Block" vor allem die Unterstützung der SED durch die sowjetische Besatzungsmacht verantwortlich. Die SED erhob bereits seit 1946 einen **Führungsanspruch** im Staat und in der Gesellschaft.

1948 wurden zwei weitere Parteien in Ostdeutschland gegründet: die Nationaldemokratische Partei Deutschlands (NDPD), die ehemalige Anhänger der NSDAP und Soldaten aufnehmen sollte, sowie die Demokratische Bauernpartei Deutschlands (DBD), die den Einfluss der CDU unter der bäuerlichen Bevölkerung schwächen sollte.

Die SED wird „Partei neuen Typs" – Die SED wurde nach dem Vorbild der sowjetischen Kommunistischen Partei umgeformt: An ihre Spitze wurde ein „**Politbüro**" gestellt, das in allen Fragen die alleinige Entscheidungsgewalt hatte. Alle Parteimitglieder mussten den Weisungen der übergeordneten Parteiorgane folgen („**demokratischer Zentralismus**"). Durch „Säuberungen" wurden Tausende oppositionelle Mitglieder ausgeschlossen oder von sowjetischen Militärgerichten als „Agenten" verurteilt.

Wahlplakat der SED, 1946

B 4 Präsidium des III. Parteitags der SED, 20.–24. Juli 1950 in Berlin

Q 5 Louis Fürnberg (1949): Die Partei (1. Strophe)

1 Sie hat uns alles gegeben, Sonne und Wind,
und sie geizte nie, und wo sie war, war das Leben,
was wir sind, sind wir durch sie.
Sie hat uns niemals verlassen,
5 wenn die Welt fast erfror, war uns warm.
Uns führte die Mutter der Massen,
es trug uns ihr mächtiger Arm.

Die Partei, die Partei, die hat immer Recht,
Genossen, es bleibet dabei!
10 Denn wer da kämpft für das Recht,
der hat immer Recht gegen Lüge und Ausbeuterei!
Wer das Leben beleidigt, ist dumm oder schlecht.
Wer die Menschheit verteidigt, hat immer Recht,
So aus Leninschem Geist
15 wächst von Stalin geschweißt,
die Partei, die Partei, die Partei!

(In: Bundeszentrale für politische Bildung [Hg.], Informationen zur politischen Bildung, Nr.231/ Bonn 1991, S.12)

Die „Blockparteien" – Die Verfassung der DDR garantierte zwar das Recht, Parteien zu gründen, schrieb aber gleichzeitig die Führungsrolle der SED fest.
Nach Auffassung der SED gab es in der sozialistischen Gesellschaft der DDR keine ernsthaften Interessengegensätze mehr zwischen den „Klassen" (Arbeiter und Bauern) und „Schichten" (Handwerker und Intelligenz). Deshalb wurde die Konkurrenz zwischen Parteien als überflüssig, ja schädlich betrachtet. Auch die „Blockparteien" sollten der Bevölkerung die Politik der SED nahe bringen.

Das Machtmonopol zerbricht – Das Machtmonopol der SED wurde von den „Blockparteien" nicht in Frage gestellt. Erst Ende 1989, als Massendemonstrationen und die wachsende Zahl der Parteiaustritte aus der SED deren rapiden Machtverfall deutlich machten, veränderte sich die Parteienlandschaft der DDR. Die „Blockparteien" (CDU, LDPD, DBD und NDPD) schlossen sich den Parteien der Bundesrepublik an. Gleichzeitig entstanden aus den Bürgerrechtsbewegungen der DDR neue Parteien. Die SED entledigte sich noch vor den ersten demokratischen Parlamentswahlen im März 1990 ihrer alten stalinistischen Parteistruktur und gab sich den Namen „Partei des Demokratischen Sozialismus" (PDS).

B 6 PDS-Plakat, März 1990

B 7 CDU-Wahlplakat, Bundestagswahl 1990

Parteienlogos der ostdeutschen Parteien vom März 1990

Q 8 Die Stimmung in der SED im Sommer 1989 (aus einem geheimen Lagebericht der Stasi vom 9.9.1989):

1 Es werde an den Problemen vorbeigeredet. Auf konkrete Fragen gebe es keine Antwort bzw. kritische Diskussionen würden mit dem Hinweis auf die Parteidisziplin „abgewürgt". Wer auf Parteiversammlungen die vorhan-
5 denen Probleme anspreche und klare Antworten verlange, werde ... als Nörgler abgestempelt. Hauptamtliche Parteifunktionäre wirken in ihrer Argumentation „hilflos"; teilweise weichen sie unbequemen Fragen aus...

(In: K. Schroeder, Der SED-Staat, München 1998, S.708. Gekürzt)

ARBEITSAUFTRÄGE

1. Erläutern Sie anhand von Q 1 Hintergründe für die Neugründung der KPD im Juni 1945.
2. Erklären Sie, was in der Filmszene (B 2) zum Ausdruck gebracht werden soll. Beachten Sie auch das Entstehungsdatum.
3. Analysieren Sie anhand von T 3 die Entwicklung der Mitgliederzahlen der SED sowie die der „Blockparteien". Nennen Sie Gründe für diese Entwicklung.
4. Erläutern Sie anhand von B 4 das Selbstverständnis der SED.
5. Analysieren und bewerten Sie das Lied „Die Partei" (Q 5).
6. Vergleichen Sie die politischen Aussagen und die Gestaltungsmittel der beiden Wahlplakate von 1990 (B 6/B 7).
7. Wie beschreibt die Stasi in Q 8 die Lage der SED 1989?

Arbeit mit politischen Plakaten

Plakate sind **öffentliche Aushänge**, die für Produkte, Veranstaltungen oder politische Aussagen werben. Sie entstanden mit dem Buchdruck. Durch die Drucktechnik der Lithografie wurde im 19. Jh. ihr massenwirksamer Einsatz möglich.

Auch die Parteien der Bundesrepublik Deutschland nutzen die **Plakatwerbung**, um ihre Positionen in meist knapper Form, also **plakativ**, herauszustellen. Um ein **Plakat als historische Quelle** zu verstehen, muss neben seiner Wort- und Bildsprache auch der historische Kontext des Einsatzes beachtet werden. Zur Volkskammerwahl 1990, der ersten freien Wahl in der DDR mit konkurrierenden Parteien, trafen sehr unterschiedliche Plakate aufeinander. Einige sind hier bzw. auf der gegenüberliegenden Seite abgebildet. Den werbetechnisch ausgefeilten Wahlplakaten der traditionellen „West-Parteien" standen die eher wortlastigen Plakate der neuen Parteien aus dem Osten gegenüber.

Das Wahlplakat der PDS (B 6) trägt eine sehr umfangreiche Botschaft. Text und Bild spielen mit dem Begriff „**Anschluss**", der an den „Anschluss" Österreichs an das nationalsozialistische Deutschland (1938) erinnern soll. Das Plakat bezieht sich ferner auf den **Art. 23 des Bonner Grundgesetzes**, der den Beitritt der DDR zum Geltungsbereich des Grundgesetzes beinhaltete. Diese Form der Wiedervereinigung wurde von der PDS abgelehnt. Die Formulierung „Kein Deutschland *eilig* Vaterland" zeigt, dass die PDS den mehrheitlichen Wunsch der DDR-Bevölkerung nach Wiedervereinigung zwar nicht ignorieren konnte, das Tempo aber reduzieren wollte.

Das nebenstehende Plakat der CDU richtet sich vor allem gegen die PDS; die Farbe der Socke läßt aber eine mögliche Übertragung auf die SPD bewusst offen. Die Symbolik der aufgehängten, recht schlappen Socke suggeriert eine „ertappte", aber verhinderte „Klammheimlichkeit", die im übertragenen Sinne „stinkt".

Wahlplakat der FDP, 1990

Wahlplakat der CDU, 1990

B 2 Wahlplakat der SPD, 1990

WORAUF SIE ACHTEN MÜSSEN

1. Beachten Sie den Auftraggeber, die Entstehungszeit und die politischen Begleitumstände eines politischen Plakats!
2. Formulieren Sie die zentrale „Botschaft" des Plakats und analysieren Sie, welche (Wähler-)Gruppe dadurch besonders angesprochen werden soll.
3. Untersuchen Sie, ob die „Botschaft" mehr durch sachliche Information oder einen Appell an Gefühle übermittelt wird.
4. Analysieren Sie, mit welchen Gestaltungsmitteln (z.B. Bildauswahl, Farben, Symbole, Schrift) die beabsichtigte Wirkung erzielt werden soll.

B 1 Wahlplakat der „Grünen", 1990

3. Die Parteien in Westdeutschland

Auch in den Westzonen hatten die Sozialdemokraten (SPD), die Kommunisten (KPD), christlich geprägte Gruppierungen (CDU/CSU) und die Liberalen (FDP) seit August 1945 Parteien gegründet. Als aus den drei Westzonen 1949 die Bundesrepublik Deutschland entstand, war das bis heute existierende Parteiensystem in seinen Grundzügen ausgebildet. Worin unterscheidet es sich vom Parteiensystem der Weimarer Republik?

Wehrhafte Demokratie – Im Unterschied zur Weimarer Verfassung werden die Parteien im Grundgesetz der Bundesrepublik ausdrücklich genannt (Art. 21). Die Vielfalt der Interessen und Weltanschauungen, die sich in einem demokratischen Parteiensystem widerspiegeln, war damit in der Verfassung ausdrücklich anerkannt. Doch im Grundgesetz wurde auch die Möglichkeit verankert, verfassungswidrige Parteien zu verbieten. 1952 wurde die neonazistische Sozialistische Reichspartei (SRP) und 1956 die KPD vom Bundesverfassungsgericht verboten. Um eine Zersplitterung des Parlaments zu verhindern, enthält das Wahlgesetz die **5 %-Klausel**: Nur Parteien mit einem Stimmenanteil von 5 % und mehr oder mit drei Direktmandaten ziehen in den Bundestag ein. Die Parteien hatten aus der Geschichte der Weimarer Republik gelernt: Sie zeigten sich kompromissbereiter und waren zudem fest entschlossen, die parlamentarische Demokratie nicht noch einmal ihren Feinden auszuliefern.

Regierungsparteien und Opposition – In der Bundesrepublik erfüllen die Parteien ihre parlamentarische Funktion, indem sie sich entweder zu Koalitionen zusammenschließen, um eine Regierung bilden zu können, oder die Rolle der Opposition übernehmen. Die Oppositionsparteien haben in der Regel das Ziel, die Regierung bei den nächsten Wahlen abzulösen. Demokratisch vollzogene Regierungswechsel waren in der Bundesrepublik immer die Normalität und gelten als Kennzeichen einer funktionierenden parlamentarischen Demokratie. Doch auch das westdeutsche Parteiensystem, so stabil es sich erwies, war seit 1945 Veränderungen unterworfen.

PERSONENLEXIKON

KURT SCHUMACHER, 1895–1952. 1946–1952 SPD-Vorsitzender; während der NS-Zeit in KZ-Haft; Gegner jeder Zusammenarbeit mit der KPD

Q 1 Parteien und das Grundgesetz:

1 Art. 21(1) Die Parteien wirken bei der politischen Willensbildung des Volkes mit. Ihre Gründung ist frei. Ihre innere Ordnung muss demo-
5 kratischen Grundsätzen entsprechen. Sie müssen über die Herkunft und Verwendung ihrer Mittel sowie über ihr Vermögen öffentlich Rechenschaft geben.

Q 2 Aus dem Verbotsurteil des Bundesverfassungsgerichts über die Sozialistische Reichspartei (SRP), 1952:

1 1. Die SRP missachtet die wesentlichen Menschenrechte, besonders die Würde des Menschen ... und den Grundsatz der Gleichheit vor dem Gesetz. Vor allem die von ihr betriebene Wiederbelebung des Antisemitismus
5 belegt dies ausdrücklich.
2. Die SRP bekämpft die demokratischen Parteien ... Sie bekämpft also das für die freiheitliche Demokratie wesentliche Mehrparteienprinzip.
3. Die innere Organisation der SRP ... ist von oben nach
10 unten im Geiste des Führerprinzips aufgebaut ...
4. Die SRP ist in ihrem Programm, ihrer Vorstellungswelt und ... Gesamtstil der früheren NSDAP wesensverwandt.

(In: Entscheidungen des Bundesverfassungsgerichts 2,1, S. 68 f. Gekürzt)

Q 3 Aus dem Godesberger Programm der SPD (1959):

1 Schweren Rückschlägen...zum Trotz hat die Arbeiterbewegung im 19. und 20. Jahrhundert die Anerkennung vieler ihrer Forderungen erzwungen... [Der Proletarier] nimmt jetzt seinen Platz ein als Staatsbürger mit aner-
5 kannten gleichen Rechten und Pflichten... Die Sozialdemokratische Partei ist aus einer Partei der Arbeiterklasse zu einer Partei des Volkes geworden. Sie will die Kräfte, die durch die industrielle Revolution und die Technisierung aller Lebensbereiche entbunden wurden,
10 in den Dienst von Freiheit und Gerechtigkeit stellen.

(In: Vorstand der SPD [Hg.], Grundsatzprogramm der SPD, Köln o.J., S. 29 f.)

3. Die Parteien in Westdeutschland

Volksparteien entstehen – Aus den „Weltanschauungsparteien" der Vorkriegszeit wurden nach 1945 „**Volksparteien**". Dies betraf anfangs vor allem die CDU, später auch die SPD.

Die Gründer der CDU kamen aus der bürgerlich-katholischen Zentrumspartei. Nach 1945 wollten sie die konfessionellen Grenzen überwinden und Christen beider Konfessionen sowie aus allen sozialen Schichten gewinnen. Die politischen Ziele der SPD waren anfangs noch stark von der weltanschaulichen Tradition Lassalles, Marx' und Engels' sowie der im 19. Jahrhundert begründeten Arbeiterbewegung geprägt. Doch seit den 1950er Jahren hatte sich auch die SPD mehr und mehr zu einer Volkspartei entwickelt, die neben den Interessen der Arbeiter auch die anderer Arbeitnehmer sowie von Teilen der Selbstständigen vertrat.

Zweiparteiensystem oder Parteienvielfalt? – Eine Zeit lang sah es so aus, als ob in der Bundesrepublik ein Zweiparteiensystem aus den beiden Volksparteien CDU/CSU und SPD entstehe. Die 5%-Klausel gefährdete zeitweise den Wiedereinzug der FDP in den Bundestag; zugleich verhinderte sie weitgehend den Einzug neuer bzw. kleiner Parteien in die Parlamente. Aber seit den 1970er Jahren beeinflussten neue soziale Bewegungen, die Umwelt-, Friedens- und Frauenbewegung, das scheinbar unbewegliche Parteiensystem. Mit dem Einzug der neuen Umweltpartei, DIE GRÜNEN, in die Landtage – 1983 erstmals in den Bundestag – wurde das Bild der Parlamente bunter und die Möglichkeiten zur Koalition und Regierungsbildung vielfältiger.

Die Parteienlandschaft nach der Wiedervereinigung – Nach 1990 veränderte sich das Parteiensystem ein weiteres Mal. Die Parteien der „alten" Bundesrepublik zogen die „Schwesterparteien" der DDR an sich und vergrößerten so ihren Wirkungsbereich. Die SED, einst Staatspartei der DDR, wendete sich 1989/90 zur „Partei des Demokratischen Sozialismus" (PDS). Seit 1990 behauptet sich die PDS in den fünf neuen Ländern und Berlin und zog auch in den Deutschen Bundestag ein.

NPD-Wahlplakat, Berlin 2001

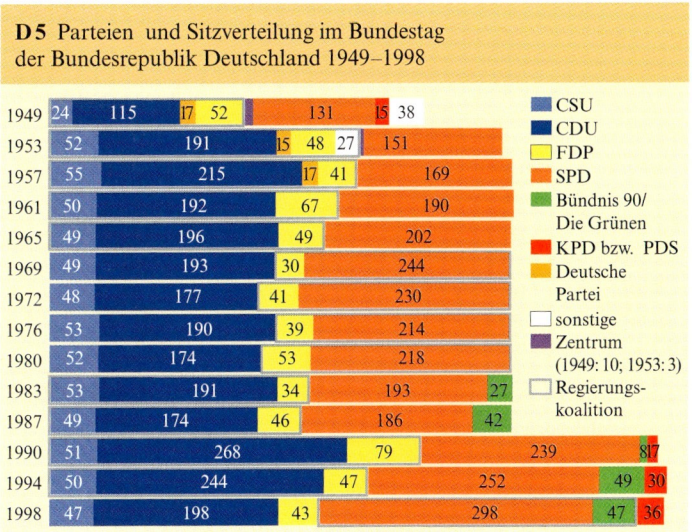

D 5 Parteien und Sitzverteilung im Bundestag der Bundesrepublik Deutschland 1949–1998

Q 4 Das Grundgesetz zur Frage eines Parteienverbots:

1 Art. 21 (2) Parteien, die nach ihren Zielen oder nach dem Verhalten ihrer Anhänger darauf ausgehen, die freiheitliche demokratische
5 Grundordnung zu beeinträchtigen oder den Bestand der Bundesrepublik zu gefährden, sind verfassungswidrig. Über die Frage der Verfassungswidrigkeit ent-
10 scheidet das Bundesverfassungsgericht.

ARBEITSAUFTRÄGE

1. Erläutern Sie an Beispielen, wie die Parteien „bei der politischen Willensbildung des Volkes mitwirken" (Q 1).
2. Konkretisieren Sie mit Hilfe von Q 2 den Begriff „wehrhafte Demokratie". Erläutern Sie mit Q 2 und Q 4 Merkmale einer verfassungswidrigen Partei.
3. Erklären Sie anhand von Q 3 den Weg der SPD von der Klassenpartei zur Volkspartei.
4. Erstellen Sie mit Hilfe von D 5 eine Übersicht über die Regierungskoalitionen in der Bundesrepublik seit 1949. Welche Schlussfolgerungen ziehen Sie daraus?
5. Informieren Sie sich in einem Lexikon über die Präsidenten der Bundesrepublik seit 1949 und ihre Parteizugehörigkeit.

4. Parteienkritik – Was tun?

Heute ist oft die Rede von der „Parteienverdrossenheit" der Bürger, insbesondere der jungen Menschen. Welche Gründe hat dies – und wie kann Abhilfe geschaffen werden?

Parteienkritik – Den Parteien wird u. a. vorgeworfen,
– dass sie überall ihren Einfluss geltend machten, auch da, wo sie keine Rolle spielen sollten,
– dass viele Parteifunktionäre vor allem an ihrer Karriere interessiert seien,
– dass es den Parteien zu wenig um politische Inhalte gehe, sondern mehr darum, sich den Wählern zu „verkaufen",
– dass sie ihren Finanzbedarf durch Steuergelder und eine fragwürdige Spendenpraxis abdeckten,
– dass der Frauenanteil in den Parlamenten und wichtigen politischen Ämtern weit hinter dem Anteil der Frauen an der Gesamtbevölkerung zurückbleibt.

Abkehren oder Einfluss nehmen? – Die Beteiligung an den Wahlen ist geringer geworden. Die Parteien finden unter den Jugendlichen nur schwer Nachwuchs. Sie müssen daher die vorgetragene Kritik ernst nehmen, wenn sie weiterhin ihre Bedeutung behalten wollen. Aber auch die Bürger müssen sich die Frage stellen, ob eine Abkehr von den Parteien die Probleme lösen hilft.

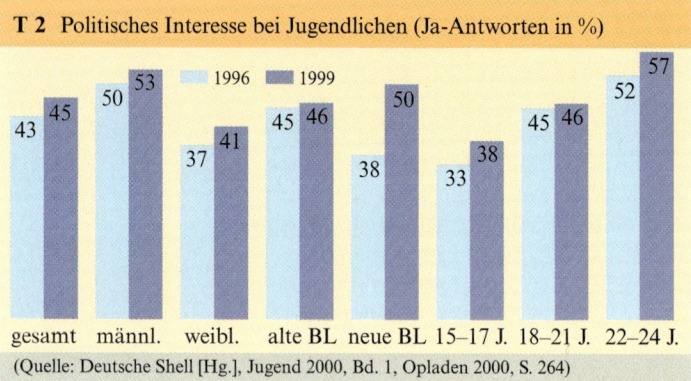

T 2 Politisches Interesse bei Jugendlichen (Ja-Antworten in %)
(Quelle: Deutsche Shell [Hg.], Jugend 2000, Bd. 1, Opladen 2000, S. 264)

Q 1 Der frühere Bundespräsident Richard v. Weizsäcker über die Parteien:

> Gewiss, es geht den Parteien um die Macht. Allmächtig aber sind sie gerade nicht. Vielmehr sind sie abhängig vom Mehrheitsmandat, um das sie ständig kämpfen müssen. Nicht ihre Selbstherrlichkeit ist die große Gefahr, sondern eher, dass sie auf der Suche nach Stimmen allzu viele Wünsche gleichzeitig erfüllen wollen. Wenn sie die Lösung der Probleme dem Streit gegen die Konkurrenz unterordnen, wenn sie die Fragen der Zeit zu Instrumenten im Kampf um die Macht entwerten, dann leidet ihre Glaubwürdigkeit.

(In: PZ, Nr. 57/1989, S. 11)

B 3 „Neues von König Dickbauch". Karikatur von Luff, 1988

ARBEITSAUFTRÄGE

1. Erläutern Sie mit Q 1, worin v. Weizsäcker das Hauptproblem der Parteien sieht. Stimmen Sie mit seiner Sicht überein?
2. Erläutern Sie die Aussage der Karikatur (B 3).
3. Diskutieren Sie anhand von T 2 das politische Interesse von Jugendlichen. Wie beurteilen Sie selber das Engagement in einer Partei?

Kalter Krieg und Entspannungspolitik
1. Die Teilung der Welt

Der Kampf gegen das nationalsozialistische Deutschland hatte die USA, Großbritannien und die Sowjetunion in einer Militärallianz zusammengeführt. Auch nach dem Sieg verband sie das Ziel, dass von Deutschland nie wieder eine Kriegsgefahr ausgehen solle. Dennoch zeichnete sich schon 1945 ein Konflikt zwischen den Siegermächten ab – vor allem zwischen den USA und der UdSSR –, der die Welt in den nächsten Jahrzehnten beherrschen und an den Rand eines atomaren Weltkriegs führen sollte. Warum wurden aus den Alliierten unerbittliche Gegner?

Bestimmung der Positionen – Der Weltkrieg hatte die bisherige Vorherrschaft der „alten" europäischen Mächte in der Welt beendet; auch die Großbritanniens. Das Ringen um Macht- und Einflusssphären wurde nun von den USA und der Sowjetunion dominiert. Hatten beide bis 1945 noch die Absicht beteuert, zur Erhaltung des Weltfriedens zusammenzuarbeiten, brachen nun die gegensätzlichen machtpolitischen Interessen auf.

Die USA waren bei Kriegsende die stärkste Militär- und Wirtschaftsmacht. Sie allein besaßen mit der **Atombombe** eine verheerende Massenvernichtungswaffe. Diese Stärke wollte der 1945 ins Amt gekommene Präsident HARRY TRUMAN nutzen, um eine **neue Weltordnung** nach den Prinzipien der Demokratie und des freien Welthandels zu schaffen. Demgegenüber befand sich die Sowjet-

„Vereinter Schlag". Sowjetisches Propagandaplakat, ca. 1944

Q2 Stalin, Anfang 1945:

1 Dieser Krieg ist nicht wie in der Vergangenheit: Wer immer ein Gebiet besetzt, erlegt ihm auch sein eigenes gesellschaftliches System
5 auf. Jeder führt sein eigenes System ein, so weit seine Armee vordringen kann. Es kann gar nicht anders sein.

(In: M. Djilas, Gespräche mit Stalin, Frankfurt/M. 1962, S. 146)

B1 Die „Aufteilung Osteuropas". Handschriftliche Notiz Churchills, von Stalin mit Haken abgezeichnet, Oktober 1944

Q3 Telegramm des US-Botschaftsrats in Moskau G. F. Kennan an die amerikanische Regierung, 22.2.1946:

1 ... haben wir es mit einer politischen Kraft zu tun, die sich fanatisch zu dem Glauben bekennt, dass es ... wünschenswert und notwendig ist, die innere Harmonie unserer Gesellschaft, unsere traditionellen Lebensge-
5 wohnheiten und das internationale Ansehen unseres Staates zu zerstören, um der Sowjetmacht Sicherheit zu verschaffen. Diese ... Macht verfügt uneingeschränkt über die Arbeitskraft eines der größten Völker der Erde und über die Rohstoffe des reichsten Staatsgebiets der
10 Erde. Sie wird getragen von dem tiefen ... Strom des russischen Nationalismus. Außerdem steht ihr ein durchkonstruierter und weit verzweigter Apparat für die Ausübung ihres Einflusses in anderen Ländern zu Gebote ...

(In: H. Krieger, Handbuch des Geschichtsunterrichts, Bd. 6 [1], Frankfurt/M. 1983, S. 153. Gekürzt)

union wirtschaftlich in einer schwachen Position. Durch den Krieg hatten mehr als 20 Millionen Menschen in der UdSSR ihr Leben verloren; große Teile des Landes waren verwüstet und die Wirtschaft lag am Boden. Allerdings kontrollierte die Rote Armee weite Teile Mittel- und Osteuropas. Nach der Erfahrung des deutschen Überfalls von 1941 wollte JOSEF STALIN diese militärische Position nutzen: Die UdSSR sollte in Zukunft durch einen **Sicherheitsgürtel prosowjetischer Staaten** gegen mögliche Angriffe aus dem Westen gesichert werden. Durch die Einsetzung moskautreuer Regierungen, das Verbot nichtkommunistischer Parteien und durch die Unterdrückung freier Wahlen weitete die Sowjetunion seit 1946/1947 ihren Einfluss in den besetzten Gebieten Ost- und Mitteleuropas systematisch aus.

Entstehung des Kalten Krieges – Die Politik der Sowjetunion in Mittel- und Osteuropa werteten die USA und die westlichen Staaten als Beweis für den aggressiven Expansionswillen der Sowjetunion. Sie reagierten mit Protesten und beendeten die Kooperation mit der UdSSR. Die amerikanische Regierung beschloss 1947 eine Politik des „**Containment**" (dt.: Eindämmung): Durch den Aufbau von Bündnissystemen, die Unterstützung antikommunistischer Regimegegner und durch amerikanische Wirtschaftshilfe sollte der sowjetische Einfluss

„Wie einer den anderen sieht". Amerikanische Karikatur von 1947

> **Q 4** US-Präsident Truman in einer Rede vor dem amerikanischen Kongress (Truman-Doktrin), 12.3.1947:
>
> Eines der ersten Ziele der Außenpolitik der USA ist es, Bedingungen zu schaffen, unter denen wir und andere Nationen uns ein
> 5 Leben aufbauen können, das frei von Zwang ist ... In einer Anzahl von Ländern wurden den Völkern kürzlich gegen ihren Willen totalitäre Regimes aufgezwungen ...
> 10 Ich bin der Ansicht, dass es die Politik der Vereinigten Staaten sein muss, die freien Völker zu unterstützen, die sich der Unterwerfung durch bewaffnete
> 15 Minderheiten oder dem Druck von außen widersetzen ... Die freien Völker der Erde blicken auf uns und erwarten, dass wir sie in der Erhaltung der Freiheit unterstüt-
> 20 zen. Wenn wir in unserer Führung zögern, können wir den Frieden der Welt gefährden und ... mit Sicherheit die Wohlfahrt unserer Nation.
>
> (In: H. Krieger, Handbuch des Geschichtsunterrichts, Bd. 6 [1], Frankfurt/M. 1983, S. 154 ff. Gekürzt)

K 5

B 6 Der Marshall-Plan aus sowjetischer Sicht, Karikatur von 1948

in Europa eingedämmt werden. Ein erster Schritt in diese Richtung war die Unterstützung nichtkommunistischer Kräfte in der Türkei und in Griechenland, wo kommunistische Guerillagruppen einen Bürgerkrieg entfesselt hatten. Im Juni 1947 kündigte US-Außenminister MARSHALL ein wirtschaftliches Wiederaufbauprogramm für Europa an: den „**Marshall-Plan**". Dieses Angebot einer Finanzhilfe für den Wiederaufbau war auch an die Sowjetunion und die übrigen osteuropäischen Staaten gerichtet.

Die sowjetische Führung lehnte den Marshall-Plan ab; sie befürchtete, dass die USA ihre überlegene Wirtschaftskraft zur Stärkung des politischen Einflusses nutzen würden. Auch die Staaten Ost- und Mitteleuropas mussten auf Druck Moskaus den Marshall-Plan ablehnen. Auf die „Containment"- Politik reagierte Moskau mit der beschleunigten Sowjetisierung Ost- und Mitteleuropas: Die Wirtschafts- und Gesellschaftsordnungen der besetzten Länder wurden nach dem Vorbild der UdSSR umgestaltet. In den so genannten „**Volksdemokratien**" besetzten die kommunistischen Parteien alle Führungspositionen. Oppositionsparteien wurden ausgeschaltet.

Blockbildung – Die sowjetische Blockade West-Berlins (1948/49), der Bau der ersten sowjetischen Atombombe (1949) sowie die Gründung der Kommunistischen Volksrepublik China (1949) steigerten die Furcht der Westmächte vor einem Krieg mit der Sowjetunion. Unter Führung der USA gründeten 1949 zwölf westliche Staaten ein Verteidigungsbündnis, die **NATO** (North Atlantic Treaty Organisation). Darin übernahmen die USA eine Sicherheitsgarantie für Westeuropa.

Auf den Marshall-Plan hatte die Sowjetunion mit der Gründung des **Kommunistischen Informationsbüros** (1947) und des **Rats für gegenseitige Wirtschaftshilfe** (RGW, 1949) für die Länder Ost- und Mitteleuropas reagiert. Als 1955 die Bundesrepublik Deutschland in das westliche Bündnis der NATO aufgenommen wurde, gründete die UdSSR einen eigenen Militärblock, den **Warschauer Pakt**.

T 9 Wirtschaftshilfe durch den Marshall-Plan (in Mio. US-$)

Großbritannien:	3443
Frankreich:	2806
Italien:	1548
Westdeutschland:	1413
Benelux:	1079
Griechenland:	694
Türkei:	243
weitere zehn Länder:	2684
Insgesamt:	13910

Q 8 Erklärung der Informationskonferenz der kommunistischen Parteien Europas in Polen, 22.09.1947:

1 Infolge des Zweiten Weltkrieges sind zwei Lager entstanden: das imperialistische, antidemokratische Lager, dessen Hauptziel es ist, die Weltvormachtstellung des amerikanischen Imperialismus zu erreichen und die De-
5 mokratie zu zerstören, sowie das antiimperialistische, demokratische Lager, dessen Hauptziel es ist, den Imperialismus zu überwinden, die Demokratie zu konsolidieren und die Überreste des Faschismus zu beseitigen.

(In: Geschichte in Quellen, Bd. 7, München 1980, S. 461)

B 7 Westdeutsches Plakat von 1952

ARBEITSAUFTRÄGE

1. Erläutern und beurteilen Sie mit Hilfe von B 1, Q 2 und K 5 die Aufteilung Mittel- und Osteuropas sowie die sowjetische Politik in den von der Roten Armee besetzten Gebieten.
2. Analysieren Sie Q 3 und benennen Sie die Bedrohung, die nach Einschätzung Kennans von der UdSSR für die USA ausging.
3. Erklären Sie die propagandistische Absicht von B 6 und B 7.
4. Wie begründete Truman den Führungsanspruch der USA in Q 4? Beurteilen Sie die dargestellten Motive.
5. Erläutern Sie den Inhalt und die Funktion der „Zwei-Lager-Theorie" von Q 8.

2. Gründung und Aufgaben der UNO

Der nach dem Ersten Weltkrieg gegründete Völkerbund hatte den Zweiten Weltkrieg nicht verhindern können. Dennoch setzten die Alliierten ihre Hoffnungen erneut auf die Idee einer Weltorganisation. Am 26. Juni 1945 gründeten 51 Staaten in San Francisco die „**United Nations Organization**" (UNO): die Vereinten Nationen. Wie versuchte die UNO den Weltfrieden zu sichern?

Organisation der UNO – Das Scheitern des Völkerbundes hatte gezeigt, dass ein kollektives Sicherheitssystem über entsprechende Machtmittel verfügen musste, um gegen Aggressor-Staaten wirksam vorgehen zu können. Diesem Ziel stand allerdings das Prinzip der Souveränität der einzelnen Staaten entgegen. Daher sind die Beschlüsse der UNO für die Mitgliedsstaaten bis heute nur auf freiwilliger Basis bindend. Staaten, die sich nicht an UNO-Beschlüsse halten, können dazu nicht gezwungen werden. Bei der Gründung der Vereinten Nationen 1945 befürchtete die Sowjetunion zudem, dass die UNO durch ein Übergewicht westlich orientierter Staaten beherrscht werden könnte. Sie beharrte daher auf einem Einspruchsrecht für alle Entscheidungen. Schließlich einigte man sich darauf, dass alle Siegermächte des Weltkriegs im **Weltsicherheitsrat**, dem wichtigsten Entscheidungsgremium der UNO, die Umsetzung von Beschlüssen durch ihr Nein (**Veto**) verhindern können.

Das Symbol der Vereinten Nationen

> **Q 1** Charta der Vereinten Nationen:
> 1 Art. 1: Die Vereinten Nationen setzen sich folgende Ziele: 1. den Weltfrieden und die internationale Sicherheit zu wahren, ... wirksame
> 5 Kollektivmaßnahmen zu treffen, um Bedrohungen des Friedens zu verhüten und zu beseitigen, Angriffshandlungen und andere Friedensbrüche zu unterdrücken.
> 10 Art. 2: Die Organisation und ihre Mitglieder handeln nach folgenden Grundsätzen: 1. Die Organisation beruht auf dem Grundsatz der souveränen Gleichheit aller ihrer
> 15 Mitglieder. ... 3. Alle Mitglieder legen ihre internationalen Streitigkeiten durch friedliche Mittel bei. ... 4. Alle Mitglieder unterlassen jede gegen die territoriale Unver-
> 20 sehrtheit oder die politische Unabhängigkeit eines Staates gerichtete Androhung oder Anwendung von Gewalt.
>
> (In: Geschichte in Quellen, Bd. 7, München 1980, S. 666 f. Gekürzt)

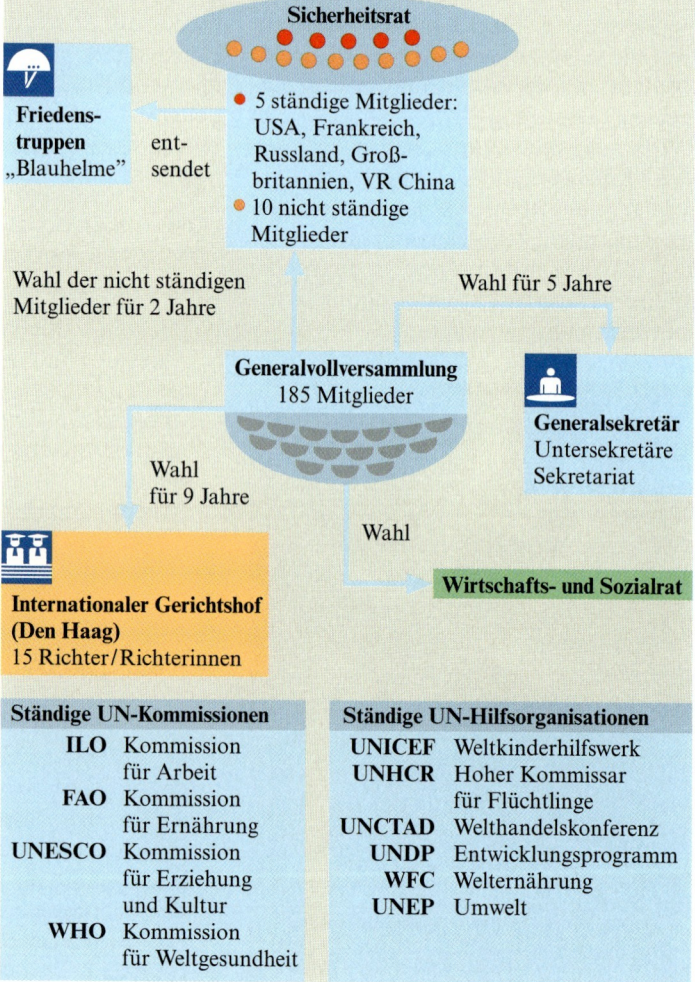

B 2 Der Aufbau der UNO

2. Gründung und Aufgaben der UNO

Grenzen der UNO im Kalten Krieg – Da nur der Sicherheitsrat anderen Staaten Weisungen erteilen, Sanktionen verhängen oder Militäreinsätze anordnen kann, zeigte sich bald, dass das Vetorecht der fünf Großmächte die Handlungsfähigkeit der UNO stark einschränkt. Besonders in der Zeit des Kalten Kriegs blockierten die Interessengegensätze der USA und der UdSSR oft den Sicherheitsrat. In der Vollversammlung verschafften anfangs u. a. die Stimmen der südamerikanischen Staaten den USA eine Mehrheit. Für die Sowjetunion lag daher ein zusätzlicher Anreiz darin, die Völker in Afrika und Asien in ihrem Kampf gegen Kolonialismus und wirtschaftliche Abhängigkeit zu unterstützen und so eine Front gegen die USA und ihre Verbündeten aufzubauen.

Einsatz für den Frieden – Militärische Friedensmissionen konnte die UNO nur unternehmen, wenn sich die Supermächte einig waren. „Blauhelm-Truppen" der UN (wegen der Helmfarbe so genannt) wurden eingesetzt, um einen Waffenstillstand zu überwachen und weitere Kämpfe zu verhindern. Doch das gelang nicht immer, wie sich 1992 in **Somalia** zeigte.

Das Land war durch einen blutigen Bürgerkrieg verwüstet, in dessen Folge eine verheerende Hungerkatastrophe einsetzte. Die UNO-Aktion verlief anfangs erfolgreich. Doch als die Bürgerkriegsparteien die UNO-Truppen bekämpften, musste sich die UNO aus Somalia zurückziehen. Als ein Forum des Weltgewissens schrieb die UNO 1948 die **Menschenrechte** fest.

UN-Blauhelmsoldat in Zaire, 1994

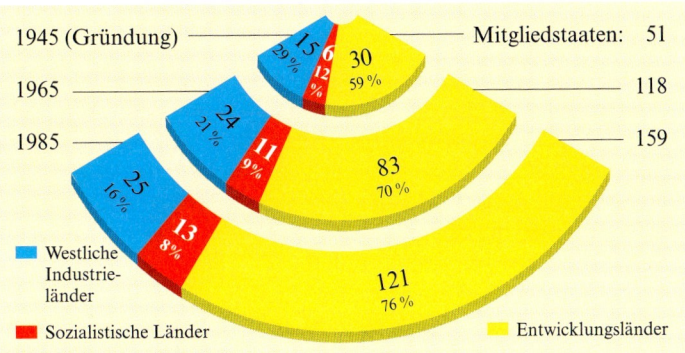

B 4 Mitgliederzahlen und Stimmenblöcke der UNO 1945 bis 1985

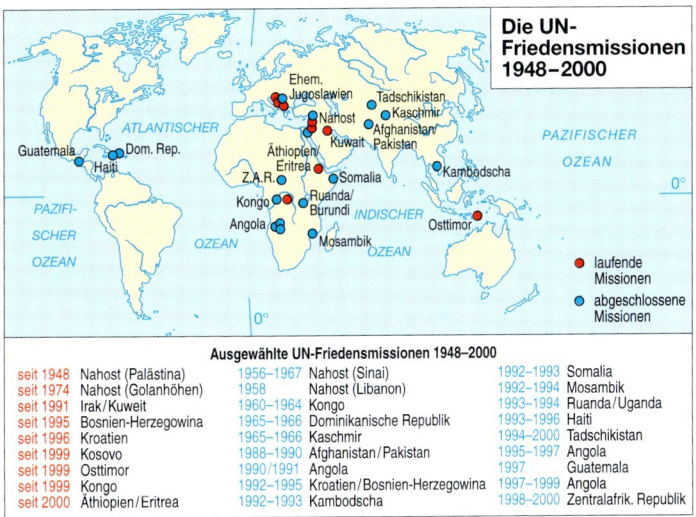

Q 3 Ein Politikwissenschaftler über die UNO im Jahr 2000:

1 Das Anliegen [der UNO], einen weiteren Weltkrieg zu verhindern, hat sich erfüllt, ... die Hoffnungen auf kollektive Sicherheit nicht ...
5 Eine Reihe zwischenstaatlicher Kriege [haben] die UN nicht verhindern können ... [Heute] haben sich andere Gefahren für Frieden und Sicherheit in den Vordergrund
10 geschoben: die Gefahr der unkontrollierten Verbreitung von Massenvernichtungswaffen, ... die Ausweitung von ethnischen, religiösen und verwandten Konflikten, die als
15 Bedrohung des Friedens" zu qualifizieren sind ...

(in: W. Kühne, Die Vereinten Nationen an der Schwelle zum nächsten Jahrtausend, in: Weltpolitik im neuen Jahrhundert, Bonn 2000, S. 443 f. Gekürzt)

ARBEITSAUFTRÄGE

1. Beurteilen Sie die in Q 1 genannten Grundsätze der UNO.
2. Informieren Sie sich über den Aufbau der UNO (B 2) sowie das Vetorecht der 5 ständigen Mitglieder des Sicherheitsrats.
3. Erklären Sie mit B 4, warum die UdSSR besonders in den Anfangsjahren der UNO häufig ihr Vetorecht einsetzte.
4. Erörtern Sie mit Q 3 die Möglichkeiten und Grenzen der UNO.
5. Informieren Sie sich über eine der in K 5 genannten UNO-Missionen und stellen Sie deren Verlauf in der Klasse vor.

3. Der Kalte Krieg wird heiß

Während des Kalten Kriegs griffen beide Supermächte wiederholt in regionale Konflikte ein, um dort ihre eigenen Interessen zu sichern. Welche Folgen hatte das für die betroffene Bevölkerung in den Konfliktregionen und für die internationale Lage?

Wettrüsten – Der Bau der Atombombe setzte eine Rüstungsspirale in Gang, die zu immer mehr, schlagkräftigeren und zielgenaueren Waffensystemen führte. Die anfängliche atomare Überlegenheit der USA äußerte sich in einer selbstbewussten Politik, die das „Containment" (Eindämmen) und später das „**Roll Back**" (Zurückdrängen) des sowjetischen Einflussbereichs zum Ziel hatte. Amerikanische Atomraketen waren zum Beispiel in Italien und in der Türkei stationiert und hätten von dort aus das Territorium der Sowjetunion erreichen können.

Seit 1949 besaß auch die Sowjetunion die Atombombe. Als es ihr 1957 gelang, den ersten Satelliten, **Sputnik**, in eine Erdumlaufbahn zu schießen, war das für die amerikanische Öffentlichkeit ein Schock. Mit den neuen, interkontinentalen Trägerraketen konnte die UdSSR nun auch das Gebiet der USA erreichen.

Das „atomare Patt" wollte jede der beiden Supermächte bis in die 1980er Jahre durch ein gewaltiges **Wettrüsten** für sich entscheiden. Zwar verschlang das atomare Waffenarsenal auf beiden Seiten immense Summen, doch die Rüstungsspirale mündete immer nur in einem noch bedrohlicheren „Gleichgewicht des Schreckens".

Q1 Der stellvertretende Außenminister der UdSSR Gromyko am 4. Juli 1950 zur Ursache des Koreakriegs:

1 Die gegenwärtigen Ereignisse in Korea entstanden am 25. Juni [1950] infolge eines provokatorischen Überfalls von südkoreani-
5 schen Truppen auf Grenzbezirke der Koreanischen Volksdemokratischen Republik. Dieser Überfall war das Ergebnis eines vorgefassten Plans ... Sein Ziel ist,
10 Korea der nationalen Unabhängigkeit zu berauben, die Gründung eines geeinten, demokratischen koreanischen Staates zu verhindern und in Korea gewaltsam ein
15 volksfeindliches Regime zu errichten, das den ... USA erlauben würde, Korea zu ihrer Kolonie zu machen und koreanisches Gebiet als strategisches Aufmarschge-
20 biet im Fernen Osten zu benutzen.

(In: B. Gehlhoff, Chronik 1950, Dortmund 1989, S. 107. Gekürzt)

Q2 Der US-Präsident Truman am 19. Juli 1950 zur Ursache des Koreakriegs:

1 Es sollte nicht dem geringsten Zweifel unterliegen, dass wir uns bei unserem Vorgehen [in Korea] von grundlegenden moralischen Prinzipien haben leiten lassen. Die Vereinigten Staaten sind einer Nation zu Hilfe gekom-
5 men, die ungerechtfertigterweise von einer Angreifermacht überfallen worden ist ... Wir sind entschlossen, die Vereinten Nationen bei allen ihren Bemühungen zur Wiederherstellung des Friedens und der Sicherheit in Korea ... zu unterstützen und dem koreanischen Volk die
10 Möglichkeit zu geben, ohne Zwang seine eigene Regierungsform zu wählen.

(In: B. Gehlhoff, Chronik 1950, Dortmund 1989, S. 107. Gekürzt)

B 3 Amerikanische UN-Soldaten auf dem Vormarsch nach Nordkorea, während Nordkoreaner nach Süden fliehen. August 1950

Der Koreakrieg – Die Supermächte vermieden es, einen „heißen Krieg" direkt gegeneinander zu führen. Statt dessen trugen sie ihre Konflikte in Form so genannter **Stellvertreterkriege** in anderen Regionen der Welt aus. So auch beim **Koreakrieg** (1950–1953).

Die ehemalige japanische Kolonie Korea war nach dem Zweiten Weltkrieg auf Höhe des 38. Breitengrades in eine sowjetische Besatzungszone im Norden und eine amerikanische im Süden geteilt worden. Auch nach dem Abzug der Besatzungstruppen 1949 blieb das Land geteilt; Nordkorea wurde von der UdSSR und der Volksrepublik China unterstützt, Südkorea von den USA. Die Regierungen beider koreanischen Staaten forderten den jeweils anderen Landesteil für sich. 1950 griff der kommunistische Norden Südkorea an und eroberte es binnen weniger Monate fast ganz. Die USA und die westlichen Staaten sahen darin einen neuen Beweis für die aggressive Politik Moskaus. Der UN-Sicherheitsrat, dem die UdSSR in dieser Zeit fernblieb, verlangte vergeblich die Einstellung der Kämpfe und beschloss den Einsatz von UN-Truppen. Mit dem **UNO-Mandat** wurden vor allem US-Truppen beauftragt. Sie warfen die Nordkoreaner zunächst weit zurück. Als jedoch 300 000 Soldaten der VR China auf Seiten Nordkoreas in den Krieg eingriffen, wurden die UN-Truppen wieder abgedrängt. Schließlich kam der Krieg an der alten Grenze beim 38. Breitengrad zum Stehen. Mehr als eine Millionen Zivilisten und zwei Millionen Soldaten starben bei den Kämpfen. Korea ist bis heute geteilt.

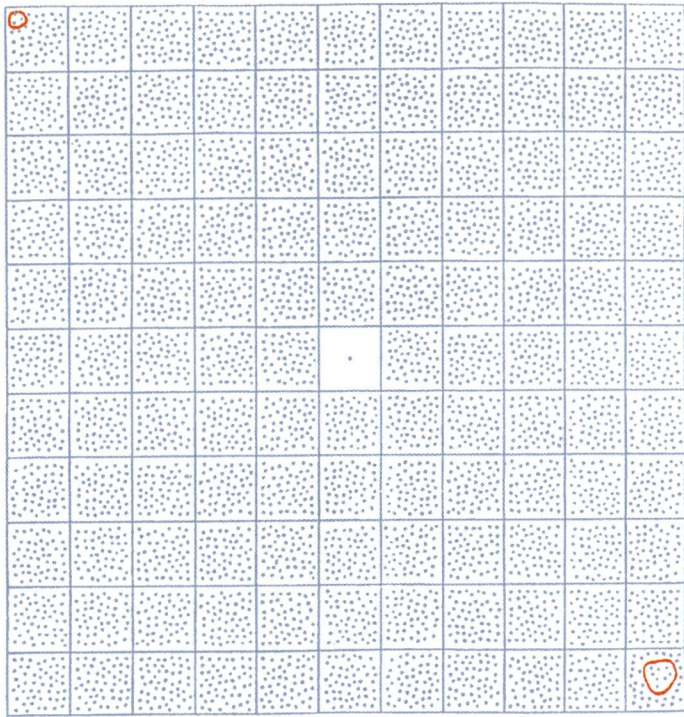

B 5 Gesamtheit der Nuklearwaffenarsenale um 1985. Punkt in der Mitte: Zerstörungskraft der im 2. Weltkrieg eingesetzten Waffen. Kreis oben links: Zerstörungskraft eines einzigen U-Bootes, Kreis unten rechts: Zerstörungskraft zur Vernichtung aller größeren Städte der nördlichen Erdhalbkugel. Grafik aus: „Die ZEIT", 11.1.1985. Bearbeitet

T4 Krisen und Kriege seit 1950, an denen die Supermächte beteiligt waren (Auswahl)	
1950–53	Koreakrieg
1953	Volksaufstand in der DDR
1954–62	Algerienkrieg
1955–67	Zypernkonflikt
1956	Volksaufstand in Ungarn
1956	Suezkrise
1960–65	Bürgerkrieg im Kongo
1961–74	Guerillakrieg in Angola
1962	Kubakrise
1963–73	Vietnamkrieg
1967	Sinaikrieg
1968	Prager Frühling
1973	Yom-Kippur-Krieg
1973	Militärputsch in Chile
1977, 82	Bürgerkrieg in Nicaragua
1975–80	Bürgerkrieg in Simbabwe
1978	Revolution im Iran
1979–89	Besetzung Afghanistans
1980–88	Krieg Iran–Irak
1983–85	Besetzung Grenadas

ARBEITSAUFTRÄGE

1. Erörtern Sie mit Hilfe von Q1 und Q2, welche Bedeutung die Supermächte dem Koreakrieg beimaßen.
2. Überprüfen Sie mit B3 die Berechtigung der wechselseitigen Schuldzuweisungen. Diskutieren Sie die Auswirkungen des „Stellvertreterkriegs" auf die koreanische Bevölkerung.
3. Informieren Sie sich über einen der in T4 genannten Konflikte und die Rolle, die dabei die Supermächte spielten.
4. Diskutieren Sie mit B5 die Folgen des Wettrüstens für die Friedenssicherung und die Finanzhaushalte der Supermächte.

4. Krisen um Ungarn und Kuba

Besonders wachsam waren die Supermächte, wenn es um die Wahrung ihrer Interessen im direkten Umfeld ihres eigenen Territoriums ging. Wie reagierten sie, wenn sie sich dort bedroht fühlten?

Volksaufstand in Ungarn – Nach dem Krieg hatte die UdSSR in Ungarn eine so genannte „Volksdemokratie" nach sowjetischem Vorbild installiert. Mit Beginn der Ära Chruschtschow hatte sich das politische Klima jedoch zeitweise entspannt. Nun erhielt auch die Opposition innerhalb der Kommunistischen Partei Ungarns Auftrieb. Studenten, Reformkommunisten und Arbeiter prangerten die Misswirtschaft des Systems und die Besatzungspolitik der UdSSR offen an. Am 23.10.1956 forderten Budapester Studenten tief greifende Reformen: Den Rückzug aller in Ungarn stationierten Sowjettruppen, die Anerkennung der **Souveränität Ungarns** durch die UdSSR, die Demokratisierung der Gesellschaft und die Auflösung der verhassten Geheimpolizei. Als sich die Demonstrationen zu einem regelrechten Aufstand ausweiteten, dem sich auch Teile der ungarischen Armee anschlossen, reagierte die Führung der UdSSR zunächst mit Zugeständnissen. Der neu ernannte Ministerpräsident IMRE NAGY berief auch Nicht-Kommunisten in die Regierung und verkündete die **Abschaffung des Einparteiensystems**.

Am 30. Oktober 1956 veröffentlichte die UdSSR eine Erklärung, die die staatliche Souveränität aller sozialistischen Staaten garantierte und eine sowjetische Einmischung in die inneren Angelegenheiten anderer Staaten ausschloss. Nagy forderte daraufhin Verhandlungen über den Rückzug der sowjetischen Truppen und kündigte die Mitgliedschaft Ungarns im Verteidigungsbündnis des Warschauer Pakts auf. Doch nun setzten sich in Moskau wieder die Befürworter einer harten Linie durch. Am 4.11.1956 besetzten 200 000

PERSONENLEXIKON

IMRE NAGY, 1896–1958. 1953–1955/1956 ungarischer Ministerpräsident; nach dem Aufstand von 1956 verhaftet und 1958 geheim hingerichtet; 1989 rehabilitiert.

Q1 Telegramm des ungarischen Ministerpräsidenten Nagy an die Regierung der UdSSR, 1.11.1956:

1 Unter Bezugnahme auf die jüngste Erklärung der sowjetischen Regierung, sie sei bereit, mit den Regierungen Ungarns und der
5 anderen Mitgliedsstaaten des Warschauer Pakts über den Abzug der sowjetischen Truppen aus Ungarn zu verhandeln, ersucht die ungarische Regierung
10 die Regierung der Sowjetunion, eine Abordnung zu benennen, damit die Gespräche so bald als möglich beginnen können.

(In: Informationen zur politischen Bildung, H. 225, Bonn 1989, S. 28 f. Gekürzt)

Q2 Radiosender Petöfi, Ungarn, 4.11.1956, 14.34 Uhr:

1 Völker der Welt! Hört uns – helft uns! Nicht mit Erklärungen, sondern mit Taten, mit Soldaten und Waffen! Vergesst nicht, dass es für die Sowjets bei ihrem brutalen Anstürmen kein Halten gibt. Wenn wir
5 untergegangen sind, werdet ihr das nächste Opfer sein. Rettet unsere Seelen! ... Völker der Welt! Im Namen der Gerechtigkeit, der Freiheit und des verpflichtenden Prinzips der tatkräftigen Solidarität, helft uns!

(In: Informationen zur politischen Bildung, H. 225, Bonn 1989. S. 28 f. Gekürzt)

B3 Aufständische vor einem verlassenen Sowjetpanzer, Budapest 1956

4. Krisen um Ungarn und Kuba

Soldaten der Roten Armee mit mehr als 1000 Panzern Budapest und schlugen den Aufstand blutig nieder. In den Kämpfen, die bis zum 11. November 1956 dauerten, starben etwa 25 000 Ungarn und 7000 Rotarmisten. Die Hoffnungen der ungarischen Reformer auf ein Eingreifen des Westens erfüllten sich nicht. Die USA und die anderen Westmächte schreckten vor der Gefahr eines Atomkrieges zurück und beschränkten sich auf Proteste. ❷/10

Vorgeschichte der Kubakrise – Auf der „Zuckerinsel" Kuba übten die USA auch nach der Phase des Imperialismus bis Ende der 1950er Jahre großen politischen und wirtschaftlichen Einfluss aus. Doch das von den USA unterstützte Regime des Diktators Batista wurde 1959 durch den Guerillaführer FIDEL CASTRO gestürzt. Castro und die neue Regierung suchten zunächst vergeblich den Ausgleich mit den USA. Als Castro allmählich einen sozialistischen Kurs einschlug und amerikanische Firmen enteignete, verhängten die USA ein bis heute geltendes **Handelsembargo gegen Kuba**. Der Ausfall des wichtigsten Handelspartners führte dazu, dass Kuba sich an die UdSSR anlehnte und ein sozialistisches Wirtschaftssystem einführte. Mit der Unterstützung des US-Geheimdienstes CIA unternahmen Exilkubaner 1961 einen Umsturzversuch. Doch die geplante Invasion in der „Schweinebucht" scheiterte. Kuba feierte dies als „Sieg über den US-Imperialismus" und die Sowjetunion intensivierte nun ihre Wirtschafts- und Militärhilfe für Kuba.

Am Rande eines Atomkriegs – Am 15. Oktober 1962 entdeckten amerikanische Aufklärungsflugzeuge, dass die Sowjet-

PERSONENLEXIKON

FIDEL CASTRO, geb. 1927. Kubanischer Ministerpräsident seit 1959. Castro vertritt bis heute einen sozialistischen Kurs.

Q 4 US-Außenminister J. F. Dulles am 15.1.1953 zur Politik der USA gegenüber der UdSSR:

1 Wir werden niemals einen sicheren Frieden oder eine glückliche Welt haben, solange der sowjetische Kommunismus ein Drittel
5 aller Menschen beherrscht ... Deswegen müssen wir immer die Befreiung dieser unterjochten Völker im Sinn behalten ...
[Eine] Politik, die nur darauf zielt,
10 Russland auf den Bereich zu beschränken, in dem es schon ist, [ist] eine unvernünftige Politik, weil eine nur defensive Politik niemals gegen eine aggressive
15 Politik gewinnt ...
Aber all dies kann und muss getan werden in Formen, die keinen allgemeinen Krieg provozieren und in Formen, die auch
20 keinen Aufstand provozieren, der mit blutiger Gewalt zerschlagen würde ...

(In: E. Czempiel/ C.Schweitzer, Weltpolitik der USA nach 1945, Bundeszentrale für politische Bildung, Bd. 210, Bonn 1984, S.125. Gekürzt)

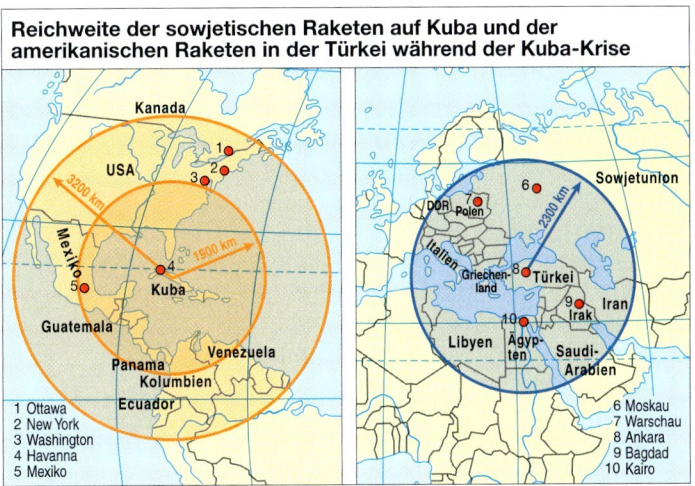

Reichweite der sowjetischen Raketen auf Kuba und der amerikanischen Raketen in der Türkei während der Kuba-Krise

1 Ottawa
2 New York
3 Washington
4 Havanna
5 Mexiko

6 Moskau
7 Warschau
8 Ankara
9 Bagdad
10 Kairo

K 5

Q 6 Begründung des sowjetischen Staatschefs Chruschtschow für die Raketenstationierung auf Kuba:

1 Wir waren sicher, dass die Amerikaner sich niemals mit der Existenz von Castros Kuba abfinden würden. Sie fürchteten ebenso sehr, wie wir es erhofften, dass ein sozialistisches Kuba möglicherweise den Sozialismus
5 für andere lateinamerikanische Länder anziehend machte ... Wir mussten ein greifbares und wirksames Abschreckungsmittel schaffen gegen eine amerikanische Einmischung in der Karibischen See.

(In: N.Chruschtschow, Chruschtschow erinnert sich, Hamburg 1971, S.492 ff.)

union damit begonnen hatte, **atomare Mittelstreckenraketen** auf Kuba zu stationieren. US-Präsident JOHN F. KENNEDY entschloss sich, den Transport weiterer Raketen durch eine Seeblockade Kubas zu verhindern, und drohte mit einem Angriff auf die Raketenbasen, falls diese nicht demontiert würden.

Da beiden Seiten ein Nachgeben unmöglich schien, führte die Kraftprobe der beiden Supermächte die Welt einige Tage lang gefährlich nahe an den Rand eines atomaren Kriegs. Schließlich wurde über inoffizielle Kanäle eine Lösung gefunden, die beide Seiten das Gesicht wahren ließ. Die Sowjets zogen die kubanischen Raketen wieder ab, und im Gegenzug verpflichteten sich die USA, auf weitere Interventionen in Kuba zu verzichten und ihre Raketen aus der Türkei abzuziehen.

Q 7 Fernsehansprache von US-Präsident Kennedy, 23.10.1962:

1 [Die] rasche Umwandlung Kubas in einen wichtigen strategischen Stützpunkt [der UdSSR] stellt eine ausdrückliche Bedrohung des
5 Friedens und der Sicherheit aller amerikanischen Staaten dar ... [Dieser] geheime, rasche und außergewöhnliche Aufbau kommunistischer Raketen ist eine be-
10 wusst provokatorische und ungerechtfertigte Änderung des Status quo, die von den Vereinigten Staaten nicht akzeptiert werden kann ... Wir werden weder voreilig
15 noch unnötigerweise die Folgen eines weltweiten Atomkrieges riskieren, aber wir werden auch niemals ... vor diesem Risiko zurückschrecken ... Es wird die Politik
20 unseres Landes sein, jeden Abschuss einer Atomrakete von Kuba aus ... als einen Angriff der Sowjetunion auf die Vereinigten Staaten anzusehen, der einen
25 umfassenden Vergeltungsschlag gegen die Sowjetunion erfordert.

(In: H. von Borch, Die großen Krisen der Nachkriegszeit, München 1984, S.97ff. Gekürzt)

Q 8 Brief des sowjetischen Staatschefs Chruschtschow an US-Präsident Kennedy, 27.10.1962:

1 Ihre Raketen sind in Großbritannien [und] in Italien stationiert und ... gegen uns gerichtet. Ihre Raketen sind in der Türkei stationiert. Sie sind beunruhigt über Kuba ..., weil es 90 Seemeilen vor der Küste der USA liegt. Sie
5 halten es ... für berechtigt, für Ihr Land Sicherheit und die Entfernung jener Waffen zu fordern, die Sie als offensiv bezeichnen, erkennen uns aber dies Recht nicht zu ...

(In: H. Krieger, Handbuch des Geschichtsunterrichts, Bd. 6 [1], S. 407, Frankfurt/M. 1983. Gekürzt)

B 9 „Einverstanden, Herr Präsident, wir wollen verhandeln...". Englische Karikatur von 1962 über Chruschtschow und Kennedy

ARBEITSAUFTRÄGE

1. Erläutern Sie, welche Gefahren die sowjetische Führung in den Forderungen Nagys (Q 1) möglicherweise gesehen hat.
2. Beschreiben Sie mit B 3 und den Angaben im Text das Ausmaß des Ungarnaufstands 1956 und der sowjetischen Intervention.
3. Vergleichen Sie die Ziele der US-Politik, die in Q 4 dargestellt sind, mit dem Hilferuf im ungarischen Radio (Q 2) und dem Verhalten der USA 1956. Diskutieren Sie, ob die USA oder andere Westmächte in Ungarn hätten eingreifen sollen.
4. Beschreiben Sie mit K 5 die gegenseitige Bedrohung der Supermächte und beurteilen Sie die Situation um 1962.
5. Beurteilen Sie die Position Kennedys vor dem Hintergrund der Stationierung von US-Atomwaffen in Europa (Q 7, Q 8, K 5).
6. Beurteilen Sie die sowjetische Kubapolitik (Q 6, Q 8) aus der Sicht der UdSSR, der USA und Kubas.
7. Beschreiben Sie, wie der Karikaturist in B 9 die Auseinandersetzung zwischen den Supermächten und die Situation sieht.

5. Beginn der Entspannungspolitik

Die Kubakrise von 1962 hatte deutlich gemacht, dass das Risiko eines unbeabsichtigten Atomkriegs für beide Seiten unkalkulierbar war. Wie reagierten die Supermächte darauf?

Ursachen des Umdenkens – Die Erkenntnis, dass der Kalte Krieg nicht durch Wettrüsten und „Stellvertreterkriege" zu gewinnen war, setzte sich bei den Supermächten erst allmählich durch. Dazu trugen die gigantischen Kosten des Wettrüstens ebenso bei wie eine weltpolitische Schwächung, die beide Supermächte in den 1960er und 1970er Jahren erlitten. Die UdSSR befand sich seit Ende der 1950er Jahre in einer ideologischen und teilweise auch militärisch ausgetragenen **Auseinandersetzung mit China**. Dieser Konflikt spaltete die kommunistische Einheitsfront und schwächte die Machtstellung der UdSSR. Auch finanziell lastete der Kalte Krieg schwer auf der Wirtschaft der UdSSR. Die USA waren seit Mitte der 1960er Jahre in den brutal geführten **Vietnamkrieg** verstrickt. Auf Seiten des antikommunistischen, bei der Bevölkerung aber verhassten südvietnamesischen Regimes griffen die USA 1965 in den Bürgerkrieg zwischen Süd- und Nordvietnam ein. Trotz großer Truppenverbände und eines zerstörerischen Flächenbombardements – sie warfen über Vietnam dreimal so viel Bomben ab wie im Zweiten Weltkrieg über Europa und Asien zusammen – erlitten die USA eine schwere militärische und moralische Niederlage. Wegen der Brutalität der Kriegführung hatte ihr Ansehen weltweit schweren Schaden genommen.

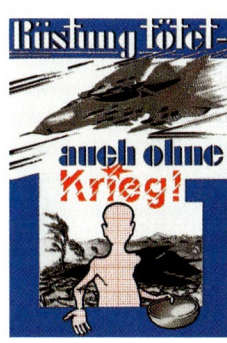

Katholische Friedensbewegung „Pax Christi", Aufkleber 1982

Q1 US-Präsident Nixon über die Außenpolitik der 1970er Jahre:

1 Der Aufbau eines dauerhaften Friedens erfordert eine Außenpolitik, die von drei Grundprinzipien geleitet wird: ... Partnerschaft ... Stärke
5 ... Bereitschaft zum Verhandeln ... [Das] zentrale Thema besteht darin, dass die Vereinigten Staaten sich an der Verteidigung und dem weiteren Aufbau verbündeter und
10 befreundeter Nationen beteiligen werden, dass aber Amerika nicht die gesamte Verteidigung der freien Nationen der Welt übernehmen kann ... Wir werden dort helfen, wo
15 es wirklich darauf ankommt und wo wir es als in unserem Interesse liegend erachten ...

(In: G. Niedhart, Internationale Beziehungen im 19./ 20. Jh., Düsseldorf 1978. S. 124. Gekürzt)

Q2 Kommunistische Partei der UdSSR, Programm 1961:

1 Als das Hauptziel ihrer außenpolitischen Tätigkeit betrachtet es die KPdSU, friedliche Verhältnisse für den Aufbau der kommunistischen Gesellschaft in der UdSSR und für die Entwicklung des sozialistischen Weltsystems zu
5 sichern und die Menschheit vor einem verheerenden Weltkrieg zu bewahren ... [Das] Prinzip der friedlichen Koexistenz von Staaten mit unterschiedlicher sozialer Ordnung setzt voraus: Verzicht auf Kriege als Mittel zur Lösung von Streitfragen zwischen den Staaten, Ent-
10 scheidung dieser Fragen durch Verhandlungen und Vertrauen unter den Staaten ... Die friedliche Koexistenz bildet die Grundlage des friedlichen Wettbewerbs zwischen Sozialismus und Kapitalismus ...

(In: H. Krieger, Handbuch des Geschichtsunterrichts, Bd.6 [1], Frankfurt/ M. 1983, S.367 f. Gekürzt)

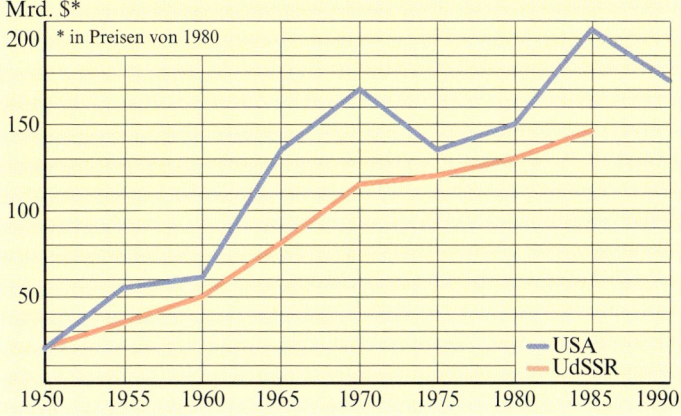

D3 Rüstungsausgaben der USA und der UdSSR von 1950 bis 1990

Entspannung und neue Verhärtungen – Verhandlungen der Supermächte hatten 1972 und 1979 zu ersten **Rüstungskontrollvereinbarungen** geführt. Dabei wurden Obergrenzen für bestimmte Waffensysteme festgelegt, ohne jedoch die vorhandenen Potenziale anzutasten. Doch Ende der 1970er Jahre veranlasste das Übergewicht sowjetischer Mittelstreckenraketen in Europa die NATO zu einem **Doppelbeschluss**: Die UdSSR sollte die überzähligen Raketen abbauen; andernfalls werde die NATO nachrüsten. Diese Drohung wurde 1983 wahr gemacht.

Auch durch den Einmarsch sowjetischer Truppen in Afghanistan 1979 hatte sich die weltpolitische Lage wieder verschärft. RONALD REAGAN, von 1981 bis 1989 US-Präsident, setzte auf massive Aufrüstung, um die frühere Vormachtstellung Amerikas zurückzugewinnen.

Ende des Kalten Krieges – Der neue Tiefstand in den Beziehungen beider Supermächte wurde erst 1985 durch den neuen Kremlführer MICHAIL GORBATSCHOW überwunden. Für seine wirtschaftlichen und politischen Reformpläne brauchte er die Entlastung von den Rüstungskosten. Gorbatschow machte den USA daher weitreichende Abrüstungsvorschläge. 1987 vereinbarten die Supermächte den Abbau atomarer Mittelstreckenraketen. Obwohl dies nur etwa 4 % der Atomwaffen betraf, war es doch ein Durchbruch: Zum ersten Mal wurde wirklich abgerüstet. Ende 1989 verkündeten beide Seiten das Ende des Kalten Krieges. 🌐/11

B 5 Gorbatschow und Reagan auf der Genfer Gipfelkonferenz, 1985

Q 4 Schlussakte der Konferenz über Sicherheit und Zusammenarbeit in Europa (KSZE), Helsinki 1975:

Die Teilnehmerstaaten erklären ihre Entschlossenheit, die folgenden Prinzipien zu achten und in die Praxis umzusetzen: I. Souveräne
5 Gleichheit … II. Enthaltung der Androhung oder Anwendung von Gewalt … III. Unverletzlichkeit der Grenzen … V. Friedliche Regelung von Streitfällen … VI. Nichteinmi-
10 schung in innere Angelegenheiten … VII. Achtung der Menschenrechte und Grundfreiheiten … VIII. Gleichberechtigung und Selbstbestimmungsrecht der Völker.

(In: H. Krieger, Handbuch des Geschichtsunterrichts, Bd. 6 [1], Frankfurt/M. 1983, S.468 ff. Gekürzt)

T 6 Sicherheitspolitische Abkommen seit 1963

1963	Heißer Draht*: direkte Verbindung zwischen Moskau und Washington
1963	Verbot oberirdischer Kernwaffenversuche
1967	Verbot von Kernwaffen im Weltraum
1968	Atomwaffen-Sperrvertrag: Verbot, Atomwaffen weiterzugeben
1972	SALT-1, ABM*: Begrenzung von Raketenabwehrsystemen und Offensivwaffen
1973	Vertrag zur Verhinderung von Atomkriegen*
1974/76	Begrenzung unterirdischer Kernwaffenversuche
1975	KSZE: Prinzipien der Zusammenarbeit in Europa
1979	SALT-II*: Begrenzung nuklearer Trägersysteme, mobiler Interkontinentalraketen, Marschflugkörper
1987	INF*: Abbau atomarer Mittelstreckenraketen
1991	START*: Abbau strategischer Atomwaffen um 30 %

* Abkommen zwischen den USA und der UdSSR

ARBEITSAUFTRÄGE

1. Erläutern Sie die Veränderungen der amerikanischen Außenpolitik in den 1970er Jahren gegenüber den 1950er Jahren (Q 1).
2. Erörtern Sie mit Q 2 den Begriff der „friedlichen Koexistenz".
3. Erläutern Sie mit D 3 eines der Motive der Supermächte, Abrüstungsverhandlungen zu führen.
4. Diskutieren Sie mit Q 4 die Bedeutung, die die Schlussakte von Helsinki für die Freiheitsbewegungen in Osteuropa hatte.
5. Beschreiben Sie mit T 6, wie der Frieden und die Bereitschaft zur Abrüstung international gesichert werden sollte.

	Politik	Kultur	Alltag/Wirtschaft
1985	1989: Verkündung des Endes des Kalten Krieges 1985: Amtsantritt von Generalsekretär Gorbatschow in der UdSSR; Dez. 1979: Sowjetischer Einmarsch in Afghanistan; 12.12.1979: NATO-Doppelbeschluss zur Nachrüstung 1975: KSZE-Schlussakte von Helsinki	1985 ff.: Liberalisierung der sowjetischen Kultur und Gesellschaft durch „Glasnost" und „Perestroika"	1985: Beginn der Wirtschaftsreformen Gorbatschows in der UdSSR
1975			
1965	1964–75: Vietnamkrieg 1962: Kuba-Krise, Höhepunkt des Kalten Krieges	1965 ff.: Krise der US-amerikanischen Gesellschaft und Kultur durch Vietnam-Krieg 1957: der erste UdSSR-Satellit im Weltall („Sputnik") löst Schock in USA und Westeuropa aus;	1960 ff.: Belastung der Wirtschaft der USA und UdSSR durch Wettrüsten; 1960: Handelsembargo der USA gegen Kuba; 1959: Intensivierung der sowjetischen Militär- und Wirtschaftshilfe für Kuba;
1955	1956: Volksaufstand in Ungarn; 1955: Gründung des Warschauer Paktes; 1950-53: Korea-Krieg; 1949: Gründung der NATO; 1948: Berlinblockade und Luftbrücke; 1947: „Containment"-Politik der USA; 1945/46: Nürnberger Prozess gegen die NS-Hauptkriegsverbrecher; 1945: Wiedergründung politischer Parteien; 1945 ff.: Entstehung von „Volksdemokratien" in Mittel- und Osteuropa; 2. 8.45: Potsdamer Abkommen über Demilitarisierung, Entnazifizierung, Demokratisierung Deutschlands und Reparationszahlungen; 26.6.45: Gründung der UNO; 8.5. 1945: Bedingungslose Kapitulation Deutschlands, Ende des 2. Weltkriegs	1956: Studenten fordern Demokratisierung in Ungarn 1948: Verkündung der Menschenrechte durch die UNO; 1946 ff.: politische Kontrolle von Presse, Rundfunk, Schule und Universitäten in der SBZ; 1945 ff.: Errichtung des öffentlich-rechtlichen Rundfunksystems in den Westzonen, Entstehung unabhängiger Presse; 1945 ff.:Rückkehr von Künstlern aus dem Exil; 1945 ff.: Neulehrer in der DDR; 1945ff.: Wiederaufbau des kulturellen Lebens als Beitrag zur Entnazifizierung; 1945 ff.:Integration von über 12 Millionen Heimatvertriebenen; 1945–1950: Rollenkonflikte zwischen (heimkehrenden) Männern und berufstätigen Frauen; 1945 ff.: Aufbauleistung der „Trümmerfrauen"	1956: offene Kritik der Bevölkerung an Misswirtschaft in Ungarn 20.6./22.6.1948: Währungsreform in Westzonen und SBZ 1947: Marshall-Plan der USA zum Wiederaufbau Europas (Hilfe auch für die Westzonen Deutschlands) 1945 ff.: Einführung der Planwirtschaft in den „Volksdemokratien" 1945 ff.: Bodenreform und Verstaatlichungen in der SBZ; 1945 ff.: Entnazifizierung; 1945 ff.: Lebensmittelrationierung; Hunger; Schwarzmarkttauschhandel
1945			

Zusammenfassung – Nachkriegszeit und Kalter Krieg

Nach dem Zusammenbruch des NS-Regimes und der deutschen Kapitulation wurde das Land von den Alliierten besetzt und in vier Zonen geteilt. Die Ziele der Alliierten waren: **Demilitarisierung**, **Entnazifizierung** und **Demokratisierung** Deutschlands. Für die Kriegsschäden musste Deutschland **Reparationen** leisten.

Bald nach Kriegsende wurden aus den Kriegsalliierten USA und Sowjetunion unerbittliche Gegner im so genannten Kalten Krieg. Die Sowjetunion suchte sich durch einen Schutzgürtel abhängiger **Satellitenstaaten** gegen mögliche Angriffe aus dem Westen zu schützen. Regierungsordnung, Wirtschaft und Gesellschaft der von ihr beherrschten Länder wurden nach sowjetischem Vorbild umgestaltet; Freiheitsbewegungen oder Aufstände wurden brutal niedergeschlagen.

Die USA strebten eine Weltordnung nach den Prinzipien der Demokratie und des freien Welthandels an. Mit Wirtschaftshilfen wie dem **Marshall-Plan** versuchten sie, Demokratien zu stabilisieren, ihren eigenen politischen Einfluss zu sichern und den der Sowjetunion zurückzudrängen. Als Folge des Kalten Krieges grenzten sich seit 1946 die Westzonen bzw. die sowjetische Zone (SBZ) politisch und wirtschaftlich immer stärker voneinander ab. In den Westzonen entstand ein Mehrparteiensystem; die **soziale Marktwirtschaft** wurde vorbereitet. In der SBZ standen alle Parteien unter dem Führungsanspruch der KPD/SED. Nach sowjetischem Vorbild wurde die **Planwirtschaft** eingeführt.

Der Kalte Krieg hatte ein gigantisches **Wettrüsten** der Militärblöcke **NATO** und **Warschauer Pakt** zur Folge. Eine direkte militärische Auseinandersetzung der beiden Großmächte wurde vermieden (z. B. bei der Kuba-Krise 1962), aber in Korea, Vietnam und Afghanistan kam es zu „**Stellvertreterkriegen**". Der Amtsantritt des KPdSU-Generalsekretärs Gorbatschow leitete 1985 das Ende des Kalten Krieges ein.

ARBEITSAUFTRÄGE

1. Erläutern Sie den Begriff „Kalter Krieg" und nennen Sie Ursachen sowie Folgen des Kalten Krieges für Deutschland und andere Länder.
2. Diskutieren Sie die Rollen der beiden Supermächte USA und UdSSR im Kalten Krieg.

ZUM WEITERLESEN

A. Schwarz: Wir werden uns wiederfinden. dtv pocket, München 1981.
K. Kordon: Ein Trümmersommer. Beltz & Gelberg, Weinheim 1994.
I. Heyne: Gewitterblumen. Loewe, Bindlach 1990
R. Keren: Katalin, Ungarisches Tagebuch. Beltz & Geldberg, Weinheim, 1999

- /1 www.salvator.net/salmat/pw/pw2/spaltung/besatzer.htm
- /2 www.grochowiak.de/lang/kriegsende1945/start.html
- /3 www.koblenz.de/sehenswertes/erlebt/sinz1.htm
- /4 www.spd.de/servlet/PB/-s/16p3a6urjpmnbh4uuy14ilqvgcnjw82/menu/1009537/index.html
- /5 www.br-online.de/bildung/databrd/gesch2.htm/zusatz.htm
- /6 www.salvator.net/salmat/pw/luft/blockade.html
  www.dra.de/dok_07.htm
- /7 www.dhm.de/lemo/html/Nachkriegsjahre/PolitischerNeubeginn/parteien.html
- /8 www.dhm.de/lemo/html/Nachkriegsjahre/PolitischerNeubeginn/sed.html
- /9 www.uno.de
- /10 www.kssursee.ch/schuelerweb/kalter-krieg/kk/ungarn.htm
- /11 www.kssursee.ch/schuelerweb/kalter-krieg/entspannung/entspannung.htm

Das geteilte Deutschland

Der Kalte Krieg hatte 1949 zur Teilung Deutschlands und zur Gründung zweier deutscher Staaten geführt: der Bundesrepublik Deutschland und der Deutschen Demokratischen Republik. Beide Staaten gingen bis 1990 verschiedene Wege in Politik, Wirtschaft und Gesellschaft. Doch die Menschen auf beiden Seiten der Grenze blieben einander in den Jahren der Teilung verbunden.

Das geteilte Deutschland

Politik					
Kultur					
Alltag					
	1950	1960	1970	1980	1990

Die Aufteilung Deutschlands 1945

Deutsche Demokratische Republik 1949–1990

Bundesrepublik Deutschland 1949–1990

Berlin 1945–1989

ARBEITSAUFTRAG

Erläutern Sie die Aufteilung des früheren deutschen Reiches im Jahr 1945 (oben links) und die staatliche Entwicklung Deutschlands zwischen 1949 und 1990 (oben rechts/unten links). Beschreiben Sie die Situation Berlins 1945–1989 (unten rechts).

Deutsch-deutsche Entwicklung 1949–1969
1. Die Gründung zweier deutscher Staaten

Nach dem Ende des Zweiten Weltkriegs hatte Deutschland seine staatliche Souveränität verloren; alle Entscheidungen über die Politik und Wirtschaft des Landes lagen in den Händen der Siegermächte. Von 1949 bis 1990 bestanden dann zwei deutsche Staaten nebeneinander. Wie kam es zu dieser Teilung Deutschlands?

Die Spaltung Deutschlands – Kurz nach Kriegsende traten weltweit die Interessengegensätze der Alliierten zutage; insbesondere zwischen den Westmächten und der UdSSR. Der von tiefem Misstrauen geprägte Konflikt bestimmte fortan die Deutschlandpolitik der Siegermächte. Deren Uneinigkeit hatte zunächst dazu geführt, dass die vier Besatzungszonen weitgehend unabhängig voneinander verwaltet wurden. Anfang 1947 schlossen die Amerikaner und Briten ihre Zonen wirtschaftlich zusammen; im Juni 1948 folgte die französische Zone. Eine einheitliche Wirtschaftspolitik der vier Zonen war schon 1947 endgültig gescheitert, als die sowjetische Zone auf Druck Moskaus die **Marshall-Plan**-Hilfe zum Wiederaufbau Europas ablehnte.

Seit Mitte 1947 zeichnete sich die Errichtung zweier deutscher Teilstaaten immer deutlicher ab. Im Juni 1948 einigten sich die Westmächte auf der **Londoner Sechs-Mächte-Konferenz** (USA, Großbritannien, Frankreich und die Beneluxländer) auf die Gründung eines deutschen Weststaates. Daraufhin verließ die UdSSR den Alliierten Kontrollrat für Deutschland. Die Blockade Berlins durch die UdSSR im Juni 1948, mit der sie die Einbeziehung Berlins in die westdeutsche Währungsreform verhindern wollte, beschleunigte den politischen Zusammenschluss der Westzonen zusätzlich. Und die Westdeutschen empfanden die Besatzungsmächte nun als Beschützer. Aus Siegern und Besiegten wurden Freunde und Verbündete.

Q1 Umfrage des Magazins „Der Spiegel" in den Westzonen, 5.3.1949

1 Sollen die Deutschen
  a) einen westdeutschen Staat bilden und die Ostzone erst später einbeziehen (Ja-Stimmen: 54 %)
5 b) nur dann einen Staat bilden, wenn die Ostzone mitmachen kann (Ja-Stimmen: 13 %)
  c) keinen Staat bilden, solange noch eine Besatzungsmacht auf
10 deutschem Boden ist? (Ja-Stimmen: 33 %)

(In: Chronik 1949, Dortmund 1988, S. 49)

Q2 Aus den Beschlüssen der Koblenzer Ministerpräsidentenkonferenz, 10.7.1948:

1 Die Ministerpräsidenten [der Westzonen] begrüßen es, dass die Besatzungsmächte entschlossen sind, die [ihnen] unterstehenden Gebietsteile Deutschlands zu einem einheitlichen Gebiet zusammenzufassen… [Sie] glauben
5 jedoch, dass alles vermieden werden müsste, was dem zu schaffenden Gebilde den Charakter eines Staates verleihen würde … [und] was geeignet sein könnte, die Spaltung zwischen Ost und West weiter zu vertiefen …

(In: Geschichte in Quellen, Bd. 7, München 1980, S. 149. Gekürzt)

B3 Parlamentarischer Rat: Schlussabstimmung über das Grundgesetz der BRD, Mai 1949. Die beiden KPD-Abgeordneten bleiben sitzen.

Das geteilte Deutschland / Deutsch-deutsche Entwicklung 1949–1969

Bundesrepublik Deutschland – Im Juli 1948 wurden die westdeutschen Ministerpräsidenten von den Alliierten aufgefordert, eine verfassunggebende Versammlung einzuberufen. Der „**Parlamentarische Rat**" begann am 1. September 1948 mit der Ausarbeitung eines „**Grundgesetzes**". Entsprechend den Stimmenverhältnissen in den Landtagen gehörten dem Gremium Vertreter aller Parteien an, darunter zwei Parlamentarier der KPD. Die bürgerlichen Parteien verfügten gegenüber der SPD über die Mehrheit. Doch allen war wichtig, eine möglichst große Übereinstimmung zu erzielen.

Um die Schwächen der Weimarer Verfassung zu vermeiden, wurde die Stellung von Regierung und Parlament gegenüber der des Bundespräsidenten gestärkt. Die Rolle des Präsidenten wurde weitgehend auf Repräsentationsaufgaben beschränkt. Die Regierung kann nur gestürzt werden, wenn die Opposition über eine Mehrheit zur Wahl eines neuen Regierungschefs verfügt (= **konstruktives Misstrauen**). Die Länder sollten eine starke Stellung gegenüber der Zentralregierung erhalten.

Am **8. Mai 1949** wurde das Grundgesetz vom Parlamentarischen Rat verabschiedet. Nach der Genehmigung durch die Alliierten und der Zustimmung der Landtage (außer Bayern) trat es am 23. Mai in Kraft. Am 14. August 1949 fanden die Wahlen zum Bundestag statt. Dieser wählte KONRAD ADENAUER (CDU) am 15. September 1949 mit einer Stimme Mehrheit zum Bundeskanzler.

PERSONENLEXIKON

THEODOR HEUSS, 1884–1963. 1946 Mitbegründer der FDP, 1949–1959 Bundespräsident

Q 4 Das Besatzungsstatut der Alliierten für die Bundesrepublik von 1949:

1 Um sicherzustellen, dass die Grundziele der Besetzung erreicht werden, bleiben auf folgenden Gebieten Befugnisse ausdrücklich
5 vorbehalten …: a) Abrüstung und Entmilitarisierung, … Verbote und Beschränkungen der Industrie …, zivile Luftfahrt; b) Reparationen, Entflechtung, … c) auswärtige An-
10 gelegenheiten, einschließlich internationaler Abkommen …
Die Besatzungsbehörden behalten sich das Recht vor, die Ausübung der vollen Gewalt ganz
15 oder teilweise wieder zu übernehmen, wenn sie dies als wesentlich ansehen für die Sicherheit oder die Aufrechterhaltung der demokratischen Regierung in Deutschland.
20 … Jede Änderung des Grundgesetzes bedarf vor ihrem Inkrafttreten der ausdrücklichen Zustimmung der Besatzungsbehörden.

(In: Geschichte in Quellen, Bd. 7, München 1980, S. 192. Gekürzt)

D 5 Sitzverteilung im ersten deutschen Bundestag

Gesamtzahl der Sitze: 402, ohne Berliner Abgeordnete, davon 28 Frauen; Wahlbeteiligung: 78 %

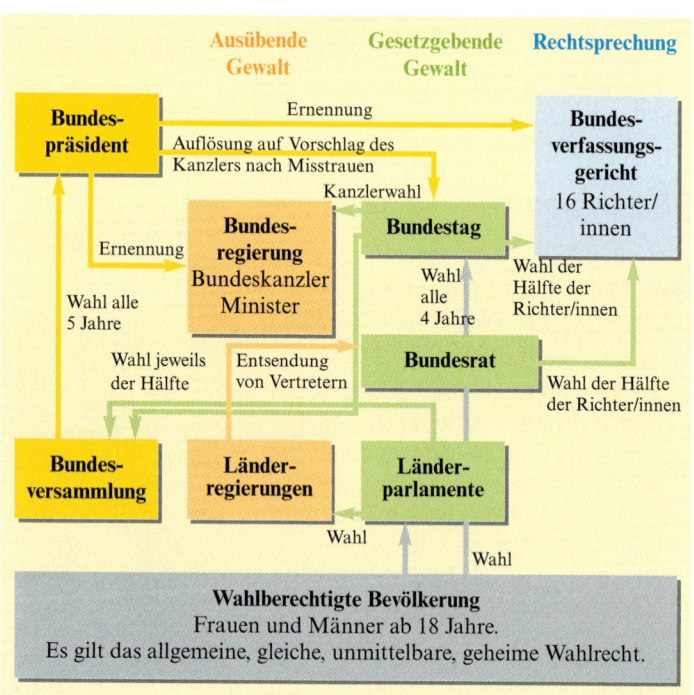

B 6 Staatsaufbau der Bundesrepublik Deutschland

1. Die Gründung zweier deutscher Staaten

Deutsche Demokratische Republik – Die Sowjetunion wollte zunächst in ganz Deutschland eine „Volksdemokratie" nach osteuropäischem Muster errichten. Ende 1947 beauftragte sie die SED, mit der **Volkskongressbewegung** eine „gesamtdeutsche Volksvertretung" zu schaffen. Im März 1948 wählte der Volkskongress den „**Deutschen Volksrat**" (400 Mitglieder), der über eine Verfassung beraten sollte. Das Ergebnis entsprach weitgehend einem Entwurf der SED von 1946.

Mitte Mai 1949 wurde in der SBZ ein neuer Volkskongress gewählt. Zur „Wahl" stand aber nur noch eine **Einheitsliste** mit vorher **festgelegter Mandatsverteilung**. Dieser Volkskongress wählte seinerseits den „Zweiten Deutschen Volksrat", der sich am 7. Oktober 1949 zur „Provisorischen Volkskammer" erklärte und die **Verfassungs der Deutschen Demokratischen Republik** in Kraft setzte. WILHELM PIECK (SED) wurde Staatspräsident, OTTO GROTEWOHL (SED) Ministerpräsident der DDR. Die wirkliche Machtzentrale war jedoch das SED-Politbüro.
Die Verfassung der DDR sah das Prinzip der Gewaltenteilung nicht vor. Die Grundrechte waren zwar festgeschrieben, aber wegen der fehlenden Unabhängigkeit der Justiz stark eingeschränkt.

PERSONENLEXIKON

WILHELM PIECK, 1876–1960. KPD/SED-Politiker, 1949–1960 Präsident der DDR

Q7 Die Ostberliner Zeitung „Neues Deutschland" am 7.9.1949:

1 Der so genannte Bundestag ... ist ein Spalterparlament, das gegen die Interessen des deutschen Volkes gerichtet ist ... Dieser Bundes-
5 tag und eine kommende Regierung haben keine Rechtsgültigkeit. Sie sind das Resultat der Verletzung der Potsdamer Beschlüsse durch die anglo-amerikanischen
10 Kriegstreiber.

(In: Geschichte in Quellen, Bd. 7, S. 198. Gek.)

Q8 Der amerikanische Außenminister, 12.10.1949:

1 Die so genannte „Deutsche Demokratische Republik" [beruht] nicht auf legalen Grundlagen und [kann] sich nicht auf den Willen der Be-
5 völkerung berufen. Diese neue Regierung wurde durch ein sowjetisches ... Machtwort geschaffen. Sie wurde durch einen „Volksrat" geschaffen, der selbst nicht aus
10 freien ... Wahlen hervorging

(In: H. Krieger [Hg], Die Welt seit 1945, Frankfurt/M. 1983, S. 212. Gekürzt.)

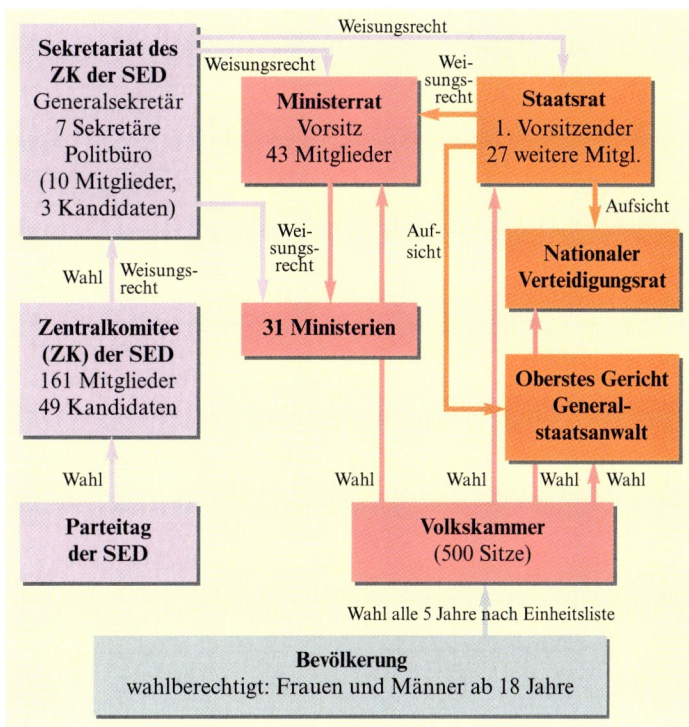

B9 Staatsaufbau der Deutschen Demokratischen Republik, 1968

ARBEITSAUFTRÄGE

1. Diskutieren Sie mit Hilfe von Q1 und Q2 das Für und Wider der Gründung eines westdeutschen Teilstaates.
2. Beurteilen Sie, ob die Bundesrepublik bzw. die DDR 1949 schon souveräne Staaten waren (Q4/Text).
3. Erklären Sie mit B6 und B9 den Staatsaufbau der Bundesrepublik und den Staatsaufbau der DDR. Stellen Sie die Unterschiede zusammen. Bewerten Sie beide Verfassungen unter den Gesichtspunkten a) demokratisches Wahlrecht, b) demokratische Gesetzgebung, c) Gewaltenteilung.
4. Diskutieren Sie, ob die in Q7/Q8 zum Ausdruck gebrachte Kritik des jeweiligen politischen Gegners gerechtfertigt war.

2. Wirtschaftliche Grundentscheidungen

In den ersten Jahren nach Kriegsende bis zur Gründung der beiden deutschen Staaten waren die Weichen für die wirtschaftliche Entwicklung der Westzonen und der Ostzone gestellt worden. Wie wirkten sich diese Entscheidungen auf die beiden Staaten und ihre Bevölkerung aus?

Startbedingungen in der Ostzone – Auf der Basis der Beschlüsse der Potsdamer Konferenz hatte die Sowjetunion in den ersten Nachkriegsjahren mehr als 2000 Betriebe der SBZ demontiert und in die stark kriegsverwüstete UdSSR gebracht. Dadurch verringerte sich die Industriekapazität der SBZ um über 40 Prozent. Die UdSSR entnahm darüber hinaus auch **Reparationen** aus der laufenden Produktion. Insgesamt musste die SBZ weit mehr Reparationen leisten als die Westzonen; die Westalliierten hatten in ihren Zonen auch weniger Industriebetriebe demontiert und abtransportiert. In der SBZ kam erschwerend hinzu, dass sie über **wenige Rohstoffe** verfügte und von den gewachsenen Wirtschaftsbeziehungen zum Westen abgeschnitten war.

Zentrale Planwirtschaft – In der SBZ waren der Großgrundbesitz, die Banken sowie zentrale Industriebetriebe entschädigungslos verstaatlicht worden. Nach Gründung der DDR wurden alle Wirtschaftsabläufe von einer staatlichen **Plankommission** gelenkt und überwacht. Sie sollte Fehlinvestitionen vermeiden helfen und Schwerpunkte der Wirtschaftsentwicklung setzen. Diese Planungsbürokratie erwies sich jedoch auf Dauer als viel zu unbeweglich, um die komplizierten Wirtschaftsprozesse zu steuern: Produktions- und Versorgungsengpässe waren die Folgen. Der erste **Fünfjahrplan** räumte dem **Aufbau der Schwerindustrie** den unbedingten Vorrang ein; Konsumgüter für die Bevölkerung blieben lange Mangelware.

B 1 Plakat zum ersten Fünfjahrplan 1952

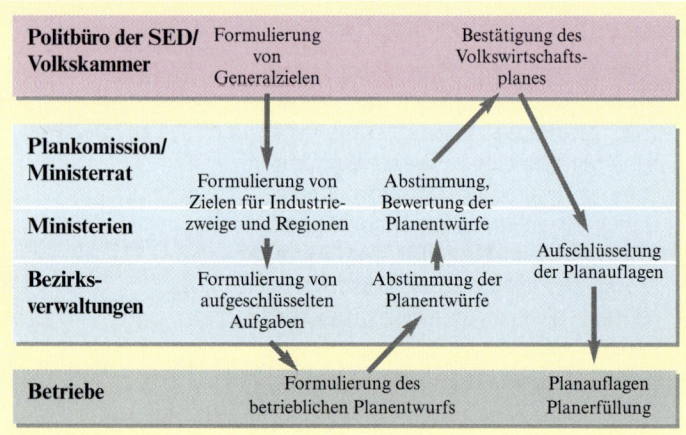

B 2 Modell der Sozialistischen Planwirtschaft

Q 3 Brief des Zentralkomitees der SED an den Arbeiter Adolf Hennecke, 17.10.1948:

1 Lieber Genosse Hennecke!
Mit großer Freude haben wir von Deiner wegweisenden Tat erfahren. 380 % des Tagessolls … ist eine revolutionäre Leistung zur Erfüllung des Wirtschaftsplanes und
5 eine schlagende Antwort auf die Marshallplan-Politik im Westen! … Wenn [sie] dazu führt, dass alle Kumpels ihre Leistungen um einen hohen Prozentsatz steigern, wird Deine Tat ihre wahre Bedeutung erreichen …, das führende Beispiel für andere Wirtschaftszweige geben.

(In: Geschichte in Quellen Bd. 7, München 1980, S. 299. Gekürzt)

2. Wirtschaftliche Grundentscheidungen

Voraussetzungen im Westen – LUDWIG ERHARD, Direktor des Wirtschaftsrats der Bizone, setzte 1948 die Neuordnung der Wirtschaft durch. Die Aufhebung zahlreicher Maßnahmen der Zwangswirtschaft durch die Militärregierungen leitete den Übergang zur **Marktwirtschaft** ein.

Nach kurzer Euphorie im Juni 1948, als die Währungsreform die Befriedigung lang aufgestauter Konsumwünsche ermöglichte, folgte eine Ernüchterung. Angesichts **steigender Arbeitslosenzahlen** und Lebenshaltungskosten hielten manche Erhards Experiment bereits für gescheitert.

Soziale Marktwirtschaft – Der Parlamentarische Rat hatte im Grundgesetz festgeschrieben, dass die Bundesrepublik ein **Sozialstaat** sei. In der Auseinandersetzung zwischen Befürwortern marktwirtschaftlicher und sozialistischer Ausrichtung hatten selbst einige CDU/CSU-Politiker bis Ende der 1940er Jahre Verstaatlichungen der Schlüsselindustrien gefordert. Zunächst widerstrebend korrigierte Erhard, nun Wirtschaftsminister, seinen Kurs im Sinne einer **sozialen Marktwirtschaft**: Es wurden Arbeitsbeschaffungsmaßnahmen und Investitionen zugunsten der Kohle- und Stahlindustrie sowie Importbeschränkungen beschlossen. Ab 1952 erholte sich die Wirtschaft in der Bundesrepublik. Die Weichen für das so genannte **Wirtschaftswunder** waren gestellt. ⊕/1

PERSONENLEXIKON

LUDWIG ERHARD, 1897–1977. CDU-Politiker. Er bereitete 1948 die Währungsreform in der Bizone vor; 1948/49 Direktor für Wirtschaft in der Dreizonenverwaltung in Frankfurt/M.; 1949–1963 Bundeswirtschaftsminister; 1963–1966 Bundeskanzler. Begründer der „sozialen Marktwirtschaft"

Q 4 Rede des SPD-Politikers Nölting auf dem SPD-Parteitag, 1.4.1951:

1 Wir treten ein für eine Planung in der Produktions- und in der Kreditsphäre – vor allem für eine richtige Investitionslenkung … Wir sind
5 überhaupt nicht prinzipielle Gegner jeder Marktwirtschaft … Wir bekennen uns ja längst zu dem, was wir schon vor Jahren die „Lenkung der leichten Hand" genannt
10 haben … Die Frage nach der wirtschaftspolitischen Methode ist für uns eine [der] Zweckmäßigkeit … Es ist ja gerade die kritiklose Idealisierung der freien Marktwirtschaft
15 gewesen, der Wahnglaube, dass man bei Entfesselung der Wirtschaftskräfte die soziale Harmonie automatisch herbeiführen könne wie einen Hobelspan, der in der
20 Werkstatt abfällt, dass die freie Marktwirtschaft von selbst zu einer sozialen werde, die blind gegen die offenbaren Mängel dieser Wirtschaftsordnung gemacht hat …

(In: Geschichte in Quellen, Bd. 7, München 1980, S. 216 f. Gekürzt)

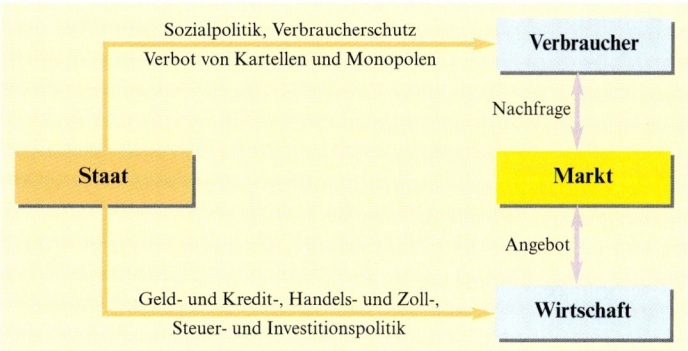

B 6 Modell der sozialen Marktwirtschaft

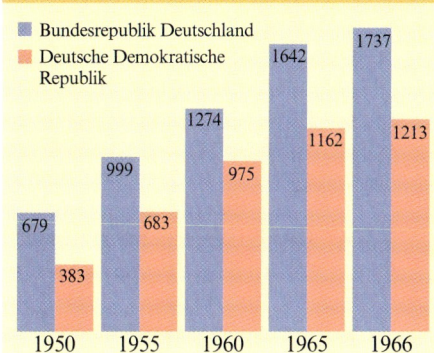

D 5 Bruttosozialprodukt pro Kopf in US-$

ARBEITSAUFTRÄGE

1. Erläutern Sie mit B 2 und B 6 die beiden Wirtschaftskonzepte der DDR und der Bundesrepublik.
2. Erklären Sie mit B 1 und Q 3, welche Bedeutung die SED der Leistung des Arbeiters Hennecke beimaß.
3. Fassen Sie die Position des SPD-Politikers in Q 4 zusammen und nennen Sie seine Kritik am Konzept der CDU-Regierung.
4. Beurteilen Sie mit D 5 den Erfolg der Wirtschaftskonzepte. Berücksichtigen sie auch die unterschiedlichen Ausgangslagen.

3. Eingliederung in die militärischen Bündnissysteme

Nur zehn Jahre nach Kriegsende wurden in beiden deutschen Staaten wieder Truppen aufgestellt. Eingebunden in verfeindete Militärbündnisse standen sie sich bewaffnet gegenüber. Wie vollzog sich diese Integration in die Bündnissysteme?

Westintegration der Bundesrepublik – Der Regierung Adenauer schienen eine stabile wirtschaftliche Entwicklung und die Sicherheit der Bundesrepublik nur durch eine Einbindung in das **westliche Staaten- und Verteidigungssystem** möglich. Auch die Wiedervereinigung war für Adenauer nur nach der Westintegration und aus einer Politik militärischer Stärke gegenüber der UdSSR vorstellbar.

Das **westliche Militärbündnis NATO** war 1949 ohne westdeutsche Beteiligung gegründet worden. Doch als die USA nach dem Ausbruch des Koreakriegs 1950 eine Wiederbewaffnung der Bundesrepublik befürwortete, wurde über einen bundesdeutschen Beitrag zur westeuropäischen Verteidigung diskutiert. Nach langen Verhandlungen wurde im Mai 1952 beschlossen, deutsche Truppen in eine europäische Armee, die „**Europäische Verteidigungsgemeinschaft**" (**EVG**), einzubeziehen.

Noch im März 1952 hatte Stalin den Westalliierten einen **Vorschlag zur Wiedervereinigung Deutschlands** unterbreitet. Doch Adenauer und die Westalliierten sahen darin ein Störmanöver, das die Westintegration der Bundesrepublik verhindern sollte. Da Stalin auch die Forderung nach freien Wahlen ausweichend beantwortete, lehnten sie das Angebot ab.

Q 1 Aus der Note Stalins an die Westmächte vom 10.3.1952:

1. Deutschland wird als einheitlicher Staat wiederhergestellt …
2. Sämtliche Streitkräfte der Besatzungsmächte müssen spätestens ein Jahr nach Inkrafttreten des Friedensvertrages aus Deutschland abgezogen werden …
3. Dem deutschen Volke müssen die demokratischen Rechte …, die Menschenrechte und die Grundfreiheiten [gewährt werden]...
4. In Deutschland muss die freie Betätigung der demokratischen Parteien und Organisationen gewährleistet sein …
5. In Deutschland dürfen Organisationen, die der Demokratie und der Sache des Friedens feindlich sind, nicht bestehen...
7. Deutschland verpflichtet sich, keinerlei … Militärbündnisse einzugehen, die sich gegen einen Staat richten, der mit seinen Streitkräften am Kriege gegen Deutschland teilgenommen hat.

(In: Europa-Archiv 7 [1952], 7. Folge, S. 4832 f.)

B 2 DDR-Plakat zur Stalinnote, 1952

HEUTE: DEUTSCHE NATIONALARMEE
MORGEN: DEUTSCHE SOWJETREPUBLIK

B 3 Plakat gegen die Stalinnote, Bundesrepublik 1952

Q 4 Adenauers Reaktion auf die Stalin-Note, 27.4.1952:

Ich bin seit Jahr und Tag bei meiner ganzen Politik davon ausgegangen, dass das Ziel Sowjetrusslands ist, im Weg der Neutralisierung Deutschlands die Integration Europas zunichte zu machen ... und damit die USA aus Europa wegzubekommen und im Wege des kalten Krieges Deutschland, die Bundesrepublik, und damit auch Europa in seine Machtsphäre zu bringen.

(In: H. A. Winkler, Der lange Weg nach Westen, Bd. 2, München 2000, S. 148)

3. Eingliederung in die militärischen Bündnissysteme 101

Beitritt der Bundesrepublik zur NATO – Im Mai 1952 hoben die westlichen Siegermächte im „Deutschlandvertrag" das Besatzungsstatut für die ehemaligen Westzonen auf. In den „**Pariser Verträgen**" von 1954 wurde statt der ursprünglich geplanten EVG das Verteidigungsbündnis „**Westeuropäische Union**" (WEU) ins Leben gerufen. Die WEU sah den Beitritt der Bundesrepublik zur NATO sowie die Stationierung ausländischer Truppen auf Bundesgebiet vor. In der Bundesrepublik wurde nun mit dem **Aufbau der Bundeswehr** begonnen. Sie verpflichtete sich aber, auf die Produktion atomarer, biologischer und chemischer Waffen zu verzichten.   ☉/2

Ostintegration der DDR – Wie die anderen osteuropäischen Staaten wurde die DDR zunächst durch einen bilateralen Vertrag an die UdSSR gebunden. 1950 trat die DDR dem „**Rat für gegenseitige Wirtschaftshilfe**" (RGW) der osteuropäischen Länder bei. Den Aufbau militärischer Organisationen im Westen und die Aufnahme der Bundesrepublik in die NATO beantwortete Stalin mit einem eigenen Militärbündnis: 1955 gehörte die DDR zu den Gründungsmitgliedern des „**Warschauer Pakts**". Aus der bereits 1952 gegründeten „Kasernierten Volkspolizei" wurde nun die „**Nationale Volksarmee**" (NVA). Aufgrund geheimer Vorbereitungen standen schon im gleichen Jahr 120 000 DDR-Soldaten unter Waffen.

Nach der Westintegration der Bundesrepublik änderte die Sowjetunion ihre gesamtdeutsche Politik. Sie ging nunmehr von der dauerhaften Teilung Deutschlands aus und entließ die DDR im September 1955 in die staatliche Souveränität.

Q5 Aus dem „Deutschen Manifest" (Frankfurter Paulskirche), Bundesrepublik, 29.1.1955:

Wir [sind davon] überzeugt, dass jetzt die Stunde gekommen ist, Volk und Regierung in feierlicher Form zu entschlossenem Wider-
5 stand gegen die sich immer stärker abzeichnenden Tendenzen einer endgültigen Zerreißung unseres Volkes aufzurufen... Die Aufstellung deutscher Streitkräfte
10 in der Bundesrepublik und in der Sowjetzone muss die Chancen der Wiedervereinigung für unabsehbare Zeit auslöschen und die Spannung zwischen Ost und
15 West verstärken... Das furchtbare Schicksal, dass sich Geschwister einer Familie in verschiedenen Armeen mit der Waffe in der Hand gegenüberstehen, würde Wirk-
20 lichkeit werden ...

(In: H. Krieger, Handbuch des Geschichtsunterrichts, Bd.6, Frankfurt/M. 1983, S. 269 f. Gekürzt)

B6 Plakat einer Bürgervereinigung, Bundesrepublik 1953

B7 Plakat der SED, DDR 1954

ARBEITSAUFTRÄGE

1. Erläutern Sie mit Q1 den Vorschlag Stalins. Zeigen Sie mit B2, B3 und Q4, wie dieses Angebot in der DDR und in der Bundesrepublik beurteilt wurde.
2. Bis heute ist umstritten, ob die Ablehnung der Stalinnote von 1952 eine verpasste Chance zur frühen Wiedervereinigung war oder es sich bei der Note um einen diplomatischen Schachzug handelte. Wie beurteilen Sie diese Frage?
3. Führen Sie aus der Sicht der Jahre 1954/55 und mit Hilfe von Q5, B6 und B7 eine Podiumsdiskussion zum Thema: Sollen Deutsche wieder Waffen tragen?

4. Außenpolitik in der Ära Adenauer

Nach den Verbrechen des nationalsozialistischen Deutschlands wollte die Bundesrepublik Deutschland wieder das Vertrauen der Völkergemeinschaft erlangen. Wie gestaltete der junge Staat seine Beziehungen zum Ausland?

Westintegration und Versöhnung – Zentrale Figur der Außenpolitik der frühen Bundesrepublik war der erste Bundeskanzler KONRAD ADENAUER. Der frühere Kölner Oberbürgermeister hatte nach dem Krieg zu den Gründungsmitgliedern der CDU gehört. Wegen Adenauers ausgeprägten Machtinstinkts und autoritären Führungsstils wird seine lange Amtszeit als Bundeskanzler (1949–1963) auch als „**Kanzlerdemokratie**" beschrieben. In der bundesdeutschen Öffentlichkeit war Adenauer jedoch sehr beliebt.

Bereits früh hielt Adenauer die künftige Teilung Deutschlands für wahrscheinlich. Sein Ziel war es daher, die Bundesrepublik als souveränen (unabhängigen) Staat zu etablieren und in die westliche Staatengemeinschaft zu integrieren. Nur an der Seite der Westmächte und aus einer Position der Stärke heraus konnte nach Adenauers Meinung die Wiedervereinigung eines demokratischen, freiheitlichen Deutschlands gelingen. Die **Westintegration** und die europäische Einigung waren nur gemeinsam mit Frankreich möglich. Adenauer verfolgte daher beharrlich eine **Politik der Versöhnung** mit dem französischen Nachbarn.

Aussöhnung mit Frankreich – Nicht ohne Widerstände waren in Frankreich anfangs die Gründung der Bundesrepublik und die deutsche Wiederbewaffnung aufgenommen worden. Auch die ungeklärte

CDU-Wahlplakat 1957

B 2 Adenauer und Frankreichs Staatspräsident de Gaulle anlässlich der Unterzeichnung des deutsch-französischen Freundschaftsvertrags, 1963

> **Q 1** Ein Historiker über die Kanzlerdemokratie Adenauers, 1983:
>
> 1 Nicht ohne Grund ist das Etikett „Kanzlerdemokratie" für das politische System und die politische Mentalität in der Bundesrepublik
> 5 auf Adenauer beschränkt geblieben ... Sie war in hohem Maße an die Ausgangskonstellation des Jahres 1949 gebunden, als im... politischen Leben demokratisches Bewusstsein und Selbstbe-
> 10 wusstsein erst wachsen musste.
>
> (In: A. Doering-Manteuffel, Die Bundesrepublik Deutschland in der Ära Adenauer, Darmstadt 1988, S. 24 f. Gekürzt)

B 3 Heimkehrer aus sowjetischer Kriegsgefangenschaft, 1955

4. Außenpolitik in der Ära Adenauer

Zukunft des Saargebiets, das 1945 auf der Konferenz von Potsdam unter vorläufige französische Verwaltung gestellt worden war, belastete das Verhältnis der beiden Nachbarstaaten. Doch nachdem die saarländische Bevölkerung im Oktober 1955 einen autonomen Staat abgelehnt hatte, machte Frankreich den Weg für den **Beitritt des Saarlandes zur Bundesrepublik** frei. Die Aussöhnung der früheren „Erbfeinde" wurde 1963 im **deutsch-französischen Freundschaftsvertrag** dokumentiert.

Aussöhnung mit Israel – Neben freundschaftlichen Beziehungen zu Frankreich war für Adenauer auch die Aussöhnung mit Israel und die Wiedergutmachung der nationalsozialistischen Verbrechen an den Juden von großer Bedeutung. 1952 schloss die Bundesrepublik mit Israel einen Vertrag über die Entschädigung jüdischer NS-Opfer.

Beziehungen zur UdSSR – Im September 1955 erreichte Adenauer in Moskau die Freilassung der letzten 10 000 deutschen Kriegsgefangenen. Im Gegenzug hatte er der Aufnahme **diplomatischer Beziehungen mit der UdSSR** zugestimmt. Das Ergebnis wurde in Deutschland als großer persönlicher Erfolg Adenauers gefeiert.

In der UdSSR gab es nun neben der DDR-Botschaft eine zweite deutsche Botschaft. Doch das sollte nach dem Willen der Bundesregierung eine Ausnahme bleiben. Denn seit 1949 beharrte sie auf einem „**Alleinvertretungsanspruch**" für alle Deutschen. Die Regierung der DDR sei nicht aus freien Wahlen hervorgegangen und daher nicht legitimiert, für die dortige Bevölkerung zu sprechen. Außenpolitisch kam dieser „Alleinvertretungsanspruch" durch die so genannte **Hallstein-Doktrin** zum Ausdruck: Die Bundesrepublik drohte allen Staaten mit dem Abbruch der diplomatischen Beziehungen, falls sie die DDR als eigenständigen Staat anerkannten. So gelang es zwar, die DDR für einige Jahre international zu isolieren. Andererseits musste die Bundesrepublik auf diplomatische Beziehungen zu ihren östlichen Nachbarn verzichten.

Q 4 Die sowjetische Nachrichtenagentur TASS, 14.9.1955:

Die Sowjetregierung betrachtet die Deutsche Bundesrepublik als einen Teil Deutschlands. Ein anderer Teil Deutschlands ist die Deutsche Demokratische Republik. Im Zusammenhang mit der Herstellung diplomatischer Beziehungen zwischen der Sowjetunion und der Deutschen Bundesrepublik hält es die Regierung der UdSSR für erforderlich zu erklären, dass die Frage der Grenzen Deutschlands durch das Potsdamer Abkommen gelöst worden ist und dass die Deutsche Bundesrepublik ihre Rechtsprechung [nur] auf dem Gebiet ausübt, das unter ihrer Hoheit steht.

(In: Geschichte in Quellen, Bd. 7, München 1980, S. 532. Gekürzt)

Q 5 Regierungserklärung Adenauers, 22.9.1955:

Ich muss unzweideutig feststellen, dass die Bundesregierung auch künftig die Aufnahme diplomatischer Beziehungen mit der „DDR" durch dritte Staaten, mit denen sie offizielle Beziehungen unterhält, als einen unfreundlichen Akt ansehen würde, da er geeignet wäre, die Spaltung zu vertiefen.

(In: M. Görtemaker, Geschichte der Bundesrepublik Deutschland, 1999, S. 227 f.)

Q 6 Adenauer zur Wiedergutmachung für Israel, 1953:

Das Abkommen mit Israel ... [hat] in ungewöhnlich starkem Maße die deutsche und die Weltöffentlichkeit beschäftigt... Denn mit diesem Vertrag bestätigt die Bundesregierung... den Abschluss eines für jeden Deutschen traurigsten Kapitels der Geschichte. Sicher... waren nicht alle Deutschen Nationalsozialisten... Trotzdem ist dieser Akt der Wiedergutmachung durch das deutsche Volk notwendig, denn unter Missbrauch des Namens des deutschen Volkes sind die Untaten begangen worden...

(In: Bulletin der deutschen Bundesregierung 1953. Nr. 44, Seite 373)

ARBEITSAUFTRÄGE

1. Geben Sie mit eigenen Worten wieder, was der Begriff „Kanzlerdemokratie" bedeutet (Q1). Erklären Sie, wie es dazu kam.
2. Erörtern Sie mit B 3, was die Rückkehr der Kriegsgefangenen nach so langer Abwesenheit für die Familien bedeutete.
3. Erläutern Sie mit Q 5 den „Alleinvertretungsanspruch" der Bundesrepublik und vergleichen Sie mit der Position in Q 4.
4. Fassen Sie die Außenpolitik der Regierung Adenauer gegenüber den Westmächten und den sozialistischen Ländern zusammen (B 2, Q 5, Q 6). Formulieren Sie Ihre Meinung dazu.

5. „Wirtschaftswunderland" Bundesrepublik

Seit Mitte der 1950er Jahre erlebten die Menschen in der Bundesrepublik das so genannte Wirtschaftswunder. Nach Jahren der Entbehrung konnten breite Schichten einen neuen Wohlstand genießen. Wie gestalteten sie ihr Leben?

„Es geht wieder aufwärts!" – Durch Kriegseinwirkungen und Flucht hatten viele Familien ihren Hausrat ganz oder teilweise verloren. Daher gab es eine große Nachfrage nach allen Gütern des täglichen Bedarfs: Möbel, Kleidung und besonders nach Wohnungen. Im Vergleich zum Wirtschaftswachstum waren die Löhne zunächst noch niedrig, verdoppelten sich aber bis etwa 1960.

Da die Mieten wegen einer **gesetzlichen Mietpreisbindung** während dieser Zeit stabil blieben, hatten die Haushalte nun mehr Geld für **Konsumartikel** zur Verfügung. Viele Menschen sparten, um sich besondere Wünsche erfüllen zu können: eine eigene Wohnung, ein Fernsehgerät oder sogar ein Auto. Wenngleich viele Wünsche vorerst unbezahlbar blieben, so hatten die Menschen nun, nach Jahren des Hungers und der Entbehrungen, wieder ein Ziel vor Augen.

Alltag der Wohlstandsgesellschaft – In den 1950er Jahren konzentrierten sich viele Menschen auf ihren privaten Bereich. Für politische Fragen hatten sie nur geringes Interesse. Viele Familien genossen nach der Gängelung während des NS-Systems, nach Krieg, Ausbombung und Evakuierung die familiäre Gemeinschaft und waren damit zufrieden. Im Zentrum des Feierabends stand anfangs das **Radio**, bis es vom **Fernseher** verdrängt wurde. Zu den wichtigen Freizeitbeschäftigungen außer Haus gehörten Sport und Kino; sonntags oft der Kirchgang.

Anders viele Jugendliche: Begierig nahmen sie neue Musik- und Modetrends auf. Das war – noch – kein Ausbruch aus der Familienidylle, aber ein erster Versuch der Abgrenzung vom als „altbacken" empfundenen Lebensstil der Eltern.

Filmplakat, 1955

Q2 Erna W., geb. 1918, über ihren ersten Familienurlaub:

1 1953 konnten wir uns einen gebrauchten VW kaufen. Mein Mann verdiente als Handelsvertreter ganz gut. Die Kinder waren jetzt 13 und 11, als wir sagten: Jetzt können wir es wagen! ... Omi sollte auch unbedingt mit. Es
5 war heiß und eng und es dauerte drei Tage von Essen bis zu unserem Campingplatz an der Adria. Dort habe ich übrigens die ersten Bikinis gesehen. Bei englischen Urlauberinnen war das. Die haben uns allerdings z. T. als Nazis beschimpft. Die fanden es sicher überraschend,
10 dass die Deutschen schon wieder in Scharen reisen konnten. Schließlich war der Krieg erst zehn Jahre aus.

(In: H. Mögenburg, Kalter Krieg und Wirtschaftswunder, Frankfurt/M. 1993, S. 144 f. Gekürzt)

T1 Ausstattung west- und ostdeutscher Haushalte mit Konsumgütern, 1955–1970; in %

	1955		1960		1965		1970	
	West	Ost	West	Ost	West	Ost	West	Ost
Fernseher	k.A.	1,2	37	18,5	61	49	85	69,1
Waschmaschine	10	0,5	34	6,2	50	28	75	53,6
Telefon	k.A.	k.A.	14	k.A.	21	k.A.	31	9,7
Auto	3,9	0,2	17	3,2	33	8,2	44	15,6

B3 Wohnzimmer, Bundesrepublik Ende der 1950er Jahre

5. „Wirtschaftswunderland" Bundesrepublik

Marktwirtschaft plus Sozialstaat – Das Wohnungsbaugesetz von 1950 legte den Grundstein für den Bau von mehr als 3 Millionen **staatlich geförderter Sozialwohnungen**. Die wurden dringend benötigt, unter anderem für die etwa 7 Millionen Flüchtlinge und Vertriebenen. Auch das **Lastenausgleichsgesetz** von 1952 trug zur Eingliederung der Flüchtlinge und Vertriebenen bei. Dieser Lastenausgleich basierte auf einer 5-prozentigen Abgabe auf alle Vermögen, die bei der Währungsreform 1948 mehr als 5000,– DM betragen hatten. Nutznießer waren die Kriegsgeschädigten und Vertriebenen.

Viele Westdeutsche fürchteten anfangs, dass der große Zustrom der Vertriebenen die soziale Stabilität gefährde. Doch schon bald zeigte sich, dass gerade deren Arbeitskraft wesentlich zum Wirtschaftsaufschwung der Bundesrepublik beitrug. Auch das **Sozialversicherungssystem** wurde verbessert. Besonders wichtig war die **Neuregelung des Rentensystems**: 1957 wurden die Altersrenten dynamisiert, das heißt an die Entwicklung der Löhne angekoppelt. ❷/3

Q 4 CDU-Familienminister Wuermeling zum Muttertag 1959:

1 Die Doppelbelastung unserer Hausfrauen und Mütter in Familie und Beruf ist keine „fortschrittliche Lösung", sondern erzwungenes
5 Unheil … Mutterberuf ist Hauptberuf und wichtiger als jeder Erwerbsberuf. Mutterberuf ist Berufung… Sobald die Mutter fehlt oder ihren Platz in Familie und Er-
10 ziehung nicht mehr voll ausfüllen kann, sind gefährliche Rückwirkungen auf Geist und Gesinnung der nächsten Generation unvermeidlich … Eine Mutter daheim
15 ersetzt vielfach alle Fernsehgeräte, Autos … Auslandsreisen, die doch allzu oft mit ihrer den Kindern gestohlenen Zeit bezahlt werden.

(In: Ch. Kleßmann, Zwei Staaten, eine Nation, Bonn 1997, S. 492 f. Gekürzt)

Q 5 Teenagerzeit in einer hessischen Kleinstadt, 1950er Jahre

1 Ich kann mich noch gut an meinen 13. Geburtstag erinnern, weil ich jetzt endlich … ein „Teenager" geworden war – und das war schick!
5 Schon das Wort war es, das meine Omi zeit ihres Lebens nicht begriff. Sie nannte mich ab vierzehn einen „Backfisch" … Ich fand das furchtbar altdeutsch … Wir wollten anders sein, so wie die Teenager in
10 den Musikfilmen von Peter Kraus oder in der Zeitschrift „Bravo": So mit Petticoats, … Pferdeschwanz, Lippenstift, Nylonstrümpfen ohne
15 Rückennaht … Schminken mussten Elke und ich uns [noch] lange heimlich auf einer Parkbank …

(In: H. Mögenburg, a.a. O., S. 144 f. Gekürzt)

Elvis Presley, Jugendidol der 1960er Jahre

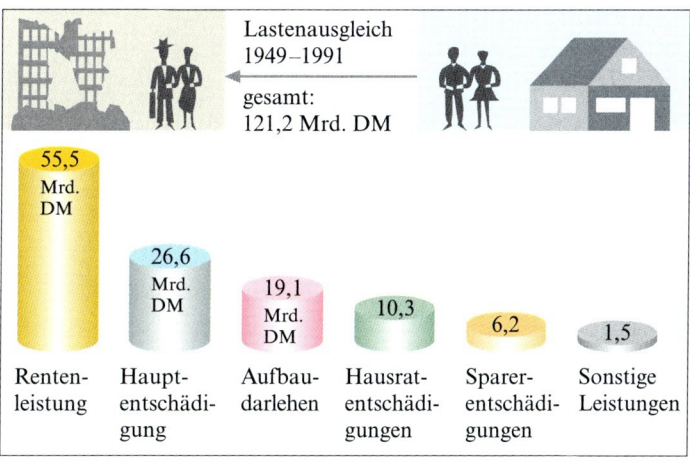

B 6 Entschädigungsregel für Vertriebene und Kriegsgeschädigte, 1952

ARBEITSAUFTRÄGE

1. Erklären Sie mit T 1 und Q 2 die Zufriedenheit der Bevölkerung mit dem „Wirtschaftswunderland" Bundesrepublik.
2. Beschreiben Sie die Familienszene von B 3. Vergleichen Sie früher und heute.
3. Diskutieren Sie das Familien- und Frauenbild, das Minister Wuermeling in Q 4 formuliert.
4. Beschreiben Sie mit Q 5 die Situation von Jugendlichen in der Bundesrepublik der 1950er Jahre. Vergleichen Sie mit heute.
5. Erklären und bewerten Sie mit B 6 die Bedeutung des Gesetzes zum Lastenausgleich von 1952.

6. Zeit des Umbruchs: Die Bundesrepublik in den 1960er Jahren

Das erste Jahrzehnt der Bundesrepublik Deutschland war durch stetiges Wirtschaftswachstum und große politische Stabilität gekennzeichnet. In den 1960er Jahren brachen politische Konflikte auf. Auch der wirtschaftliche Nachkriegsboom erlebte einen Einbruch. Was waren die Ursachen dieser Krisen und wie wurden sie überwunden?

Ende der Ära Adenauer – 1962 erschütterte die „**Spiegel-Affäre**" die Bundesrepublik. Nachdem das Nachrichtenmagazin „Der Spiegel" Ende 1962 über Mängel bei der Bundeswehr berichtet hatte, wurden der Herausgeber RUDOLF AUGSTEIN und mehrere Redakteure verhaftet, die Verlagsräume wurden von Polizeikräften besetzt, Unterlagen wurden beschlagnahmt. Das Vorgehen wurde von der Regierung mit dem Vorwurf des Landesverrats begründet, war aber gesetzeswidrig. In der Öffentlichkeit rief es heftige Kritik hervor. Man befürchtete die Einschränkung der Pressefreiheit: Eine freie und kritische Berichterstattung solle behindert werden. Als sich Bundeskanzler Adenauer weigerte, den für die Affäre verantwortlichen Verteidigungsminister FRANZ-JOSEF STRAUSS (CSU) zu entlassen, zog die FDP ihre Minister aus der Koalitionsregierung mit der CDU/CSU zurück. Adenauer musste ein neues Kabinett ohne Strauß bilden.

Die Kanzlerschaft Erhards – Die CDU/CSU wählte 1963 den populären Wirtschaftsminister LUDWIG ERHARD zu Adenauers Nachfolger als Bundeskanzler. Doch ab 1966 geriet Erhard in die Kritik. Eine **Rezession** (rückläufige Wirtschaftsentwicklung) hatte bei den Bürgern, die an ein regelmäßiges Wirtschaftswachstum, steigende Lebensstandards und Vollbeschäftigung gewöhnt waren, Krisenängste ausgelöst. Zahlreiche Firmen meldeten Konkurs an, an der Ruhr mussten über 200 Zechen schließen. Die Zahl der **Arbeitslosen** stieg von 100 000 im September 1966 auf 673 000 im Februar 1967.

Doch Erhard lehnte regulierende Eingriffe in die Wirtschaft ab, da sie seinem Konzept vom „freien Spiel der Marktkräfte" zuwiderliefen. Er empfahl stattdessen staatliche Sparmaßnahmen.
Bei den Haushaltsberatungen 1966 kam es zum Bruch der Koalitionsregierung mit der FDP. Die CDU/CSU verständigte sich nun mit der SPD auf die Bildung einer so genannten **Großen Koalition**: Neuer Kanzler wurde KURT GEORG KIESINGER (CDU), Vizekanzler und Außenminister der SPD-Vorsitzende WILLY BRANDT.

Spiegel-Titel, 1966

B 1 Proteste gegen die Durchsuchung der „Spiegel"-Redaktion, 1962

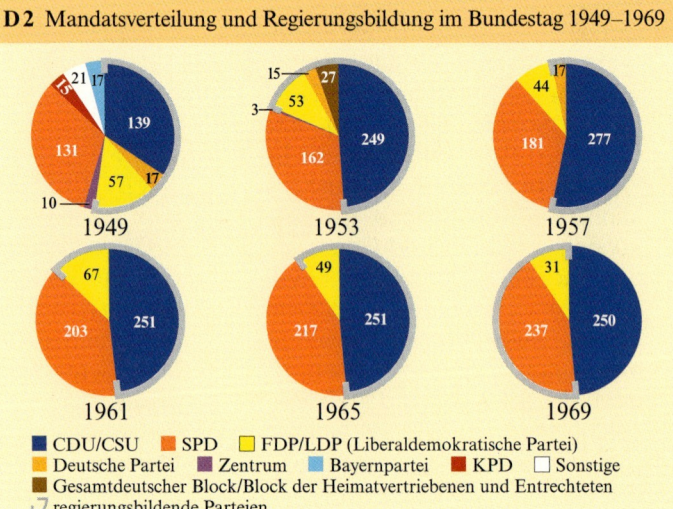

D 2 Mandatsverteilung und Regierungsbildung im Bundestag 1949–1969

6. Zeit des Umbruchs: Die Bundesrepublik in den 1960er Jahren

Die Große Koalition – Der neue Wirtschaftsminister KARL SCHILLER (SPD) vertrat das Konzept, durch **gezielte staatliche Investitionen** die Wirtschaft wieder anzukurbeln. Tatsächlich konnte die Wirtschaftskrise 1968 beendet werden. Ein „Stabilitätsgesetz" sollte zukünftig die Balance des „**Magischen Vierecks**" als Ziel der Wirtschaftspolitik festlegen.

In einer „Konzertierten Aktion" versuchten Vertreter von Staat, Unternehmen und Gewerkschaften gemeinsam, die Wirtschafts-, Sozial- und Beschäftigungspolitik aufeinander abzustimmen. Auch die Krise des deutschen Bergbaus wurde in Angriff genommen: Durch sozial verträgliche Rationalisierungen sollten sowohl die Wettbewerbsfähigkeit der deutschen Kohle verbessert als auch möglichst viele Arbeitsplätze erhalten werden.

Heftig umstritten waren die **Notstandsgesetze** zur Sicherung der Handlungsfähigkeit der Regierung bei Gefahren von außen oder innen (Unruhen, Katastrophen, Verteidigungsfall). Die Kritiker des geplanten Gesetzes befürchteten, dass zentrale Grundrechte wie Meinungs-, Presse- und Versammlungsfreiheit oder das Streikrecht eingeschränkt werden könnten. Trotz starker Proteste wurden die Notstandsgesetze am 30. Mai 1968 gegen die Stimmen der FDP verabschiedet. Allerdings wurde im Grundgesetz ein Widerstandsrecht gegen ihre missbräuchliche Anwendung verankert.

> **Q 5** Offener Brief des Schriftstellers Günter Grass an den SPD-Vorsitzenden Willy Brandt, 1.12.1966:
>
> 1 Wie sollen wir weiterhin die SPD als Alternative verteidigen, wenn das Profil eines Willy Brandt im Proporz-Einerlei der Großen Koalition nicht mehr zu erkennen sein wird? Zwanzig Jahre verfehlte Außenpolitik werden 5 durch Ihr Eintreten in eine solche Regierung bemäntelt sein ... Die allgemeine Anpassung wird endgültig das Verhalten von Staat und Gesellschaft bestimmen. Die Jugend unseres Landes wird sich jedoch vom Staat und seiner Verfassung abkehren, sie wird sich nach Links 10 und Rechts verrennen ...
>
> (In: Archiv der Gegenwart, 1966, S. 1284. Gekürzt)

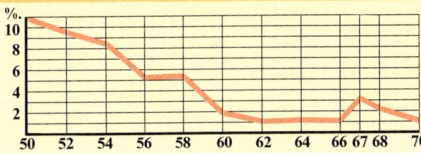

D 3 Arbeitslosenzahlen in der Bundesrepublik Deutschland 1950–1970, in Prozent

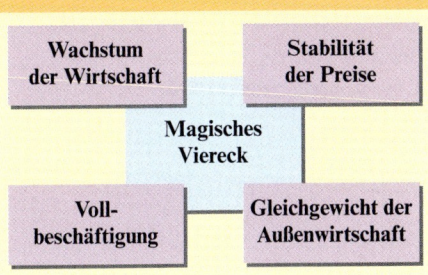

D 4 Konzept des Stabilitätsgesetzes von 1967

B 6 Demonstration gegen die Notstandsgesetze, 1968

ARBEITSAUFTRÄGE

1. Erklären Sie mit B 1, D 2 und D 3 Veränderungen der bundesrepublikanischen Gesellschaft in den 1960er Jahren.
2. Beschreiben Sie mit D 2 die Entwicklung der Parteienlandschaft und der Koalitionsregierungen in der Bundesrepublik.
3. Erläutern Sie mit D 4 die Bestandteile des „Magischen Vierecks". Diskutieren Sie, warum es für die Stabilität einer Gesellschaft wichtig ist, diese Komponenten auszubalancieren.
4. Nennen Sie die Bedenken, die Grass in Q 5 gegenüber einer Großen Koalition äußert. Wie beurteilen Sie diese Frage?
5. Erläutern Sie, wogegen die Demonstranten in B 6 protestieren. Überlegen Sie, warum der Protest so stark war.

7. Außerparlamentarische Opposition und „68er-Bewegung"

Die Diskussion um die Notstandsgesetze und die amerikanische Kriegführung in Vietnam hatten 1967/68 in der Bundesrepublik zur Entstehung einer studentischen Protestbewegung beigetragen. Was waren die Ziele der Studentenproteste?

Außerparlamentarische Opposition – Um ihrem Protest gegen tatsächliche oder vermeintliche Missstände Ausdruck zu geben, formierten sich überwiegend Studenten in einer „**Außerparlamentarischen Opposition**" (**APO**). Als Vorbild diente die amerikanische Bürgerrechtsbewegung.
Die Studenten übten vor allem Kritik an der wachsenden Konsumorientierung der Gesellschaft, an der mangelnden Aufarbeitung der NS-Zeit, dem „Meinungsmonopol" des Springer-Pressekonzerns, am Rüstungswettlauf sowie an der Ausbeutung der Entwicklungsländer. Die bisherigen Wertvorstellungen und Autoritäten – Staat, Eltern, Kirchen, Schule – wurden in Frage gestellt. Durch lange Haare, auffällige Kleidung, einen neuen Musikstil, neue Wohnformen (Wohngemeinschaften) und mit dem Ideal einer antiautoritären Erziehung wollten sich große Teile der jungen Generation von ihren Eltern und Großeltern abgrenzen. Diese Ablehnung des „Establishments" ging jedoch oft einher mit einer recht kritiklosen Verehrung kommunistischer Führer wie Mao Tse-tung aus China oder Ho Chi Minh aus Nordvietnam.   ⊘/4

„Marsch durch die Institutionen" – Das Verhältnis zwischen APO und Staat war sehr angespannt. Als im Juni 1967 der Student Benno Ohnesorg in Berlin bei einer Demonstration von einem Polizisten erschossen wurde, kam es bis weit in das Jahr 1968 zu schweren Unruhen.
Die Mehrzahl der so genannten „68er" wählte später „normale" Berufe und Lebensformen. Viele versuchten, die Gesellschaft allmählich „von innen" zu verändern. Langfristig führte die Protestbewegung zu einer bis heute nachwirkenden Modernisierung der Gesellschaft.

Q1 „Nicht Ursache und Wirkung verwechseln", B.Z. vom 5.6.1967 über den Tod B. Ohnesorgs:

1 Radikalinskis haben die Polizei provoziert. Sie haben angegriffen. Sie haben Steine gegen die Beamten geworfen. Und sie haben sich
5 gegenseitig schon Tage vorher gegen die Polizei aufgeputscht. Das Opfer dieses Terrors ist der Student Benno Ohnesorg geworden. Das sollten seine Kommilitonen
10 endlich begreifen. Die Schuldigen, die jetzt mit schwarzen Fahnen durch die Straßen fahren und „Haltet den Dieb!" rufen. Berlins Bürger wollen Ruhe haben und ih-
15 ren Pflichten nachgehen... [Sie sind] nicht bereit ..., sich von einer Handvoll lautstarker Rabauken terrorisieren zu lassen.

(In: B.Z. vom 5.6.1967. Gekürzt)

PERSONENLEXIKON

Rudi Dutschke, 1940–1979.
Einer der Studentenführer der Außerparlamentarischen Opposition (APO). Dutschke starb an den Spätfolgen eines Attentats, das im April 1968 ein 18-jähriger NPD-Anhänger verübte.

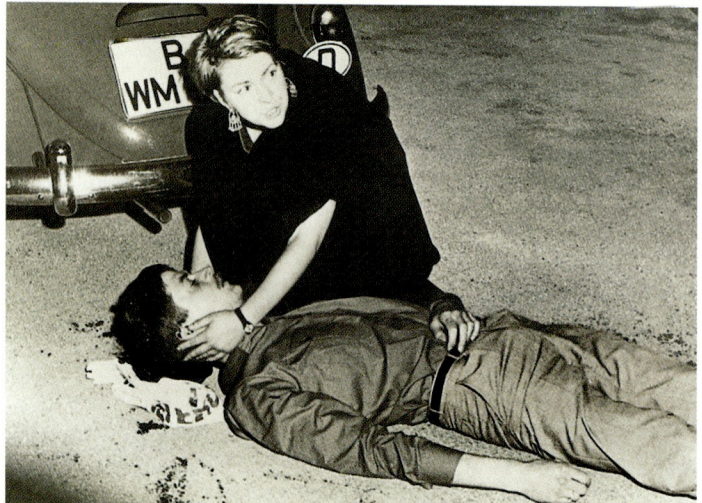

B2 Der Student Benno Ohnesorg wird bei einer Demonstration von einem Polizisten erschossen, West-Berlin, 2. Juni 1967

ARBEITSAUFTRAG

Geben Sie die Position des B.Z.-Artikels von Q1 wieder und vergleichen Sie dazu Q2 von der Methodenseite.

Arbeit mit Zeitungsartikeln

„Ich werde mich so lange frei fühlen, wie mir drei [verschiedene] Zeitungen ein und dasselbe Geschehen auf drei verschiedene Weisen berichten." Mit diesem Satz beschrieb der Schriftsteller LUCIANO DE CRESCENZO einmal, was er unter **Meinungs- und Pressefreiheit** versteht: In den Zeitungen müssen kontroverse Darstellungen zum selben Vorgang zu finden sein; der Leser soll die Möglichkeit haben, sich eine eigene Meinung anhand unterschiedlicher Darstellungen und Bewertungen zu bilden.

Dieses Verständnis von Meinungs- und Pressefreiheit erkennt an, dass niemand – auch keine Zeitung – im Besitz „der" Wahrheit ist oder für sich in Anspruch nehmen kann, stets objektiv und vorurteilsfrei zu berichten. Um die Meinungsvielfalt zu sichern, besitzen Meinungs- und Pressefreiheit im **Grundgesetz** der Bundesrepublik Deutschland (Art. 5 GG) daher einen zentralen Stellenwert.

Zeitungen sind auch **historische Quellen**: Als „Zeitzeugen" können sie einen alltagsnahen Zugang zu politischen, wirtschaftlichen oder kulturellen Ereignissen einer Zeit vermitteln. Sie müssen jedoch kritisch gelesen und ihre Aussagen in den Kontext der Zeit- und Begleitumstände eingeordnet werden.

Für die **Analyse eines Zeitungsartikels** hat der amerikanische Soziologe LASSWELL das Prinzip der „6 W-Fragen" formuliert: „Wer sagt was wie zu wem warum mit welcher Wirkung?" Außerdem muss bei der Analyse einer Zeitung zwischen **Nachrichten** und **Kommentaren** unterschieden werden. Während die Nachricht den Anspruch erhebt, möglichst objektiv über die „Fakten" zu berichten, gibt der Kommentar erkennbar eine Bewertung, eine Meinung wider.

Die beiden Zeitungsartikel, die in Auszügen auf dieser bzw. auf der gegenüberliegenden Seite abgedruckt sind, beziehen sich auf die Erschießung des Studenten Benno Ohnesorg durch einen Polizisten. Der Vorfall ereignete sich während einer Demonstration gegen den Schah von Persien am 2. Juni 1967 in West-Berlin.

Q 2 „Langjähriger Hass hat sich blutig entladen"
Kommentar der Frankfurter Rundschau, 5.6.1967:

Die anhaltende Auseinandersetzung zwischen der linken, meist von Studenten getragenen Opposition in West-Berlin und den amtlichen Behörden hat mit der Erschießung eines Studenten ihren Höhepunkt erreicht. Es hat sich erwiesen, dass Demokratie, dass es demokratischen Geist, wie ihn andere westeuropäische Länder kennen, in West-Berlin kaum gibt. Eine so schwerwiegende Behauptung wird nicht leichtfertig aufgestellt; sie beruht auf langen Beobachtungen der Verhältnisse und Entwicklungen in dieser Stadt. Die Polizeiaktionen vom Freitagabend ... sind der Ausdruck eines Hasses gewesen, in den sich die Massenmedien, die politischen Kräfte und ein Großteil der Bevölkerung gegenseitig hochgesteigert haben, teils absichtsvoll, teils aus mangelnder Einsicht.

(In: Frankfurter Rundschau, 5.6.1967)

WORAUF SIE ACHTEN MÜSSEN

1. Informieren Sie sich über das politische Profil der beiden Zeitungen und über deren Leserschaft/Zielgruppen.
2. Überprüfen Sie, ob es sich bei den beiden Artikeln Q 1 und Q 2 um eine Nachricht oder um einen Kommentar handelt.
3. Stellen Sie die wichtigsten Aussagen der beiden Autoren zusammen und vergleichen Sie diese mit Ihrem eigenen Wissen über die Ereignisse des 2. Juni 1967 und die Begleitumstände.
4. Untersuchen Sie die Argumentationsweise der Autoren (Ist sie eher sachlich oder eher emotional? Welche sprachlichen Mittel werden eingesetzt? Wie leitet die Überschrift ein?)
5. Versuchen Sie sich an einer Analyse der beiden Zeitungsartikel nach dem Prinzip der „6 W-Fragen".

8. Die sozialistische Umgestaltung der DDR

Auf der 2. Parteikonferenz der SED im Juli 1952 bezeichnete Walter Ulbricht *„den planmäßigen Aufbau des Sozialismus"* in der DDR als Hauptaufgabe der Zukunft. Wie sollte der Sozialismus verwirklicht werden?

Stalinismus und demokratischer Zentralismus – Wie in den anderen „Volksdemokratien" Ostmitteleuropas wurde auch in der DDR ein stalinistisches Herrschaftssystem etabliert. Dazu gehörte die Ausbildung einer **Einparteien-Herrschaft** durch die SED sowie deren Machtausübung durch einen zentralistisch organisierten Apparat. Die SED beanspruchte die Führung gegenüber allen anderen politischen und gesellschaftlichen Organisationen. Die so genannten Blockparteien CDU, LDPD, DBD und NDPD wurden kontrolliert, widerständige Funktionäre ausgeschlossen, z. T. strafrechtlich verfolgt. Massenorganisationen wie der **„Freie Deutsche Gewerkschaftsbund"** (FDGB) oder die **„Freie Deutsche Jugend"** (FDJ) wurden an die SED angebunden. Im Innern wurde die SED nach dem von Lenin entwickelten Prinzip des „demokratischen Zentralismus" organisiert: Die Schlüsselpositionen der oberen Parteigremien wurden formal zwar gewählt, faktisch aber von oben besetzt. Innerhalb der Partei wurden „Abweichungen" nicht geduldet. Gegner des stalinistischen Parteikurses, vor allem ehemalige Sozialdemokraten, wurden aus der Partei ausgeschlossen; allein 1950/51 über 150 000 Personen.

Entwicklung des Staatsaufbaus – Nach und nach dehnte die SED ihre Herrschaft auf alle Bereiche des Staates aus. Trotz des in der Verfassung festgelegten freien, gleichen und geheimen Wahlrechts wurde die Volkskammer nach einer **Einheitsliste** gewählt; die Sitzverteilung war vorab von der SED festgelegt.
Die Volkskammer wurde verpflichtet, die von der SED-Führung festgelegten Ziele umzusetzen. Im Juli 1952 wurden die fünf Länder aufgelöst und durch **15 Bezirke** ersetzt. Damit waren die alten föderalistischen Strukturen und die kommunale Selbstverwaltung beseitigt; die DDR war nun ein sozialistischer Zentralstaat.

Walter Ulbricht, der seit 1950 amtierende **Generalsekretär der SED**, besetzte nach dem Tod des ersten Staatspräsidenten

PERSONENLEXIKON

WALTER ULBRICHT, 1893–1973.
1928–1933 Reichstagsabgeordneter der KPD; 1933 ins Ausland emigriert, ab 1938 in der UdSSR; seit 1945 Aufbau der KPD/SED in der SBZ; 1950–1971 Generalsekretär der SED; 1953–1971 Erster Sekretär des ZK der SED; 1960–1971 Vorsitzender des Staatsrats

Q1 Die nächsten Aufgaben der SED, Parteikonferenz 1949:

1 Die Parteidiskussion hat Klarheit darüber geschaffen, dass wir auf dem Wege zu einer Partei neuen Typus, d. h. einer Kampfpartei des
5 Marxismus-Leninismus sind. [Sie] beruht auf dem Grundsatz des demokratischen Zentralismus …
Die Parteibeschlüsse haben ausnahmslos für alle Parteimitglieder
10 Gültigkeit, insbesondere für die in Parlamenten, Regierungen, Verwaltungsorganen und in den Leitungen der Massenorganisationen tätigen Parteimitglieder … Die Dul-
15 dung von Fraktionen und Gruppierungen innerhalb der Partei ist unvereinbar mit ihrem marxistisch-leninistischen Charakter.

(In: Protokolle der 1. Parteikonferenz der SED, Berlin (Ost) 1949, S. 524. Gekürzt)

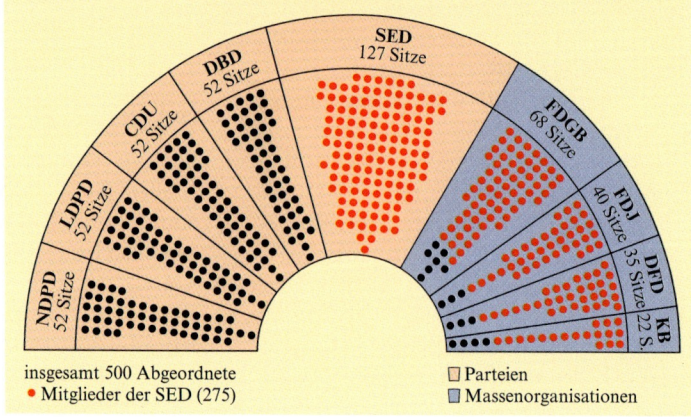

D2 Die seit 1950 festgelegte Zusammensetzung der DDR-Volkskammer

insgesamt 500 Abgeordnete
• Mitglieder der SED (275)
☐ Parteien
☐ Massenorganisationen

Wilhelm Pieck 1960 auch die Position des Staatsoberhauptes: Er übernahm den Vorsitz im neu geschaffenen **Staatsrat**, einer kollektiven Staatsführung. Außerdem wurde Ulbricht Vorsitzender des neuen „**Nationalen Verteidigungsrats**", dem wichtigsten Gremium für die innere und äußere Sicherheit des Landes. Er vereinte nun in seiner Person die entscheidenden Ämter von Staat und Partei. Bis zu seiner Ablösung 1971 inszenierte die SED um Ulbricht einen Personenkult.

Verfassungsänderungen – Im Jahre 1968 wurde per Volksentscheid eine neue Verfassung angenommen. Die zentrale Planwirtschaft und die Einbindung der DDR in den Ostblock waren nun in der Verfassung fest geschrieben. Diese garantierte nach wie vor die bürgerlichen Grundrechte wie Meinungs-, Versammlungs- und Organisationsfreiheit. Da die Verfassung aber von einer grundsätzlichen Interessengleichheit zwischen Bürgern und Staat ausging, waren die Grundrechte an die Anerkennung der Grundsätze des Sozialismus und des SED-Regimes gebunden. 1974 wurde die Verfassung noch einmal geändert.

B 4 Walter Ulbricht mit Jungen Pionieren, um 1960

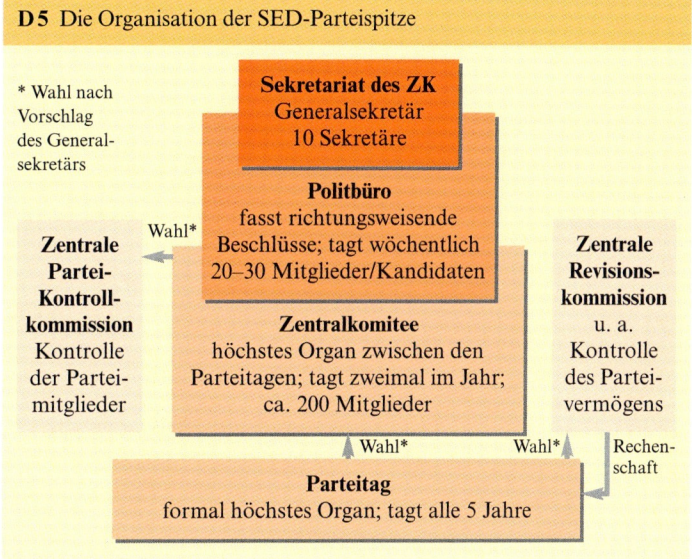

D 5 Die Organisation der SED-Parteispitze

Q 3 Artikel 1 der Verfassungen der DDR 1949, 1968, 1974:

1949: Deutschland ist eine unteilbare demokratische Republik; sie baut sich auf den deutschen Ländern auf … Es gibt nur eine deutsche Staatsangehörigkeit.
1968: Die Deutsche Demokratische Republik ist ein sozialistischer Staat deutscher Nation. Sie ist die politische Organisation der Werktätigen, die gemeinsam unter Führung der Arbeiterklasse und ihrer marxistisch-leninistischen Partei den Sozialismus verwirklichen.
1974: Die Deutsche Demokratische Republik ist ein sozialistischer Staat der Arbeiter und Bauern. Sie ist die politische Organisation der Werktätigen … unter Führung der Arbeiterklasse und ihrer marxistisch-leninistischen Partei.

(In: Informationen zur politischen Bildung, Heft 231, S. 21. Gekürzt)

ARBEITSAUFTRÄGE

1. Erklären Sie mit Q 1, wie die SED sich selbst sah. Beurteilen Sie die Bedeutung des „demokratischen Zentralismus" und das Verbot von Fraktionsbildungen für die Partei.
2. Beurteilen Sie die Zusammensetzung der Volkskammer (D 2).
3. Erläutern Sie mit Q 3 die Veränderungen im politischen Selbstverständnis der DDR.
4. Beurteilen Sie die Wirkung der Darstellung Ulbrichts in B 5.
5. Beschreiben Sie die Machtverteilung innerhalb der SED (D 6).

9. Herrschaftssicherung in der DDR

Nach ihrer Umgestaltung zu einer „Partei neuen Typs" wandte die SED unterschiedliche, aber abgestimmte Methoden zur Festigung ihrer Macht an. Welche Methoden waren das und welche Auswirkungen hatten sie auf die Menschen?

Gleichschaltung von Politik und Gesellschaft – Nach dem Ende des Krieges hatten viele Menschen mit dem Aufbau des Sozialismus die ehrliche Hoffnung auf eine gerechtere und bessere Zukunft verbunden. Doch gegen ein System sowjetischer Prägung, in dem die Wahlfreiheit, die freie Meinungsäußerung und jede Kritik am Staat unterdrückt wurde, regte sich schon bald der Widerstand der Bevölkerung. Die SED benutzte daher Stalins Doktrin von der „**Verschärfung des Klassenkampfes**", um Kritiker und politische Gegner zu verfolgen. Insbesondere nach dem Volksaufstand von 1953 rollte eine Welle der „Säuberung von feindlichen Elementen" über das Land. Dabei bot der Art. 6 der Verfassung, mit dem die so genannte „**Boykotthetze**" gegen die DDR oder seine Organe verfolgt wurde, eine wirksame Handhabe. In den 1950er Jahren wurden etwa 40 000 Menschen aus politischen Gründen zu Zuchthaus, Lagerhaft oder sogar zum Tode verurteilt.

In Staat, Justiz und Militär, in der Wirtschaft, in den Schulen, Universitäten und Massenmedien besetzten nach und nach die „**Kader**" der SED alle Führungspositionen. Ideologische Zuverlässigkeit war oft wichtiger als Sachkompetenz. Diese Elite erhielt Privilegien wie besondere Lebensmittel- und Wohnungszuweisungen.

Bedeutung der Massenorganisationen – Die Massenorganisationen der DDR sollten die breite Bevölkerung ansprechen und ihren Interessen Raum geben. Ein eigenständiges politisches Gewicht hatten sie jedoch nicht. Sie sollten auch nicht die Vielfalt unterschiedlicher Meinungen zur Geltung bringen. Als so genannte „Transmissionsriemen" vertraten die Massenorganisationen vielmehr die Politik der SED. Dies galt vor allem für die „**Freie Deutsche Jugend**" (FDJ), den „**Demokratischen Frauenbund Deutschlands**" (DFD) und die „**Gesellschaft für Deutsch-Sowjetische Freundschaft**" (DSF). Die Gewerkschaften wurden im „**Freien Deutschen Gewerkschaftsbund**" (FDGB) zusammengefasst. Fast alle Berufstätigen waren hier organisiert. Der FDGB propagierte vor allem Kampagnen zur Produktionssteigerung; eine echte Interessenvertretung der Berufstätigen war er nicht. Auch das Sozialversicherungssystem und die Betriebsfürsorge – vom Kindergarten bis zum Feriendienst – organisierte der FDGB. 🖲/6

> **Q 1** Artikel 6 der Verfassung von 1949:
>
> Art. 6. … Boykotthetze gegen demokratische Einrichtungen und Organisationen, Mordhetze gegen demokratische Politiker, Bekundung von Glaubens-, Rassen-, Völkerhass, militaristische Propaganda sowie Kriegshetze und alle sonstigen Handlungen, die sich gegen die Gleichberechtigung richten, sind Verbrechen im Sinne des Strafgesetzbuches.
>
> (In: Geschichte in Quellen, Bd. 7, München 1980, S. 272. Gekürzt)

PERSONENLEXIKON

Erich Mielke, 1907–2000. SED-Politiker. 1957–1989 Minister für Staatssicherheit der DDR

Das Ministerium für Staatssicherheit (MfS) als „Schild und Schwert der Partei". Wandteller zum 20. Jahrestag des MfS, Gera 1970

B 2 Aufmarsch der Sportler in Berlin, Unter den Linden, 1950

Einschüchterung durch Bespitzelung – Besonders die Furcht vor Spionage und Sabotage wurde durch die SED geschürt. Damit schuf sie ein Klima der Angst und Bespitzelung, in dem das **Ministerium für Staatssicherheit** (MfS, auch Stasi) agierte. Das MfS war 1950 aus der politischen Polizei hervorgegangen und verstand sich als „Schild und Schwert" der Partei. Seine Aufgabe war zum einen die Bespitzelung der Bevölkerung, zum anderen operierte es auch als geheimer Nachrichtendienst. Das MfS hatte Zugang zu allen Personalunterlagen der Betriebe und zu den Akten der Strafverfolgungsbehörden. Ohne rechtsstaatliche Kontrolle baute es mit den Jahren ein flächendeckendes Kontroll- und Spitzelsystem auf. Bei seiner Gründung 1950 verfügte das MfS über 2700 hauptamtliche Mitarbeiter; 1989 waren es etwa 91 000 hauptamtliche und 174 000 „inoffizielle Mitarbeiter" (IM).

B 4 Plakat der Einheitsgewerkschaft FDGB zum 1. Mai, 1955

Q 3 Die 25-jährige Tochter eines MfS-Mitarbeiters berichtet 1990 über ihren Vater:

... Heute weiß ich, dass unser Vater übereifrig war. Der hatte eine richtige Sucht. Zur [Leipziger] Messe überprüfte er Westautos.
5 Kontrollierte dann, ob sie auch vor dem Haus standen, in dem sie angemeldet wurden ... In unserem Ungarnurlaub ... sprang er am Strand herum und machte sich
10 Notizen, welcher DDR-Bürger mit welchen Westdeutschen in Kontakt stand. Irgendeinen Friseur aus Erfurt traf er jedes Jahr an. Immer mit denselben Westdeutschen.
15 Das hat er weitergeleitet und überprüfen lassen ... Der hat sich selbst kaputtgemacht. Genau wie unsere Familie von Anfang an kaputt war. Oft bekamen wir ganz
20 selbstverständlich hingeblättert: „Die und die ist nicht tragbar! Ab morgen kennst du die nicht mehr."

(In: A. Riecker u. a., Stasi intim, Leipzig 1990, S. 263 f. Gekürzt)

B 5 Aus der Zeitschrift der FDJ „Junge Welt", September 1961. In der propagierten Aktion wurden die nach Westen gerichteten Dachantennen abmontiert oder „richtig eingestellt".

ARBEITSAUFTRÄGE

1. Erklären Sie, wie der Artikel 6 der DDR-Verfassung (Q 1) zur Aushöhlung der verfassungsmäßig garantierten demokratischen Rechte benutzt werden konnte.
2. Beschreiben und bewerten Sie die mit B 2, B 4 und B 5 dargestellten Methoden, auf die Meinungsbildung der Bevölkerung einzuwirken. Erklären Sie auch die zugrunde liegenden Motive.
3. Lesen Sie den Bericht der Tochter eines MfS-Mitarbeiters (Q 3). Diskutieren Sie mögliche Auswirkungen auf alle Beteiligten.

10. Der 17. Juni 1953: Volksaufstand oder „Konterrevolution"?

Am 17. Juni 1953 brach in der DDR spontan ein Aufstand aus. Etwa 1 000 000 Menschen an über 700 Orten beteiligten sich an Streiks, mehr als 400 000 an Demonstrationen. Wie kam es zu diesem Aufstand und welche Forderungen erhob die protestierende Bevölkerung?

Anlass der Unruhe – Unter der Parole „Aufbau des Sozialismus" hatte die SED seit 1952 die politische und wirtschaftliche Umgestaltung der DDR erzwungen. Die ehrgeizigen Ziele zum Aufbau der Schwerindustrie hatten einen anhaltenden Mangel an Konsumgütern sowie steigende Preise zur Folge. Auch die Zwangsmaßnahmen gegen Bauern und selbstständige Gewerbetreibende, die die Kollektivierung (= Übergang von der privaten zur genossenschaftlichen Bewirtschaftung) ablehnten, trugen zur Verschlechterung der Stimmung bei. Sichtbarster Ausdruck waren die Flüchtlingszahlen: Allein 1952 verließen 182 000 Menschen die DDR.
Nach Stalins Tod im März 1953 forderte die neue Moskauer Führung daher von der Staatsführung der DDR eine realistischere Einschätzung sowie einen „**Neuen Kurs**" in Politik und Wirtschaft. Insbesondere sollte sie größere Rücksicht auf die Bedürfnisse der Bevölkerung nehmen. Die SED-Führung gestand zwar Fehler ein und stellte eine bessere Konsumgüterversorgung in Aussicht; auch Preiserhöhungen wurden zurückgenommen. Aber gegenüber der Forderung der Arbeiter, die im Mai 1953 um 10 % erhöhten **Arbeitsnormen** zu mindern, blieb die SED hart.

Demonstration Ostberliner Arbeiter am Brandenburger Tor, 17. Juni 1953

Ursachen und Verlauf des Aufstands – Am 16. Juni 1953 traten die Bauarbeiter des Projekts „Sozialistische Wohnkultur" an der Stalinallee in Berlin in den Ausstand. Vor dem Haus der Ministerien demonstrierten sie gegen die Erhöhung der Arbeitsnormen und damit gegen die Verlängerung ihrer Arbeitszeit. Durch Kuriere und westliche Medien wurde die Nachricht von dem Berliner Streik schnell ver-

> **Q 1** Telegramm der Streikleitung in Bitterfeld an die DDR-Regierung:
>
> 1 Wir Werktätigen des Kreises Bitterfeld fordern von Ihnen:
> 1. Rücktritt der so genannten Deutschen Demokratischen Re-
> 5 gierung, die sich durch Wahlmanöver an die Macht gebracht hat,
> 2. Bildung einer provisorischen Regierung aus den fortschrittlichen Werktätigen,
> 10 3. Zulassung sämtlicher großen demokratischen Parteien Westdeutschlands,
> 4. Freie, geheime, direkte Wahlen in vier Monaten,
> 15 5. Freilassung aller politischen Gefangenen ...,
> 6. Sofortige Abschaffung der Zonengrenze und Zurückziehung der Vopo [Volkspolizei],
> 20 7. Sofortige Normalisierung des sozialen Lebensstandards,
> 8. Sofortige Auflösung der so genannten Nationalarmee,
> 9. Keine Repressalien gegen
> 25 Streikende...
>
> (In: I. Spittmann, 17. Juni 1953, Köln 1982, S. 15)

B 2 Sowjetische Panzer gegen Demonstranten, Ostberlin, 17. Juni 1953

breitet. Obwohl die überraschte SED-Führung nun die Normerhöhung zurücknahm, weitete sich der Streik innerhalb kurzer Zeit zu einer großen Protestwelle aus: An mehr als 700 Orten der DDR fanden Demonstrationen statt. Neben wirtschaftlichen und sozialpolitischen wurden vor allem **politische Forderungen** gestellt. Am Mittag des 17. Juni griffen sowjetische Truppen mit Panzern ein. In 160 Stadt- und Landkreisen wurde der Ausnahmezustand verhängt, Versammlungen waren verboten, es galt das Kriegsrecht. Nach wenigen Tagen war der Aufstand gewaltsam niedergeschlagen.

Folgen und Bewertung – Bei der Niederschlagung des Aufstands kamen mehr als 50 Menschen ums Leben; 3000 Demonstranten wurden von der Sowjetarmee und etwa 13 000 durch die DDR-Behörden festgenommen. Die SED brandmarkte die Ereignisse als „faschistischen, konterrevolutionären Putsch".
Um ihre Macht zu sichern, wurde nun der Überwachungsapparat, das **Ministerium für Staatssicherheit,** weiter ausgebaut. Die SED wurde rigoros von Kritikern „gesäubert": Etwa 70 % der SED-Bezirks- und Kreissekretäre verloren ihre Ämter. ⊘/7

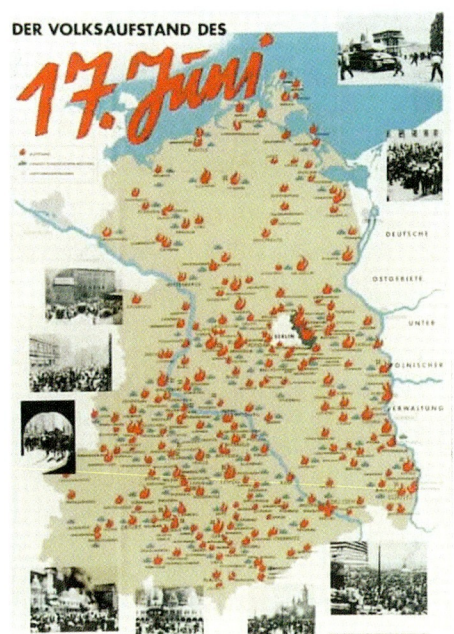

B 3 Plakat zum Volksaufstand, BRD 1953

Q 4 Urteil des Bezirksgerichts Leipzig vom 14.7.1953:

Bei allen Angeklagten handelt es sich um Arbeiter, die kein Klassenbewusstsein besitzen und die in den letzten Jahren völlig teilnahmslos und desinteressiert dem demokratischen Neuaufbau gegenüberstanden, jedoch unter dem Einfluss des RIAS [West-Berliner Radiosender] oder anderer staatsfeindlicher Elemente sofort hemmungslos bereit waren, sich in die faschistische Provokation zu stürzen. ...

(In: I. Spittmann, 17. Juni 1953, Köln 1982, S. 77)

Q 5 Eine westdeutsche Journalistin, 25.6.1953:

Jener 17. Juni hat ein Bild enthüllt, das nicht mehr wegzuwischen ist: die ... Gesichter jener Deutschen, die seit Jahren in Sorge und Knechtschaft leben und die plötzlich ... freie Wahlen zur Wiedervereinigung forderten...
Der 17. Juni hat unwiderlegbar bewiesen, dass die Einheit Deutschlands eine historische Notwendigkeit ist. Wir wissen jetzt, dass der Tag kommen wird, an dem Berlin wieder die deutsche Hauptstadt ist.

(M. Gräfin Dönhoff in: DIE ZEIT, Hamburg, 25. Juni 1953)

Q 6 Gedicht des Ostberliner Schriftstellers Bertolt Brecht: Die Lösung (1953)

Nach dem Aufstand des 17. Juni
Ließ der Sekretär des Schriftstellerverbandes
In der Stalinallee Flugblätter verteilen,
Auf denen zu lesen war, daß das Volk
Das Vertrauen der Regierung verscherzt habe
Und es nur durch verdoppelte Arbeit
Zurückerobern könne. Wäre es da
Nicht einfacher, die Regierung
Löste das Volk auf und wählte ein anderes?

(In: B. Brecht, Gesammelte Werke 10, Frankfurt/M. 1967, S. 1009 f.)

ARBEITSAUFTRÄGE

1. Erläutern Sie mit Q 1 die Forderungen der Demonstranten und beschreiben Sie mit B 3 den Umfang des Aufstandes.
2. Beurteilen Sie anhand von B 2 das Vorgehen der Sowjets. Schreiben Sie den Tagebuchbericht eines Augenzeugen (Demonstrant, Volkspolizist oder Besucher aus dem Westen).
3. Erläutern und beurteilen Sie mit Q 4, wie die Ereignisse des 17. Juni 1953 durch DDR-Gerichte dargestellt wurden.
4. Diskutieren Sie, ob der Aufstand von 1953 als Vorläufer der friedlichen Revolution von 1989 gelten kann (Q 5, Q 6).

11. Wirtschaftsentwicklung in der DDR: 1950er/60er Jahre

Seit 1950 gehörte die DDR dem Wirtschaftsverbund der sozialistischen Länder an: dem Rat für Gegenseitige Wirtschaftshilfe (RGW). Die Übernahme der sowjetischen Wirtschaftsordnung mit zentraler Planung, Lenkung und Kontrolle wurde danach beschleunigt. Wie verlief die Wirtschaftsentwicklung in der DDR?

Wirtschaftlicher Aufbau des Sozialismus – Die Zeit bis Mitte der 1950er Jahre war geprägt durch den Wiederaufbau und die beginnende Umstrukturierung der Volkswirtschaft. Als Hemmnisse wirkten dabei die Demontage nicht kriegszerstörter Betriebe durch die sowjetische Besatzungsmacht sowie die hohen Reparationszahlungen. Ferner mussten Millionen Vertriebene aus den früheren Ostgebieten integriert werden.

Aufgrund der geforderten Reparationslieferungen erfolgte der Aufbau der Industrie nach Vorgaben der UdSSR vor allem in der **Schwerindustrie**. Die damit einhergehende **Vernachlässigung der Konsumgüterproduktion** war einer der Gründe dafür, dass sich der Lebensstandard der Bevölkerung nur langsam verbesserte.

Die **Bodenreform von 1945** hatte zu einer Umwälzung der Eigentumsverhältnisse in der Landwirtschaft geführt. Die jahrhundertealte Agrarverfassung, die besonders in Mecklenburg und Brandenburg eine Dominanz der Gutsherrschaft bedeutet hatte, war damit beseitigt worden. Doch 1952 setzte im Zuge des weiteren „Aufbaus des Sozialismus" die **Kollektivierung der Landwirtschaft** ein, das heißt der Zusammenschluss vormals privater Bauernhöfe zu Landwirtschaftlichen Produktionsgenossenschaften (LPG). Die Kollektivierung sollte zunächst freiwillig

D 2 Belastungen der Ostzone/DDR und der Westzonen/Bundesrepublik durch **Demontage** und durch **Reparationsleistungen** 1945 bis 1953

Demontage gesamt 1945 bis 1953:
Westzonen (in Mrd. RM, Preisstand 1944)	2,70 Mrd. RM
(= % des ges. Volksvermögens der Westzonen)	(0,995 %)
Ostzone (in Mrd. RM, Preisstand 1944)	6,10 Mrd. RM
(= % des ges. Volksvermögens der Ostzone)	(5,674 %)

Reparationszahlungen gesamt 1945 bis 1953:
Westzonen/BRD (in Mrd. RM, Preisstand 1944)	34,20 Mrd. RM
(= % des durchschnittlichen BSP* 1945–1953)	(7,548 %)
Ostzone/DDR (in Mrd. RM, Preisstand 1944)	38,10 Mrd. RM
(= % des durchschnittlichen BSP* 1945–1953)	(24,935 %)

Höhe der jährlichen Reparationszahlungen pro Einwohner (in RM)

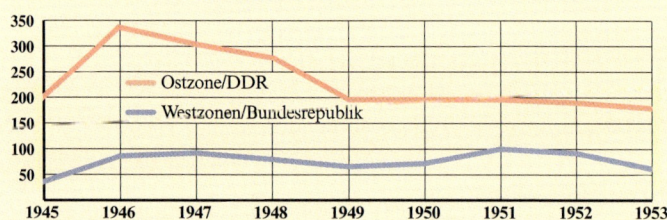

* BSP = Bruttosozialprodukt. Gesamtwert aller produzierten Güter und Dienstleistungen eines Landes pro Jahr. / Mrd. = Milliarden / RM = Reichsmark
(Nach: R. Karlsch, Allein bezahlt? Die Reparationsleistungen der SBZ/DDR 1945–1993, Berlin 1953, S. 231 ff.)

D 1 Aufnahme von Vertriebenen in der Sowjetischen Besatzungszone bzw. in der DDR

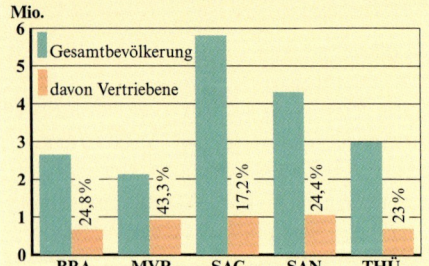

(Manfred Wille, Zur Integration der Vertriebenen in der SBZ, In: Geschichte, Erziehung, Politik, 3/1992, S. 163)

Q 3 Bericht eines nach Westen geflüchteten Landwirts:

Seit Januar 1960 wurde ich laufend aufgefordert, in die LPG (Landwirtschaftliche Produktionsgenossenschaft) … einzutreten. Die ersten Werbungen verliefen harmlos. Der eigentliche Druck setzte erst am 6. März 1960 ein …
Oft kamen sie täglich zwei- bis dreimal oder blieben bis nachts zwei Uhr … Pauken, Trompeten, Sprechchöre, Flugblätter wurden beim Einsatz verwendet … Mein Sohn studierte an der TH Dresden, und sie äußerten sich dahingehend, dass mein Sohn im Falle einer Weigerung von der Hochschule entlassen würde.

(In: Bundesministerium für gesamtdeutsche Fragen, Die Flucht aus der Sowjetzone, Bonn 1961, S. 50. Gekürzt)

11. Wirtschaftsentwicklung in der DDR: 1950er/60er Jahre

sein, wurde aber seit Ende der 1950er Jahre erzwungen. Doch statt der vom Staat propagierten Steigerung führte die Kollektivierung der Höfe zu sinkenden Produktionsleistungen in der Landwirtschaft.

Verstaatlichung der Betriebe – Bereits seit 1946 war mit der Verstaatlichung großer Industriebetriebe und des Großhandels zu sogenannten „**Volkseigenen Betrieben**" (VEB) begonnen worden. In den 1950er Jahren setzte auch die weitgehende **Verstaatlichung** der kleinen Einzelhandels- und Handwerksbetriebe ein. Viele Menschen verloren dabei ihr Eigentum durch zwangsweise Enteignungen.

Seit dem Ende der 1950er Jahre wurden in der DDR etwa 90 % aller landwirtschaftlichen, industriellen und gewerblichen Produkte sowie Dienstleistungen durch die VEB und LPG erwirtschaftet. Grundlage dafür waren die zentral vorgegebenen „**Fünfjahrpläne**". Zwar konnte 1958 die Rationierung von Lebensmitteln aufgehoben werden. Doch Wirtschaftskraft und privater Lebensstandard der DDR blieben trotz hoher Arbeitsleistung der Menschen deutlich hinter der Bundesrepublik zurück.

Wirtschaftlicher Reformversuch – Auf die Flucht vieler, vor allem junger Menschen in die Bundesrepublik und die zahlreichen Produktions- und Versorgungsengpässe reagierte die DDR-Staatsführung 1963 mit Wirtschaftsreformen. Durch das „**Neue ökonomische System der Planung und Leitung**" (NÖSPL) sollte das Wirtschafts- und Wohlstandsniveau der Bundesrepublik binnen weniger Jahre überholt werden. Das NÖSPL zielte auf eine Dezentralisierung der wirtschaftlichen Entscheidungen, größere Eigenverantwortung der Betriebe sowie finanzielle Anreize für besondere Leistungen. Doch trotz messbarer Erfolge kehrte die SED-Führung Ende 1965 zum starren System der zentralistischen Planwirtschaft zurück.

Modell eines Trabants

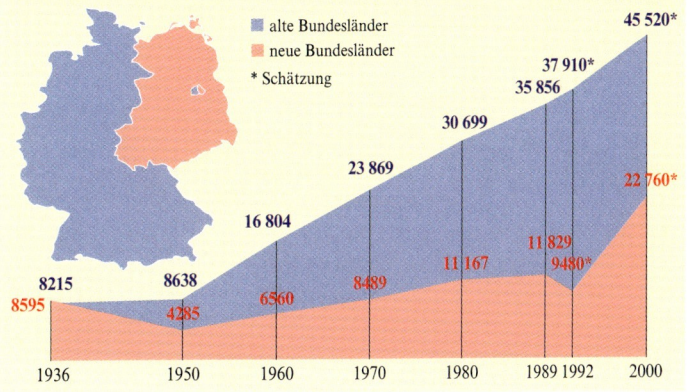

D 5 Entwicklung der Wirtschaftsleistung/Kopf (Bruttoinlandsprodukt) in Preisen von 1989; getrennt nach Gebieten der BRD/alte Bundesländer und der DDR/neue Bundesländer; für die Jahre 1936–2000

B 4 DDR-Plakat zur Kollektivierung, 1958

ARBEITSAUFTRÄGE

1. Erläutern Sie mit D 1 und D 2 die schwierigen Ausgangsbedingungen für die Entwicklung der DDR-Wirtschaft nach 1945.
2. Beschreiben Sie mit Q 3 und B 4 die Mittel, mit denen Bauern zum Beitritt in eine LPG „überzeugt" werden sollten.
3. Vergleichen Sie die Ausstattung der Privathaushalte mit Konsumgütern in der DDR und in der Bundesrepublik (T 1, S. 104) und diskutieren Sie mögliche Gründe für die Unterschiede.
4. Erläutern Sie mit D 5 die unterschiedliche Wirtschaftsentwicklung in der DDR und in der Bundesrepublik 1949–1989. Nennen Sie mögliche Ursachen. Diskutieren Sie in der Klasse die These: *„Nicht der Mensch, sondern das System war dafür verantwortlich, dass die Wirtschaftsleistung der DDR hinter der Wirtschaftsleistung der Bundesrepublik zurückblieb."*

12. Mauerbau und „Zwei-Staaten-Theorie"

1952 hatte die DDR die Grenzen zur Bundesrepublik geschlossen. Nur noch in Berlin gab es die Möglichkeit, ungehindert in den Westen zu gelangen. Hier prallten die gegensätzlichen Wirtschafts- und Gesellschaftssysteme unmittelbar aufeinander. Jährlich verließen mehr als hunderttausend Menschen durch dieses „Tor in den Westen" für immer die DDR. Wie reagierte die SED-Führung auf diese „Abstimmung mit den Füßen"?

Bau der Berliner Mauer – Die Flucht der meist jungen und qualifizierten Personen hatte verheerende Auswirkungen auf die Wirtschaft der DDR. Mit Genehmigung der sowjetischen Führung entschloss sich die SED deshalb, den letzten Fluchtweg abzuriegeln. In der Nacht zum **13. August 1961** bauten Einheiten der NVA und der „Kampfgruppen der Arbeiterklasse" Stacheldrahtverhaue und Panzersperren entlang der Berliner Sektorengrenze. Wenig später wurde dort eine Mauer, von der SED-Propaganda als „antifaschistischer Schutzwall" bezeichnet, errichtet. Ohnmächtig mussten die Berliner zusehen, wie sie von Verwandten und Freunden getrennt wurden. Auch die anderen Grenzen zur Bundesrepublik wurden nun hermetisch gesichert. „**Republikflucht**" stand unter schwerer Strafe und war nur unter Einsatz des Lebens möglich. Von 1961 bis 1989 kamen fast 1000 Menschen bei Fluchtversuchen ums Leben.

Reaktion der Westmächte – Der sowjetische Staatschef Chruschtschow hatte 1958 die Umwandlung Westberlins in eine entmilitarisierte, von der Bundesrepublik staatlich losgelöste Stadt gefordert; im Juni 1961 wiederholte er seine Forderung. US-Präsident Kennedy lehnte dies ab. Zugleich machte er aber die **Grenze des amerikanischen Engagements** deutlich: Ost-Berlin betrachtete er als dem sowjetischen Machtbereich zugehörig. So protestierten die Westmächte zwar gegen die Einmauerung Ost-Berlins, ihre Sicherheitsgarantie galt jedoch nur für West-Berlin.

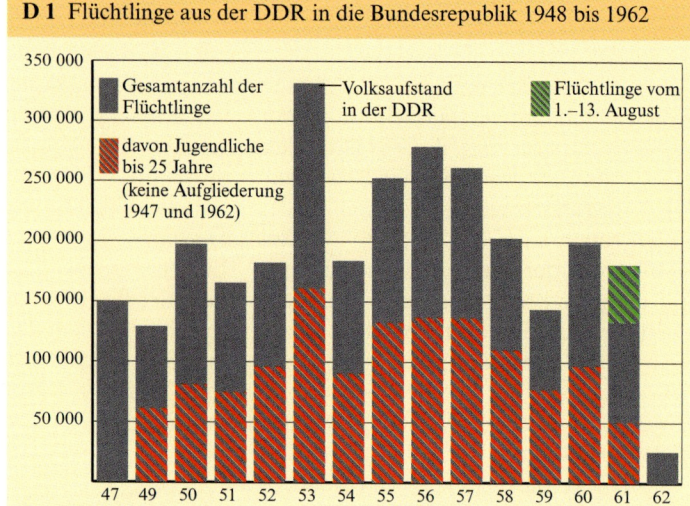

D 1 Flüchtlinge aus der DDR in die Bundesrepublik 1948 bis 1962

Q 2 Die Einschätzung von US-Präsident Kennedy kurz vor dem Mauerbau, 27. Juli 1961:

[Am 26./27. Juli] traf sich Kennedys Abrüstungsberater John McCloy... mit Chruschtschow in dessen Urlaubsort Sotschi am Schwarzen Meer ... Chruschtschow habe McCloy „in groben Zügen" über das Bevorstehende in-
5 formiert. Kennedy gab diese ... Hinweise an Walt Rostow weiter: „Chruschtschow steht vor einer unerträglichen Situation. Ostdeutschland blutet aus. Als Folge gerät der ganze Ostblock in Gefahr ... Vielleicht baut er eine Mauer."

(In: DIE WOCHE vom 6. Juli 2001. Gekürzt)

B 3 Bau der Berliner Mauer, 13. August 1961

12. Mauerbau und „Zwei-Staaten-Theorie" 119

Mauerbau und SED-Deutschlandpolitik – Die mit dem Mauerbau vollzogene Absperrung nach Westen und die Einmauerung der eigenen Bevölkerung stand im Widerspruch zur bisherigen Deutschlandpolitik der DDR und dem Anspruch der ersten DDR-Verfassung. Dort war ausdrücklich von der „einen unteilbaren Republik" und von der „einen deutschen Staatsangehörigkeit" die Rede.

Nach dem Mauerbau veröffentlichte die Nationale Front daher 1962 ein „nationales Dokument", das den Sieg des Sozialismus als historische Gesetzmäßigkeit auch in Westdeutschland voraussagte. Erst danach sei die Einheit Deutschlands möglich, bis dahin stünden sich zwei deutsche Staaten gegenüber. 1967 wurde die gemeinsame Staatsbürgerschaft mit der Bundesrepublik gesetzlich außer Kraft gesetzt. In der neuen DDR-Verfassung von 1968 wurde diese „**Zwei-Staaten-Theorie**" festgeschrieben.

Auch für Bürger der Bundesrepublik war nun die Einreise in die DDR und nach Ost-Berlin sehr erschwert. Seit 1968 wurde wie im Auslandsverkehr Reisepass und Einreisevisum verlangt.

Die westdeutsche Regierung begann 1964 damit, politische Häftlinge aus der DDR freizukaufen; von 1964 bis 1989 über 30 000 Personen für insgesamt 3,5 Milliarden DM.

B 5 Am 17. August 1962 wurde der 22-jährige Ostberliner Peter Fechter beim Fluchtversuch von DDR-Grenzsoldaten erschossen

B 4 Titelblatt der westdeutschen Zeitung „Bild" vom 16.8.1961

Q 6 Albert Norden, Mitglied des Politbüros des ZK der SED, über die so genannten „Republikflüchtlinge", 1963:

Ich sage, jeder Schuss aus der Maschinenpistole eines unserer Grenzsicherungsposten zur Abwehr solcher Verbrechen rettet in der Konsequenz Hunderten von Kameraden, rettet Tausenden Bürgern der DDR das Leben und sichert Millionenwerte an Volksvermögen. Ihr schießt nicht auf Bruder und Schwester, wenn ihr mit der Waffe den Grenzverletzer zum Halten bringt. Wie kann der euer Bruder sein, der die Republik verrät, ... der die Macht des Volkes antastet! Auch der ist nicht unser Bruder, der zum Feinde desertieren will.

(In: Informationen zur politischen Bildung, H. 233, S. 5. Gekürzt)

ARBEITSAUFTRÄGE

1. Prüfen Sie das Ausmaß der Fluchtbewegung (D 1). Beurteilen Sie die politischen und wirtschaftlichen Folgen für die DDR.
2. Beschreiben Sie mit B 3 die Durchführung des Mauerbaus.
3. Beurteilen Sie mit Q 2 und B 4 das Verhalten der Westalliierten. Diskutieren Sie, ob es andere Handlungsmöglichkeiten für sie gab. Erörtern Sie die möglichen Folgen.
4. Erläutern Sie mit Q 6, wie der Gebrauch der Schusswaffe gegenüber „Republikflüchtigen" gerechtfertigt wurde. Beurteilen Sie mit B 5 die Konsequenzen und nehmen Sie Stellung.

13. „Nischengesellschaft" und Opposition in der DDR

Die Bürger der DDR wurden durch das SED-Regime regelmäßig politisch „belehrt" und sollten für politische und propagandistische Ziele mobilisiert werden. Deutlich wurde dies in politischen Losungen, Aktionsappellen und den verordneten Gewerkschaftsaktivitäten. Wie hat die Bevölkerung darauf reagiert?

Rückzug ins Private – Es war der SED trotz nahezu allgegenwärtiger Präsenz nicht möglich, die Bevölkerung total zu dirigieren. Zum Teil bewusst, vielfach auch unbewusst zogen sich viele Menschen aus dem politisierten Alltag zurück und schufen sich ihre „private Nische". Der Schrebergarten („Datsche"), ein enger Freundeskreis oder der Sportverein boten meist ein verlässliches Umfeld, in dem Hilfsbereitschaft eine wichtige Rolle spielte. Politische Witze dienten der psychologischen Entlastung und galten als Barometer für die öffentliche Stimmung.

Opposition in der DDR – Die Bildung echter Oppositionsparteien war durch die SED von Anfang an verhindert worden. Offene Kritik an der Politik der SED war für DDR-Bürger stets riskant. Doch als nach dem Tod Stalins 1953 die UdSSR eine Phase der Reformen durchlebte, war dies auch in der DDR spürbar. Bekannte Wissenschaftler wie ROBERT HAVEMANN oder WOLFGANG HARICH, beide überzeugte Kommunisten, traten für einen humanen Sozialismus ein: einen „**Dritten Weg**" zwischen Kapitalismus und Sozialismus sowjetischer Prägung. Doch die SED verhinderte diese Reform-

PERSONENLEXIKON

ROBERT HAVEMANN, 1910–1982. Chemiker. 1933–1945 im Widerstand gegen den Nationalsozialismus. Anfangs SED-Mitglied, nach Kritik an der Partei folgten Parteiausschluss, Berufsverbot und Hausarrest; Engagement für die Friedens- und Ökologiebewegung

B 2 Robert Havemann mit Sarah und Rainer Kirsch, Wolf Biermann, Helga Novak, Kurt Bartsch, Fritz Rudolf Fries, Gert Loschütz, Berlin 1965

Q 1 Wolf Biermann, Ermutigung (1968)

1 ... Du, lass dich nicht verbittern
In dieser bittren Zeit
Die Herrschenden erzittern
– sitzt du erst hinter Gittern –
5 Doch nicht vor deinem Leid

Du, lass dich nicht erschrecken
In dieser Schreckenszeit
Das wolln sie doch bezwecken
Dass wir die Waffen strecken
10 Schon vor dem großen Streit
...
Wir wolln es nicht verschweigen
In dieser Schweigezeit
Das Grün bricht aus den Zweigen
Wir wolln das allen zeigen
15 Dann wissen sie Bescheid

(In: W. Biermann, Mit Marx- und Engelszungen, Berlin 1968. Gekürzt)

Q 3 Aus dem Zentralorgan der SED „Neues Deutschland", 17.5.1957:

1 Manche Bürger fragen, warum es bei uns keine Opposition gibt, und meinen, zu einer richtigen Demokratie gehöre doch auch eine Opposition ... Eine Opposition könnte doch nur gegen die Politik unserer Regierung gerichtet
5 sein. Sie müsste sich also gegen die Einführung der 45-Stunden-Woche, gegen den Bau von zusätzlich hunderttausend Wohnungen ... richten. Sie müsste sich gegen die Einheit der Arbeiterklasse, gegen unseren Arbeiter- und-Bauern-Staat richten. Sie müsste ... für den NATO-
10 Kriegspakt und die Vorbereitung eines Atomkrieges sein. Solch eine Opposition zu dulden wäre verbrecherisch.

(In: H. Weber, DDR, München 1986, S. 229. Gekürzt)

ansätze und verfolgte die kritischen Wortführer. 1962 lockerte das SED-Regime den scharfen Kurs erneut. Ähnlich wie die Politik des „NÖSPL" eine Liberalisierung der Planwirtschaft vorsah, so sollten auch die Medien und Künstler mehr Freiräume erhalten. Aber schon 1965 wurden die zaghaften gesellschaftlichen Reformversuche zurückgenommen.

Als die Tschechoslowakei im Frühjahr 1968 einen reformkommunistischen Kurs einschlug, gab es bei vielen DDR-Bürgern Sympathien für den **„Prager Frühling"**. Doch im August 1968 beendete der Einmarsch von Truppen des Warschauer Pakts, darunter DDR-Soldaten, die Hoffnung der tschechoslowakischen Reformer. Der in Ost- und Westdeutschland bekannte Liedermacher WOLF BIERMANN erhielt als Vertreter der literarischen Opposition ein absolutes Auftritts- und Veröffentlichungsverbot. 1976 wurde er aus der DDR ausgebürgert. Zahlreiche Schriftsteller und Kulturschaffende, die dagegen protestiert hatten, gerieten in einen scharfen Konflikt mit der SED.

Auch die evangelische Kirche bestritt den totalen Machtanspruch der SED. Obwohl sie sich nicht als politische Opposition verstand und seit Ende der 1950er Jahre eine **Gratwanderung zwischen Konfrontation und Kooperation** versuchte, wirkte die evangelische Kirche faktisch als Sammelbecken für regimekritische Bürger. Ihr Widerstand richtete sich vor allem gegen die Abschaffung des Religionsunterrichts und die Benachteiligung der in der „Jungen Gemeinde" zusammengeschlossenen jugendlichen Christen.

PERSONENLEXIKON

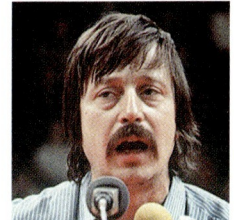

WOLF BIERMANN, geb. 1936. Liedermacher; 1965 Auftritts- und Publikationsverbot; 1976 Ausbürgerung aus der DDR

B 5 Rückzug ins Private, die „Datsche", Foto 1980er Jahre

Q 4 Anpassung und Rückzug in „private Nischen"

1 Mit dem Bau der Mauer wurde gleichsam die Leibeigenschaft zur Staatsdoktrin erhoben, denn von nun an [gab es kein] Entwei-
5 chen ... Das Gefühl, wehrlos in der Falle zu sitzen, veränderte das Verhältnis zu diesem Staat ... Der Bürger dachte sich zwar immer noch seinen Teil, aber er konnte
10 es nicht wagen, dies auch auszusprechen ... Für alle, die auch im real existierenden Sozialismus das Leben ... genießen wollten, die fröhlich sein und Kinder haben
15 wollten – für die wurde Anpassung von nun an zu einer Strategie des Überlebens. Angst bewirkte ... Rückzug in die viel beschriebenen Nischen der
20 DDR-Gesellschaft. Sehr selten bewirkte die Angst auch Protest.
(In: J. Gauck, Die Stasi-Akten. Reinbek 1991, S. 45 ff. Gekürzt)

Q 6 Ein politischer Witz aus der DDR, ca. 1955:

1 Parteitag in Moskau. Chruschtschow fragt Mao Tse-tung: „Wie viele politische Gegner habt ihr bei euch in China?" „Ich schätze so um die siebzehn Millionen." „Das ist nicht so arg", sagt Chruschtschow. Dann wen-
5 det er sich an Ulbricht: „Und ihr?" „Mehr werden es bei uns in der DDR auch nicht sein."

ARBEITSAUFTRÄGE

1. Formulieren Sie mit eigenen Worten, was Wolf Biermann in dem Liedertext (Q 1) kritisiert und wozu er ermutigen will.
2. Informieren Sie sich über eine der in B 2 abgebildeten Personen.
3. Analysieren und beurteilen Sie die Argumente der SED, warum es in der DDR keine Opposition geben könne (Q 3).
4. Wie begründet der ostdeutsche Bürgerrechtler J. Gauck die Anpassung und den Rückzug vieler Bürger ins Private (Q 4)?
5. Beschreiben Sie mit B 5 und Q 6 verschiedene Formen, mit denen DDR-Bürger auf die politische Gängelung reagierten.

14. Jugend in der DDR

Kinder und Jugendliche genossen in der DDR große Aufmerksamkeit. Sie sollten für die Ziele der SED gewonnen und aktiv in den Aufbau des Sozialismus einbezogen werden. Erziehung und Bildung in Kindergarten und Schule, die Berufsausbildung und Hochschulen sowie die Freizeitgestaltung sollten dafür ideale Bedingungen schaffen. Wie gestaltete sich das Leben der Jugendlichen in der DDR?

Erziehung durch die FDJ – Die „**Freie Deutsche Jugend**" (FDJ) galt offiziell als unabhängig, faktisch war sie aber die Nachwuchsorganisation der SED und wurde von dieser straff geführt. Die Mitgliedschaft in der FDJ war freiwillig, aber wer Nachteile in der Schule oder beim Studium vermeiden wollte, der konnte sich kaum entziehen; daher waren etwa 80 % aller Kinder und Jugendlichen Mitglieder. Aufgabe der FDJ war es, einen Beitrag zur „**Entwicklung der sozialistischen Persönlichkeit**" zu leisten und die jungen Menschen für den Sozialismus zu begeistern. Doch die vielfältigen Freizeitangebote – vom Zeltlager über die Jugendfeier bis zum Diskoprogramm und Rockkonzert – machten die FDJ für viele Jugendliche auch attraktiv, selbst wenn sie die Uniformierung und den politischen Drill ablehnten.

Für Kinder ab 6 Jahren gab es die „Jungpioniere", ab 10 Jahren die „Thälmann-Pioniere", für Jugendliche zwischen 14 und 25 Jahren die eigentliche FDJ.

Mädchen in FDJ-Bluse (aus dem Film „Sonnenallee" 1999)

Q1 Die Entwicklung der „sozialistischen Persönlichkeit". Auszug aus dem DDR-Jugendgesetz von 1974:

1 Es ist ehrenvolle Pflicht der Jugend, die revolutionäre Tradition der Arbeiterklasse und die Errungenschaften des Sozialismus zu
5 achten und zu verteidigen, sich für Frieden und Völkerfreundschaft einzusetzen und antiimperialistische Solidarität zu üben. Alle jungen Menschen sollen sich durch
10 sozialistische Arbeitseinstellung und solides Wissen und Können auszeichnen, hohe moralische und kulturelle Werte ihr eigen nennen und aktiv am gesellschaftlichen
15 Leben, an der Leitung von Staat und Gesellschaft teilnehmen.

(In: Gesetzblatt der DDR 1974, S. 48)

Q2 Bernd Rabehl über seine Erfahrungen als Jugendlicher in der FDJ:

1 Diese Mobilisierung der Jugendlichen löste durchaus Begeisterung aus. Wir kamen heraus aus dem Alltag der Kleinstädte. Wir
5 lernten das Land und Jugendliche aus anderen Regionen der Republik kennen. Wir waren unter uns, ohne die direkte Aufsicht der Lehrer oder der Partei. Erste Flirts
10 wurden gewagt... Trotzdem, das Misstrauen der Partei und der ... FDJ-Sekretäre würgte die Begeisterung immer wieder ab.

(Zit. nach G. Eisenberg/H.-J. Linke [Hg.]: Fuffziger Jahre, Gießen 1980, S. 118. Gekürzt)

B3 Zeltlager der FDJ

14. Jugend in der DDR

Schule und Ausbildung – Alle Schülerinnen und Schüler besuchten gemeinsam eine 10-jährige Polytechnische Oberschule (Gesamtschule). Dort wurde auch Wert gelegt auf technisch-handwerkliche Kenntnisse (**polytechnische Ausbildung**). Schülerinnen und Schüler mit sehr guten Leistungen und dem Nachweis der „politischen Zuverlässigkeit" konnten danach die Erweiterte Oberschule besuchen, die in zwei Jahren zum Abitur führte. Für Kinder aus christlichen oder regimekritischen Elternhäusern war der Zugang zur Erweiterten Oberschule erschwert.

Die Vermittlung ideologischer Bildungsinhalte erfolgte vor allem in den Fächern Staatsbürgerkunde (ab Klasse 7) sowie Wehrerziehung (ab Klasse 9). Die „Sozialistische Wehrerziehung" war seit 1978 fester Bestandteil des Lehrplans. 🌐/8

Jugendpolitik der SED – Die Mehrzahl der DDR-Jugendlichen nahm mit 14 Jahren – meist im Klassenverband – an der **Jugendweihe** teil. Sie geht auf ein Fest der Arbeiterbewegung aus dem 19. Jahrhundert zurück. Die SED übernahm diese Tradition, um die christliche Konfirmation zurückzudrängen, und verband die Jugendweihe mit politischen Inhalten und einem Bekenntnis zum Sozialismus. Dennoch erlebten die meisten Jugendlichen ihre Jugendweihe als schönes Fest im Kreis ihrer Freunde und Familie.

Seit Anfang der 1970er Jahre versuchte die SED mit Jugendfestivals und einer insgesamt liberaleren Jugend- und Kulturpolitik den aufbrechenden „Generationenkonflikt" zu entschärfen. In dieser Zeit entstand eine DDR-Rockszene mit bekannten Bands wie Karat oder Puhdys.

T7 Studierende in BRD und DDR in % der Bevölkerung

	BRD	DDR
1950	1,8	1,7
1960	4,9	5,8
1970	7,9	8,3
1980	16,0	7,8
1990	20,1	7,8

B5 Polytechnischer Unterricht in der DDR

Q6 Rock-Song „versammlung" aus dem Rock-Stück „Paule-Panke" der DDR-Gruppe Pankow (1980er Jahre):

1 zum feierabend gibt's noch 'n bonbon
  'ne versammlung um fünfzehn uhr dreissig
  ... da spricht wieder einer vom kampfauftrag
  und verliest so 'n langen bericht
5 mir schlafen wie immer die füße ein
  da ist doch kein ende in sicht
  ich sitze am tisch und langweile mich
  mathilde sitzt meilenweit weg von mir
  und ich komm nicht an sie ran
10 der redner meint dass die sonne scheint
  und dass wir alle stolz sein müssen
  mathilde sieht mich nicht einmal an
  und ich würde sie gerne küssen (...)

B4 SED-Werbeplakat für die Jugendweihe

ARBEITSAUFTRÄGE

1. Erörtern Sie mit Q1 die Bildungs- und Erziehungsziele der SED. Nutzen Sie auch B5.
2. Erläutern Sie mit Q2 und B3, warum viele Angebote der FDJ für Kinder und Jugendliche attraktiv waren.
3. Erläutern Sie die Ziele, die die SED mit der Jugendweihe in der DDR verband (Text, B4). Diskutieren Sie, welche Bedeutung die Jugendweihe heute für Jugendliche haben kann.
4. Erläutern Sie, welche Kritik und welche Bedürfnisse in dem Rocksong (Q6) zum Ausdruck kommen.

15. Darstellende Kunst und Literatur in der DDR

Nach den Vorstellungen der SED sollte auch die Kunst einen Beitrag zur Erziehung der Menschen und zum Aufbau des Sozialismus leisten. Welche Vorgaben machte die Parteiführung den Künstlern?

Kulturpolitik der SED – Als verbindliche Kunstform übernahm die DDR aus der UdSSR den „**sozialistischen Realismus**", das heißt eine konkrete und „objektive" Darstellung der Wirklichkeit. Zugleich sollte Volksverbundenheit und „Parteilichkeit" für die Sache des Sozialismus zum Ausdruck kommen. Abgelehnt wurde der so genannte „**Formalismus**". Künstlern, die versuchten, der neuen sozialistischen Gesellschaft auch durch eine neue Kunst Ausdruck zu verleihen, warf die SED vor, ihnen sei die Form wichtiger als Inhalt und Idee. Ihr Bruch mit dem klassischen Kulturerbe fördere die Entwurzelung der Menschen und zerstöre deren Nationalbewusstsein.

„Leseland" DDR – In den 1950er Jahren entstand in der DDR ein flächendeckendes System von staatlichen Bibliotheken, das einen kostenfreien Zugang zur offiziell anerkannten Literatur ermöglichte.

Unter der Losung „Greif zur Feder, Kumpel" wurde 1959 die Bewegung „schreibender Arbeiter" ins Leben gerufen. Zahlreiche Autoren wurden in die Betriebe gesandt, um die Arbeiter anzuleiten.

Trotz vieler Einschränkungen durch die SED entstanden in der DDR international beachtete literarische Werke, unter anderen von CHRISTA WOLF, JUREK BECKER, JOHANNES BOBROWSKI, in denen diese das Recht auf künstlerische Subjektivität zum Ausdruck brachten.

B 2 W. Dötsch, „Schmelzer Hübner hilft seinen Kollegen", 1961

> **Q 1** E. Honecker, Dezember 1965:
>
> In der gegenwärtigen Etappe des umfassenden Aufbaus des Sozialismus stehen vor den Künstlern größere Aufgaben. Es geht um
> 5 die Bereicherung des Lebens und des Weltbildes der sozialistischen Menschen, um die Darstellung der Kämpfe und Siege, der Konflikte und ihrer Lösungen in der sozialis-
> 10 tischen Gesellschaft. ... Das erfordert aber in allen Bereichen der Kunst den entschiedenen Kampf gegen das Rückständige ... und gegen die Einflüsse der kapitalisti-
> 15 schen Unkultur und Unmoral ...
>
> (In: Ch. Kleßmann, Zwei Staaten, eine Nation, Bonn 1997, S. 576. Gekürzt)

> **Q 3** Volker Braun, „Jazz", 1965
>
> Das ist das Geheimnis des Jazz:
> Der Baß bricht dem erstarrten Orchester aus.
> Das Schlagzeug zertrommelt die geistlosen Lieder.
> Das Klavier seziert den Kadaver Gehorsam.
> 5 Das Saxophon zersprengt die Fessel Partitur:
> Bebt, Gelenke: wir spielen ein neues Thema aus.
> Wozu ich fähig bin und wessen ich bedarf:
> ich selbst zu sein.
>
> (In: V. Braun, Provokationen für mich, Halle/S. 1965, S. 18)

ARBEITSAUFTRÄGE

1. Erklären Sie, welche Aufgabe Erich Honecker der Kunst zuwies. (Q 1). Vergleichen Sie dagegen den Anspruch des Künstlers in Q 3. Diskutieren Sie, ob Kunst politisch sein sollte.
2. Erläutern Sie mit B 2 den Begriff „sozialistischer Realismus".

Deutschland im Zeichen der Entspannungspolitik 1969–1989

1. Machtwechsel in Bonn

Mit der Wahl GUSTAV HEINEMANNS zum Bundespräsidenten und WILLY BRANDTS zum Bundeskanzler gelangten 1969 SPD-Politiker in die höchsten Ämter des Staates. Die neue Regierung wurde von SPD und FDP gebildet. Der FDP-Vorsitzende WALTER SCHEEL wurde Außenminister. Welche politischen Ziele verfolgte die sozialliberale Koalition?

„Mehr Demokratie wagen" – Unter dieses Leitmotiv stellte Bundeskanzler Willy Brandt die innenpolitischen Ziele seiner Regierung. Die Herabsetzung des Wahlalters, mehr betriebliche Mitbestimmungsrechte für Arbeitnehmer, größere Bildungschancen für Arbeiterkinder, das waren zentrale innenpolitische Reformziele der sozialliberalen Koalition.

„Wandel durch Annäherung" – So lautete die Formel, mit der Staatssekretär EGON BAHR die neue Deutschlandpolitik der Bundesregierung vorstellte. Sie verzichtete auf den früheren Alleinvertretungsanspruch der Bundesrepublik für ganz Deutschland. Statt dessen war eines der Ziele der neuen Deutschlandpolitik, die innerdeutsche Grenze für persönliche Begegnungen zwischen den Deutschen aus Ost und West durchlässiger zu machen.

Vertrauen schaffen – Noch 25 Jahre nach Ende des 2. Weltkrieges riefen Veränderungen im deutsch-deutschen Verhältnis die Ängste der osteuropäischen Nachbarn vor deutscher Aggression hervor. Ziel der Regierung war daher, in Moskau, Warschau und Prag Vertrauen zu schaffen.

PERSONENLEXIKON

GUSTAV HEINEMANN, 1899–1976, Rechtsanwalt, seit 1957 in der SPD, 1969–74 deutscher Bundespräsident

Q2 Verhandlungsvorschlag Walter Ulbrichts, 17.12.1969:

Art. 1: Die Hohen vertragschließenden Seiten vereinbaren die Aufnahme normaler gleichberechtigter Beziehungen ... zwischen der Deutschen Demokratischen Republik und der Bundesrepublik Deutschland auf der Grundlage der allgemein anerkannten Prinzipien und Normen des Völkerrechts. Ihre gegenseitigen Beziehungen beruhen ... auf den Prinzipien der souveränen Gleichheit, der territorialen Integrität und Unantastbarkeit der Staatsgrenzen, der Nichteinmischung in die inneren Angelegenheiten und des gegenseitigen Vorteils.

(Dokumente des geteilten Deutschland II, Stuttgart 1968, S.169-172. Gekürzt)

Q3 Antwort Bundespräsident Heinemanns, 19.12.1969:

Ich stimme mit Ihnen darin überein, dass wir eine hohe Verantwortung für die Entspannung in Europa tragen. Auch ich fühle mich mit der Bundesregierung der Sicherung des Friedens, der Entspannung und der Zusammenarbeit verpflichtet. Unser gemeinsames Anliegen ist es, die Einheit der deutschen Nation zu wahren. Ich begrüße deshalb die ... Aufnahme von Verhandlungen.

(Dokumente des geteilten Deutschland II, Stuttgart 1968, S. 172, 173)

B1 Wahlplakat für die Bundestagswahl 1969

ARBEITSAUFTRÄGE

1. Historiker bezeichnen die Vereidigung Brandts durch Heinemann als „Machtwechsel". Beurteilen Sie diese Auffassung.
2. Analysieren Sie mit Q2/Q3 die Verhandlungsziele beider Seiten. Wo erkennen Sie Gemeinsamkeiten, wo Unterschiede?

2. Ausgleich und Versöhnung mit den östlichen Nachbarn

In vielen Ländern Osteuropas war 1969 das Misstrauen gegenüber der Bundesrepublik immer noch groß. Die Einbindung der Bundesrepublik in das westliche Verteidigungsbündnis NATO und die Wiederaufrüstung in den 1950er Jahren waren dort mit Misstrauen registriert worden. Zum Teil existierte sogar die Befürchtung, die Bundesrepublik wolle die territorialen Ergebnisse des Zweiten Weltkrieges gewaltsam korrigieren. Welche Schritte unternahm die Regierung Brandt/Scheel zur Verständigung und Aussöhnung?

Neue Ostpolitik und Ostverträge – Das oberste Ziel der Ostpolitik der Bundesregierung bestand darin, Vertrauen zu schaffen. Durch vertragliche **Garantien der Grenzen**, wie sie seit 1945 bestanden, und durch eine Politik des **strikten Gewaltverzichts** sollte den verständlichen Sicherheitsbedürfnissen der Länder Osteuropas Rechnung getragen werden. Im **Vertrag mit Moskau** vom 12.8.1970 erkannte die Bundesregierung alle Staatsgrenzen in Europa als unantastbar an. Das betraf auch die nach dem Zweiten Weltkrieg entstandene polnische Westgrenze an Oder und Neiße und die innerdeutsche Grenze. Die Sowjetunion weigerte sich jedoch, ein deutsches Recht auf staatliche Einheit in den Vertrag aufzunehmen. Außenminister Scheel formulierte daher den **deutschen Anspruch auf friedliche Wiedervereinigung** in einem gesonderten Begleitbrief zum Vertragstext.

Auch in Polen war die Erinnerung an den Zweiten Weltkrieg und die nationalsozialistischen Verbrechen noch lebendig. Dazu kam die Furcht vor deutschen Ansprüchen auf die ehemaligen deutschen Ostgebiete, die seit 1945 zu Polen gehörten. Im **Vertrag mit Warschau** garantierte die Bundesregierung 1970 die territoriale Integrität (= Unverletzlichkeit) Polens. Im deutsch-tschechoslowakischen **Vertrag von Prag** wurde das Münchener Abkommen von 1938 für unwirksam erklärt.

Garantien für Berlin – Mit dem Abschluss des **Viermächte-Abkommens über Berlin** am 3.9.1971 wurde die Freiheit West-Berlins und seiner Zugangswege vertraglich gesichert. Die Sowjetunion garantierte den ungehinderten Zugang zu den Westsektoren durch das Gebiet der DDR und bestätigte die besondere Bindung West-Berlins an die Bundesrepublik. Erstmals seit Jahren durften West-Berliner wieder Verwandte und Freunde

PERSONENLEXIKON

WILLY BRANDT, 1913–1992. SPD-Politiker, 1957–1966 Regierender Bürgermeister von Berlin, 1966–1969 Außenminister in der Großen Koalition, 1969–1974 deutscher Bundeskanzler. 1974 trat er wegen der Spionage-Affäre eines Mitarbeiters zurück. Brandt erhielt 1971 den Friedensnobelpreis für seine europäische Versöhnungspolitik.

> **Q 1** Der deutsch-polnische Vertrag
>
> (1) Die Bundesrepublik Deutschland und die Volksrepublik Polen stellen übereinstimmend fest, dass die bestehende Grenzlinie ... die westliche Staatsgrenze der Volksrepublik Polen bildet.
> (2) Sie bekräftigen die Unverletzlichkeit ihrer bestehenden Grenzen jetzt und in der Zukunft...
> (3) Sie erklären, dass sie gegeneinander keinerlei Gebietsansprüche haben und solche auch in der Zukunft nicht erheben werden...
>
> (Geschichte in Quellen 5, München 1980, S.563)

B 2 Willy Brandt vor dem Mahnmal des Warschauer Gettos 1970

im Ostteil der Stadt besuchen. Ein **Transit-Abkommen** regelte den Straßen- und Schienenverkehr zwischen der Bundesrepublik und West-Berlin durch die DDR.

Misstrauensvotum gegen Brandt – Die Ostpolitik der Bundesregierung Brandt/Scheel hatte international große Anerkennung und bei großen Teilen der deutschen Bevölkerung Zustimmung gefunden. Im Frühjahr 1971 wurde Willy Brandt für seine Aussöhnungspolitik mit dem Friedensnobelpreis ausgezeichnet. Dennoch wurde die Ostpolitik von der CDU/CSU-Opposition scharf kritisiert. Als die knappe Mehrheit der Regierung im Bundestag durch Parteiübertritte abbröckelte, stellten CDU/CSU am 25. April 1972 einen Misstrauensantrag zur Abwahl von Bundeskanzler Willy Brandt. Doch der Misstrauensantrag scheiterte.

Stimmenthaltung – Bei der Abstimmung über die Verträge mit Moskau und Warschau enthielten sich die meisten CDU/CSU-Abgeordneten der Stimme; sie wollten das Viermächte-Abkommen für Berlin nicht gefährden.

Die vorgezogenen Bundestagswahlen im September 1972 wurden mit einer Rekordwahlbeteiligung von 91 Prozent zu einer „Volksabstimmung" über die Ostverträge. Die SPD/FDP-Regierungskoalition setzte sich deutlich gegenüber CDU und CSU durch.

Q3 Der frühere Außenminister Gerhard Schröder (CDU) im Deutschen Bundestag, 1972:

1 Unsere Kritik an den Verträgen beruht daher auf der Befürchtung, dass die Teilung Deutschlands vertieft, die Verwirklichung des
5 Selbstbestimmungsrechts für alle Deutschen erschwert wird; dass das im Deutschland-Vertrag niedergelegte Engagement unserer drei großen westlichen Verbünde-
10 ten, zu einer freiheitlichen Lösung der deutschen Frage beizutragen, mit Sicherheit durch diese Verträge ... vermindert wird.

(In: K. Borcherding (Hg.), Die Deutsche Frage, Hannover 1982, S.128)

Q4 Der spätere Bundeskanzler Helmut Schmidt (SPD) im Deutschen Bundestag, 1972:

1 In der Bundesrepublik Deutschland hat es lange gedauert, ehe klar wurde, dass die beiden Teile der Nation nur dann wieder zueinander kommen können, wenn auch Europa wieder zusammenwächst. Vielen in unserem
5 Lande fällt es heute noch schwer, zu begreifen, dass dies keineswegs von den Deutschen allein bewirkt werden kann, sondern dass ein Zusammenwachsen in Europa nur möglich ist, wenn beide Weltmächte und die ost- und westeuropäischen Staaten und das deutsche Volk in sei-
10 nen beiden Teilen dies wollen.

(In: K. v. Schubert (Hg.), Sicherheitspolitik der Bundesrepublik Deutschland. 1945–1977, T. 2, Köln 1978, S. 341 ff.)

B5 Demonstration von Gegnern der Ostverträge, Bonn 1972

ARBEITSAUFTRÄGE

1. Erklären Sie die geschichtliche Bedeutung von Willy Brandts Kniefall im Warschauer Getto (B 2).
2. Stellen Sie anhand von Q 1 die Kernpunkte des Vertrages mit Polen zusammen. Welche Ängste der Polen sollten mit diesem Vertrag abgebaut werden?
3. Nennen Sie anhand von Q 3 und Q 4 Pro- und Contra-Argumente zu den Ostverträgen. Formulieren Sie ihre persönliche Meinung dazu und begründen Sie sie.
4. Betrachten Sie B 5. Versuchen Sie die Parolen der Demonstranten zu lesen und nennen Sie mögliche Gründe für den Widerstand gegen die Ostverträge.

3. Deutsch-deutsche Annäherung

Die SED-Führung hatte in den 1960er Jahren das Ziel der deutschen Einheit aufgegeben. Sie strebte nun die internationale Anerkennung der DDR als souveräner Staat an. Die Regierung Brandt hatte zwar auf den Alleinvertretungsanspruch für ganz Deutschland verzichtet, nicht jedoch auf das langfristige Ziel der deutschen Wiedervereinigung. Ihre Deutschlandpolitik zielte daher auf Erleichterungen beim Zusammenleben und auf die Überwindung der deutschen Teilung im Rahmen einer gesamteuropäischen Friedensordnung. Wie versuchten beide Seiten ihre Ziele zu erreichen?

Politik der menschlichen Erleichterungen – Die Konstrukteure der neuen bundesdeutschen Ostpolitik, Willy Brandt und Egon Bahr, hatten die Folgen des Mauerbaues in Berlin miterlebt: die Trennung von Familien, die Toten an der Mauer und die Angst vor der Aufgabe West-Berlins durch die Westalliierten. Die Folgen der Teilung zu mildern, zum Beispiel durch Fortschritte im Zusammenleben, durch die Möglichkeit von Besuchen, Telefongesprächen, Familienzusammenführungen und einen Reiseverkehr, das waren zentrale Anliegen ihrer Politik.

Treffen in Erfurt und Kassel – In den Ostverträgen hatte die Bundesregierung die Unverletzlichkeit der Grenzen in Europa anerkannt. Diese Entspannungspolitik mit den osteuropäischen Nachbarn war zugleich eine Voraussetzung für die Aufnahme deutsch-deutscher Verhandlungen. Mit sowjetischer Vermittlung trafen sich 1970 erstmals die beiden deutschen Regierungschefs, Brandt und Stoph, in Erfurt und Kassel. Die DDR-Bevölkerung jubelte Willy Brandt zu. In seine Politik setzte sie große Hoffnungen.

PERSONENLEXIKON

EGON BAHR, geb. 1922. 1960–1966 Chef des Presse- und Informationsamtes des Landes Berlin, 1969–1972 Staatssekretär im Kanzleramt

Q1 Aus der Regierungserklärung Willy Brandts vom 28.10.1969:

20 Jahre nach Gründung der Bundesrepublik Deutschland und der DDR müssen wir ein weiteres Auseinanderleben der deutschen Nation verhindern… Die Bundesregierung bietet dem Ministerrat der DDR erneut Verhandlungen … an, die zu vertraglich vereinbarter Zusammenarbeit führen sollen. Eine völkerrechtliche Anerkennung der DDR durch die Bundesregierung kann nicht in Betracht kommen. Auch wenn zwei Staaten in Deutschland existieren, sind sie doch füreinander nicht Ausland; ihre Beziehungen zueinander können nur von besonderer Art sein.

(In: Dokumente des geteilten Deutschland II, Stuttgart 1968, S.167 ff. Gekürzt)

Q2 Willi Stoph, Rede in Kassel am 21.5.1970:

Es widerspricht den Interessen des europäischen Friedens, wenn ein Staat … einen Nachbarstaat nicht völkerrechtlich anerkennt und seine souveräne Gleichheit missachtet. Wer so an der Scheidelinie zwischen den großen militärischen Gruppierungen die Grundfragen von Krieg oder Frieden offen halten will, der beschwört … die Gefahr ernster Konfliktsituationen herauf … Die völkerrechtliche Anerkennung der DDR durch die BRD ist … ein Erfordernis für Frieden und Sicherheit in Europa.

(Dokumente des geteilten Deutschland II, Stuttgart 1968, S.207 ff. Gekürzt)

B3 West-Berliner besuchten im März 1972 erstmals seit 1966 Ost-Berlin

Im Jahr 1971 löste Erich Honecker Ulbricht als SED-Parteichef ab. Er machte die sofortige Aufnahme diplomatischer Beziehungen zwischen der Bundesrepublik und der DDR nicht länger zur Vorbedingung für die Aufnahme von Verhandlungen.

Bereitschaft zu Kompromissen – Nach schwierigen Verhandlungen fanden die Bundesrepublik und die DDR schließlich zu einem für beide Seiten vertretbaren Kompromiss. Im „**Vertrag über die Grundlagen der Beziehungen**" vom 21.12.1972 erkannte die Bundesrepublik die DDR als gleichberechtigten Staat an, vermied aber die Anerkennung der DDR als Ausland. Folglich wurden zwischen der DDR und der Bundesrepublik keine Botschaften, sondern „**Ständige Vertretungen**" eingerichtet. In der Präambel des Vertrages wurde die unterschiedliche Auffassung zur deutschen Einheit festgestellt. Auch das Problem der Staatsangehörigkeit blieb offen. In zusätzlichen Vereinbarungen wurden Verbesserungen bei der Familienzusammenführung, für Besuchs- und Reiseerleichterungen in dringenden Familienangelegenheiten – auch für DDR-Bürger – sowie bessere Arbeitsmöglichkeiten für Journalisten geregelt.

Die DDR-Führung erreichte mit dem Grundlagenvertrag ein wichtiges Ziel ihrer internationalen Politik: Der Vertrag mit der Bundesrepublik machte den Weg frei für die staatliche Anerkennung durch andere westliche Staaten. So wurden 1973 beide deutschen Staaten in die UNO aufgenommen. Dennoch blieben Differenzen: Während die DDR den Grundlagenvertrag als **völkerrechtliche Anerkennung** wertete und von einer eigenen **DDR-Staatsbürgerschaft** ausging, hielt die Bundesregierung an der Position fest, dass es nur **eine deutsche Nation** und nur eine deutsche Staatsangehörigkeit gebe.

PERSONENLEXIKON

WILLI STOPH, 1914–1999. Seit 1931 Mitglied der KPD, ab 1946 der SED, 1964–1973 und 1976–1989 Ministerratsvorsitzender der DDR

B 4 „Gewiß nicht komfortabel, aber statt des Seils doch immerhin schon ein Brett!" Karikatur von Eckart Munz, 11.11.1972

T 5 Anerkennung der DDR durch östliche und westliche Staaten

Bis 1971:	von 28 östlichen und blockfreien Staaten; von keinem westlichen Staat
1972:	Schweiz, Schweden, Österreich, Australien, Belgien, Finnland
1973:	Niederlande, Luxemburg, Spanien, Dänemark, Island, Norwegen, Italien, Großbritannien, Frankreich, Griechenland, Liechtenstein
1974:	Türkei, Portugal, USA

D 6 Deutsch-deutscher Reiseverkehr 1970–1988 (in Millionen)

[Liniendiagramm: Reisen in die DDR und nach Berlin (Ost); Reisen aus der DDR; Jahre '70 bis '88; Skala 0 bis 6.750]

ARBEITSAUFTRÄGE

1. Legen Sie mit Q 1 und Q 2 die unterschiedlichen Zielsetzungen dar, mit denen beide Seiten die Verhandlungen aufnahmen.
2. Erörtern Sie am Beispiel des Reiseverkehrs (B 3, D 6), ob bzw. in welchem Umfang die neue Deutschlandpolitik Chancen für eine Überwindung der deutschen Teilung eröffnete.
3. Geben Sie die Position des Karikaturisten von B 4 wieder.
4. Erläutern Sie mit T 5 die Bedeutung des Grundlagenvertrags für die Verbesserung des völkerrechtlichen Status der DDR.
5. Beurteilen Sie am Beispiel des Reiseverkehrs (D 6) bundesdeutsche Zielsetzungen und Ergebnisse des Grundlagenvertrages.

4. Reformen und Bürgerbewegungen in der Bundesrepublik

Mit dem Machtwechsel in Bonn begann eine Politik der inneren Reformen. Wie veränderte diese Politik die Gesellschaft?

Partizipation – Der Gedanke von Mitsprache und Mitbeteiligung – Partizipation – wurde in zentralen Gesellschaftsfeldern umgesetzt. Die Senkung des Wahlalters auf 18 Jahre nahm das erhöhte gesellschaftliche Engagement Jugendlicher ernst, das durch die 68er Bewegung ausgelöst worden war. 1976 trat das lange umkämpfte **Mitbestimmungsgesetz** für Betriebe in Kraft. In Unternehmen mit mehr als 2000 Beschäftigten wurde der Aufsichtsrat zur Hälfte mit Arbeitnehmern besetzt. Bei Stimmengleichheit hatte allerdings der Aufsichtsratsvorsitzende (Arbeitgeberseite) die entscheidende Stimme.

Ausbau des Bildungswesens – Die sozialdemokratisch geführte Regierung wollte mehr Chancengleichheit im Bildungswesen erreichen. Schon während der Großen Koalition waren zahlreiche Hochschulen und Gesamthochschulen neu gegründet worden, um Bildungsreserven auszuschöpfen. Das **Bundesausbildungsförderungsgesetz (BAföG)** verbesserte die Ausbildungschancen von Kindern (u. a. Arbeiterkindern) aus Familien mit geringem Einkommen. Sie erhielten für den Besuch weiterführender Schulen und Hochschulen staatliche finanzielle Beihilfen.

Symbole der Bürger- und der Frauenbewegung, 1970/80er-Jahre

Q1 Aus Willy Brandts Regierungserklärung vom 28. Oktober 1969:

... Wir wollen mehr Demokratie wagen. Wir werden unsere Arbeitsweise öffnen und dem Bedürfnis nach Information Genüge tun. Wir werden darauf hinwirken, dass nicht nur durch Anhörung im Bundestag, sondern durch Fühlungnahme mit den repräsentativen Gruppen unseres Volkes und durch eine umfassende Unterrichtung über die Regierungspolitik jeder Bürger die Möglichkeit erhält, an der Reform von Staat und Gesellschaft mitzuwirken... Mitbestimmung, Mitverantwortung in den verschiedenen Bereichen unserer Gesellschaft wird eine bewegende Kraft der kommenden Jahre sein. Wir können nicht die perfekte Demokratie schaffen. Wir wollen eine Gesellschaft, die mehr Freiheit bietet und mehr Mitverantwortung fordert.

(In: Bundeskanzler Brandt – Reden und Interviews, Hamburg 1971, S. 11-34. Gekürzt)

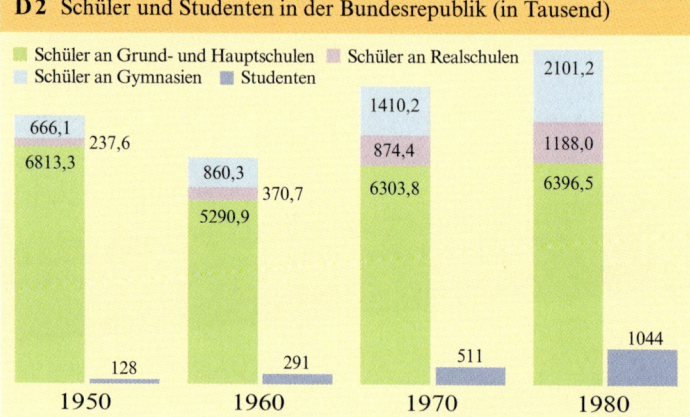

D2 Schüler und Studenten in der Bundesrepublik (in Tausend)

B3 Demonstration gegen das Kernkraftwerk bei Brokdorf, 1976

4. Reformen und Bürgerbewegungen in der Bundesrepublik

Reform des Familien- und Strafrechts – Im Scheidungsrecht wurde das Verschuldensprinzip durch das Zerrüttungsprinzip (nach dreijähriger Trennung) ersetzt. Gegen den Widerstand von CDU/CSU und der katholischen Kirche reformierte die sozialliberale Koalition 1976 das Abtreibungsrecht (§218 StGB): Schwangerschaftsabbrüche bis zum 3. Monat sollten straffrei bleiben, wenn gewichtige medizinische oder soziale Gründe vorlagen. Die strafrechtliche Verfolgung der Homosexualität wurde ab 1969 schrittweise abgebaut und 1994 ganz abgeschafft.

Bürgerbewegungen – Unter dem Motto „Mehr Demokratie wagen" schossen Bürgerinitiativen wie Pilze aus dem Boden: gegen Fahrpreiserhöhungen, für mehr Sicherheit auf Schulwegen und mehr Kindergartenplätze. Große „Ein-Themen-Bewegungen" kennzeichneten die politische Kultur der 1970er und beginnenden 1980er Jahre. „Atomkraft – nein danke!" war der Slogan der **Anti-Atomkraft-Bewegung**. Mit Großdemonstrationen protestierte sie gegen den weiteren Ausbau von Kernkraftwerken.

Die **Frauenbewegung** machte die weiterhin bestehende Diskrepanz zwischen der gesetzlichen Gleichberechtigung von Frauen und ihrer tatsächlichen Stellung in der Gesellschaft bzw. in der Familie zum Thema. Die **Friedensbewegung** wendete sich gegen die Politik der atomaren Abschreckung und die Stationierung neuer Mittelstreckenraketen in Europa.

Aus den Bürgerbewegungen der 1970er Jahre ging die **Partei „Die Grünen"** hervor: Umweltorientiert, mit kritischem Blick auf die wirtschaftliche Wachstumspolitik und voller pazifistischer Ideale griff sie die Leitmotive der Bürgerbewegungen auf und trug sie in die Parlamente.

PERSONENLEXIKON

ALICE SCHWARZER, geb. 1942. Journalistin und Feministin, gründete 1976 die feministische Zeitschrift „Emma".

Q 4 Die Juristin Dietmut Majer zur Gleichstellung von Frauen:

1 Eine offene Ablehnung der Frauenfrage gibt es nicht mehr; aber eine mehr oder weniger insgeheime ... Leugnung des Problems sieht man
5 ... in großen Teilen von Industrie und Handwerk, aber auch im Bereich der Hochschulen, der Kirchen und ... der Verwaltung... Eine effektive Verbesserung der Zahl
10 von Frauen in mittleren und oberen Positionen ist ... nicht erreicht worden. Vor allem zeigt es sich, wenn es um Machtfragen, das heißt um die Führungspositionen geht...
15 Dass sich ... nichts Wesentliches bewegt, liegt daran, dass trotz aller verbaler Bekundungen unausrottbar in vielen Männern – auch in vielen Frauen – [immer noch] das
20 Gefühl von der Nichtgleichwertigkeit der Frauen steckt.

(D. Majer, Verfassungsrecht und Quotierung, In: „Von allem die Hälfte". Berlin 1990, S. 23 f. Gek.)

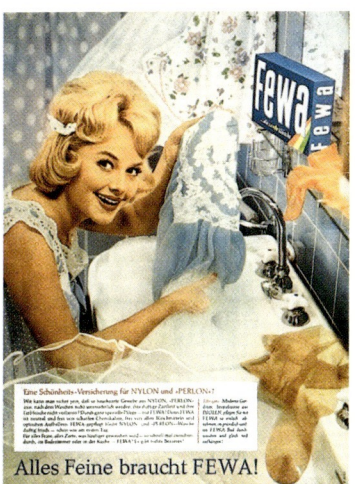

B 5 Das Frauenbild in der Werbung 1961 (links) und 2002 (rechts)

ARBEITSAUFTRÄGE

1. Erläutern Sie anhand von Q 1 die gesellschaftspolitischen Leitmotive der sozialliberalen Regierung Brandt/Scheel.
2. Beschreiben Sie mit D 2 Ergebnisse der Bildungsoffensive.
3. Formulieren Sie mit B 3 charakteristische Merkmale von Bürgerbewegungen. Vergleichen Sie mit einer politischen Partei.
4. Erläutern Sie mit Q 4 eines der zentralen Anliegen der Frauenbewegung. Beurteilen Sie, ob sich die Situation seit den 1970er Jahren grundlegend verbessert hat.
5. Vergleichen Sie die Abbildungen in B 5. Welches Bild von Frauen kommt darin zum Ausdruck? Wie beurteilen Sie die Entwicklung zwischen 1961 und 2002? Nennen Sie Gründe.

5. Krise und Kontinuität – die Bundesrepublik bis 1989

Im weiteren Verlauf der 1970er Jahre durchlebte die Bundesrepublik mehrere Krisen. Eine Serie brutaler Terroranschläge erschütterte die Republik. Amtsmüde und geschockt durch die Enttarnung seines Referenten Günter Guillaume als DDR-Spion, trat Willy Brandt 1974 als Bundeskanzler zurück. Sein Nachfolger wurde HELMUT SCHMIDT (SPD), neuer Außenminister HANS DIETRICH GENSCHER (FDP). Ausgelöst durch den drastischen Anstieg der Erdölpreise kam die lange Phase des Wirtschaftswachstums in der Bundesrepublik zum Erliegen. Wie wurden die Krisen bewältigt?

Herausforderung Terrorismus – In Anlehnung an die russische Revolutionsarmee hatte sich eine extremistische Splittergruppe der 68er Studentenbewegung den Namen **Rote Armee Fraktion** (RAF) gegeben. Ihr Ziel war der Kampf gegen den Staat Bundesrepublik, dem die RAF kapitalistische Ausbeutung und Unterdrückung vorwarf. Nach einer Ausbildung in Militärlagern der palästinensischen PLO verübte die RAF in den 1970/80er Jahren zahlreiche brutale Terroranschläge, denen der Generalbundesanwalt Siegfried Buback, der Vorstandssprecher der Dresdener Bank Jürgen Ponto, der Vorstandssprecher der Deutschen Bank Alfred Herrhausen und mehr als 30 weitere Personen zum Opfer fielen.

Der bundesdeutsche Rechtsstaat war besonders herausgefordert, als ein Kommando der RAF den Arbeitgeberpräsidenten HANNS-MARTIN SCHLEYER und – mit Hilfe palästinensischer Terroristen – ein deutsches Flugzeug mit 87 Insassen entführte. Die Entführer verlangten von der Regierung die Freilassung von elf inhaftierten Terroristen. Als die dem Erpressungsversuch nicht nachgab, ermordeten die Terroristen den entführten Arbeitgeberpräsidenten. Die Passagiere des entführten Flugzeugs konnten durch eine Einheit des Bundesgrenzschutzes unverletzt befreit werden. Einige der inhaftierten Terroristen, darunter Andreas Baader und Gudrun Ensslin, begingen daraufhin Selbstmord.

B1 1977 entführte und ermordete die RAF den Präsidenten des Arbeitgeberverbandes Hanns-Martin Schleyer

Q2 Helmut Schmidt in einer Regierungserklärung zur Bekämpfung des Terrorismus, 20.10.1977:

Die drei Maximen, die unser Handeln bestimmen sollten ...:
1. Dr. Schleyer lebend zu befreien; ... ebenso die 82 Passagiere und 5 Besatzungsmitglieder ... in dem entführten Lufthansa-Flugzeug.
2. Die Täter zu ergreifen und vor Gericht zu stellen.
3. Die Fähigkeit des Staates, seine Bürger vor Gefahren zu schützen ... und das Vertrauen der Bürger in diese Schutzfunktion ... zu wahren.

Von Anfang an [war] klar ..., dass die Erfüllung jeder einzelnen der drei Maximen ... die Erfüllung der übrigen Maximen einschränken oder gar gefährden musste. In dieser unausweichlichen Gewissheit hatten wir unsere Entscheidungen zu treffen.

(In: Archiv der Gegenwart, 20.10.1977, S. 21307. Gekürzt)

D3 Preis- und Einkommensentwicklung in Prozent (1970 = 100 %)

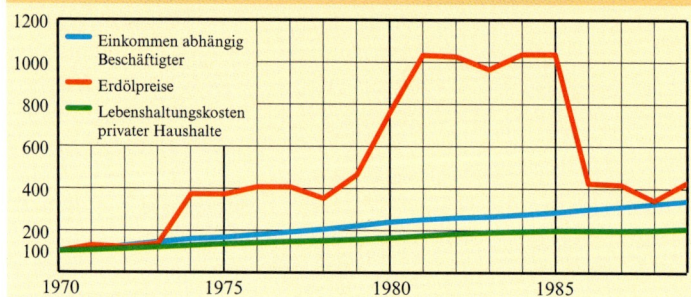

5. Krise und Kontinuität – die Bundesrepublik bis 1989

Politik der Konzentration – Der Anstieg des Ölpreises um 172 Prozent in den Jahren 1973/74, eine Krise der US-Wirtschaft sowie Lohnerhöhungen über den Produktivitätszuwachs hinaus hatten auch in der Bundesrepublik zu einer Wirtschaftskrise geführt. 1975 stiegen die Verbraucherpreise um 7 Prozent, die Produktion schrumpfte um 3,4 Prozent, die Arbeitslosigkeit stieg auf 1,1 Millionen Menschen.

Die Regierung nahm zusätzliche Kredite auf und finanzierte ein staatliches Wirtschaftsförderungsprogramm: darunter Aufträge zur Unterstützung des Bauwesens sowie Investitions- und Lohnzuschüsse für andere Wirtschaftszweige. Obwohl die Wirksamkeit des staatlichen Förderprogramms umstritten war, kam die Wirtschaft 1976 allmählich wieder in Schwung.

Die Nachrüstungsdebatte – Trotz der Entspannungspolitik der 1970er Jahre hatte die Sowjetunion neue, auf West- und Mitteleuropa gerichtete Atomraketen aufgestellt. Auf Betreiben von Bundeskanzler Helmut Schmidt hatten die Mitgliedsstaaten des westlichen Militärbündnisses NATO darauf mit dem „**NATO-Doppelbeschluss**" reagiert: Mit der UdSSR sollten Verhandlungen über den Abbau der sowjetischen Mittelstreckenraketen geführt werden. Falls diese bis Ende 1983 ohne Erfolg blieben, dann solle die NATO in Westeuropa mit eigenen atomaren Mittelstreckenraketen nachrüsten.

In der Bundesrepublik wurde der NATO-Doppelbeschluss sehr kontrovers diskutiert. Kritiker warfen dem Bundeskanzler vor, der Nachrüstungsbeschluss gefährde die deutsche Entspannungspolitik. Auch befürchtete man, dass die Ansammlung atomarer Mittelstreckenraketen in Europa die beiden Großmächte dazu verleiten könnte, einen nur auf Europa begrenzten Nuklearkrieg zu führen.

Als die Sowjetunion keinerlei Bereitschaft zum Abbau ihrer neuen Mittelstreckenraketen zeigte, stimmte im November 1983 die – damals neue – Bundesregierung der Stationierung neuer NATO-Raketen zu.

Ende der sozialliberalen Koalition – Ende der 1970er, Anfang der 1980er Jahre schienen die Gemeinsamkeiten der SPD/FDP-Koalition aufgebraucht zu sein. Hinzu kam, dass eine zweite Welle von Ölpreiserhöhungen die Wirtschaft erneut ins Stocken gebracht hatte. Vor allem in der Wirtschaftspolitik zeichneten sich nun grundsätzliche Differenzen in der Regierungskoalition ab. Die FDP kritisierte die wachsende Staatsverschuldung und forderte den Abbau von Sozialleistungen sowie Steuererleichterungen zur Ankurbelung der Wirtschaft. Die SPD forderte dagegen ein staatliches Beschäftigungsprogramm und einen Solidaritätszuschlag von Besserverdienenden. Der Streit und die erneut steigende Zahl der Arbeitslosen ließen bei den Bürgern das Ansehen der Regierung und das Vertrauen in sie sinken.

PERSONENLEXIKON

HELMUT SCHMIDT, geb. 1918.
Mitglied der SPD, 1969–1972 Bundesverteidigungsminister, 1972–1974 Bundesfinanzminister, 1974–1982 Kanzler der Bundesrepublik Deutschland

D 4 Der Arbeitsmarkt in der Bundesrepublik 1950–1989 (in Prozent)
(Daten aus: Statistisches Bundesamt [Hg.], Datenreport 1999, Bonn 2000, S. 95.)

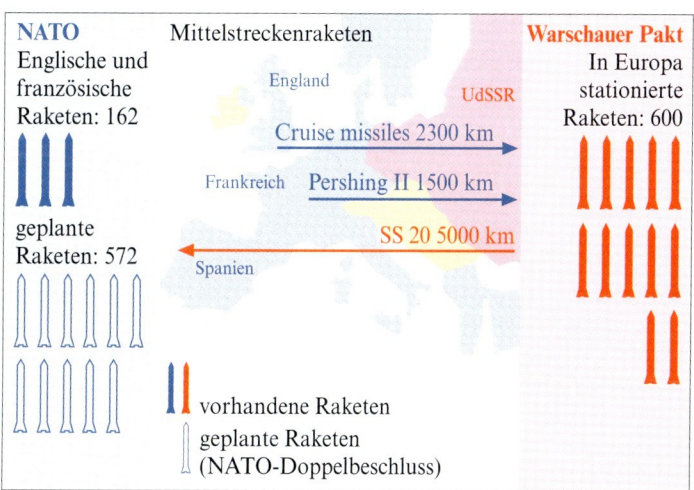

B 5 Nachrüstung mit Mittelstreckenraketen, Europa 1982

Regierungswechsel in Bonn – Den Streit zwischen SPD und FDP nutzte die Opposition für ein **konstruktives Misstrauensvotum**: Am 1. Oktober 1982 wurde der CDU-Vorsitzende HELMUT KOHL von den Abgeordneten des Bundestages mit den Stimmen von CDU/CSU und FDP zum Bundeskanzler gewählt; damit war die Regierung Schmidt gestürzt. Der Regierungswechsel war nicht durch ein Wählervotum, sondern durch eine Mehrheitsentscheidung im Parlament zustande gekommen.

Helmut Kohl rief zu einer „Politik der geistig-moralischen Wende" auf und appellierte an die Eigenverantwortlichkeit in der Gesellschaft. Begünstigt durch eine positive Weltkonjunktur gelang der Wirtschaftsaufschwung tatsächlich. Aber die Staatsverschuldung konnte – trotz des Abbaus von Sozialleistungen – nicht dauerhaft gesenkt werden. Auch die hohe Arbeitslosigkeit blieb bestehen und ist ein bis heute andauerndes Strukturproblem. Bei der Deutschland- und Europapolitik setzte die neue Regierung aus CDU/CSU und FDP die bisherige Politik der sozialliberalen Koalition fort. In den 1980/90er Jahren blieb die Bundesrepublik zusammen mit Frankreich ein „Motor" des europäischen Einigungsprozesses.

Q 6 Aus der Regierungserklärung Helmut Kohls vom 13.10.1982:

1 Die geistig-politische Krise. Wir stecken nicht nur in einer wirtschaftlichen Krise ... Die Frage der Zukunft lautet nicht, wie viel
5 mehr der Staat für seine Bürger tun kann, [sondern] wie sich Freiheit, Dynamik und Selbstverantwortung neu entfalten können ... Zu viele haben zu lange auf Kos-
10 ten anderer gelebt: der Staat auf Kosten der Bürger, Bürger auf Kosten von Mitbürgern und wir alle auf Kosten der nachwachsenden Generationen. Es ist jetzt
15 auch ein Gebot des sozialen Friedens und der sozialen Gerechtigkeit, dass wir der Ehrlichkeit, Leistung und Selbstverantwortung eine neue Chance geben.

(In: Bulletin des Presse- und Informationsamtes der Bundesregierung, 93 / 14.10.1982, S. 854 ff.)

Q 7 Die Gewerkschaften zur „Wende-Politik":

1 Die Koalition aus CDU/CSU und FDP [hat] ihre Pläne zur Kürzung von Sozialleistungen angekündigt und in die Tat umgesetzt... [Die] sozial- und steuerpolitischen Gesetzesänderungen bewirkten 1982 bis 1985 eine Umverteilung
5 von 210 Mrd. Mark. Allein die Sozialeinkommen (Arbeitslosenunterstützung, Rente usw.) wurden um rund 75 Mrd. Mark gekürzt, hinzu kam ... eine Anhebung der Sozialversicherungsbeiträge u. a. in Höhe von 59 Mrd. Mark und eine Belastung der ... Konsumenten und Steuerzah-
10 ler im Umfang von 42 Mrd. Mark. Die Unternehmen wurden dagegen um rund 9 Mrd. Mark entlastet.

(R. Bispinck [DGB] in: Welt aktuell 1986, Hamburg 1985, S. 350 ff. Bearbeitet)

B 8 Helmut Kohl empfängt am 7. September 1987 DDR-Staats- und Parteichef Erich Honecker zu einem Arbeitsbesuch in Bonn. Das Musikkorps der Bundeswehr spielte beide Nationalhymnen.

ARBEITSAUFTRÄGE

1. Diskutieren Sie die Konfliktsituation, in der die Bundesregierung 1977 bei der Terrorismusbekämpfung steckte (B 1, Q 2). Hätte sie die Forderungen der Terroristen erfüllen sollen?
2. Analysieren Sie, ob zwischen Ölpreis- und Wirtschaftsentwicklung ein Zusammenhang zu erkennen ist (D 3, D 4).
3. Nehmen Sie mit B 5 Stellung zum NATO-Doppelbeschluss.
4. Analysieren Sie mit Q 6 die politischen Ziele Helmut Kohls und die Kritik der Gewerkschaften (Q 7) an dieser Politik.
5. Beurteilen Sie mit B 8 die deutsch-deutschen Beziehungen.

6. Die Entwicklung in der DDR 1970 bis 1989

Mit seiner Absicht, die DDR zum sozialistischen Modellstaat zu machen, geriet SED-Generalsekretär Walter Ulbricht 1970 in einen Konflikt mit der Sowjetunion und deren Führungsanspruch in der kommunistischen Welt. Am 3. Mai 1971 wurde Ulbricht durch seinen Stellvertreter ERICH HONECKER abgelöst. Welchen politischen Kurs verfolgte der neue SED-Generalsekretär?

Die sozialistische Nation – Die neue SED-Spitze erkannte das sowjetische Modell und die Führungsrolle der UdSSR wieder verbindlich an. Im Verhältnis zur Bundesrepublik und der internationalen Staatengemeinschaft betonte die DDR ihre staatliche Souveränität. Das Bekenntnis zur einen deutschen Nation wurde 1974 aus der neuen Verfassung gestrichen und durch die **Zwei-Nationen-Theorie** ersetzt.

Die Schlussakte von Helsinki – Zusammen mit 35 weiteren europäischen Staaten unterzeichneten die DDR und die Bundesrepublik 1975 in Helsinki die **Schlussakte der Konferenz für Sicherheit und Zusammenarbeit in Europa** (KSZE). In der „Schlussakte" wurden 10 Prinzipien für die zwischenstaatlichen Beziehungen der europäischen Länder, aber auch für die Einhaltung der Menschen- und Bürgerrechte in den einzelnen Staaten vereinbart. Die Prinzipien der „Schlussakte von Helsinki" waren für die Bürgerrechtsbewegungen der Ostblockstaaten eine große Ermutigung, politische Unterdrückung und die Verletzung der Menschenrechte anzuklagen.

In der DDR erhielt die Diskussion um die Menschenrechte nicht nur durch Helsinki Auftrieb. Auch die 1972 im „Grundlagenvertrag" zwischen der Bundesrepublik und der DDR vereinbarte Gewährung größerer Freizügigkeit, von Reiseerleichterung, von Familienzusammenführung sowie die Verbesserung von Arbeitsmöglichkeiten für Journalisten trugen dazu bei. Die Zahl der **Ausreiseanträge** stieg nach 1975 sprunghaft an.

PERSONENLEXIKON

ERICH HONECKER, 1912–1994. Seit 1971 Erster Sekretär des ZK der SED und seit 1976 Vorsitzender des DDR-Staatsrats; 1989 wurde er aller Ämter enthoben

Q1 Prinzipien der Schlussakte der Konferenz für Sicherheit und Zusammenarbeit in Europa (KSZE), 1975:

1. Souveräne Gleichheit, wechselseitige Achtung der Souveränität...
2. Keine Androhung oder Anwendung von Gewalt zwischen den Teilnehmerstaaten der Konferenz...
3. Unverletzlichkeit der Grenzen ...
4. Territoriale Integrität der Staaten
5. Friedliche Regelung von Streitfällen...
6. Nichteinmischung in die inneren Angelegenheiten...
7. Achtung der Menschenrechte und Grundfreiheiten, einschließlich der Gewissens-, Religions- oder Überzeugungsfreiheit ...
8. Gleichberechtigung und Selbstbestimmungsrecht der Völker...
9. Zusammenarbeit zwischen den Staaten ...
10. Erfüllung völkerrechtlicher Verpflichtungen ...

(In: Europa-Archiv, 30. Jg.1977, S. D 438 ff. Gek.)

Q2 Ausreiseantrag der Familie Tschernoster aus Dresden vom 23.7.1979. Die Antragsteller wurden verhaftet und 1983 zu mehrjährigen Haftstrafen verurteilt:

„Sehr geehrter Herr Honecker. Unter Bezugnahme auf internationale Menschenrechte bitten wir um Ausreiserlaubnis in die Bundesrepublik Deutschland ... Vergangene und jüngste Vorkommnisse, die unsere Familie hart betroffen haben, sind die Ursache dafür, dass wir nicht mehr in der DDR leben möchten. Außerdem sind wir nicht in der Lage, uns damit abzufinden, dass es uns nicht gestattet wird, unsere in der Bundesrepublik lebenden Verwandten zu besuchen und die westlichen Länder zu bereisen ... Da dieser Antrag in Übereinstimmung mit auch von der DDR ratifizierten internationalen Konventionen und der UN-Charta gestellt wird, bitten wir um Ihre Zustimmung und baldigen Bescheid."

(In: Zückert, G. u. U.: Eine getrennte Geschichte, S. 115. Gekürzt)

Neugewichtung von Konsumbedürfnissen – Mit Honecker setzte sich ein neuer wirtschaftspolitischer Kurs durch: Die Wirtschaftspolitik der DDR nahm Abschied von der reinen Industrieförderung; statt dessen rückte die Befriedigung von Konsumentenbedürfnissen stärker in den Vordergrund. Wirtschafts- und Sozialpolitik wurden als Einheit betrachtet. In den folgenden Jahren stiegen die Realeinkommen um 30 Prozent. Die schrittweise Einführung der 40-Stunden-Woche, ein verlängerter Erholungsurlaub, die Erhöhung der Grundlöhne und Grundrenten gehörten zu einem Maßnahmenpaket, das die SED-Führung 1976 beschloss. Auch der Ausbau von Schulen und Kinderhorten und die Familienförderung erhielten einen hohen Stellenwert. Ziel war es, die Zustimmung der Bevölkerung zum Sozialismus und zur DDR zu sichern.

Wohnungsbaupolitik – 1974 beschloss die SED, die „Wohnungsfrage" bis 1990 zu lösen. In den Außenbezirken der Städte entstanden gigantische Betonburgen, vom DDR-Witz als „Arbeiterschließfächer" oder „Schnarchsilos" bezeichnet. Wegen ihres vergleichsweise modernen Wohnstandards wurden diese Plattenbauten jedoch von der Bevölkerung geschätzt. 1984 wurde die zweimillionste Wohnung fertig gestellt, die seit 1971 gebaut oder modernisiert wurde. Die Kehrseite dieser staatlich geförderten Wohnungsbaupolitik war der Verfall der Innenstädte. Die geringen Wohnungsmieten zwischen 0,80 bis 1,25 Mark pro Quadratmeter machten den Erhalt und die Sanierung älterer Häuser und Wohnungen fast unmöglich. So verfielen etwa 50 Prozent des vor 1945 erbauten Wohnungsbestandes.

Wirtschaftliche Stagnation – Die Subventionspolitik der SED hatte tief greifende wirtschaftliche Konsequenzen. Schon die weltweite Ölpreiskrise des Jahres 1973 traf die DDR hart. Während die Erlöse

T 4 1983 erforderliche Arbeitszeit zum Kauf/zur Bezahlung in Std:Min		
(monatliches Nettoeinkommen:	Bundesrepublik 2160 DM	DDR 969 Mark)
Herrenschuhe	5:55	27:53
Damenkleid	5:20	40:23
Kühlschrank	40:00	293:23
Farbfernsehgerät	96:13	846:09
Pkw	607:24	3807:42
Eisenbahnwochenkarte	1:47	0:29
Monatsmiete einer 80 m²-Wohnung	62:15	16:45
Roggenbrot	0:13	0:06
Blumenkohl	0:10	0:21
Schokolade	0:54	0:44

(Bundesministerium für innerdeutsche Beziehungen [Hg.], Zahlenspiegel, Bonn 1986, S. 75 f., 86)

B 3 Die Altstadt von Halberstadt

B 5 Blick zum neu errichteten Ernst-Thälmann-Park, Berlin, 1974

6. Die Entwicklung in der DDR – 1970 bis 1989

aus der Industrieproduktion von 1970 bis 1974 um 65 % stiegen, erhöhten sich die Preise für Rohstoffimporte im gleichen Zeitraum um 170 %. Doch die SED-Führung gab die höheren Kosten nicht an die Bevölkerung weiter, sie subventionierte für viele Konsumgüter und Dienstleistungen die Preise und nahm dafür Kredite und eine ständig wachsende Staatsverschuldung in Kauf. Bis 1989 hatte die Verschuldung eine Höhe von ca. 26,5 Milliarden Dollar erreicht. Die DDR lebte weit über ihre Verhältnisse; der wirtschaftliche Kollaps war absehbar. Doch dies war in der DDR ein Staatsgeheimnis, von dem nur einige Spitzenfunktionäre der SED wussten.

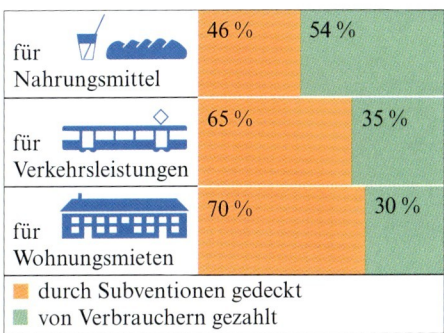

B6 DDR-Subventionswirtschaft

Q7 E. Honecker 1989 zur Mauer:

Mit dem Bau des antifaschistischen Schutzwalls im Jahre 1961 wurde die Lage in Europa stabilisiert, der Frieden gerettet ... Die Mauer wird so lange bleiben, wie die Bedingungen nicht geändert werden, die zu ihrer Errichtung geführt haben. Sie wird in 50 und auch in 100 Jahren noch bestehen bleiben, wenn die dazu vorhandenen Gründe noch nicht beseitigt sind. Das ist erforderlich, um unsere Republik vor Räubern zu schützen, ganz zu schweigen vor denen, die gern bereit sind, Stabilität und Frieden in Europa zu stören.

(In: G. Helwig [Hg.], Die letzten Jahre der DDR. Texte zum Alltagsleben. Köln 1990, S. 131. Gek.)

Scheinliberalisierung in Kultur und Politik – Es dürfe „in der Kultur keine Tabus" geben, hatte Erich Honecker 1971 zu Beginn seiner Machtübernahme formuliert. Doch Kritiker, die durch die „Schlussakte von Helsinki" ermutigt waren und Missstände in Politik, Wirtschaft oder Kultur offenlegten, wurden durch die SED gemaßregelt und verfolgt. Mit der Ausbürgerung des Liedermachers Wolf Biermann 1976 war die Phase scheinbarer Liberalisierung vorbei. Viele DDR-Künstler wie Manfred Krug, Reiner Kunze und Sarah Kirsch gingen in den Westen. Andere, wie der Schriftsteller Erich Loest, erhielten Publikationsverbot. In allen Bereichen beharrte die SED auf ihrem absoluten Führungsanspruch. Die Regierung hatte die Direktiven der SED umzusetzen.

B8 Käuferschlange vor einem Gemüseladen in Bitterfeld 1989

ARBEITSAUFTRÄGE

1. Erörtern Sie mit Q1 und Q2 die Bedeutung der „Schlussakte von Helsinki" für das Entstehen der DDR-Bürgerbewegung.
2. Erläutern Sie mit B3, B5 und B6 die Wohnungsbaupolitik der DDR. Diskutieren Sie Vor- und Nachteile.
3. Erläutern Sie mit T4 und B6 die Schwerpunkte der DDR-Subventionspolitik. Diskutieren Sie mögliche Vorteile für die Bevölkerung sowie Nachteile für die Gesamtwirtschaft.
4. Nennen Sie mit Hilfe von T4 und B8 Probleme bei der Versorgung der Bevölkerung mit Konsumgütern.
5. Überprüfen und beurteilen Sie mit Q7 das Selbstverständnis der SED-Führung kurz vor dem Mauerfall. Nutzen Sie für Ihre Beurteilung auch T4 und B8.

7. Frauen in beiden Teilen Deutschlands

Die Gleichberechtigung von Frau und Mann war in den Verfassungen der DDR und der Bundesrepublik festgelegt. Doch die gesellschaftliche Wirklichkeit entsprach dem nur zum Teil. Familie und Berufstätigkeit ließen sich für Frauen in Ost und West oft nicht leicht vereinbaren. Welche Wege gingen die beiden deutschen Staaten, um das Problem zu lösen?

DDR: Berufstätigkeit als Grundlage – Als Voraussetzung für die Gleichberechtigung der Frau galt in der DDR ihre Berufstätigkeit. Seit den 1950er Jahren wurde die Berufstätigkeit lediger und verheirateter Frauen systematisch gefördert; auch deshalb, weil ihre Arbeitskraft für die ökonomische Entwicklung der DDR dringend benötigt wurde. In den 1960er Jahren wurden auch die Bedingungen der beruflichen Qualifizierung von Frauen verbessert. Um berufstätige Mütter zu entlasten, wurden die **Angebote zur Kinderbetreuung** ausgebaut. Dadurch konnten Frauen in der DDR in der Regel ohne Unterbrechung erwerbstätig sein. Neben bezahltem Schwangerschaftsurlaub gab es die Möglichkeit, ein **bezahltes Babyjahr** zu nehmen. Frauen waren alle beruflichen Bereiche geöffnet. Sie gelangten jedoch in einigen Berufen seltener als Männer in Führungspositionen. „Typische" Frauenberufe wurden, wie auch in der Bundesrepublik, oft schlechter bezahlt als Männerberufe.

B 2 Abteilungsleiterin im VEB Kabelwerk Oberspree, DDR, 1985

Q 1 Zuschrift einer Architektin an die DDR-Frauenzeitschrift „Für Dich":

1 Ich bin nach der Arbeit um 17.00 Uhr zu Hause. Bis 18.00 Uhr dann Einkäufe, Dienstleistungen, Schulsachen angucken. Jeden Abend
5 wasche ich nur Dinge, die die Wäscherei nicht annimmt. Beim Kleinen muss ich jeden Abend die Hausaufgaben kontrollieren. Etwa um 18.00 Uhr gibt es Abendbrot.
10 Bis 19.00 Uhr ist Familientreff. Anschließend waschen sich die Kinder. Andreas (der Ehemann) macht die nötige Hausarbeit. Dann wird gespielt, Würfelspiele
15 oder Vorlesen... Um 20 Uhr geht Achim ins Bett, eine halbe Stunde später Sebastian. Ab 21.00 Uhr verfügen wir über unsere Zeit ...

(In: Für Dich 20/1988, S. 26f. Gekürzt)

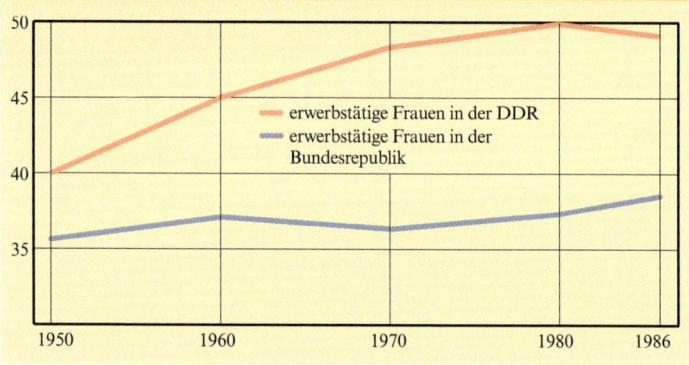

D 3 Anteil erwerbstätiger Frauen an allen Erwerbstätigen in Prozent

— erwerbstätige Frauen in der DDR
— erwerbstätige Frauen in der Bundesrepublik

T 4 Die Gleichstellung von Frauen in den achtziger Jahren im Vergleich

Frauenanteil in Bildung, Beruf, Politik (in Prozent)	BRD	DDR
Studierende an Hochschulen (1989)	41	59
Promotionen (1988)	26	38
Habilitationen (1988)	9	15
Richterinnen (1989)	18	50
Schuldirektorinnen (1988 bzw. 1982)	20	32
Betriebsrat-/BGL-Vorsitz (1986/1987)	21	50

(In: Informationen zur politischen Bildung, Nr. 270/2001)

Bundesrepublik: Hausfrau und Mutter als Ideal? – Anfang der 1950er Jahre kehrten viele Kriegsgefangene zurück und Millionen Flüchtlinge zogen in das Gebiet der Bundesrepublik. Viele berufstätige Frauen wurden nun aus so genannten Männerberufen verdrängt, in denen sie seit dem Zweiten Weltkrieg gearbeitet hatten. Verheirateten Beamtinnen konnte gekündigt werden, wenn auch ihr Ehemann im Öffentlichen Dienst tätig war. Alte Familienstrukturen und Rollenmuster wurden wiederhergestellt. So bekräftigte das Gleichberechtigungsgesetz von 1958 die im Bürgerlichen Gesetzbuch verankerte so genannte **Hausfrauenehe** und ordnete die Erwerbstätigkeit der Frau ihren Pflichten in Ehe und Familie unter. Doch viele Familien konnten es sich gar nicht leisten, auf den Verdienst der Frauen zu verzichten. Das Einkommen arbeitender Frauen war bei gleicher Qualifikation und Leistung meist niedriger als das von Männern. Auch ihre Ausbildungschancen waren schlechter.

Emanzipation – In den 1970er Jahren entstand in der Bundesrepublik eine von Parteien unabhängige **Frauenbewegung**, in der Frauen für die Verwirklichung der Gleichberechtigung kämpften. Sie kritisierten die einseitige Arbeitsteilung zwischen Männern und Frauen und lehnten die traditionelle Rolle als „Hausfrau und Mutter" ab. Frauen kämpften auch gegen das **Verbot der Abtreibung**, die gemäß § 218 des Strafgesetzbuchs bis 1974 mit Gefängnis bestraft wurde. Erst Ende der 1970er Jahre wurde das Leitbild der Hausfrauenehe aufgegeben. In den 1980er Jahren wurden in Parteien, Verbänden und im Öffentlichen Dienst die so genannten **Quotenregelungen** eingeführt: Bei gleicher Qualifikation sollen Frauen ihren männlichen Mitbewerbern so lange vorgezogen werden, bis die vereinbarte Quote an Frauen erreicht ist.

B 6 Titelseite der Zeitschrift „stern", BRD, 6. Juni 1971

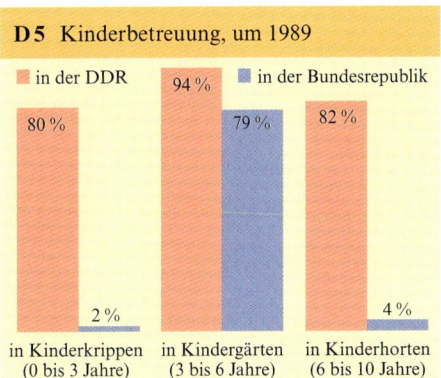

D 5 Kinderbetreuung, um 1989

ARBEITSAUFTRÄGE

1. Beschreiben Sie anhand von Q1 die Doppelbelastung berufstätiger Frauen.
2. Formulieren Sie eine These, wie das Selbstverständnis der Frauen in der DDR durch die Berufstätigkeit geprägt wurde (B 2).
3. Erläutern Sie mit D 3 und D 5 die unterschiedliche Entwicklung der Berufstätigkeit von Frauen in beiden Ländern.
4. Vergleichen Sie anhand von T 4 den Anteil von Frauen in höheren Positionen in beiden Ländern und diskutieren Sie Vor- und Nachteile einer Quotenregelung.
5. Erörtern Sie die Bedeutung der Aktion in B 6 für die Frauen in der Bundesrepublik. Informieren Sie sich, wie die Regelung zum Schwangerschaftsabbruch in der DDR war.

8. Sport und Sportförderung in der DDR

Mit 18 Mio. Einwohnern gehörte die DDR zu den kleinen Staaten der Welt. Doch in den Nationenwertungen der Olympischen Spiele gehörte sie neben den USA und der Sowjetunion zu den großen drei. Kein Land der Welt gab pro Kopf der Bevölkerung soviel Geld für die Förderung des Spitzensports aus wie die DDR. Welches Ziel verfolgte die DDR-Führung mit ihrer Sportpolitik?

Sportler als Botschafter der DDR – Bis 1968 traten die Sportler aus Ost- und Westdeutschland bei den Olympischen Spielen gemeinsam in einer Mannschaft auf. Doch 1972 schaffte die DDR auch sportpolitisch den Durchbruch zur internationalen Anerkennung: Sie konnte mit eigener Olympiamannschaft, eigener Fahne und Hymne antreten. Die großen Erfolge von DDR-Sportlern in internationalen Wettkämpfen waren ein wichtiger Baustein für das Ansehen der DDR.

Sportförderung – In speziellen Kinder- und Jugendsportschulen wurden Talente früh und systematisch gefördert. „Ihr seid Botschafter der DDR", lauteten die Appelle der Funktionäre an die DDR-Sportler. Erfolgreiche Sportler genossen seit den 1950er Jahren Privilegien: bei der Wohnungsvergabe oder beim Neukauf eines Autos. Sogenannte „Meisterathleten" bezogen Gehälter und Zuschläge durch Patenbetriebe, die Partei oder die Armee.

Licht- und Schattenseiten – Als Kaderschmiede für DDR-Sportler dienten die Kinder- und Jugendsportschulen und die Sportklubs. Das „Forschungsinstitut für Körperkultur und Sport" in Leipzig schuf die sportwissenschaftlichen Grundlagen für die Erfolge der DDR-Sportler. Gleichzeitig war es aber auch Ausgangspunkt für das gezielt eingesetzte **Doping im DDR-Sport**. Seit Mitte der 1960er Jahre wurden an viele männliche und weibliche Athleten verbotene und langfristig gesundheitsschädliche Mittel zum Muskelaufbau und zur Leistungsförderung verabreicht. Meist geschah das ohne Wissen der Sportler. Nach 1990 wurden mehrere frühere Sportfunktionäre der DDR dafür wegen Körperverletzung angeklagt und verurteilt.

Katharina Witt, erfolgreiche DDR-Eiskunstläuferin

D1 Medaillenspiegel Olympia 1972

	Gold	Silber	Bronze
UdSSR	50	27	22
USA	33	31	30
DDR	20	23	23
BRD	13	11	16
Japan	13	8	16
Australien	8	7	2
Polen	7	5	9
Ungarn	6	13	16

Q2 Sportpolitische Argumentation zur Vorbereitung des Olympiakaders für München 1972:

Die Klassenauseinandersetzung auf sportlichem Gebiet hat ein solches Ausmaß erreicht, dass prinzipiell kein Unterschied zur militärischen Ebene besteht. So wie der Soldat der DDR, der an der Staatsgrenze seinem imperi-
5 alistischen Feind in der NATO-Bundeswehr gegenübersteht, so muss der DDR-Sportler in dem Sportler der BRD seinen politischen Gegner sehen. Unser Kampf ist so hart, dass er ... auch gegen die Sortler der BRD geführt werden muss... Für uns bedeutet das: Es kann kei-
10 ne Verbindungen, keine Kontakte mehr zu Personen der BRD und anderer kapitalistischer Länder geben. Jeder Briefverkehr, jedes auch noch so freundschaftlich scheinende und teilweise vielleicht ehrlich gemeinte Gespräch muss von unseren Sportlern abgelehnt, ... jede Lücke in
15 unserer Mannschaft muss geschlossen werden.

(G. Hartmann, Goldkinder – die DDR im Spiegel ihres Spitzensportes, Leipzig 1997, S. 83. Gekürzt)

ARBEITSAUFTRÄGE

1. Beschreiben Sie anhand von D1, welche Position die DDR im internationalen Spitzensport einnahm. Erläutern Sie, welche innen- und außenpolitische Bedeutung dies hatte.
2. Legen Sie mit Q2 dar, wie sich DDR-Sportler gemäß staatlicher Weisung im Ausland zu sehen und zu verhalten hatten.

	Politik	Kultur	Alltag/Wirtschaft
1980	1987: Staatsbesuch Honeckers in der Bundesrepublik 1982: CDU/FDP-Koalition unter Bundeskanzler Kohl in der Bundesrepublik 12.12.1979: NATO-Doppelbeschluss zur Nachrüstung 1975: KSZE-Schlussakte von Helsinki 1972: Grundlagenvertrag zwischen der DDR und der Bundesrepublik; 1971: Honecker wird Erster Sekretär des ZK der SED;	1980: Die GRÜNEN konstituieren sich als Bundespartei; 1980: Entstehung einer Friedensbewegung in Europa 1977: Reform des Ehe- und Familienrechts in der Bundesrepublik; 1976: Ausbürgerung des Liedermachers Biermann aus der DDR 1970er Jahre: verstärkte Sportförderung in der DDR; 1970er Jahre: Kritische Rockszene in der DDR	1981ff.: Demonstrationen der Friedensbewegung und Atomkraftgegner in der Bundesrepublik; 1980er Jahre: wirtschaftliche Stagnation in der DDR; 1976: Mitbestimmungsrecht für bundesdeutsche Betriebe; 1975/77: Terroranschläge und Entführungen in der Bundesrepublik durch die RAF; 1974/76: Programme zur Verbesserung der Lebens- und Arbeitsbedingungen in der DDR; 1973: Erster Ölpreisschock;
1970	1970/71: Ostverträge und „Viermächteabkommen" über Berlin; 1969: Sozialliberale Koalition unter Bundeskanzler Brandt in der Bundesrepublik 1967: Große Koalition von CDU und SPD in der Bundesrepublik; 1963: Erhard wird Nachfolger Adenauers als Kanzler der Bundesrepublik	1968: Demonstrationen gegen Notstandsgesetze in der Bundesrepublik; 1967 ff.: Studentenprotest in der Bundesrepublik (APO) 1964: „Deutschlandtreffen der Jugend" in Ost-Berlin; 1963 ff.: Entstehung einer Oppositionsbewegung in der DDR; 1962: „Spiegelaffäre"/Diskussion über Pressefreiheit in der Bundesrepublik	1972: Die Berliner Mauer wird für West-Berliner passierbar; der innerdeutsche Reiseverkehr steigt; 1967: „Stabilitätsgesetz" in der Bundesrepublik 1966: erster Wirtschaftsabschwung in der Bundesrepublik; Anstieg der Arbeitslosenzahlen; 1963–65: Phase wirtschaftlicher Reformen in der DDR durch Dezentralisierung
1960	1961: Abschottung der DDR gegen den Westen, Bau der Berliner Mauer; 1955: Beitritt der Bundesrepublik zur NATO, der DDR zum Warschauer Pakt; 17.6.1953: Volksaufstand in der DDR 1949 ff.: Westintegration der Bundesrepublik und Ostintegration der DDR	1958 ff.: Widerstand der evangelischen Kirche der DDR gegen staatliche Machtansprüche; 1956 ff.: Diskussion eines „Dritten Wegs" zwischen Kapitalismus und Kommunismus bei kritischen DDR-Intellektuellen; 1955 ff.: Zunahme von Urlaubsreisen der Bundesbürgern; Rückzug ins Private;	1961 ff.: Verstärkter Rückzug vieler DDR-Bürger ins Private (Datsche); 1955 ff.: zunehmender Arbeitskräftemangel in der DDR durch Flucht v. a. junger Menschen in die Bundesrepublik; 1952 ff.: schlechte Konsumgüterversorgung, Preiserhöhungen sowie Erhöhung der Arbeitsnormen in der DDR; 1952 ff.: Kollektivierung der Landwirtschaft in der DDR; 1950 ff.: „Wirtschaftswunder" in der Bundesrepublik;
1950	1949: Gründung der Bundesrepublik Deutschland und der DDR; seit 1946: Einparteiensystem in der DDR, Mehrparteiensystem in der Bundesrepublik	1950 ff.: Leseförderung in der DDR 1946 ff.: Die FDJ hat großen Einfluss auf die Freizeitgestaltung der DDR-Jugendlichen	1949ff.: Einführung der zentralen Planwirtschaft in der DDR, der sozialen Marktwirtschaft in der Bundesrepublik

Zusammenfassung – Das geteilte Deutschland

Die Differenzen zwischen den Westmächte auf der einen und der UdSSR auf der anderen Seite führten 1949 zur **Gründung zweier deutscher Staaten**. In der Bundesrepublik Deutschland wurde eine parlamentarische Demokratie und die soziale Marktwirtschaft eingeführt. Sie wurde Mitglied des westlichen Verteidigungsbündnisses NATO. Die DDR entstand nach sowjetischem Vorbild als Volksdemokratie mit zentraler Planwirtschaft. Sie wurde Mitglied des Warschauer Paktes.

Nach dem so genannten **Wirtschaftswunder** der 1950er Jahre erlebte die Bundesrepublik in den 1960er Jahren erste wirtschaftliche und soziale Krisen. Die **Studentenbewegung** Ende der 1960er Jahre hatte in den 1970er Jahren Einfluss auf die Modernisierung von Staat und Gesellschaft. Es entstanden die Frauenbewegung, die Friedensbewegung sowie die Partei der Grünen.

In der DDR sicherte sich die SED eine **Einparteienherrschaft**, die sich auf alle Bereiche des Staates ausdehnte. Ein Volksaufstand am **17. Juni 1953** wurde brutal niedergeschlagen. Die Unterdrückung kritischer Meinungen bewirkte bei vielen den Rückzug ins Private; viele jungen DDR-Bürger flohen in den Westen. Das veranlasste die DDR-Führung 1961 zur Abgrenzung gegenüber dem Westen und zum **Bau der Mauer**. Anfang der 1970er Jahre leitete die SED eine Phase der Liberalisierung ein. Auch die Konsumgüterversorgung konnte deutlich verbessert werden; das ging aber mit einer wachsenden Staatsverschuldung der DDR einher.

Der deutsche Bundeskanzler Willy Brandt (SPD) begann 1969 eine Politik der Versöhnung mit den Staaten Osteuropas sowie der Annäherung zwischen beiden deutschen Staaten. Der **Grundlagenvertrag** zwischen der DDR und der Bundesrepublik brachte Erleichterungen für die Menschen in Ost und West.

ARBEITSAUFTRÄGE

1. Die deutsche Bundesregierung unter Bundeskanzler Brandt hatte ihre Deutschland- und Ostpolitik unter das Motto „Wandel durch Annäherung" gestellt. Erläutern und beurteilen Sie diese Zielsetzung.
2. Diskutieren Sie mögliche Gründe dafür, warum die Bürgerbewegung in der DDR erst Ende der 1980er Jahre zu einer Massenbewegung wurde.

ZUM WEITERLESEN

H. Bosetzky: Capri und Kartoffelpuffer. Argon, Berlin 1997
A. Schwarz: Die Grenze – ich habe sie gespürt! dtv junior, München 1991
I. Heyne: „...und keiner hat mich gefragt". Arena, Würzburg 1989
G. Preuß: Wie ein Vogel aus dem Ei. Tabu Verlag, München 1998
K. Kordon: Tage wie Jahre. Beltz & Gelberg, Weinheim 1989

@/1 www.dhm.de/ausstellungen/kalter_krieg/a_r02.htm
@/2 www.lsg.musin.de/Geschichte/KK/aera_adenauer.htm
@/3 www.lsg.musin.de/Geschichte/Wirtschaftswunder/wirtschaftswunder_index.htm
@/4 www.bundestag.de/info/parlhist/g1960_7.html
@/5 www.fr.-aktuell.de
www.bz.berlin.de
@/6 www.dhm.de/lemo/html/DasGeteilteDeutschland/JahresDesAufbausInOstUndWest/SEDStaat/ministeriumFuerStaatssicherheit.html
@/7 jump.to/1953
@/8 www.hausarbeiten.de/rd/archiv/paedagogik/paed-bildungddr/paed-bildungddr.shtml
@/9 www.dhm.de/lemo/html/DasGeteilteDeutschland/KontinuitaetUndWandel/NeueOstpolitik/
@/10 www.ddr-sport.de/

Die Wiedervereinigung Deutschlands

Der sowjetische Generalsekretär Gorbatschow leitete 1985 unter dem Schlagwort Perestroika einen grundlegenden Umbau des sowjetischen Staates und der Gesellschaft ein. Die lange unterdrückten Demokratiebewegungen in den Staaten Osteuropas erhielten neuen Auftrieb. In einem dramatischen und doch unblutigen Kampf gelang es den Deutschen in der DDR, sich von der SED-Herrschaft zu befreien.

144 Die Wiedervereinigung Deutschlands

ARBEITSAUFTRAG

Analysieren Sie die politischen Veränderungen in Ost-, Mittel- und Südosteuropa in den Jahren 1989/90. Fassen Sie in einer Tabelle zusammen, in welchen Ländern die Veränderungen bereits 1989/90 zu einem Mehrparteiensystem führen.

1. Der Niedergang der Sowjetunion

1953 starb der sowjetische Partei- und Staatschef Stalin. Nach langen Jahren politischer Unterdrückung und wirtschaftlicher Not hoffte die Bevölkerung auf Veränderungen, vor allem auf eine Verbesserung ihres Lebensstandards. NIKITA CHRUSCHTSCHOW (1953–1964) und LEONID BRESCHNEW (1964–1982), die neuen Führer der Kommunistischen Partei, setzten teilweise Reformen in Gang. Welche Folgen hatte dies für die Menschen in der Sowjetunion?

Staat, Partei, Wirtschaft und Gesellschaft – Trotz des eingeschlagenen Reformkurses blieb die Alleinherrschaft der Sowjetischen Kommunistischen Partei (KPdSU) bestehen. Dies lag im Interesse der Parteiführung, einer kleinen Gruppe meist älterer Parteifunktionäre. Vom Politbüro aus, der Moskauer Parteizentrale, regierten sie die Partei und den mit ihr eng verflochtenen Staat. Jüngere Parteimitglieder gelangten kaum an die Spitze des Parteiapparats. Die seit 1953 erreichten Erfolge in der Industrie und Landwirtschaft waren nicht von Dauer. In den folgenden Jahrzehnten blieben die Produktionsergebnisse hinter den ehrgeizigen Planungen zurück. Aufgrund des fortgesetzten **Wettrüstens mit den USA** und des Festhaltens an der **zentralen Wirtschaftsplanung** blieben die Reformen wirkungslos. Die versprochenen Verbesserungen der Versorgung der Bevölkerung mit Lebensmitteln und Konsumgütern blieben aus. Angehörige der Nomenklatura (= höhere Parteifunktionäre) genossen allerdings zahlreiche Vorrechte: bessere Lebensmittelversorgung, eigene Krankenhäuser, Auslandsreisen und anderes mehr.

Widerstand und Unterdrückung – Viele Wissenschaftler, Künstler und Schriftsteller forderten nach Stalins Tod und mit Beginn der Reformen die Anerkennung und Durchsetzung der Menschenrechte in der Sowjetunion. Doch Partei und Staat gingen mit Härte gegen die **Dissidenten** (= anders Denkende) vor: Mit Gefängnisstrafen, Verbannung und Einweisung in psychiatrische Kliniken versuchte man die Kritiker zum Schweigen zu bringen.

PERSONENLEXIKON

NIKITA SERGEJEWITSCH CHRUSCHTSCHOW, 1894–1971.
1953–1964 Erster Sekretär der KPdSU; gab 1956 den Auftakt zur Entstalinisierung, schlug aber in demselben Jahr einen Aufstand in Ungarn blutig nieder;
1962 provozierte er eine Raketenkrise um Kuba. Chruschtschow wurde 1964 gestürzt und verlor alle Parteiämter.

B 1 „Bezwinger des Kosmos", Aquarell 1961

B 2 Der zerstörte Reaktor des Atomkraftwerks Tschernobyl nach der Explosion, Luftaufnahme vom Mai 1986

Glasnost und Perestroika – Im März 1985 wurde **Michail Gorbatschow** zum neuen Generalsekretär der Kommunistischen Partei gewählt. Mit 54 Jahren war er ein Vertreter der jüngeren Generation im Politbüro. Gorbatschow kritisierte die Missstände in der UdSSR: die Konzentration auf die Schwerindustrie, die schlechte Versorgung der Bevölkerung mit Lebensmitteln und Konsumgütern, die Korruption und die Gleichgültigkeit der Funktionäre. Er forderte den **grundlegenden Umbau von Staat und Gesellschaft** (= Perestroika). Voraussetzungen für das Gelingen der Perestroika seien **Information und Diskussion** über alle wichtigen Angelegenheiten (= Glasnost). Gorbatschow wollte den Sozialismus durch die Aufnahme marktwirtschaftlicher Elemente und durch eine Demokratisierung weiterentwickeln. @/1

Demokratisierung – Erstmals seit 70 Jahren hatte die Bevölkerung 1989 bei geheimen Wahlen eine Auswahl zwischen konkurrierenden Kandidaten. Die Massenmedien berichteten offen über die Missstände im Land. Doch die wirtschaftlichen Probleme der Sowjetunion waren mit den eingeschlagenen Reformen nicht zu lösen. Stattdessen sank die Produktion, Versorgungsengpässe nahmen zu, Inflation und Arbeitslosigkeit stiegen. Gleichzeitig lebten in der UdSSR **nationale Unabhängigkeitsbewegungen** auf. Estland, Lettland und Litauen, die 1940 von der UdSSR annektiert worden waren, erklärten 1990 ihre Unabhängigkeit. Die anderen Unionsrepubliken folgten.

PERSONENLEXIKON

Michail S. Gorbatschow, geb. 1931. Jurist. 1985–1991 Erster Generalsekretär der KPdSU, 1990–1991 Staatspräsident. Er ermöglichte einen Wandel der Sowjetunion durch Demokratisierung und Offenheit nach innen und außen. Gorbatschow erhielt 1990 den Friedensnobelpreis. Seine Politik ermöglichte auch die deutsche Wiedervereinigung von 1990.

Q 3 Aus dem Bericht einer Leningrader Ärztin über das Schicksal eines Dissidenten, 1976:

Im April 1974 wurde Anatolij D. Ponomarew mein Patient … Im Jahre 1970 wurde er … verhaftet, denn der KGB [die sowjetische Geheimpolizei] hatte nicht vergessen, dass er sich 1968 als Einziger an seinem Arbeitsplatz gegen die [sowjetische] Invasion in der Tschechoslowakei ausgesprochen hatte. Unter Chruschtschow hatte er bereits angefangen Unterschriften zu sammeln. Nun wurde seine Wohnung durchsucht und dabei fand man diese Unterschriften zusammen mit einem Brief von Solschenizyn an den Schriftstellerverband sowie einige satirische Gedichte. Dies genügte, um ihn … zu verurteilen. Man wies ihn in eine Spezialabteilung einer psychiatrischen Abteilung in Leningrad ein … Danach wurde er kurzerhand in unser Krankenhaus überführt.

(In: H. Mögenburg, Russland im Umbruch. Frankfurt/M. 1992, S.138. Gekürzt)

D 4 Wachstumsraten der Industrieproduktion der UdSSR 1951–1985, in % zu den Vorjahren

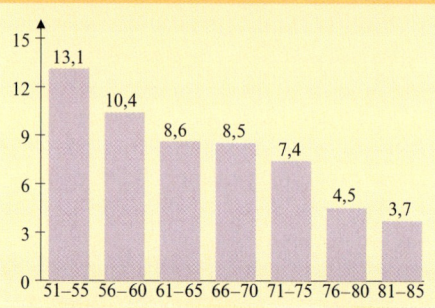

Zeitraum	Wachstum
51–55	13,1
56–60	10,4
61–65	8,6
66–70	8,5
71–75	7,4
76–80	4,5
81–85	3,7

(Nach: M. Hildermeier, Geschichte der Sowjetunion 1917–1991, München 1998, S. 1174)

T 5 Ein Arbeiter mit Durchschnittseinkommen arbeitete 1982 für…

… Produkt/Dienstleistung	in Moskau	in Washington
1 kg Brot	17 Minuten	16 Minuten
1 kg Kartoffeln	7 Minuten	7 Minuten
1 kg Rindfleisch	123 Minuten	69 Minuten
1 kg Butter	222 Minuten	56 Minuten
100 g Tee	53 Minuten	10 Minuten
1 kg Äpfel	22 Minuten	10 Minuten
1 Herrenhemd	615 Minuten	137 Minuten
Herrenschuhe	25 Stunden	8 Stunden
Fernsehgerät (schwarz-weiß, 61-cm-Bildröhre)	299 Stunden	38 Stunden
Auto (Kleinwagen)	53 Monate	5 Monate
Bus-Fahrschein (2–3 km)	3 Minuten	7 Minuten
Miete (staatl. subventioniert für 4-Personen-Haushalt)	12 Stunden	51 Stunden

(Nach: H. Altrichter, Kleine Geschichte der Sowjetunion, München 1993, S. 220)

1. Der Niedergang der Sowjetunion

Das Ende der Sowjetunion – Gorbatschow – der 1990 zum Staatspräsidenten gewählt worden war – wollte das Auseinanderbrechen der Sowjetunion verhindern. Nach seinen Vorstellungen sollten die einzelnen Republiken jedoch mehr Rechte erhalten. Am 19. August 1991 unternahmen Reformgegner einen **Putschversuch gegen Gorbatschow**. Der Staatsstreich schlug vor allem dank des unerschrockenen Widerstandes der Moskauer Bevölkerung fehl. Glasnost war nicht ohne Wirkung auf die Menschen geblieben. Doch der Zerfall der UdSSR war nicht aufzuhalten. Gorbatschow trat vom Amt des Staatspräsidenten zurück; am 31.12.1991 endete die 69-jährige Geschichte der Sowjetunion. Nach der Auflösung der UdSSR gründete Russland mit zehn anderen ehemaligen Sowjetrepubliken die „**Gemeinschaft Unabhängiger Staaten**" (GUS), eine lockere Verbindung zur politischen und wirtschaftlichen Zusammenarbeit. 1991 wurde **Boris Jelzin** zum ersten Präsidenten der **Russischen Föderation**, wie Russland sich jetzt nannte, gewählt.

Russland heute – Gegenwärtig steht Russland vor schweren Problemen: Viele Menschen sind angesichts zunehmender Verarmung und steigender Kriminalität noch nicht von den Vorzügen der Demokratie und der Marktwirtschaft überzeugt. Einige Völker der Russischen Föderation, besonders in der Kaukasusregion, sind mit der ihnen zugestandenen Selbstverwaltung nicht zufrieden und fordern die nationale Unabhängigkeit.

Der Zerfall der Sowjetunion 1991 K7

Q6 Der sowjetische Parteichef Gorbatschow über Perestroika und Glasnost, 1987:

1 Perestroika ist eine unumgängliche Notwendigkeit... Diese Gesellschaft ist reif für eine Veränderung. Sie hat sich lange danach
5 gesehnt. Jeder Aufschub ... hätte in naher Zukunft zu einer Verschlechterung der Situation im Innern führen können und ... eine ernste soziale, wirtschaftliche
10 und politische Krise heraufbeschwören ... Wir wollen Offenheit in allen öffentlichen Angelegenheiten und in allen Bereichen des Lebens. Das Volk muss wissen,
15 was gut und was schlecht ist, um das Gute zu mehren und das Schlechte zu bekämpfen. So sollten die Dinge im Sozialismus sein.

(In: M. Gorbatschow, Perestroika, Die zweite russische Revolution, München 1987. S. 17; S. 92. Gekürzt)

ARBEITSAUFTRÄGE

1. Erläutern Sie, welches Bild der Sowjetunion das Aquarell B1 vermitteln soll.
2. Beschreiben Sie mit B2 das Ausmaß der Zerstörung des Atomreaktors von Tschernobyl. Recherchieren Sie im Internet, welche Folgen der Reaktorunfall für die Menschen und die Umwelt in der Ukraine sowie in Europa hatte.
3. Beurteilen Sie anhand von Q3 das Verhalten des sowjetischen Staates gegenüber Dissidenten.
4. Beschreiben und bewerten Sie mit D4 die Entwicklung des Wachstums der sowjetischen Industrieproduktion 1951–1985.
5. Listen Sie mit T5 die Produkte oder Dienstleistungen auf, für die ein sowjetischer Arbeiter deutlich länger arbeiten musste als ein amerikanischer. Für welche hat er kürzer gearbeitet?
6. Benennen Sie mit Q6 die Ziele von Glasnost und Perestroika. Diskutieren Sie, ob die Reformen eine Abkehr vom Sozialismus sowjetischer Prägung bedeuteten.
7. Beschreiben Sie mit Hilfe von K7 den Zerfall der UdSSR. Informieren Sie sich über die Entwicklung einzelner Staaten.

2. Die Auflösung des Ostblocks

Im August 1968 hatte die sowjetische Führung durch militärisches Eingreifen den „Prager Frühling" beendet. Der Versuch tschechoslowakischer Kommunisten, den Sozialismus zu reformieren und den Menschen mehr demokratische Rechte zu geben, war gewaltsam niedergeschlagen worden. Dennoch forderten die Menschen in Osteuropa immer wieder mehr Demokratie und größere Freiheitsrechte. Die Reformpolitik Gorbatschows kam diesen Bestrebungen entgegen. Wie entwickelte sich die Demokratiebewegung in den einzelnen Ländern?

Reformbewegung in Osteuropa – 1980 hatten in Polen die Arbeiter der Danziger Lenin-Werft die unabhängige Gewerkschaft „Solidarnosc" (= Solidarität) gegründet und ihre Anerkennung durch die kommunistische Regierung erzwungen. Unterstützt durch die katholische Kirche, ließ sich die Opposition auch durch das 1981 ausgerufene **Kriegsrecht** nicht mundtot machen. Aufgrund der wirtschaftlichen Notlage und angesichts der Veränderungen in der Sowjetunion seit 1985 lenkten die polnischen Machthaber ein. Ende 1989 verhandelten Regierung und Opposition an einem „**Runden Tisch**" über politische und wirtschaftliche Reformen. Schrittweise erfolgte der **Übergang zu Demokratie und Marktwirtschaft**. 1990 wurde der Gewerkschaftsführer LECH WALESA in freien und geheimen Wahlen zum Präsidenten der Republik Polen gewählt.

Auch Ungarn und die Tschechoslowakei schlugen den Weg zur Demokratie ein. Die Kommunistische Partei Ungarns verzichtete auf ihr Machtmonopol. Mit Vertretern der Opposition vereinbarte sie 1989 am „Runden Tisch" den Übergang zu einer parlamentarischen Demokratie. In der Tschechoslowakei versuchte die Regierung, die Demokratiebewegung mit starken Polizeieinsätzen niederzuschlagen. Das „Bürgerforum" organisierte einen Massenprotest und zwang die Regierung zum Verhandeln am „Runden Tisch". Ende 1989 wurde der Schriftsteller VACLAV HAVEL zum Staatspräsidenten gewählt.

PERSONENLEXIKON

LEONID BRESCHNEW, 1906–1982. Nach dem Sturz Chruschtschows 1964 bis zu seinem Tod 1982 Erster Sekretär der KPdSU; unterstützte Nordvietnam im Krieg gegen die USA; zerschlug mit anderen Warschauer-Pakt-Staaten 1968 den „Prager Frühling"; schloss 1970 den „Moskauer Vertrag" mit der Bundesrepublik; setzte 1979 die militärische Intervention der Sowjetunion in Afghanistan durch.

Q1 KPdSU-Generalsekretär Breschnew über das Selbstbestimmungsrecht der sozialistischen Staaten, November 1968:

Die KPdSU setzte sich immer dafür ein, dass jedes sozialistische Land die konkreten Formen seiner Entwicklung auf dem Wege
5 zum Sozialismus selbst bestimmte. Aber bekanntlich gibt es auch allgemeine Gesetzmäßigkeiten des sozialistischen Aufbaus, und ein Abweichen von diesen Ge-
10 setzmäßigkeiten könnte zu einem Abweichen vom Sozialismus im Allgemeinen führen. Und wenn innere und äußere dem Sozialismus feindliche Kräfte die Entwicklung
15 eines sozialistischen Landes auf eine Wiederherstellung der kapitalistischen Zustände zu drängen versuchen ... dann wird dies zu einer Gefahr für die Sicherheit der
20 gesamten sozialistischen Staatengemeinschaft, ... um die sich alle sozialistischen Staaten kümmern müssen.

(In: Mickel/Wiegand [Hg.], Geschichte, Politik und Gesellschaft,2., Berlin 1993, S.182. Gekürzt)

Q2 KPdSU-Generalsekretär Gorbatschow über die Beziehungen zwischen den sozialistischen Staaten (1987):

Wichtigste Rahmenbedingung der politischen Beziehungen zwischen den sozialistischen Staaten muss die absolute Unabhängigkeit dieser Staaten sein ... Die Unabhängigkeit jeder Partei, ihr souveränes Recht, über
5 die Probleme des betreffenden Landes zu entscheiden, und ihre Verantwortung gegenüber der von ihr vertretenen Nation sind Prinzipien, die über jede Diskussion erhaben sind.

(In: M. Gorbatschow, Perestroika, Die zweite russische Revolution, München 1987, S.212. Gekürzt)

2. Die Auflösung des Ostblocks

Widerstände – In Rumänien herrschte seit 1967 der sozialistische Diktator NICOLAI CEAUCESCU. Gestützt auf die Geheimpolizei, hatte sein Regime das Land wirtschaftlich ruiniert. Die Bevölkerung war verelendet. Erst ein Volksaufstand und der Abfall der Armee im Dezember 1989 führten zum Ende der Herrschaft Ceaucescus. Auch die Führung der DDR lehnte die Reformpolitik Gorbatschows ab und versuchte, die Ideen von Glasnost und Perestroika in der DDR zu unterdrücken. /3

Das Ende des Ostblocks – Seit dem Ende des Zweiten Weltkrieges hatte die UdSSR Osteuropa beherrscht und ihr politisches und gesellschaftliches System auf diese Länder übertragen. Nachdem die UdSSR an ihren inneren Widersprüchen gescheitert war, verschwanden auch die von ihr geschaffenen und beherrschten Vertragssysteme. 1991 lösten sich der Warschauer Pakt und der Rat für gegenseitige Wirtschaftshilfe auf. /4

> **Q3** B. Geremek (Gewerkschaft Solidarnosc) über die Forderungen der polnischen Opposition (1989):
>
> 1 [Man] muss die Art und Weise ändern, wie die Bevölkerung ... informiert wird ... Wenn jetzt im Ersten Programm die Nachrichten-
> 5 tensendungen zum Verfügungsbereich der Staatsmacht gehören, müssen sie im Zweiten Programm von der Opposition geleitet werden ... Der Kurs [muss] ... in Rich-
> 10 tung Privatwirtschaft festgelegt werden. Ohne eine Änderung der Eigentumsverhältnisse gibt es keine Änderung des Systems... Eine sehr wichtige [Forderung] ist
> 15 die Berufung eines Nationalrats für das Gerichtswesen ... Nur dann wird die Rechtsprechung aufhören, ein politisches Instrument in den Händen der Staats-
> 20 macht zu sein...
>
> (In: DER SPIEGEL, Nr.31/1989, S. 106. Gekürzt)

PERSONENLEXIKON

LECH WALESA,
geb. 1943.
1980 Gründung und Führung der unabhängigen Gewerkschaft „Solidarnosc";
1983 Friedensnobelpreis;
1990–1995 polnischer Staatspräsident

B 5 Demonstration in Prag vor der Präsidentschaftswahl, Dez. 1989

B 4 Abbau des Lenindenkmals, Vilnius 1991

ARBEITSAUFTRÄGE

1. Erklären Sie mit Q1 die Auffassungen Breschnews vom Selbstbestimmungsrecht der sozialistischen Länder bzw. ihrer Völker.
2. Vergleichen Sie die Aussagen Gorbatschows in Q2 mit Q1. Berücksichtigen Sie die Rolle der kommunistischen Partei in seinen Überlegungen.
3. Nennen und diskutieren Sie mit Q3 die Forderungen der polnischen Opposition im Jahre 1989.
4. Erklären Sie, warum 1991 das Lenin-Denkmal in der litauischen Hauptstadt Vilnius beseitigt wurde (B4).
5. Beschreiben Sie die Stimmung der Demonstranten in B5.

3. Die Opposition in der DDR wächst

Die Führung der SED suchte den Anschein zu erwecken, dass die Bevölkerung der DDR geschlossen hinter ihr stehe und dass die Reformvorstellungen Gorbatschows für die DDR bedeutungslos seien. Dennoch entstand auch in der DDR eine Opposition. Welche konkreten Probleme im Lande gaben den Anstoß dazu und wie reagierte die SED?

Entstehung der Demokratiebewegung – Ende der siebziger Jahre wuchs in Europa die Angst vor einem neuen Krieg, denn seit 1977 hatte die Sowjetunion – später auch die NATO – neue, weit reichende Raketen in Europa aufgestellt. In den Schulen der DDR wurde 1978 der so genannte „Wehrunterricht" zur Stärkung der „sozialistischen Landesverteidigung" eingeführt. Als Antwort darauf entfaltete sich eine vom Staat und von der SED unabhängige **Friedensbewegung**, die ein Ende des Wettrüstens und der Militarisierung der Gesellschaft forderte. Unabhängige **Umweltgruppen** befassten sich mit den Belastungen einer ständig zunehmenden Luft- und Wasserverschmutzung. Auch die **Menschenrechtsbewegung** machte vor der DDR nicht halt. Die Regierung der DDR hatte sich in Helsinki 1975 mit der Unterzeichnung der Schlussakte der „Konferenz über Sicherheit und Zusammenarbeit in Europa" (KSZE) zur **Respektierung der Menschenrechte und der Grundfreiheiten** verpflichtet. Die Friedens-, Umwelt- und Menschenrechtsgruppen beriefen sich auf diese Schlussakte der KSZE und forderten seit den 1980er Jahren mehr Demokratie. Die SED reagierte mit Verboten, Haftstrafen sowie mit der Ausweisung von Kritikern in die Bundesrepublik.

Die Rolle der Kirche – Eine wichtige Rolle bei der Entwicklung der Opposition spielte die evangelische Kirche. Die Kirchen waren als einzige Institutionen in der DDR nicht der kommunistischen Weltanschauung verpflichtet. Die Unterstützung der Oppositionsgruppen war eine Gratwanderung: Einerseits suchte die evangelische Kirche denjenigen beizustehen, die

PERSONENLEXIKON

FRIEDRICH SCHORLEMMER, geb. 1944. Ev. Theologe; Mitbegründer des Demokratischen Aufbruchs (DA); erhielt 1993 den Friedenspreis des deutschen Buchhandels

Q 2 Einspruch Berliner Bürgerrechtler gegen die Gültigkeit der Kommunalwahlen 1989 in Berlin:

1 An den Nationalrat der Nationalen Front der DDR
Wir wollen unsere Gesellschaft konstruktiv gestalten. Darum nahmen wir in Wahrnehmung unserer staatsbürgerlichen Rechte und Pflichten an der öffentlichen
5 Auszählung der Kommunalwahlen am 6. und 7.5.1989 teil… Die in 66 von 67 Wahllokalen des Stadtbezirks Weißensee öffentlich verkündeten Resultate lauten
– *gemäß Bekanntgabe der Wahlvorstände:*

abgegebene Stimmen	ungültige Stimmen	Stimmen für den Wahlvorschlag	Stimmen gegen den Wahlvorschlag
27.680	46	25.410	2.224

Die Veröffentlichung des endgültigen Wahlergebnisses in der Presse vom 10.5.89 zeigt folgende Ergebnisse – *laut „ND" [= SED-Zeitung „Neues Deutschland"]:*

abgegebene Stimmen	ungültige Stimmen	Stimmen für den Wahlvorschlag	Stimmen gegen den Wahlvorschlag
43.042	24	42.007	1.011

Es ergeben sich folgende schwerwiegende Differenzen:
1. Zwischen den Angaben der abgegebenen Stimmen
20 besteht ein Unterschied von 15.362 Stimmen.
2. Zwischen den Angaben der gültigen Stimmen <u>gegen</u> den Wahlvorschlag besteht ein Unterschied von 1213 Stimmen.
3. Zwischen den Angaben der ungültigen Stimmen be-
25 steht ein Unterschied von 22 Stimmen.

(In: B. Lindner, Die demokratische Revolution in der DDR 1989/90, Bonn 1998, S. 29. Gekürzt)

B 1 Symbol der DDR-Friedensbewegung

3. Die Opposition in der DDR wächst 151

die gesellschaftlichen Verhältnisse verbessern wollten, aber bei der SED kein Gehör fanden. Andererseits wollte sie den Staat nicht offen herausfordern, da sie sich an die Verfassung und die Gesetze der DDR gebunden fühlte.

Das Anwachsen der Proteste – Auch wenn die SED versuchte, Demonstrationen sofort zu unterdrücken, äußerten immer mehr Menschen öffentlich ihre Unzufriedenheit mit den DDR-Verhältnissen. Bei den Kommunalwahlen im Frühjahr 1989 gingen viele Menschen nicht mehr zur Wahl oder sie verweigerten der vorgegebenen Einheitsliste ihre Zustimmung. Immer weniger Menschen glaubten an die Verbesserung ihrer Lebenssituation in der DDR. Viele von ihnen stellten einen Antrag auf **Ausreise in die Bundesrepublik**. Während der langen Wartezeit bis zur Entscheidung über ihren Antrag nahmen sie berufliche Nachteile sowie die gesellschaftliche Isolierung in Kauf.

Tausende andere nutzten eine „Urlaubsreise" nach Polen, Ungarn oder in die Tschechoslowakei, um unter den Schutz der dortigen bundesdeutschen Botschaften zu flüchten. Von dort hofften sie in die Bundesrepublik ausreisen zu können.

Als die ungarische Regierung im September 1989 erstmals auch DDR-Bürger über die Grenze nach Österreich passieren ließ, wechselten auf diesem Weg binnen weniger Wochen mehr als 25 000 Menschen in die Bundesrepublik. Der bundesdeutsche Außenminister HANS-DIETRICH GENSCHER erreichte in Verhandlungen mit der DDR-Führung, dass auch die Flüchtlinge in den Botschaften Prags und Warschaus in die Bundesrepublik ausreisen konnten. 🔗/5

B 4   Das bundesdeutsche Botschaftsgelände in Prag, September 1989

Q 5   Aufruf des „Neuen Forums" vom 9./10.9.1989:

1 In unserem Lande ist die Kommunikation zwischen Staat und Gesellschaft offensichtlich gestört ... [Es] bedarf ... eines demokratischen Dialogs über die Aufgaben des Rechtsstaates, der Wirtschaft und der Kultur. Über diese
5 Fragen müssen wir in aller Öffentlichkeit, gemeinsam und im ganzen Land nachdenken und miteinander sprechen. ... Wir bilden deshalb ... eine politische Plattform ..., die es Menschen aus allen Berufen, Lebenskreisen, Parteien und Gruppen möglich macht, sich an der Diskussion ...
10 lebenswichtiger Gesellschaftsprobleme ... zu beteiligen.

(In: B. Lindner, Die demokratische Revolution in der DDR 1989/90, Bonn 1998, S. 50. Gekürzt)

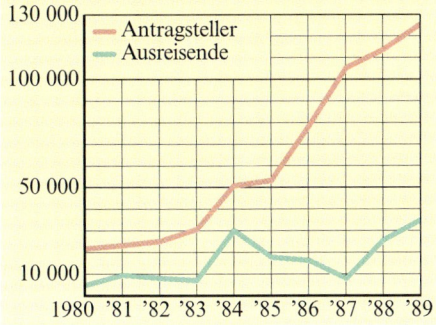

D 3   Entwicklung der Anträge auf Ausreise und ihre Gewährung (in Tausend)

ARBEITSAUFTRÄGE

1. Die DDR-Behörden hatten das Abzeichen der Friedensbewegung (B 1) verboten. Überlegen und erläutern Sie, warum.
2. Erläutern Sie mit Q 2, welche Folgen die öffentliche Diskussion von Wahlfälschungen für die DDR-Regierung hatte.
3. Vergleichen Sie mit D 3 die Entwicklung bei den Ausreiseanträgen sowie die der tatsächlichen Ausreisen. Nennen Sie mögliche Gründe für die Entwicklung und für die Differenz.
5. Stellen Sie die Absicht und die Ziele der Gründer des „Neuen Forums" dar (Q 5).

4. Die Vierzigjahrfeier der DDR

Die Partei- und Staatsführung wollte den 40. Jahrestag der Gründung der DDR am 7. Oktober 1989 mit großem Aufwand und über mehrere Tage hinweg feiern. Doch in welcher Lage befand sich die DDR zum Zeitpunkt des Jubiläums?

Industrielle Produktivität – Viele Industrieanlagen in der DDR waren veraltet und reparaturbedürftig, doch das Geld für Investitionen fehlte. Der Rückstand betraf besonders den Maschinenbau, die Chemieindustrie und die Elektrotechnik. Das waren Bereiche, die für den Export besonders wichtig waren. Die Produktivität der DDR-Wirtschaft sank ständig. Die Pro-Kopf-Produktion der DDR erreichte 1985 nur knapp 36 % des in der in Bundesrepublik erzielten Wertes.

Lebensstandard der Menschen – Die Lebensverhältnisse in der DDR waren deutlich besser als in der UdSSR und in den anderen sozialistischen Staaten. Die Ausstattung der Haushalte mit langlebigen Gebrauchsgütern war vergleichsweise gut. Infolge eines ehrgeizigen Wohnungsbauprogramms hatten sich auch die Wohnverhältnisse sehr verbessert. Durch **staatliche Subventionen** (= Unterstützungszahlungen) wurden die Preise für Grundnahrungsmittel oder für die öffentlichen Verkehrsmittel niedrig gehalten. Diese aufwändige Subventions- und Sozialpolitik konnte jedoch nur durch ständige Neuverschuldung gegenüber dem (westlichen) Ausland erbracht werden. Ende der 1980er Jahre drohten der DDR die **Zahlungsunfähigkeit** gegenüber ihren Gläubigern und der Staatsbankrott.

Forderungen, die knappen finanziellen Mittel in die Modernisierung und den Aufbau konkurrenzfähiger Industrien zu investieren, stießen bei Erich Honecker und DDR-Wirtschaftsminister GÜNTER MITTAG auf Ablehnung. Die Partei- und Staatsführung befürchtete nicht ohne Grund, dass Abstriche an der Sozialpolitik die Unzufriedenheit in der Bevölkerung und die daraus erwachsende Massenflucht in die Bundesrepublik noch weiter steigern würden.

T 2 Staatliche Subventionen in der DDR (Preise in Mark der DDR)

	Kaufpreis im Einzelhandel	staatliche Subvention
0,5 l Milch	0,36	0,64
250 g Butter	2,40	2,46
1 kg Kotelett	8,00	6,90
1 Brötchen	0,05	0,10
1 kWh Strom	0,08	0,16
1 Zentner Braunkohle	2,20	4,80
Straßenbahnfahrt	0,20	1,20
Kinderanorak	30–70	30–70

(In: Frankfurter Allgemeine Zeitung vom 27.2.1990/ Ministerium für Finanzen und Preise der DDR, Schätzungen)

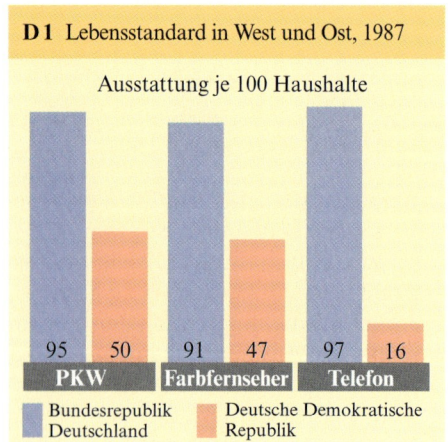

D 1 Lebensstandard in West und Ost, 1987
Ausstattung je 100 Haushalte
PKW: 95 / 50
Farbfernseher: 91 / 47
Telefon: 97 / 16
Bundesrepublik Deutschland / Deutsche Demokratische Republik

B 3 Chemieindustrie in Bitterfeld, 1980er Jahre

4. Die Vierzigjahrfeier der DDR

Ein missglücktes Fest – Im Vorfeld der Vierzigjahrfeier hatte die DDR-Führung alles dafür getan, in der Öffentlichkeit ein Bild von Zustimmung und Zufriedenheit der Bevölkerung mit ihrem Staat zu zeichnen. Kritische und oppositionelle Stimmen waren kaltgestellt worden. Am 6. Oktober 1989 traf der sowjetische Parteichef Michail Gorbatschow in Ostberlin ein, um an den Feiern teilzunehmen. Am Flughafen sagte er zu Journalisten: „Gefahren warten nur auf jene, die nicht auf das Leben reagieren." In der veränderten Form „*Wer zu spät kommt, den bestraft das Leben*" ging dieser Ausspruch durch die westlichen Medien.

Am Abend des 6. Oktober marschierten 70 000 Angehörige der Freien Deutschen Jugend (FDJ) an der SED-Spitze und ihren prominenten Gästen vorbei. Die Rufe „Gorbi, hilf uns" aus den Reihen der Jugendlichen waren unüberhörbar. Gorbatschow drängte die Führung der SED, endlich mit den notwendigen Reformen in der DDR zu beginnen – vergebens, denn Honecker und die maßgeblichen SED-Politiker lehnten dies ab.
Während des Festbanketts am 7. Oktober demonstrierten Tausende Menschen vor dem „Palast der Republik". Die Sicherheitskräfte nahmen 700 Demonstranten fest, viele wurden misshandelt.

B 5 Parade anlässlich der Vierzigjahrfeier der DDR, Berlin 1989

B 6 Karikatur des Münchner Zeichners Horst Haitzinger, 1989

> **Q 4** Tauschwirtschaft in der DDR:
>
> Die Ware ist das wahre Zahlungsmittel des Landes … Da Mangel an fast allem besteht, ist fast alles Tauschobjekt.
> 5 Ein Normalfall verläuft so: Ein Mann braucht eine Etagenheizung, der Heizungsinstallateur braucht einen „Trabant" für seine Frau. Der Mann hat eine Tiefkühl-
> 10 truhe zu bieten. Er sucht (über eine Zeitung) den Tauschpartner „Tiefkühltruhe gegen Auto" (bei Wertausgleich), tauscht dann „Auto gegen Etagenheizung" (bei Wert-
> 15 ausgleich). Wer nur mit Geld zahlt, hat wenig Aussicht; Ware plus Geld hat Chancen…
>
> (In: I. Böhme, Die da drüben, Sieben Kapitel DDR, Berlin 1985, S. 72 ff.)

ARBEITSAUFTRÄGE

1. Vergleichen Sie anhand von D 1 die Ausstattung der Haushalte mit langlebigen Konsumgütern in beiden deutschen Staaten.
2. Erläutern Sie mit T 2 das Subventionssystem von Preisen in der DDR. Beurteilen Sie die Subventionspolitik aus Sicht der Bevölkerung, aus Sicht der Staatsführung und mit Blick auf die langfristigen Folgen für die Wirtschaft und den Staatshaushalt.
3. Erklären Sie mit B 3 und Q 4 die geringe Produktivität der DDR-Wirtschaft und die relative Wertlosigkeit der Währung.
4. Beschreiben Sie die Inszenierung des DDR-Jubiläums in B 5 sowie die Sicht des Karikaturisten von B 6 vor dem Hintergrund der Situation der DDR in den 1980er Jahren.

5. Die friedliche Revolution in der DDR

Am 40. Jahrestag der DDR schien die SED die Lage noch unter Kontrolle zu haben, aber schon zwei Tage später, am 9. Oktober 1989, stand sie vor einer neuen Herausforderung – diesmal in Leipzig. Wie kam es dazu, dass diese Stadt im Herbst 1989 eine besondere Rolle spielte?

Leipzig, 9. Oktober 1989 – Seit Beginn der 1980er Jahre hatte sich in Leipzig eine Friedens- und Menschenrechtsbewegung entwickelt. Sie wurde von der evangelischen Kirche mit **Friedensgebeten** unterstützt. Seit August 1989 fand jeden Montag im Anschluss an das Friedensgebet in der Nikolaikirche eine Demonstration im Zentrum Leipzigs statt. Daran beteiligten sich spontan und friedlich immer mehr Menschen; am 2. Oktober waren es schon etwa 20 000. Für die geplante **Montagsdemonstration** am 9. Oktober 1989 hatte die Staatsführung große Militär- und Polizeiverbände sowie Betriebskampfgruppen (= paramilitärische Einheiten der volkseigenen Betriebe) aufgeboten, um die Demonstration mit Gewalt niederzuschlagen. Doch die befürchtete blutige Auseinandersetzung konnte verhindert werden. Der Dirigent KURT MASUR und andere prominente Leipziger – darunter auch drei SED-Funktionäre – hatten einen Aufruf zur Gewaltlosigkeit verbreitet. Am Abend des 9. Oktober zogen 70 000 Menschen mit Sprechchören: „Wir sind das Volk!" und „Keine Gewalt!" durch die Straßen Leipzigs. Auf Anordnung des Leipziger SED-Chefs hielten sich die Sicherheitskräfte zurück. Die Opposition hatte sich gewaltfrei durchgesetzt.

Honeckers Rücktritt – Die Beispiele in Berlin und Leipzig lösten eine ganze Welle gewaltloser Demonstrationen überall im Land aus. Die Angst der Menschen war gebrochen; die Staatsführung stand einer Demokratiebewegung gegenüber, deren Forderungen nicht mehr unterdrückt werden konnten.

Ein Teil der SED-Führung hoffte, ihre Macht durch einige Reformen und einen

PERSONENLEXIKON

EGON KRENZ, geb. 1937. Seit 1974 Leiter der DDR-Jugendorganisation FDJ, seit 1983 Mitglied des Politbüros der SED; 18.10.–3.12.1989 Honeckers Nachfolger als Generalsekretär der SED sowie 24.10.–6.12.1989 Vorsitzender des Staatsrats der DDR

Q 1 Erklärung einer Leipziger Betriebskampfgruppe zu den Demonstrationen in Leipzig (6.10.1989):

1 Wir sind dagegen, dass diese kirchlichen Veranstaltungen [in der Nikolaikirche] missbraucht werden, um staatsfeindliche Provo-
5 kationen gegen die DDR durchzuführen. ... [Wir] erwarten, dass alles getan wird, um die öffentliche Ordnung und Sicherheit zu gewährleisten, um die in 40 Jahren
10 harter Arbeit geschaffenen Werte und Errungenschaften des Sozialismus in der DDR zu schützen... Wir sind bereit und willens, das von uns ... Geschaffene wirksam
15 zu schützen, um diese konterrevolutionären Aktionen endgültig zu unterbinden. Wenn es sein muss, mit der Waffe in der Hand!

(In: Leipziger Volkszeitung vom 6.10.1998. Gekürzt)

B 2 Demonstration von rund 70 000 Bürgerinnen und Bürgern der DDR auf dem Leipziger Ring, 9. Oktober 1989

Wechsel an der Spitze noch retten zu können. Am 18. Oktober zwang das Politbüro der SED Honecker zum Rücktritt und bestimmte als dessen Nachfolger EGON KRENZ zum Parteichef und Staatsoberhaupt der DDR. Krenz versprach zwar sogleich eine „Wende" sowie Reformen. Doch als langjähriger „Kronprinz" Honeckers hatte er dessen Politik mitverantwortet und galt als unglaubwürdig.

Die Opposition organisiert sich – Seit dem Sommer 1989 waren in der DDR Oppositionsgruppen mit politischen Forderungen an die Öffentlichkeit getreten. Sie beriefen sich dabei auf die DDR-Verfassung, die den Bürgern das Recht garantierte, Vereinigungen zu bilden. Am 9. September wurde das „**Neue Forum**" gegründet. Es wandte sich an „*alle Bürger und Bürgerinnen der DDR, die an der Umgestaltung unserer Gesellschaft mitwirken wollen*". Den Schritt zur Gründung einer neuen, bis dahin in der DDR nicht zugelassenen Partei, vollzog am 7. Oktober die „**Sozialdemokratische Partei in der DDR**" (SDP). Das Machtmonopol der SED begann zu bröckeln. Die Menschen hatten das Vertrauen in die SED und in die von ihr beherrschten Massenorganisationen verloren. Weitere Bürgervereinigungen und Parteien entstanden im Herbst 1989. /6

Am 4. November 1989 versammelten sich auf dem Berliner Alexanderplatz mehr als eine halbe Million Menschen. Prominente Künstler hatten die Demonstration angemeldet. Einhellig waren die Forderungen nach grundlegenden Veränderungen in der DDR, freien Wahlen, der Gewährung von Presse-, Meinungs-, und Versammlungsfreiheit sowie nach freiem Reiserecht. Aber noch stand in Berlin die Mauer, noch flohen täglich Tausende aus der DDR. Wie verhielt sich die Regierung angesichts des immer stärker werdenden Rufs nach Reisefreiheit?

PERSONENLEXIKON

BÄRBEL BOHLEY, geb. 1945. Freischaffende Malerin; 1982 Gründungsinitiatorin des Netzwerks „Frauen für den Frieden" in der DDR; 1985/86 Mitbegründerin der „Initiative Frieden und Menschenrechte"; 1988 Abschiebung aus der DDR und Rückkehr; 1989 Mitbegründerin des „Neuen Forums"

Q 3 Proteste in Weißenfels, Oktober 1989:

1 [Am] 11.10. gab es die erste Friedensandacht in Weißenfels in einer kleinen Kirche. Ich ging und fand mich plötzlich in den Kirchenbän-
5 ken eingekeilt zwischen schrankgroßen Stasi-Leuten [= Mitarbeiter der geheimen Staatssicherheit] ... Etwa 100 Menschen waren in der Kirche, die Hälfte Partei, FDJ, Stasi.
10 Draußen warteten Polizeiwagen. Aber es wurde nicht eingegriffen. Beim nächsten Friedensgebet, das ich am 11.11. besuchte, waren bereits 1500 Menschen in der
15 großen Stadtkirche. Auch meine Tochter mit beiden Kindern dabei (Sebastian: 12, Anna: 10). Mitten bei den Gebeten steht Anna bleich aber mutig auf, geht zum Mikro-
20 phon und spricht laut: „Ich wünsche mir, dass ich in der Schule immer die Wahrheit sagen darf." Und erhält brausenden Beifall. Danach ziehen wir mit Kerzen durch
25 die Stadt ... und rufen unentwegt: „Wir sind das Volk!"

(In: B. Lindner, Die demokratische Revolution in der DDR 1989/90, Bonn 1998, S. 94. Gek.)

B 4 Gruppierungen der Bürgerrechtsbewegung 1989/90

Der Fall der Mauer – Anfang November 1989 waren die meisten Altfunktionäre der SED aus ihren Ämtern verdrängt. Das am 8. November neu gewählte Politbüro hatte die immer drängender werdende **Frage der Reisefreiheit** zu lösen. Am Abend des 9. November teilte der für Information zuständige Sekretär GÜNTER SCHABOWSKI nach der Sitzung des ZK der SED auf der allabendlich stattfindenden und live im Fernsehen übertragenen Pressekonferenz mit, dass die Bürger der DDR „ab sofort" Genehmigungen zur Ausreise aus der DDR erhalten könnten. Diese Nachricht verbreitete sich wie ein Lauffeuer in Berlin und im ganzen Land.

Noch am gleichen Abend setzte ein Ansturm auf die Grenzübergänge nach West-Berlin ein. Unter dem Druck der zusammenströmenden Menschen öffneten die ersten DDR-Grenzposten um 21.30 Uhr an der Bornholmer Straße die Übergänge. Gegen Mitternacht mussten die Grenzschranken auch in anderen Stadtteilen geöffnet werden. Zu Fuß, mit dem Auto und der Bahn kamen in den nächsten Tagen Hunderttausende aus der DDR nach West-Berlin und in die Bundesrepublik. Mit der Grenzöffnung am 9. November 1989 hatte die unter Zugzwang stehende SED-Führung nur die „Flucht nach vorne" antreten wollen. Doch unfreiwillig stand sie nun vor einer ganz neuen Situation: Die Mauer war gefallen, die Trennung der Menschen in Ost- und Westdeutschland war unwiderruflich zu Ende.

🔗/7

Q6 Aus der Reportage eines westdeutschen Reporters über die Nacht vom 9. zum 10. November 1989:

1 ... Knapp 5000 mögen es sein, die jetzt am Checkpoint versammelt sind. Sektkorken knallen. Bald, heißt es, wird die Grenze geöffnet. Das passiert kurz nach Mitternacht. Die ersten DDRler kommen zu Fuß, viele sind verwirrt,
5 sagen: „Hoffentlich kann ich auch wieder zurück."... [Sie werden] bejubelt von der wartenden Menge [im Westen]. Sie werden umarmt und mit Sekt übergossen ... Wir versuchen, zum Brandenburger Tor zu kommen ... Es ist etwa 3 Uhr. Das Brandenburger Tor ist grell erleuchtet – von
10 den Scheinwerfern der TV-Teams ... Auf der Mauerbrüstung stehen die Leute bereits dicht an dicht ...
(In: Stern, Nr. 41/1989, S. 37 f. Gekürzt)

B 5 Berlinerinnen und Berliner feiern den Fall der Mauer, 10.11.1989

Geschichte im / Geschichte durch das Fernsehen

Seit den 1950er Jahren hat sich das Medium Fernsehen weltweit ausgebreitet. Es kann aktuell und unmittelbar sehr viele Menschen über Ereignisse an nahezu jedem Ort der Erde informieren. In demokratischen Gesellschaften, in denen die Inhalte der Sendungen keiner politischen Zensur unterliegen, leistet das Fernsehen einen wichtigen Beitrag zur politischen Information und zu einer **kritischen Öffentlichkeit**. Doch wie bei allen anderen Medien müssen die Inhalte von Fernsehsendungen einer kritischen Analyse unterzogen werden.

Auch Politiker nutzen die Vorteile des Massenmediums Fernsehen, um möglichst viele Bürger(innen) aktuell zu informieren. Das geschieht zum Beispiel durch **Pressekonferenzen,** durch Interviews in **Nachrichtensendungen** oder bei wichtigen Anlässen im Rahmen von **Sondersendungen**. Im Herbst 1989 wurden solche Sondersendungen in der DDR mit Spannung erwartet, denn die politischen Ereignisse überschlugen sich und das Medienklima hatte sich zugunsten einer freieren Meinungsäußerung verändert. Viele DDR-Bürger hofften darauf, im Fernsehen Nachrichten über geforderte Erleichterungen im Reiseverkehr zu erhalten.

Am **9.11.1989** hatte das Politbüro des ZK der SED zu einer **Pressekonferenz** geladen, die live übertragen wurde. Als um 18.57 Uhr die Frage nach dem Entwurf eines neuen Reisegesetzes gestellt wurde, verlas das zuständige Politbüromitglied GÜNTHER SCHABOWSKI vor laufenden Kameras einen Beschluss des Ministerrats, dass eine Regelung getroffen werde, die es jedem Bürger der DDR möglich mache, ohne besondere Voraussetzungen über Grenzübergangspunkte der DDR auszureisen. Auf die Frage eines Journalisten, ab wann diese neue Reisefreiheit denn gelte, antwortete der irritierte und unvollständig informierte Schabowski: *„Das tritt nach meiner Kenntnis ... ist das sofort, unverzüglich."*

Dieser Satz vor laufenden Fernsehkameras verbreitete sich in Windeseile in der ganzen DDR. Hunderttausende DDR-Bürger strömten zu den Grenzübergängen, um die von Schabowski zugesagte Reisefreiheit sofort für einen Kurzbesuch im Westen zu nutzen. Noch ehe das überraschte Politbüro der SED die Lage diskutieren und mit Gegenmaßnahmen reagieren konnte, erzwang der Ansturm der Menschen die Öffnung der noch verschlossenen Grenzübergänge.

Die Liveübertragung eines Missverständnisses zwischen SED-Politbüro und Minsterrat hatte die Geschehnisse in der Nacht vom 9. auf den 10. November 1989 entscheidend mit beeinflusst. Das Fernsehen hatte "Geschichte gemacht".

B1 Günther Schabowski auf der Pressekonferenz am 9.11.1989

WORAUF SIE ACHTEN MÜSSEN

1. Handelt es sich um eine Nachrichtensendung, um einen Meinungskommentar, um ein politisches Magazin oder um eine Pressekonferenz? Wird die Sendung von einem öffentlich-rechtlichen oder einem privaten Fernsehsender ausgestrahlt?
2. Erkennen Sie Parteilichkeit oder Wertungen in dem Bericht?
3. Achten Sie bei Interviews mit Politikern darauf, welche Fragen gestellt, welche nicht gestellt werden bzw. welche Fragen beantwortet, welche nicht beantwortet werden.
4. Ist die Berichterstattung umfassend? Vergleichen Sie die Berichterstattung mit anderen Sendungen und Medien zum gleichen Thema.

Veränderungen sind nicht aufzuhalten – Bereits am 7. November 1989 war der gesamte DDR-Ministerrat zurückgetreten. Die Hoffnungen der SED richteten sich nun auf HANS MODROW, den SED-Bezirksleiter von Dresden. Im öffentlichen Auftreten zurückhaltend, nicht durch Korruption in Verruf geraten und als reformwillig bekannt, wurde er in der Volkskammer am 13. November 1989 fast einstimmig zum Ministerpräsidenten gewählt. Modrow bildete eine Koalitionsregierung mit den Blockparteien CDU, LDPD und DBD. Innenpolitisch befand sich die DDR in einer schwierigen Situation. Die bisherige Alleinherrschaft der SED schien zwar gebrochen, aber noch galt die alte DDR-Verfassung mit ihren undemokratischen Strukturen. Auch die Ausreisewelle war nach der Öffnung der Mauer noch nicht abgebrochen.

Der „Runde Tisch" – Die Bürgerbewegungen, die einen **friedlichen Übergang zur Demokratie und zur Marktwirtschaft** erreichen wollten, griffen das polnische Vorbild des „Runden Tisches" auf. Am 7.12.1989 trafen sich die Vertreter der Bürgerbewegungen mit den Vertretern der SED, der „Blockparteien" und der Massenorganisationen. Der „Runde Tisch" sollte an allen Entscheidungen der Regierung und der Volkskammer, auch über die Zukunft der DDR, beteiligt werden. So beschloss er bereits bei seiner ersten Sitzung im Dezember 1989, dass am 6.5.1990 die ersten freien Wahlen in der DDR stattfinden sollten. Im Januar 1990 wurde dieser Termin auf den 18. März vorverlegt.

PERSONENLEXIKON

CHRISTA WOLF, geb. 1929. Schriftstellerin; 1976 Protest gegen die Ausbürgerung des Liedermachers W. Biermann aus der DDR; 1989/90 Austritt aus der SED

Q 8 „Für unser Land". Aufruf einer DDR-Initiativgruppe (u. a. die Schriftsteller St. Heym, Ch. Wolf, der Pfarrer F. Schorlemmer), 26.11.1989:

Entweder können wir auf der Eigenständigkeit der DDR bestehen und versuchen, mit allen unseren Kräften in unserem Land eine
5 solidarische Gesellschaft zu entwickeln, in der Frieden und soziale Gerechtigkeit, Freiheit des Einzelnen, Freizügigkeit und die Bewahrung der Umwelt gewährlei-
10 stet sind, oder wir müssen dulden, dass, veranlasst durch ökonomische Zwänge und einflussreiche Kreise aus Wirtschaft und Politik in der Bundesrepublik ein Aus-
15 verkauf unserer materiellen und moralischen Werte beginnt und über kurz oder lang die Deutsche Demokratische Republik durch die Bundesrepublik vereinnahmt
20 wird. Lasst uns den ersten Weg gehen. Noch haben wir die Chance, eine sozialistische Alternative zur Bundesrepublik zu entwickeln.

(In: G. Meier, Die Wende in der DDR, Bonn 1990, S. 53. Gekürzt)

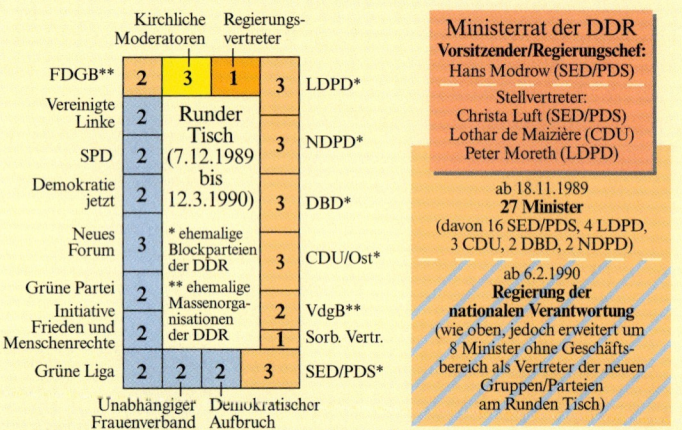

B 9 Der „Runde Tisch" und seine Einbindung in die Regierung, 1989/90

ARBEITSAUFTRÄGE

1. Erläutern und beurteilen Sie die Argumente der Verfasser von Q 1 gegenüber der Oppositionsbewegung in Leipzig.
2. Beurteilen Sie die Wirkung der Bilder der Leipziger Demonstration vom 9.10.1989 auf die Bevölkerung der DDR.
3. Erläutern Sie mit Q 3 die gesellschaftspolitischen Hintergründe für das Auftreten der 10-jährigen Anna am 11.10.1989.
4. Ermitteln Sie, ob die politischen Gruppen/Parteien von B 4 und B 9 noch existieren bzw. wohin sie sich entwickelt haben.
5. Verfassen Sie mit Hilfe von B 5 und Q 6 eine Pressenotiz über den Ablauf der Maueröffnung in der Nacht vom 9./10.11.1989.
6. Nennen Sie die politischen Ziele und die Befürchtungen der „Initiativgruppe DDR" aus Q 8. Beurteilen Sie, ob das Hauptziele der Initiativgruppe Ende 1989 realisierbar war.
7. Untersuchen Sie mit B 9 die Zusammensetzung des „Runden Tisches". Erläutern Sie den Einfluss auf die Regierungspolitik.

6. Der Weg zur deutschen Wiedervereinigung

Im November 1989 änderte sich die Stimmung in der DDR. Hatten die Menschen bisher gerufen: „Wir sind *das* Volk", so hieß es jetzt immer häufiger „Wir sind *ein* Volk" und „Deutschland einig Vaterland". Welche Ursachen hatte dieser Stimmungswechsel und welche Konsequenzen ergaben sich daraus für die weitere Zukunft der DDR?

Die deutsche Frage – Nach dem Fall der Mauer stellte sich auch die Frage einer **Wiedervereinigung** der beiden deutschen Staaten. Die Spaltung nach 1945 war von den meisten Deutschen in Ost und West als aufgezwungen empfunden worden. Hinzu kam, dass die DDR nach 40 Jahren SED-Diktatur wirtschaftlich ruiniert war. Viele Menschen in Ostdeutschland sahen daher in der Vereinigung mit der wirtschaftlich leistungsfähigeren und reicheren Bundesrepublik eine hoffnungsvolle Alternative. Andere wollten zwar das politische und wirtschaftliche System der DDR grundlegend reformieren, aber die DDR als eigenständigen Staat erhalten.

Als im November 1989 das Ausmaß der wirtschaftlichen Zerrüttung sowie der politischen Bespitzelung durch das DDR-Regime den Menschen mehr und mehr bekannt wurde, wuchs auch die Zahl der DDR-Bürger, die eine schnelle Wiedervereinigung mit der Bundesrepublik wollten.

Auch in der Bundesrepublik war anfangs umstritten, wie auf die Frage einer möglichen Wiedervereinigung zu reagieren sei. Das „**Zehn-Punkte-Programm**" von Bundeskanzler HELMUT KOHL vom 28.11.1989 sah ein schrittweises Vorgehen vor: Sofortigen humanitären und Wirtschaftshilfen für die DDR sollte langfristig eine bundesstaatliche Ordnung in einem vereinten Deutschland folgen. Ab Jahresbeginn 1990 trat die CDU/FDP-Bundesregierung jedoch für eine schnellere Vereinigung beider deutschen Staaten ein. Die Haltung der SPD zur Wiedervereinigung war anfangs gespalten. Ein Teil um den langjährigen SPD-Vorsitzenden WILLY BRANDT strebte vorbehaltslos die schnelle Wiedervereinigung an. Andere führende SPD-Politiker zögerten jedoch, weil sie als Folge einer zu schnellen Vereinigung den totalen Zusammenbruch der ostdeutschen Wirtschaft befürchteten.

Die Märzwahlen 1990 in der DDR – Am 18. März 1990 fanden die ersten freien Wahlen in der DDR statt. Auch die SED stellte sich zur Wahl – nun unter dem Namen „Partei des demokratischen Sozialismus" (PDS). Das Wahlergebnis zeigte eine deutliche Mehrheit derjenigen Parteien, die sich für eine baldige Wiedervereinigung Deutschlands aussprachen. Aus diesen Parteien bildete der ostdeutsche CDU-Politiker LOTHAR DE MAIZIÈRE eine Koalitionsregierung.

B 3 Demonstration im November 1989

B 4 Demonstration im Februar 1990

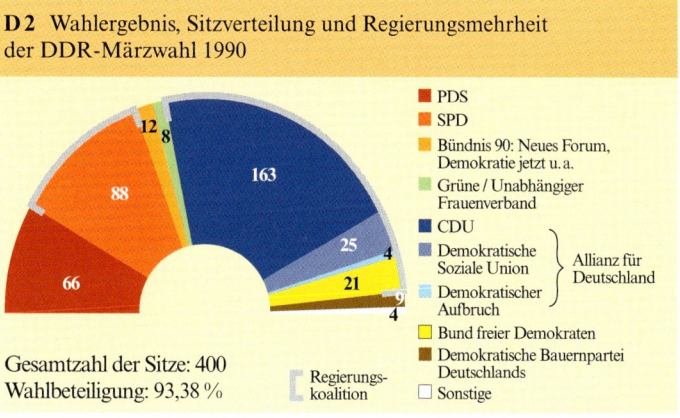

D 1 Die Stimmungslage der Ostdeutschen im November 1989 nach dem Fall der Mauer (Umfrageergebnisse in %)

D 2 Wahlergebnis, Sitzverteilung und Regierungsmehrheit der DDR-Märzwahl 1990

Deutsch-deutsche Schritte zur Einheit – Mit dem Wahlergebnis vom März 1990 hatte eine deutliche Mehrheit der DDR-Bürger ihren Willen zur Wiedervereinigung dokumentiert. Dennoch gab es viele offene Fragen: Sollte die Vereinigung nach **Artikel 23 des Bonner Grundgesetzes** erfolgen, also durch den Beitritt der DDR zur Bundesrepublik, oder nach **Artikel 146 des Grundgesetzes**, auf der Basis einer neuen, gesamtdeutschen Verfassung? Sollte die Wiedergutmachung widerrechtlicher Enteignungen in der DDR nach dem Grundsatz „Entschädigung statt Rückgabe" erfolgen, oder sollten die früheren Eigentumsrechte Vorrang haben? Sollte die Angleichung der ökonomischen und rechtlichen Bedingungen in beiden Teilen Deutschlands in einem einzigen oder in mehreren, zeitlich gestreckten Schritten erfolgen? Und schließlich: Würden die Siegermächte des Zweiten Weltkriegs einer deutschen Wiedervereinigung überhaupt zustimmen?

Als erster Schritt zur Wiedervereinigung trat am 1. Juli 1990 eine „**Wirtschafts-Währungs- und Sozialunion**" zwischen beiden deutschen Staaten in Kraft: Die D-Mark wurde gesetzliches Zahlungsmittel in der DDR, die soziale Marktwirtschaft löste die Planwirtschaft ab. In Berlin nahm die **Treuhandanstalt** ihre Arbeit auf. Sie sollte die „Volkseigenen Betriebe" (VEB) der DDR in privatwirtschaftliche Unternehmen überführen.
Die Volkskammer der DDR fasste den Beschluss zur **Neugründung der Länder** Brandenburg, Mecklenburg-Vorpommern, Sachsen, Sachsen-Anhalt und Thüringen. Am 23. August 1990, noch während die Vertreter der bundesdeutschen Regierung und der Regierung DE MAIZIÈRE den „**Einigungsvertrag**" zwischen beiden deutschen Staaten aushandelten, beschlossen die Abgeordneten der DDR-Volkskammer mit großer Mehrheit den Beitritt der DDR zur Bundesrepublik Deutschland nach Artikel 23 des Grundgesetzes.

PERSONENLEXIKON

LOTHAR DE MAIZIÈRE, geb. 1940. CDU-Politiker; 12.4.–3.10.1990 letzter Ministerpräsident der DDR

Q 5 Aus dem „Vertrag zwischen der Bundesrepublik Deutschland und der Deutschen Demokratischen Republik über die Herstellung der Einheit Deutschlands" vom 20/21.9.1990:

Artikel 3: Inkrafttreten des Grundgesetzes: Mit dem Wirksamwerden des Beitritts [der DDR] tritt das Grundgesetz für die Bundesrepublik Deutschland ... in den Ländern Brandenburg, Mecklenburg-Vorpommern, Sachsen, Sachsen-Anhalt und Thüringen sowie in dem Teil des Landes Berlin, in dem es bisher nicht galt ... in Kraft.
Artikel 4, Absatz 6: Der Artikel 146 [des Grundgesetzes] wird wie folgt gefasst: Dieses Grundgesetz, das nach Vollendung der Einheit und Freiheit für das gesamte deutsche Volk gilt, verliert seine Gültigkeit an dem Tag, an dem eine Verfassung in Kraft tritt, die von dem deutschen Volk in freier Entscheidung beschlossen worden ist.

(In: Presse- und Informationsamt der Bundesregierung, Bonn 1990)

Q 6 US-Außenminister James Baker am 12.12.1989:

Gemeinsam müssen wir eine neue Architektur für ein neues Zeitalter entwerfen und schrittweise verwirklichen. Diese neue Architektur muss den alten Fundamenten und Strukturen Platz bieten, die – wie die NATO – ihre Gültigkeit behalten. Gleichzeitig muss sie der Tatsache Rechnung tragen, dass diese auch neuen, gemeinsamen Zielen dienen können. Die neue Architektur ... muss einen Rahmen schaffen ... in dem die Teilung Europas überwunden und der Atlantik überbrückt werden kann.

(In: M. Görtemaker, M. Hdrlicka, Das Ende des Ost-West-Konflikts? Berlin 1990, S. 153 f. Gekürzt)

Q 7 Der sowjetische Deutschlandexperte Valentin Falin im Frühjahr 1990:

Ich plädiere für militärische Neutralität ... Dabei sollen auch die deutschen Sicherheitsinteressen berücksichtigt werden. Die Deutschen haben das Recht, eine militärische Potenz zu besitzen, die eine vernünftige Verteidigung ermöglicht ... Wer dafür ist, dass ganz Deutschland an die NATO fällt, ist nicht für die deutsche Einheit. Wer dafür ist, dass ein halbes Deutschland [die Bundesrepublik] in der NATO bleibt, der ist halbherzig für die... Einheit.

(In: Spiegel Spezial II/ 1990, S. 22. Gekürzt)

Die beiden deutschen Regierungen mussten bei der Wiedervereinigung auf die Siegermächte des Zweiten Weltkriegs und auf Polen Rücksicht nehmen. Welche Gründe gab es dafür?

Die Haltung der Siegermächte – Die UdSSR verlor mit der Wiedervereinigung einen wichtigen Bündnis- und Handelspartner. Seit dem Ende des Zweiten Weltkrieges waren in der DDR zudem Streitkräfte der UdSSR stationiert. Deren Eingreifen war zu befürchten, falls wichtige Interessen der UdSSR verletzt würden. Auch die westlichen Siegermächte Großbritannien und Frankreich hegten anfangs Bedenken. Sie fürchteten, die wirtschaftliche und militärische Macht eines vereinten Deutschlands könnte das Gleichgewicht in Europa und den europäischen Frieden erneut gefährden. Polen, Deutschlands Nachbar im Osten, war beunruhigt, weil die Bundesrepublik die polnische Westgrenze von 1945 (= Oder-Neiße-Grenze) noch nicht als endgültige Ostgrenze Deutschlands anerkannt hatte. Die USA unterstützten die Wiedervereinigung von Anfang an vorbehaltlos.

Verhandlungen mit den Siegermächten – Im Mai 1990 hatten die **„Zwei-plus-Vier-Gespräche"** zwischen den Außenministern der vier Siegermächte und der beiden deutschen Staaten über die Bedingungen der Wiedervereinigung begonnen. Strittig war dabei auch die Frage, ob das wiedervereinte Deutschland dem westlichen Militärbündnis NATO angehören dürfe. Als Mitte Juli 1990 auch der sowjetische Staatschef Gorbatschow – nach anfänglichem Zögern und trotz Kritik aus dem eigenen Land – der Vereinigung Deutschlands und dessen Mitgliedschaft in der NATO zustimmte, war der Weg frei: Im September 1990 wurden die Verhandlungen mit dem **„Zwei-plus-Vier-Vertrag"** erfolgreich abgeschlossen.
Nachdem auf internationaler Ebene die Lösung der „deutschen Frage" erreicht war, konnte am 3. Oktober 1990 der zwischen den beiden deutschen Staaten ausgehandelte **Einigungsvertrag** in Kraft treten. Die deutsche Teilung war beendet. /8

B 8 Gorbatschow, Kohl und Genscher verhandeln über die Zukunft Deutschlands. Kaukasus, 15. Juli 1990

B 9 Der 2+4-Vertrag vom 12.9.1990 zwischen Bundesrepublik Deutschland und DDR sowie Frankreich, Großbritannien, USA und UdSSR

Das vereinte Deutschland umfasst die Bundesrepublik, die DDR und ganz Berlin.

Die bestehenden deutschen Grenzen sind endgültig. Die Grenze zu Polen (Oder-Neiße-Grenze) wird anerkannt.

Deutschland bekräftigt seinen Verzicht auf ABC-Waffen. Beschränkung der deutschen Streitkräfte auf 370 000 Mann

Abzug der alliierten Truppen aus Deutschland bis 12/1994

Das vereinte Deutschland kann Mitglied der NATO sein; der NATO unterstellte deutsche Truppen dürfen in Ostdeutschland stationiert sein.

Beendigung der alliierten Viermächte-Rechte über Deutschland und Berlin. Volle staatliche Souveränität für das vereinte Deutschland

ARBEITSAUFTRÄGE

1. Erläutern Sie anhand von D1, B3 und B4 den Stimmungswandel in der DDR und nennen Sie Gründe für den wachsenden Wunsch nach einer deutschen Wiedervereinigung.
2. Lesen Sie Q5. Informieren Sie sich über die Artikel 23 und 146 des Grundgesetzes (Fassung vor 1990). Erläutern Sie die darin formulierten Alternativen zu einer Wiedervereinigung.
3. Diskutieren Sie die Konsequenzen der Volkskammerwahl vom März 1990 für den deutschen Einigungsprozess (D2).
4. Geben Sie die Positionen zur Wiedervereinigung von Q6 und Q7 wieder. Begründen Sie, warum die Stellung Deutschlands zur NATO für die USA und die UdSSR von Bedeutung war.
5. Nennen Sie die wesentlichen Bestimmungen des „2+4-Vertrags" (B9) aus deutscher, sowjetischer und polnischer Sicht.

7. Nur mühsam wächst zusammen ...

Am 2. Dezember 1990 fanden die ersten gesamtdeutschen Bundestagswahlen statt. Mit 43,8 % der Stimmen erhielt die CDU/CSU den Auftrag, zusammen mit der FDP (11 %) die neue Bundesregierung zu bilden. Die Regierung stand vor der schweren Aufgabe, die großen wirtschaftlichen Probleme Ostdeutschlands sozialverträglich zu lösen und den „inneren Einigungsprozess" zu fördern. Konnte sie diese Aufgaben bewältigen?

Wirtschaftlicher Niedergang – Zahlreiche ostdeutsche Betriebe waren technisch veraltet. Sie produzierten zu langsam und zu teuer und konnten oft nicht mit den Produkten westdeutscher Unternehmen konkurrieren. Die ostdeutschen Verbraucher bevorzugten zunächst auch westdeutsche Konsumgüter, selbst wenn deren Qualität nicht immer die bessere war. Die Länder Osteuropas, die ein wichtiger Absatzmarkt für ostdeutsche Produkte gewesen waren, spielten aufgrund eigener Wirtschaftsprobleme als Absatzmarkt kaum noch eine Rolle. Der Verkauf der ostdeutschen Betriebe durch die von der Bundesregierung beauftragte Treuhandanstalt erwies sich häufig als Fehlschlag: Da die Verkaufserlöse der oft maroden Volkseigenen Betriebe gering waren, konnte die Treuhand ihre Aufgabe nur zum Teil und mit staatlicher Finanzhilfe erfüllen. Manche westdeutsche Unternehmer schlossen die gekauften Betriebe auch umgehend, weil sie unerwünschte Konkurrenz ausschalten wollten. Die Folgen fehlgeschlagener Privatisierungen sowie der Betriebsschließungen wogen schwer: ganze Industrieregionen verödeten, **Massenarbeitslosigkeit** wurde vielerorts zum Schreckgespenst. Zahlreiche gut ausgebildete Menschen zogen in die westlichen Bundesländer, um dort eine ihrer Qualifikation gemäße Arbeit zu finden. Anderen Arbeitslosen – darunter viele Frauen, Jugendliche, ältere Menschen – blieb oft nur die Hoffnung auf eine staatlich geförderte Arbeitsbeschaffungsmaßnahme.

PERSONENLEXIKON

HELMUT KOHL, geb. 1930. 1969–1976 Ministerpräsident von Rheinland-Pfalz; 1973–1998 Parteivorsitzender der CDU, 1982–1998 Bundeskanzler der Bundesrepublik Deutschland

Q 2 Rückgabe vor Entschädigung:

1 Das Ziel: ... die Bundesregierung [gab] den Besitzansprüchen von Alteigentümern, die zu DDR-Zeiten enteignet worden waren, den Vorrang, anstatt sie für ihren Verlust nachträglich zu entschädigen ...
5 Die Folgen: Der Streit um das Eigentum bremste den Aufschwung: Wegen der Unklarheit der Besitzansprüche und jahrelanger Bearbeitungszeiten [der Rückgabeanträge] waren vielen investitionsbereiten Firmen die Hände gebunden ... Statt in den Innenstädten entstanden so Kaufhäuser und Einkaufszentren auf der grünen Wiese.
10
(In: DER SPIEGEL Nr.40/2000, S.82. Gekürzt)

B 1 Demonstration in Sondershausen, 1990

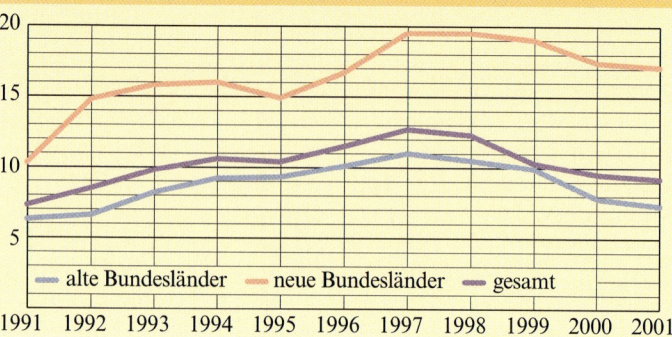

D 3 Entwicklung der Arbeitslosigkeit in % der Erwerbsfähigen

Erfolge in den östlichen Bundesländern – Die Einkommen der Berufstätigen sowie die Renten stiegen nach der Wiedervereinigung deutlich. Im Vergleich zur DDR haben sich die Kaufkraft der Haushalte, das Angebot an Konsumgütern und der **Lebensstandard** verbessert. Milliardeninvestitionen trugen dazu bei, **Straßen und Autobahnen** zu erneuern, **moderne Telekommunikationsmittel** zu schaffen und die Infrastruktur insgesamt zu verbessern. In Städten und Gemeinden gab es Programme zur **Sanierung von Häusern und Wohnungen**. Vielerorts entstanden neue, leistungsfähige Industriebetriebe – und mit diesen neue Arbeitsplätze.

Enttäuschungen und Vorurteile – Nach der ersten Begeisterung über den Mauerfall und die Einheit Deutschlands vollzog sich bei vielen Deutschen ein Stimmungswechsel. Manches, was die Politiker versprochen und die Menschen in den neuen Bundesländern von der Wiedervereinigung erhofft hatten, war nicht oder nur zum Teil eingetroffen. Enttäuschung machte sich breit. Auch in Westdeutschland kühlte die positive Stimmung ab: Die Finanz- und Steuerbelastung durch die Kosten der Wiedervereinigung seien zu hoch; ein Ende der Unterstützungsleistung an die neuen Bundesländer – seit 1990 über 400 Milliarden € – sei nicht abzusehen. So machten sich auf beiden Seiten **Vorurteile** breit. Hielten manche Ostdeutschen die Westdeutschen für überheblich und rücksichtslos, so warfen diese den Ostdeutschen mangelnde Eigeninitiative und Wehleidigkeit vor. Angesichts der wirtschaftlichen und sozialen Probleme, die es infolge des Zusammenbruchs der DDR zu bewältigen gilt, ist vielen das Verständnis für die Chancen, die uns Deutschen durch den Fall der Mauer und die Wiedervereinigung eröffnet wurden, schon fast verloren gegangen.

Q 5 Stimmen deutscher Schüler zur Wiedervereinigung:

1 *Ein 15-jähriger Schüler aus Thüringen, 1992*
Es ist alles ganz schön, was wir Ostdeutschen jetzt noch alles aus unserem Leben machen können. Ich denke da an Reisefreiheit ..., Hifi-Anlagen, Videorekorder, Autos.
5 Aber die Einheit hat nicht nur Schokoladenseiten ... Und wenn manche „Wessis" hierher kommen mit Parolen „Wir werden euch das Arbeiten lehren" ..., also da platzt einem manchmal die Hutschnur.

Eine 15-jährige Schülerin aus Rheinland-Pfalz, 1992
10 Seitdem die Mauer geöffnet wurde, geht es uns allen wieder schlechter. Die [Ostdeutschen] bilden sich doch ein, dass wir ihnen alles geben müssten, dass sie ein schönes Leben haben. Wir hatten auch nie das beste Leben. Die werden bei den meisten Dingen ... bevorzugt.
15 Dann reden die einen auch noch so eingebildet und eitel an ... Dann werde ich richtig sauer und wünsche, dass die Mauer noch da wäre.

(In: J. Brune u. a.: „... aber die Mauern bauen die Menschen sich selbst!", Speyer/Arnstadt 1992, S. 188. Gekürzt)

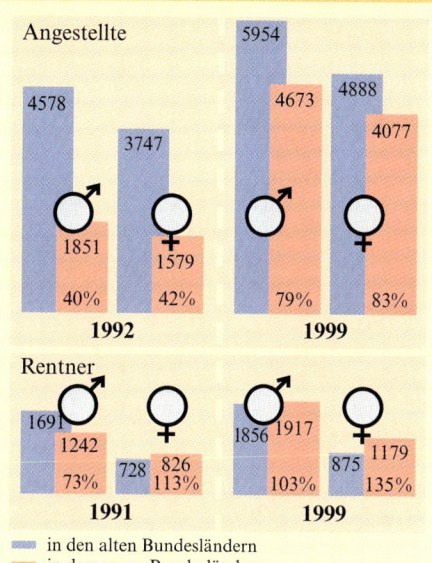

D 4 Entwicklung der Bruttolöhne/-gehälter und der Renten in DM, 1991–1999

in den alten Bundesländern
in den neuen Bundesländern

ARBEITSAUFTRÄGE

1. Erklären Sie mit Q 2 den Grundsatz „Rückgabe vor Entschädigung". Welche Probleme sieht der Verfasser damit verbunden?
2. Erläutern Sie mit B 1, Q 2 und D 3 Gründe für die Enttäuschung vieler Ostdeutscher nach 1990.
3. Diskutieren Sie die Aussage, in den östlichen Bundesländern gebe es „Gewinner und Verlierer der Wiedervereinigung" (D 4).
4. Diskutieren und beurteilen Sie die Aussagen von Q 5.
5. Gab es für die DDR eine Alternative zur Wiedervereinigung? Berücksichtigen Sie die wirtschaftliche Situation der DDR vor 1990 und den Zusammenbruch der osteuropäischen Märkte.

8. Die Hinterlassenschaft der Staatssicherheit der DDR

Eine unheilvolle Hinterlassenschaft der SED-Diktatur ist der Aktenberg des **Ministeriums für Staatssicherheit (MfS)**, der Stasi. Allein im Berliner Zentralarchiv lagern etwa 180 Kilometer Stasi-Akten. Wie hatte die Stasi gearbeitet?

Aufbau und Arbeitsweise – Die Stasi hatte etwa 91.000 hauptamtliche Mitarbeiter und 174.000 **inoffizielle Mitarbeiter** (IM), die verdeckt arbeiteten. Die „Hauptabteilung XX" des MfS befasste sich damit, oppositionelle Gruppen in der DDR zu bespitzeln. Die IM, die sich in diese Gruppen einschlichen, berichteten ihren „Führungsoffizieren", was sie erfahren hatten. Die Stasi führte auch Festnahmen durch und hatte eigene Gefängnisse.

Die Gewinnung von IM durch das MfS – Wer als IM für die Stasi arbeitete, unterschrieb eine Verpflichtungserklärung, in der er die strikte Geheimhaltung seiner IM-Tätigkeit zusagte. Sehr viele der IM haben die Verpflichtungserklärung freiwillig unterschrieben, sei es aus politischer Überzeugung oder wegen der damit verbundenen Vorteile; andere waren in Notlagen erpresst worden. Einige wiesen die Anwerbeversuche ab und verweigerten eine IM-Tätigkeit aus Gewissensgründen.

Umgang mit den Stasi-Akten – Nach der Wiedervereinigung war umstritten, was mit den Akten der Stasi geschehen sollte. Diskutiert wurde, ob sie zu vernichten oder so lange wegzuschließen seien, bis sich nur noch Historiker dafür interessieren würden. Der Bundestag entschied im **Stasi-Akten-Gesetz**, „dem Einzelnen Zugang zu den vom Staatssicherheitsdienst zu seiner Person gespeicherten Informationen zu ermöglichen, damit er die Einflussnahme des Staatssicherheitsdienstes auf sein persönliches Schicksal aufklären kann". Eine Behörde wurde eingerichtet, die die Unterlagen verwahren und den Zugang der Betroffenen regeln soll. ⓘ/10

PERSONENLEXIKON

JOACHIM GAUCK, geb. 1940. Evangelischer Theologe aus Rostock; 1990–2000 Beauftragter der Bundesregierung für die Unterlagen des ehemaligen Staatssicherheitsdienstes der DDR; in dieser Zeit Leiter der nach ihm benannten „Gauck-Behörde"

Q 4 Aus einem Bericht des MfS zur Gewinnung eines neuen IM:

1 Da der berufliche Einsatz verhindert [wurde] ... stand der Kandidat noch im März 1969 ohne feste Arbeit in finanziellen Schwierig-
5 keiten. [Es] wurde beschlossen, den Kandidaten unter Ausnutzung seiner Schwierigkeiten ... und der daraus resultierenden gedrückten Haltung anzusprechen und bei
10 entsprechend positiver Reaktion [für die Stasi-Mitarbeit] zu gewinnen. Im Verlauf dieses Gesprächs wurde [er] zur Zusammenarbeit verpflichtet. ... Unter Wahrung der
15 Konspiration wurde [dann] über den 1. Sekretär der SED-Kreisleitung eine Einstellung des Kandidaten im VEB ... erreicht.

(In: J. Gauck, Die Stasi-Akten, Reinbek 1991, S. 57 f. Gekürzt)

B3 Stasi-Akten in der „Gauck-Behörde", Berlin-Lichtenberg

ARBEITSAUFTRÄGE

1. Machen Sie sich mit Q 1 ein Bild von den Anwerbemethoden der Stasi für IMs.
2. Diskutieren Sie, ob die Stasi-Akten weiterhin ausgewertet werden sollen oder ob ein "Schlussstrich" gezogen werden soll.

9. Die Sorben in Sachsen – Geschichte einer Minderheit

In der Lausitz leben heute etwa 60 000 Sorben. Sie sind Nachfahren slawischer Stämme, die im 6. Jahrhundert das Gebiet zwischen Saale und Oder besiedelten. Als im 10. Jahrhundert deutsche Siedler in das Gebiet vordrangen, gerieten die Sorben unter die Herrschaft deutscher Fürsten. Seither lebten die Sorben zwischen Unterdrückung, Duldung und Förderung. Wie verlief ihre Geschichte im 19. und 20. Jahrhundert?

Duldung und Unterdrückung – Unter dem Druck der deutschen Bevölkerungsmehrheit mussten sich die Sorben jahrhundertelang der deutschen Kultur anpassen; ihre Sprache und ihre Bräuche waren zeitweise ganz verboten worden. Doch im 19. Jahrhundert bildete sich wieder eine national-sorbische Bewegung, vor allem unter Studenten, Geistlichen und Lehrern. Sie trat für den Erhalt der sorbischen Sprache und Kultur ein. Sorbische Zeitschriften und Vereine entstanden, sorbische Literatur und Musik wurde gefördert, 1912 wurde mit der „**Domowina**" der Dachverband aller sorbischen Vereine gegründet. Doch mit der Machtübernahme der Nationalsozialisten 1933 galten die Sorben als „nicht-arische" Bevölkerung: Ihre Organisationen wurden verboten, sorbische Bücher und Zeitschriften beschlagnahmt. Alle sorbischen Aktivitäten galten als staatsfeindlich.

Förderung in der DDR und nach 1990 – Nach dem Krieg verbesserte sich die Lage der Sorben: Der Sächsische Landtag beschloss am 23. März 1948 das „Gesetz zur Wahrung der Rechte der sorbischen Bevölkerung". Darin wurden der sorbischen Bevölkerung die gleichen Rechte garantiert wie der deutschen. In der DDR wurde ein großzügiges Netz sorbischer Institutionen aufgebaut. Dazu gehörten eigene Schulen, ein Theater, ein Verlag sowie wissenschaftliche Institute.

Auch im Einigungsvertrag zwischen der DDR und der Bundesrepublik von 1990 wurden Garantien für den Schutz und die Förderung der Sorben und ihrer Kultur festgeschrieben. Der Freistaat Sachsen hat diese Rechte in seiner Verfassung vom Mai 1992 sowie 1999 in dem „Gesetz über die Rechte der Sorben im Freistaat Sachsen" bekräftigt.

Sorbisches Brauchtum: Die Vogelhochzeit im Januar. Für die Kinder gibt es Süßigkeiten.

K 1 Sorbische Siedlungs- und Sprachgebiete in Sachsen und Brandenburg

Q 2 Die Rechte der Sorben. Auszug aus der sächsischen Landesverfassung vom 27. Mai 1992

1 Art. 5. (1) Dem Volk des Freistaates Sachsen gehören Bürger deutscher, sorbischer und anderer Volkszugehörigkeit an.
Art. 6 (1) Die im Land lebenden Bürger sorbischer Volks-
5 zugehörigkeit sind gleichberechtigter Teil des Staatsvolkes. Das Land gewährleistet und schützt das Recht auf Bewahrung ihrer Identität sowie auf Pfege und Entwicklung ihrer ... Sprache, Kultur und Überlieferung ...

(In: B. Kunzmann u.a., Die Verfassung des Freistaates Sachsen, Berlin 1997.)

ARBEITSAUFTRÄGE

1. Erläutern Sie mit Q 2 die rechtliche Stellung der sorbischen Bevölkerung in Sachsen.
2. Informieren Sie sich in der Bibliothek oder im Internet (www.sorben.de) über sorbische Bräuche.

10. Sachsen nach der Wiedervereinigung

Mit dem Beitritt der DDR zur Bundesrepublik war die Übernahme der **föderalen Struktur** (Gliederung in Bundesländer) verbunden. Wie vollzog sich die Neugründung des Landes Sachsen und welche Entwicklung nahm es seit 1990?

Die Neugründung Sachsens – Im Jahr 1952 hatte die DDR-Regierung die 1945 neu gegründeten Länder wieder aufgelöst und die Verwaltung in Berlin zentralisiert. An die Stelle der fünf Länder waren **15 Bezirke** getreten; in Sachsen waren das die Bezirke Leipzig, Karl-Marx-Stadt (heute Chemnitz) und Dresden.

Doch mit der Wende Ende 1989 bekundeten die Sachsen auch den Wunsch nach Wiedereinrichtung ihres früheren Landes. Diesen Wunsch der Bevölkerung setzte die im März 1990 gewählte DDR-Regierung unter Lothar de Maizière um: Im Einigungsvertrag zwischen der DDR und der Bundesrepublik wurde die **Neugründung der Länder** Brandenburg, Mecklenburg-Vorpommern, Sachsen, Sachsen-Anhalt und Thüringen sowie ihr Beitritt zur Bundesrepublik vereinbart.

Am 14. Oktober 1990 fanden in allen fünf „neuen Bundesländern" **Landtagswahlen** statt. Die CDU erhielt in Sachsen die absolute Mehrheit und stellte mit KURT BIEDENKOPF den Ministerpräsidenten.

B 2 Die „Gläserne Fabrik" von Volkswagen in Dresden, 2001

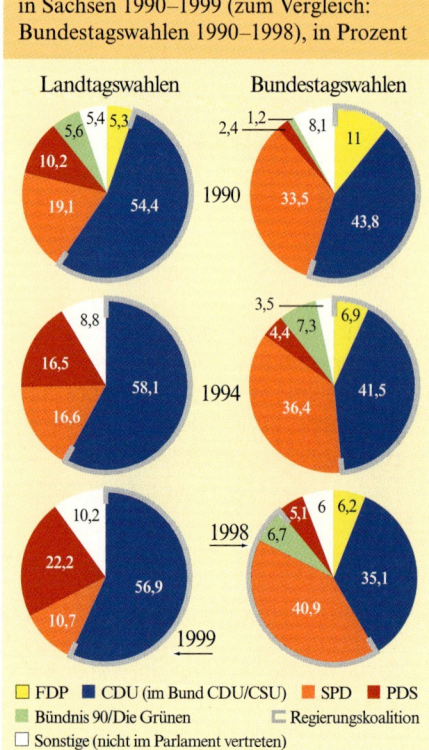

D 1 Die Ergebnisse der Landtagswahlen in Sachsen 1990–1999 (zum Vergleich: Bundestagswahlen 1990–1998), in Prozent

B 3 Ehemaliges Fabrikgelände in Pirna (Sachsen)

10. Sachsen nach der Wiedervereinigung

Auf seiner konstituierenden Sitzung bestimmte der neu gewählte Landtag Dresden zur Landeshauptstadt. Am 27. Mai 1992 beschloss er eine neue Landesverfassung. Nach dem Vorbild Bayerns erhielt Sachsen darin die Bezeichnung „**Freistaat**". Damit sollte das sächsische Selbstverständnis von einem freien Bürgerstaat zum Ausdruck kommen.

Strukturkrise und Wiederaufbau – Auch in Sachsen konnten viele ehemalige Staatsbetriebe der DDR gegen die marktwirtschaftlich erfahrene Konkurrenz aus Westdeutschland und Europa nicht bestehen. Die Folge waren massenhafte **Firmenzusammenbrüche** und **Arbeitslosigkeit**. Plötzlich sahen sich die Menschen mit einer zu DDR-Zeiten nie gekannten Form der beruflichen Existenzgefährdung konfrontiert. Die tief greifende Strukturkrise hätte Sachsen jedoch auch ohne Wiedervereinigung getroffen. Denn neben Fehlern in der Wirtschafts- und Finanzpolitik des Bundes waren vor allem die Überalterung vieler Produktionsanlagen, eine zu geringe Produktivität sowie das Wegbrechen früherer Märkte in Osteuropa für die Krise verantwortlich.

Mit dem sprichwörtlichen sächsischen Fleiß sowie einer klugen Wirtschaftspolitik der Landesregierung ist der „Aufbau Ost" in Sachsen weit vorangeschritten. Trotz der Probleme blicken viele Sachsen heute wieder optimistisch in die Zukunft.

Q5 Der Theologe Richard Schröder schrieb über die Probleme der Wiedervereinigung, 1995:

1 Es ist nicht die Schuld der Ostdeutschen, dass sie die weniger erfreuliche Besatzungsmacht hatten, die ihnen die Diktatur auf-
5 zwang, die Unterstützung des Marshallplans verweigerte ... und eine ineffektive Wirtschaftsform aufnötigte ... Wir sollten das Ganze so betrachten: Auf unserem ge-
10 meinsamen Elternhaus liegen Hypotheken, und es hat Risse, vorwiegend im östlichen Flügel. [Die] müssen wir gemeinsam beheben.

(In: DIE ZEIT, 22.09.1995)

PERSONENLEXIKON

KURT BIEDENKOPF geb. 1930. Jurist und CDU-Politiker. 1973–1977 Generalsekretär der Bundes-CDU in Bonn; 1990–2002 Ministerpräsident des Landes Sachsen.

K 6

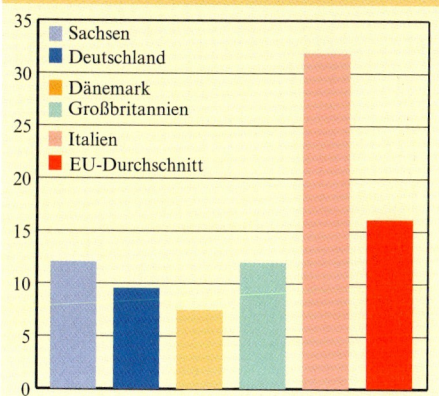

D 4 Arbeitslosigkeit von Jugendlichen unter 25 Jahren in Europa (2000) und in Sachsen (1999), in Prozent

ARBEITSAUFTRÄGE

1. Erläutern Sie mit den Karten S. 96 und dem Darstellungstext der S. 166/167 die Geschichte des Landes Sachsen seit 1945.
2. Diskutieren Sie mögliche Ursachen der Strukturkrise Sachsens nach 1990 sowie die Folgen für die Menschen (B2–K6).
3. Analysieren Sie die Ergebnisse der Landtagswahlen 1990 bis 1999 (D1). Prüfen Sie, welche Beurteilung der Politik der Landesregierung durch die Wähler daraus abzuleiten ist.

11. Deutschland nach 1998

1998 verloren die seit 1982 regierenden Parteien CDU/CSU und FDP die Bundestagswahlen. Helmut Kohl wurde von dem niedersächsischen Ministerpräsidenten GERHARD SCHRÖDER (SPD) abgelöst; SPD und Bündnis 90/ Die Grünen bildeten die neue Bundesregierung. Welche Aufgaben hat sie zu lösen?

Innere Reformen – Die alte Regierung war seit 1990 vor allem um die Lösung der wirtschaftlichen und sozialen Aufgaben bemüht, die mit der deutschen Einheit zusammenhängen. Davon gelang einiges, doch viele drängende Probleme warteten auf die neue Bundesregierung:
– Die hohe Arbeitslosigkeit von 4,4 Mio. sollte drastisch reduziert werden.
– Eine Reform der Sozialversicherungssysteme (Renten- bzw. Krankenversicherung) war dringend notwendig, um die Kostenexplosion in zu dämpfen.
– Die hohe Staatsverschuldung sollte schrittweise abgebaut werden.
– Mit einem neuen Staatsangehörigkeitsrecht sollte die Integration der bereits in Deutschland lebenden Ausländer verbessert werden.

Äußere Gefahren – An die Stelle des „Ost-West-Konflikts" traten nach 1989/90 neue friedensbedrohende Konflikte. Im Rahmen der internationalen Bemühungen um Friedenssicherung hatte sich auch die außenpolitische Rolle des wiedervereinten Deutschlands verändert: Von der Bundesrepublik wurde ein größerer, auch aktiver Beitrag zu friedenssichernden Maßnahmen gefordert.
Der seit 1991 andauernde Krieg im ehemaligen Jugoslawien griff 1999 auf die Provinz Kosovo über. Um die Vertreibung der albanischen Bevölkerung durch Serben zu verhindern, beteiligte sich die Bundesrepublik erstmals seit 1945 aktiv an einem umstrittenen Militäreinsatz der NATO gegen serbische Truppen. Auch als die USA nach dem Terroranschlag auf das New Yorker World-Trade-Center vom 11. September 2001 in Afghanistan militärisch eingriffen, waren deutsche Soldaten an der Bekämpfung des Terrorismus und an friedenssichernden Maßnahmen in Afghanistan beteiligt. ⊘/11

PERSONENLEXIKON

GERHARD SCHRÖDER, geb. 1944. Jurist und SPD-Politiker; 1978–1980 Bundesvorsitzender der Jusos; 1990–1998 Ministerpräsident des Bundeslandes Niedersachsen, am 27.10.1998 zum deutschen Bundeskanzler gewählt

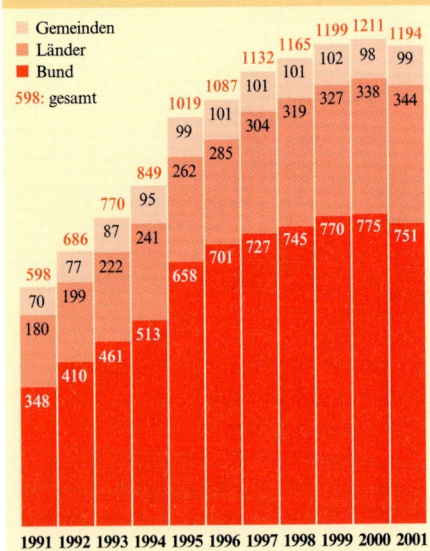

D1 Schuldenentwicklung Deutschlands 1991–2001 in Milliarden Euro

B2 Bundeswehrpanzer im Kosovo

ARBEITSAUFTRÄGE

1. Nennen Sie mögliche Gründe der hohen Verschuldung. Ermitteln Sie für 2001 die Zinsbelastung (Zinssatz: 6 %) von Bund, Ländern und Kommunen infolge der Verschuldung (D1).
2. Analysieren Sie B2 und interpretieren Sie das Verhalten der einheimischen Bevölkerung. Vgl. Sie auch Seite 203.

Die Wiedervereinigung Deutschlands – Zeitstrahl

	Politik	Kultur	Alltag/Wirtschaft
2000	1999: Die Bundesrepublik beteiligt sich am Militäreinsatz der NATO gegen serbische Truppen 1998: Wahl G. Schröders (SPD) zum Bundeskanzler 1.92: Gründung der GUS; 12.91: Zerfall der UdSSR; 6.1991: Wahl B. Jelzins zum Präsidenten Russlands;	1991 ff.: Zunahme des Rechtsradikalismus 1991 ff. „Ossi"-„Wessi"-Vorurteile nehmen zu 20.12.91: Einrichtung der „Gauck-Behörde" zur Verwahrung der Stasi-Akten	1991 ff.: starke Zunahme der Arbeitslosigkeit in den östlichen Bundesländern 1991 ff.: wirtschaftliche Strukturkrise und massenhafte Firmenzusammenbrüche in den östlichen Bundesländern 3.10.1990: Freudenfeiern in ganz Deutschland über die Wiedervereinigung
1990	12.1990: Wahl L. Walesas zum Staatspräsidenten Polens; 3.10.1990: Tag der deutschen Wiedervereinigung; 12.9.1990: 2+4-Vertrag: Ende der Rechte der Alliierten und Souveränität für Deutschland; 23.8.1990: DDR-Volkskammer beschließt Beitritt zur BRD nach Art. 23 GG; 20.7.1990 Wiedererrichtung der Länder in der DDR; 18.3.1990: erste freie Volkskammerwahl in der DDR; März/ Mai 1990: Unabhängigkeitserklärungen der baltischen Staaten; 12.1989: V. Havel wird tschechischer Staatspräsident; 28.11.1989 „Zehn-Punkte-Programm" von Bundeskanzler Helmut Kohl; 9.11.1989: Fall der Mauer in Berlin. Öffnung der Grenze zwischen DDR und BRD; 18.10.1989: Sturz Honeckers; 9.1989: Öffnung der ungarischen Grenze nach Österreich	1990: Diskussionen über das zukünftige Gesellschafts- und Wirtschaftssystem in der DDR 7.12.1989–12.3.1990: „Runder Tisch" in der DDR 4.11.1989: Demonstration von über 500 000 Bürgern in Berlin; 9.10.1989: 70 000 DDR-Bürger demonstrieren in Leipzig; 7.10.1989: Vierzigjahrfeier der DDR Sommer 1989: Massendemonstrationen in der DDR, Gründung von Oppositionsgruppen 1985: „Glasnost" und „Perestroika" in der UdSSR; 1980ff.: Entstehung einer Friedensbewegung in der DDR	1.7.1990: Treuhandanstalt soll volkseigene Betriebe sanieren, privatisieren oder stilllegen und die volkseigenen Güter und Wälder übernehmen; 1.7.1990: Wirtschafts-, Währungs- und Sozialunion zwischen DDR und BRD 9.–10.1989: Massenflucht von DDR-Bürgern über die österreichisch-ungarische Grenze 7.–9.1989: Besetzung der bundesdeutschen Botschaften in Ost-Berlin, Budapest, Prag und Warschau durch DDR-Bürger; 1988: Wachsende Zahl von Ausreiseanträgen in der DDR 1985 ff.: Öffnung für marktwirtschaftliche Strukturen in der UdSSR 1980er Jahre: Wirtschaftliche Stagnation in der DDR
1980	3.1985: Amtsantritt Gorbatschows als Generalsekretär der KPdSU; 1.8.1975: Schlussakte von Helsinki	1978: Einführung des „Wehrunterrichts" in DDR-Schulen; 1975 ff.: hartes Vorgehen gegen Dissidenten in der UdSSR	Okt.1980: Gründung der freien Gewerkschaft „Solidarnosc" in Polen

Zusammenfassung – Die Wiedervereinigung Deutschlands

Seit 1985 setzte der neue Generalsekretär der KPdSU, Michail Gorbatschow, in der Sowjetunion politische und wirtschaftliche Reformen durch. Dennoch zerfiel die UdSSR Ende 1991, und in der Folge setzte eine Auflösung des gesamten Ostblocks ein. In der DDR war bereits Anfang der 1980er Jahre aus Friedens-, Umwelt- und Menschenrechtsgruppen eine **Bürgerrechtsbewegung** entstanden. Ermutigt durch die Reformen in der Sowjetunion forderte sie mehr Demokratie. Die Unzufriedenheit der Bevölkerung drückte sich zudem in einer deutlich ansteigenden **Fluchtwelle** aus.

Die DDR-Staatsführung suchte zunächst über personelle Veränderungen wie den **Sturz Erich Honeckers** eine „Wende" einzuleiten. Doch die Forderungen der Bevölkerung nach mehr Demokratie und Reisefreiheit hielten an. Durch ein Missverständnis zwischen Politbüro und Staatsrat wurden am 9. November 1989 die Grenzen zur Bundesrepublik und West-Berlin geöffnet: In Berlin wurde die Mauer buchstäblich gestürmt. Die Trennung der Menschen in Ost- und Westdeutschland war damit überwunden!

Die friedliche Revolution in der DDR führte am 18.3.1990 zu der **ersten freien Volkskammerwahl der DDR**. Dabei erhielten die Parteien die Stimmenmehrheit, die sich für eine rasche **Wiedervereinigung mit der Bundesrepublik** aussprachen. Am 3. Oktober 1990 trat der zwischen beiden Staaten geschlossene Einigungsvertrag in Kraft. Eine Voraussetzung für die staatliche Wiedervereinigung war das **Einverständnis der Siegermächte** des Zweiten Weltkriegs im 2+4-Vertrag.

Mit der Wiedervereinigung verbesserte sich auch der Lebensstandard vieler Menschen in den neuen Bundesländern. Andere fühlen sich jedoch als „Verlierer" der Wende, denn trotz gewaltiger Aufbauleistungen der Wirtschaft ist die hohe Arbeitslosigkeit ein drängendes Problem.

ARBEITSAUFTRÄGE

1. Die Mehrheit der DDR-Bürgerinnen und -Bürger wollte eine schnelle Wiedervereinigung mit der Bundesrepublik. Diskutieren Sie Vor- und Nachteile.
2. Diskutieren Sie mögliche Maßnahmen, um den Prozess des Zusammenwachsens der Menschen aus Ost- und Westdeutschland zu fördern.

ZUM WEITERLESEN

K. König: Ich fühl mich so fifty-fifty. dtv, Müchen 1991
G. Herbert: Ein Sommer, ein Anfang. Oetinger, Hamburg 1995
G. Preuß: Vertauschte Bilder, Fischer TB, Frankfurt/Main 1995
K. Kordon: Hundert Jahre und ein Sommer. Beltz & Gelberg, Weinheim und Basel 1999

/1 www.glasnost.de/db/Osteuropa/chronik.html
/2 www.kssursee.ch/schuelerweb/kalter-krieg/ende/sowjetunion.htm
/3 www.siebenbuergen-reisen.de/geschi/kron_89.php3
/4 http://www.kssursee.ch/schuelerweb/kalter-krieg/ende/wandel.htm
/5 www.hdg.de/Final/deu/page157.htm
/6 www.dhm.de/lemo/html/DieDeutscheEinheit/WandelImOsten/neuesForum.html
/7 www.remote.org/frederik/culture/berlin/
/8 www.dhm.de/lemo/html/DieDeutscheEinheit/Wiedervereinigung/index.html
/9 www.kssursee.ch/schuelerweb/kalter-krieg/ende/deutschland.htm
/10 www.bstu.de/
/11 www.discovery.de/de/pub/specials/terror/chronik/bundeswehreinsaetze_print.htm

Historische Wurzeln Europas

Längsschnitt 171

Vielfalt prägt die Völker und Staaten Europas: Sie sprechen etwa 70 verschiedene Sprachen, bekennen sich zu verschiedenen Religionen und leben in 44 eigenständigen Staaten. Warum spricht man dennoch von einer europäischen Kultur?

Europa: Land der untergehenden Sonne – Das Wort „Europa" bezeichnete in der Antike das „Land der untergehenden Sonne" – im Gegensatz zu Asien, dem „Land der aufgehenden Sonne". Im Mittelalter ging der Begriff „Europa" auf den damals vom Christentum geprägten Kulturkreis über. Geografisch betrachtet ist Europa die westliche Halbinsel Asiens, gilt aber wegen der verschiedenen Kulturgeschichte als eigener Kontinent. /1

Frühe europäische Reiche – Im 1.–4. Jahrhundert n. Chr. gehörten die Regionen des südlichen und westlichen Europas zum Römischen Reich. Sie waren der **Pax Romana**, der Ordnung des römischen Imperiums unterworfen. Kaiser Caracalla gewährte 212 n. Chr. jedem freien Bürger des Reiches das römische Bürgerrecht.

Erstmals gab es eine Form der „europäischen Staatsbürgerschaft". Im 8. und 9. Jahrhundert n. Chr. vereinigte Kaiser KARL DER GROSSE Gallien, Germanien und Italien unter seiner Herrschaft. Er und seine Nachfolger betrachteten sich zusammen mit dem Papst in Rom als Herrscher der gesamten (europäischen) Christenheit.

Hesiod zeichnete im 8. Jh. v. Ch. einen griechischen Mythos auf, wonach der Göttervater Zeus die phönizischen Prinzessin „Europa" in das „nördlich gelegene Land der untergehenden Sonne" entführte.

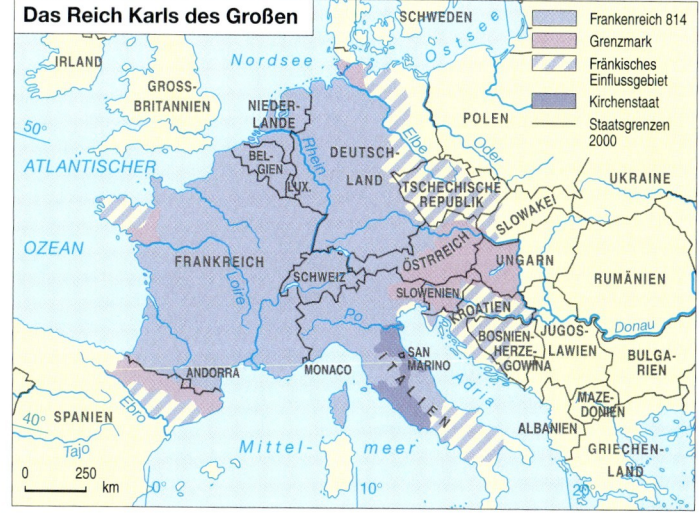

K 1

Längsschnitt: Historische Wurzeln Europas

Das christliche Europa – Im 4. Jahrhundert war das aus dem Judentum hervorgegangene Christentum im Römischen Reich zur Staatsreligion geworden und wurde in Europa verbreitet. Doch 1054 trennten sich die christliche Kirche des früheren Weströmischen Reichs in Rom und die des Oströmischen Reichs in Konstantinopel. Die **Kirchenspaltung** bedeutete zugleich die Spaltung Europas in einen römisch-katholischen Westen und einen griechisch-orthodoxen Osten. Auch die römische Herrschaft hatte im Westen und Osten Europas verschieden starke Prägungen hinterlassen. In der Folge verlief die Entwicklung der Kultur sowie die des mittelalterlichen Rechts- und Wirtschaftssystems in den beiden Teilen Europas – dem römisch-katholischen Westen und dem griechisch-orthodoxen Osten – nicht gleichförmig.

Trennung von Staat und Kirche – Die grausam geführten Macht- und Glaubenskämpfe des Dreißigjährigen Kriegs (1618–1648) hatten große Teile Europas verwüstet. Diese Erfahrungen trugen dazu bei, dass Religion und Staat allmählich voneinander getrennt wurden: Heute gilt in Europa prinzipiell, dass die **Religion Privatsache des Einzelnen** ist, sofern sie nicht die Verfassungsrechte anderer einschränkt. Die gemeinsame **christliche Ethik** bildete aber weiterhin ein Fundament für das Wertesystem der europäischen Völker.

Handel verbindet – Seit dem 12. Jh. entwickelte sich die Zahl der Stadtgründungen in Europa geradezu sprunghaft. Von den Städten ging ein reger wirtschaftlicher und kultureller Austausch aus – über die Grenzen der Staaten und Sprachen hinweg. Große Handelshäuser wie die MEDICI oder die FUGGER hatten Niederlassungen in zahlreichen Ländern und Städten Europas.
Unter Führung Lübecks schlossen sich nordeuropäische Städte zum **Handelsbund der Hanse** zusammen. Er beherrschte lange Zeit den gesamten Nord- und Ostseeraum. Mit den Waren gelangte auch deutsches Stadtrecht bis nach Osteuropa; z. B. galt das Magdeburger Stadtrecht in Kiew. Auch der Austausch von Informationen und wissenschaftlichen Entdeckungen gehörte zum Geschäft der Kaufleute.

PERSONENLEXIKON

KARL DER GROSSE, 742–814.
768–814 fränkischer König, seit 800 auch weströmischer Kaiser. Er herrschte über ein riesiges Reich in der Mitte Europas.

Ein frühes gesamteuropäisches Zahlungsmittel: der Goldflorin, 1252 in Florenz geprägt

Demokratie und Menschenrechte – Schon in den griechischen Stadtstaaten der Antike galten die Gleichheit der Bürger vor dem Gesetz und ihre **demokratische Beteiligung** an den Entscheidungen des Staates als Grundpfeiler der politischen Ordnung. Hier wie auch in der Tradition des **römischen Rechtssystems** liegen frühe Wurzeln des europäischen Rechtsstaates.

Im 18. Jahrhundert wurde ganz Europa von den Ideen der Aufklärung bewegt. Das Prinzip der **Gewaltenteilung** und die Sicherung unveräußerlicher **Menschenrechte** wurden zu zentralen Forderungen an den modernen europäischen Rechtsstaat. Wichtige Etappen zur Verankerung des Gedankengutes der **Aufklärung** waren die „Petition of Right" (dt.: Bitte um Recht) des englischen Parlaments im Jahre 1628, die „Unabhängigkeitserklärung" der Vereinigten Staaten von Amerika" im Jahre 1776 und die „Erklärung der Menschen- und Bürgerrechte" von 1789 während der Französische Revolution. Diese Ereignisse strahlten mit nachhaltiger Wirkung auf den ganzen europäischen Kontinent aus.

Die Vision eines geeinten Europas – Schon nach dem Ersten Weltkrieg gab es Initiativen für eine Zusammenarbeit der europäischen Staaten. Die damaligen Außenminister Frankreichs, ARISTIDE BRIAND,

PERSONENLEXIKON

CHARLES MONTESQUIEU, 1689–1755. Französischer Politiker und Philosoph. Mit seiner Lehre von der Gewaltenteilung im Staat (Gesetzgebung, ausführende Gewalt und Rechtsprechung) hatte er großen Einfluss auf die Herausbildung des modernen europäischen Rechts- und Verfassungsstaates.

> **Q3** Die Erklärung der Menschen- und Bürgerrechte durch die französische Nationalversammlung, 26.8.1789:
>
> 1. Die Menschen sind und bleiben von Geburt an frei und gleich an Rechten ...
> 2. Das Ziel jeder politischen Vereinigung ist die Erhaltung der natürlichen und unantastbaren Menschenrechte. Diese Rechte sind Freiheit, Sicherheit und Widerstand gegen Unterdrückung ...
> 4. Die Freiheit besteht darin, alles tun zu können, was dem Anderen nicht schadet ... Die Grenzen [der Freiheit] können nur gesetzlich festgelegt werden.
> 5. Das Gesetz allein hat das Recht, die der Gesellschaft schädlichen Handlungen zu verbieten ... Niemand kann zu etwas gezwungen werden, was nicht gesetzlich befohlen ist.
> 6. Das Gesetz muss für alle gleich sein, mag es beschützen, mag es bestrafen ...
> 9. Jeder gilt so lange für unschuldig, wie er nicht [durch ein unabhängiges Gericht] für schuldig befunden ist ...
> 10. Niemand darf wegen seiner Meinung oder Religion bedrängt werden ...
> 11. Freie Gedanken- und Meinungsfreiheit ist eines der kostbarsten Menschenrechte. Jeder Bürger kann daher frei schreiben, reden und drucken ...
>
> (In: Geschichte in Quellen, Bd. 4, München 1981, S. 200. Gekürzt)

Die Europäische Union 1957–2000

K 4

und Deutschlands, GUSTAV STRESEMANN, forderten 1929 die Schaffung einer „**Europäischen Föderativen Union**" für die Völker Europas, bei der die europäischen Staaten und Regierungen jedoch (vorerst) ihre volle Souveränität behalten sollten. Der Plan scheiterte aber an der Furcht der nationalen Regierungen, dass ihre Machtbefugnisse beschnitten würden. Erst nach den Schrecken des Zweiten Weltkriegs wurde die Initiative erneut aufgegriffen.

Von der Montanunion zur Europäischen Union – Der französische Außenminister ROBERT SCHUMAN war zu der Auffassung gelangt, die Einigung Europas könne nur in kleinen Schritten gelingen. Als ersten Schritt schlug er die Schaffung eines gemeinsamen Marktes für die Erzeugung und den Vertrieb von Kohle und Stahl vor. 1951 unterzeichneten Frankreich, die Bundesrepublik Deutschland, Italien, Belgien, die Niederlande und Luxemburg den Vertrag über die Gründung der „**Europäischen Gemeinschaft für Kohle und Stahl**", die so genannte Montanunion. /3

Schon bald beschlossen die sechs Staaten der Montanunion, ihre Kooperation auf andere Bereiche auszudehnen. 1957 wurde in Rom die „**Europäische Wirtschaftsgemeinschaft**" (EWG) gegründet: ein einheitliches Wirtschaftsgebiet der sechs Länder ohne Zollschranken. Die steigende Produktivität, der Anstieg des Außen- und Binnenhandels in den EWG-Staaten sowie die wachsende Kaufkraft der Bürger zeigten die Vorteile eines größeren europäischen Wirtschaftsraums. Der Erfolg übte auf andere europäische Staaten eine Sogwirkung aus: 1985 waren aus sechs 12, 1995 bereits 15 Mitgliedsstaaten geworden. Aus der Wirtschaftsgemeinschaft ging 1967 die „**Europäische Gemeinschaft**" (EG) hervor, die weit mehr als nur gemeinsame Wirtschaftsinteressen verband.

Die Gründung der Europäischen Union – Mit den Verträgen von Maastricht aus dem Jahr 1992 beschlossen die Regierungen der damals 12 Mitgliedsstaaten der EG die Gründung der **Europäischen Union** (EU). In den Verträgen legten sie Richtlinien für eine gemeinsame Wirtschafts-, Währungs-, Außen- und Sicherheitspolitik fest. Erstmals wurden also klassische Kompetenzen aus dem Politikbereich von den Einzelstaaten auf die europäische Ebene verlagert. Dennoch ist die EU bisher kein Zentralstaat, sondern ein Verbund souveräner Einzelstaaten. /4

Europa-Fahne; die 12 Sterne stehen nicht für die Zahl der Mitgliedsstaaten, die Zahl 12 gilt vielmehr als Symbol der Vollkommenheit.

Internet-Adressen
/1 www.hdg.de/eurovisionen/index.html
/2 www.bernhardkeller.de/Projekte/_Die_deutsche_Hanse_/die_deutsche_hanse_.html
/3 www.dhm.de/lemo/html/dokumente/JahreDesAufbausInOstUndWest_vertragEgks/index.html
/4 www.weltpolitik.net/sachgebiet/eu

Q6 Der Plan des französischen Außenministers Schuman zur Gründung der Montanunion, 9.5.1950:

1 Europa lässt sich nicht mit einem Schlag herstellen ... Die Vereinigung der europäischen Nationen erfordert, dass der jahrhundertealte Gegensatz zwischen Frankreich, England und Deutschland ausgelöscht wird. Die französische Regierung schlägt vor, die Gesamtheit der französisch-deutschen Kohle- und Stahlproduktion unter eine gemeinsame Oberste Behörde zu stellen, in einer Organisation, die den anderen europäischen Ländern zum Beitritt offen steht. Die Zusammenlegung der Kohle-
10 und Stahlproduktion wird ... die Schaffung gemeinsamer Grundlagen für die wirtschaftliche Entwicklung sichern – und damit die erste Etappe der europäischen Föderation.

(In: Geschichte in Quellen, Bd. 7, München 1980, S. 373 f. Gekürzt)

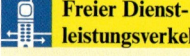
- Wegfall von Grenzkontrollen
- Niederlassungsfreiheit für EG-Bürger

Freier Warenverkehr
- Wegfall von Grenzkontrollen
- gegenseitige Anerkennung von Normen und Vorschriften

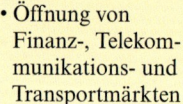
- Öffnung von Finanz-, Telekommunikations- und Transportmärkten

Freier Kapitalverkehr
- größere Freizügigkeit für Geldbewegungen
- gemeinsame Währung

D 5 Die Freiheiten des EU-Binnenmarktes

ARBEITSAUFTRÄGE

1. Stellen Sie in einer Tabelle die gemeinsamen historischen Wurzeln und Merkmale Europas zusammen (K 1, K 2, Q 3, Text).
2. Nennen und beurteilen Sie die heute wirksamen Antriebskräfte des europäischen Einigungsprozesses (K 4, D 5, Q 6, Text).

Internationale Problemfelder

Bomben palästinensischer Selbstmordattentäter explodieren in Israel. Am Erdölgolf werden Kriege um das „schwarze Gold" geführt. Terroranschläge zerstörten das World-Trade-Center in New York sowie andere Gebäude. Viele frühere Kolonialländer leiden unter Armut, Diktaturen und Kriegen. Weltweit wächst die Gefahr globaler Umweltkatastrophen ... Konflikte und Probleme, von denen die Medien beinahe täglich berichten.

Internationale Problemfelder

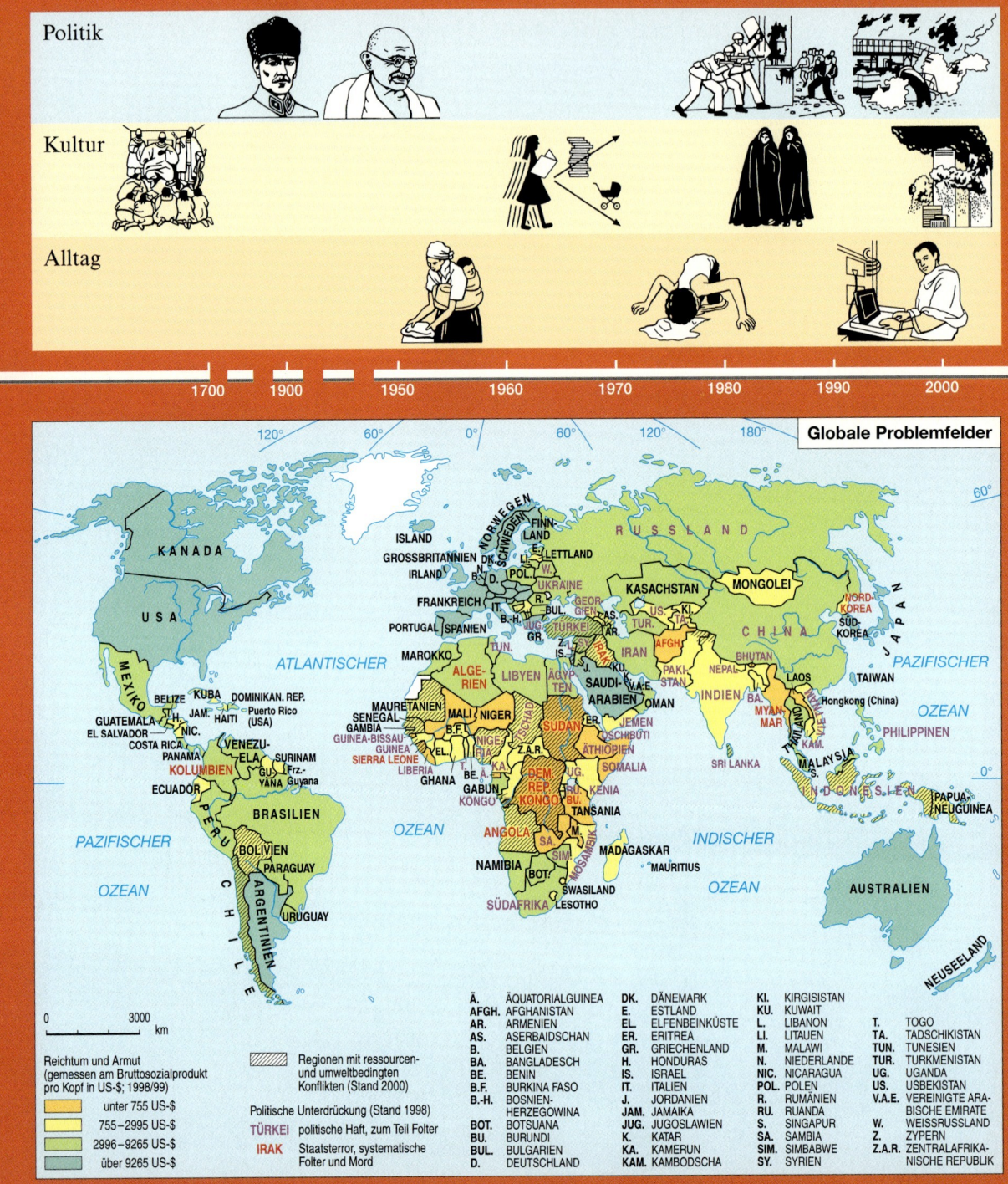

ARBEITSAUFTRAG

Ermitteln Sie, welche Regionen der Erde am stärksten von Problemen betroffen sind. Nennen Sie mögliche Ursachen.

Nahostkonflikt und Re-Islamisierung
1. Israel auf dem Weg zum eigenen Staat

Seit dem 1. Jh. v. Chr. beherrschte Rom alle nahöstlichen Küstenländer; auch das jüdische Königreich. Nach mehreren Aufständen gegen die römischen Besatzer wurden um 135 n. Chr. fast alle Juden aus Israel vertrieben. Rom machte das Land zur Provinz Palästina. Dort lebten in den folgenden Jahrhunderten vor allem die verbliebenen nichtjüdischen Volksstämme. Seit Mitte des 19. Jh. setzte wieder ein Zustrom jüdischer Siedler ein. Was waren die Gründe und wie reagierten die in Palästina lebenden muslimischen Araber?

(K)Eine Heimat für die Juden? – Als weitgehend gleichberechtigte, wirtschaftlich oft erfolgreiche Bürger hatten die in Westeuropa lebenden Juden über Generationen den Patriotismus ihrer dortigen Mitbürger geteilt. Anfang des 19. Jh. waren die meisten Juden in ihren Heimatländern integriert; viele hatten die jüdische Religion aufgegeben. Dennoch entbrannte Ende des 19. Jahrhunderts in Europa ein neuer **Antisemitismus** (= Hass auf Juden). Angesichts dieser bitteren Erfahrung schlug der Journalist THEODOR HERZL 1896 vor, in der alten Heimat Israel, beim heiligen Jerusalem (Zion), einen neuen jüdischen Nationalstaat zu gründen. Herzls Anhänger nannten sich daher **Zionisten**. Sie kauften von den in Palästina lebenden Arabern Ödland und kultivierten es.

Im Ersten Weltkrieg eroberte Großbritannien das damals türkisch beherrschte Palästina. Es versprach den Arabern Unabhängigkeit und den Juden eine „nationale Heimstätte". Doch als der Völkerbund 1922 Großbritannien mit einem Mandat (= Oberhoheit) über Palästina beauftragte, sahen sich die palästinensischen Araber getäuscht. Ihre Wut entlud sich nicht nur gegen die Briten, sondern auch gegen die als Bedrohung empfundene wachsende Zahl jüdischer Siedlungen. Nach einem Aufstand gegen die Briten versuchte die Londoner Regierung daher ab 1939 die Einwanderung von Juden nach Palästina einzuschränken – nach 1945 auch die von Überlebenden des Holocaust. Als Großbritannien 1947 die Palästinafrage den Vereinten Nationen (UNO) übergab, beschloss die UNO gegen arabischen Einspruch, Palästina zwischen Juden und Arabern zu teilen. /1

T 1 Jüdische Einwanderung und Siedlung in Palästina (Jahre, Größenordnung, Herkunft und Art der Siedlung)

1840	Religiöse Gemeinschaften in 4 Städten (ca. 10 000 Mitglieder); Lebensgrundlage: Spenden aus Europa
1881–1904	1. Alija (= Einwanderung nach Palästina), ca. 30 000 Religiöse, vorwiegend aus Russland, landwirtschaftliche Siedlungen
1904–1914	2. Alija, ca. 40 000 vorwiegend Nichtreligiöse, meist aus Russland und Polen, landwirtschaftliche Siedlungen
1919–1923	3. Alija, ca. 35 000 polnische und SU-Bürger, Gründung von Kibbuzim, Städten, der hebräischen Universität Jerusalem
1924–1931	4. Alija, ca. 80 000 polnische und SU-Bürger, Siedlung in Tel Aviv, Haifa, Jerusalem
1932–1938	5. Alija, ca. 200 000 vor den Nationalsozialisten fliehende Mitteleuropäer: Akademiker, gehobenes Bürgertum
1939–1945	80 000 Flüchtlinge aus Deutschland und Ostmitteleuropa

Q 2 Th. Herzl über einen jüdischen Staat (1896):

Ich halte die Judenfrage weder für eine soziale noch für eine religiöse... Sie ist eine nationale, die im Rate der Kulturvölker zu lösen sein wird. Wir haben überall ehrlich versucht, in der uns umgebenden Volksgemeinschaft
5 unterzugehen und nur den Glauben zu bewahren. Vergebens sind wir treue Patrioten... (Dennoch) werden wir als Fremdlinge angeschrien... Wir sind ein Volk ... Wir haben die Kraft, einen Musterstaat zu bilden. Man gebe uns die Souveränität eines genügenden Stückes Erdober-
10 fläche, alles andere werden wir selbst besorgen.

(Theodor Herzl, Eine Lösung der Judenfrage, in: Bundeszentrale für politische Bildung: Der israelisch-arabische Konflikt, Bonn 1985, S. 16 f. Gekürzt)

ARBEITSAUFTRÄGE

1. Welches Problem beschäftigt Herzl in Q 2, welches sieht er nicht? Nehmen Sie zu seinem Vorschlag Stellung.
2. Analysieren Sie T 1 und K 2, S. 178. Ist die jüdische Besiedlung Palästinas als eine Ein-, Zu- oder Rückwanderung zu sehen?

2. Feindschaft, Kriege und Versuche einer Friedenslösung

Am 14.5.1948 erklärten 800 000 Juden den von ihnen kontrollierten Teil Palästinas zum neuen Staat Israel. Welche Folgen hatte diese Staatsgründung?

(K)Ein Staat für die Palästinenser? – Die arabischen Staaten reagierten auf die israelische Staatsgründung 1948 mit Krieg. Israel hielt dem Angriff stand. Doch als Folge des Kriegs strandeten 700 000 aus Israel geflohene oder vertriebene Araber in **Flüchtlingslagern** der umliegenden arabischen Länder. Sie und ihre Nachkommen leben bis heute in materieller Not und ohne Heimat. Ihr Schicksal ist ein schwelender Konflikt der ganzen Region. Die in Israel verbliebenen Araber wurden formal zu gleichberechtigten Bürgern. Doch im täglichen Leben sieht sich diese Minderheit (20 %) diskriminiert.

Kampf der PLO gegen Israel – Seit 1948 führen palästinensische Guerillagruppen einen erbitterten Krieg gegen Israel; insbesondere die 1964 gegründete **PLO** (Palästinensische Befreiungsorganisation). Von Jordanien und dem Libanon aus attackierte die PLO Israel und pro-israelische Einrichtungen weltweit. Mit blutigen Terroranschlägen wie dem Überfall auf Israels Olympiamannschaft 1972 in München wollte die PLO Israel zermürben und die Weltöffentlichkeit auf das Schicksal der Palästinenser aufmerksam machen.

Q1 Aus der Unabhängigkeitserklärung Israels (1948):

1 In Erez [dem Land] Israel stand die Wiege des jüdischen Volkes. Mit Gewalt vertrieben, bewahrte es ihm in der Fremde die Treue. In den
5 letzten Generationen kehrten viele [Juden] zurück, brachten die Wüste zu neuer Blüte, schufen eine ständig zunehmende Bevölkerung eigener Wirtschaft und Kultur, die
10 allen Bewohnern Segen und Fortschritt bringt und nach staatlicher Unabhängigkeit strebt. ... Wir, die Vertreter der jüdischen Bevölkerung Palästinas und der zionisti-
15 schen Bewegung, proklamieren kraft unseres historischen Rechts und aufgrund des Beschlusses der UN die Errichtung eines jüdischen Staates in Erez Israel.

(In: Ullmann, A. [Hg.], Israels Weg zum Staat, München 1964, S. 307 ff. Gekürzt)

PERSONENLEXIKON

ITZHAK RABIN, 1922–1995. 1948/49 und 1967 israelischer Militärbefehlshaber, mitverantwortlich für die repressive Besatzungspolitik im Westjordanland, 1974–1977 und 1992–1995 israelischer Ministerpräsident, trat für den Frieden mit den Palästinensern ein. 1994 erhielt er mit Arafat und Peres den Friedensnobelpreis. 1995 wurde er von einem fanatischen Juden ermordet.

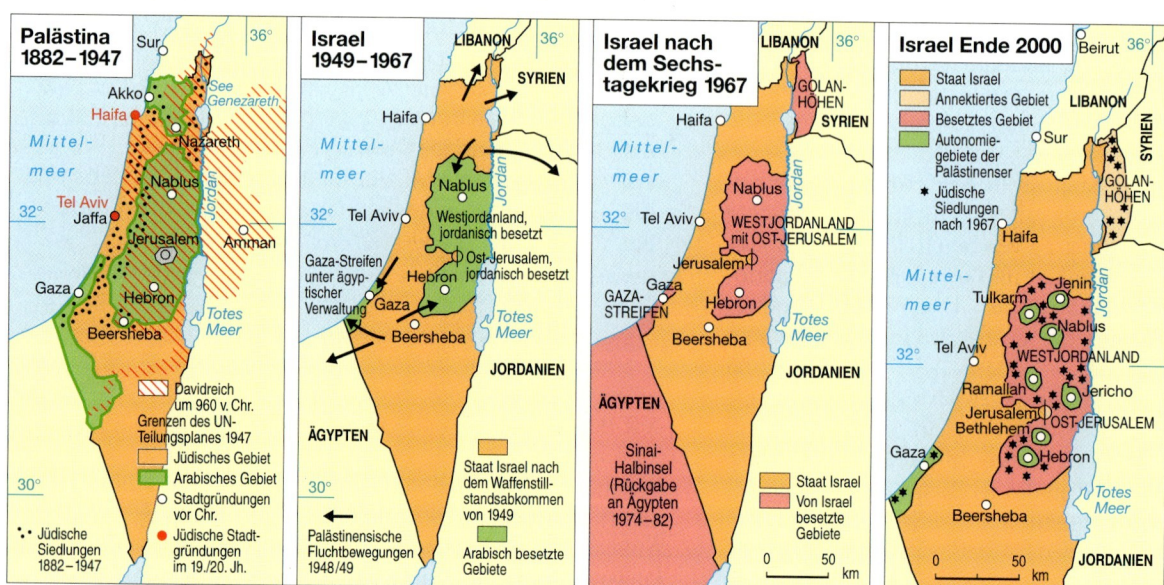

1974 änderte die PLO ihre Strategie. Sie akzeptierte Israel als Verhandlungspartner und wurde nun international als Vertretung der von Israel besetzten Gebiete anerkannt. Die dort lebenden Palästinenser erhoben sich 1987 zur **Intifada** (= Abschüttelung). Gegen die Steine werfenden, meist jugendlichen Palästinenser reagierte Israels schwer bewaffnete Armee mit hilfloser Härte und verlor weltweit Sympathien. Amerikanischer Druck und die Furcht der PLO, ihren Einfluss an die radikale Palästinenserorganisation **Hamas** zu verlieren, brachte die „Erzfeinde" 1993 zu Verhandlungen in Oslo zusammen.

Auf dem Weg zum Frieden? – Das Abkommen von Oslo leitete einen Friedensprozess ein. Beide Seiten sicherten sich das Recht auf Existenz in einem Teil des früheren Palästina zu. Die Grundformel lautete: Land (für die Palästinenser) gegen Frieden (Sicherheit) für Israel. Eine palästinensische Autonomiebehörde unter PLO-Chef ARAFAT übernahm Gaza und Jericho. Israel versprach schrittweise die Erweiterung des Autonomiegebiets, die PLO das Ende von Terroranschlägen. Doch der Friedensprozess erlitt Rückschläge. Radikale Palästinenser verübten weitere Attentate in Israel; Israel baute neue Siedlungen im Besatzungsgebiet. Vielen Israelis gingen die Zugeständnisse ihrer Regierung zu weit; Israels Ministerpräsident RABIN wurde 1995 wegen seiner Aussöhnungspolitik von einem fanatischen Juden ermordet. Viele Palästinenser warfen PLO-Chef Arafat Verrat vor. Die palästinensische Führung lehnte Anfang 2001 die Friedensvorschläge des amerikanischen Präsidenten CLINTON ab. Seitdem ist die Gewalt erneut eskaliert. ⊘/2

Q 6 Aus der Staatsproklamation Palästinas, 1988:

1 Das palästinensisch-arabische Volk stammt aus Palästina … [Es] war immer in Palästina verwurzelt. In Palästina und im Exil gab es sei-
5 ne Überzeugung, dass es ein Recht auf Rückkehr und Unabhängigkeit hat, nie auf…. Gestützt auf das historische Recht, ausgehend von Beschlüssen [der UNO],
10 in Ausübung der Rechte auf Selbstbestimmung, politische Unabhängigkeit und Souveränität über sein Land, proklamierte der Palästinensische Nationalrat die
15 Gründung des Staates Palästina…

(In: M. Raheb, Ich bin Christ und Palästinenser, Gütersloh 1995, S. 53 ff. Gekürzt)

Q 7 Friedensplan von US-Präsident Clinton, Januar 2001:

1 Israel soll mindestens 95 % der Westbank zurückgeben …, die Siedlungen in Gaza räumen. Die Palästinenser [würden] zusätzliches Land für den übervölkerten Gaza-Streifen, die Souveränität über die arabisch bewohnten
5 Gebiete Ost-Jerusalems, das muslimische Altstadtviertel sowie [die Heiligtümer auf dem] Tempelberg erhalten. Dafür müssen die [palästinensischen] Flüchtlinge auf ein Rückkehrrecht [nach Israel] verzichten. Sie könnten in den zukünftigen palästinensischen Staat ziehen...

(Aus: „Die Woche" vom 5. 1. 2001, S. 11. Gekürzt)

B 8 Israelische Soldaten und jugendliche Palästinenser in Hebron 1998

ARBEITSAUFTRÄGE

1. Vergleichen Sie die Entstehungssituation und die Argumente von Q 1 und Q 6. Erklären Sie die inhaltlichen Parallelen.
2. Beurteilen Sie mit K 2–K 5, Seite 178, die Folgen der Kriege aus Sicht der Palästinenser/Araber und der Israeli.
3. Beurteilen Sie den Friedensvorschlag Präsident Clintons (Q 7) aus israelischer, palästinensischer und neutraler Sicht.
4. Versetzen Sie sich in die Lage der Soldaten und die der Jugendlichen von B 8. Spielen Sie ein Streitgespräch in der Klasse.

3. Die Bedeutung des Islam: Iran und Türkei als Beispiele

Seit Jahrzehnten gewinnt die Religion in vielen islamischen Ländern neuen Einfluss. Im Islam sind Religion und Staat untrennbar. Welche Ursachen und Auswirkungen hat diese „**Re-Islamisierung**"?

Modernisierung oder Tradition im Iran? – 1960 begann Irans **Schah** (Kaiser) REZA PAHLEVI eine rigorose Modernisierungspolitik. Rüstungs- und Technologieimporte, westliches Recht sowie mehr Bildung auch für Frauen sollten Irans Vormacht im Nahen Osten begründen. Der Westen stützte das von Armee und Geheimpolizei getragene Regime des Schahs wegen dessen Antikommunismus sowie eigener Wirtschaftsinteressen.

Hauptkritiker des Schahregimes und der Modernisierung nach westlichem Vorbild waren die **Mullahs**, die religiösen Hüter der islamischen Tradition. Ihre Macht beruhte auf dem Rückhalt bei der einfachen Bevölkerung. Den entwurzelten Massen in Teherans Elendsquartieren und den armen Kleinbauern versprachen die Mullahs soziale Gerechtigkeit durch eine islamische Erneuerung.

Islamische Revolution – Aus dem Pariser Exil organisierte AJATOLLAH KHOMEINI, das religiöse Oberhaupt der iranischen Mullahs, einen Volksaufstand und stürzte 1979 die Monarchie. Die Mullahs formten in kurzer Zeit eine „**Islamische Republik**". Die Re-Islamisierung und die Einführung der **Scharia** (islamisches Traditionsrecht) hatte massive Einschränkungen der Bürgerrechte zur Folge und brachte besonders den Frauen viele Nachteile. Sie sind zwar nicht rechtlos und können z. B. Anwältin oder Ärztin werden, sind aber den Männern nachgeordnet und unterliegen vielen Zwängen. In der Öffentlichkeit dürfen sie nur mit dem schwarzen **Tschador** (Schleier) bekleidet auftreten.

PERSONENLEXIKON

AJATOLLAH KHOMEINI, 1900–1989. Iranischer Religionsführer und faktischer Führer der islamischen Republik Iran 1979–1989

> **Q 1** Ajatollah Khomeini: Was ist ein islamischer Staat? (Vorlesung 1970):
>
> Der islamische Staat ist ... konstitutionell. Selbstverständlich nicht im üblichen [westlichen] Sinne, wo Gesetze von Personen verab-
> 5 schiedet ... und von der Mehrheit abhängig sind. Er ist [es] in dem Sinne, dass die Regierenden in ihrer Tätigkeit an Bedingungen gebunden sind, die im heiligen
> 10 Koran und der Sunna [=Aussprüche Mohammeds] festgelegt worden sind. Daher ist die islamische Regierung die des göttlichen Gesetzes ..., während die Legislative
> 15 [=Rechtsprechung] Gott dem Allmächtigen gehört.
>
> (Khomeini, Der islamische Staat, in: A. Müller[Hg.], Fundamentalismus, Leipzig 1996, S. 54 f. Gekürzt)

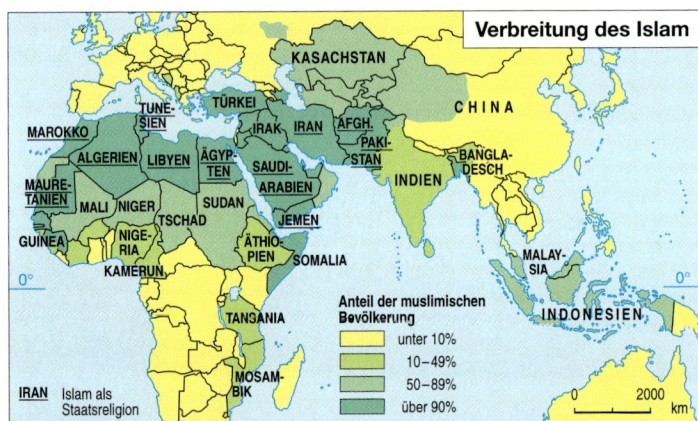

B3 Studentinnen und Studenten der Universität Teheran, 1999

3. Die Bedeutung des Islam: Iran und Türkei als Beispiele

Türkei – Nach dem Untergang des Osmanenreiches verhinderte 1922 der General KEMAL, später ATATÜRK (Vater der Türken) genannt, das Zerbrechen der Türkei. Als Ursache der Krise sah er die Rückständigkeit des Orients gegenüber Westeuropa. Gestützt auf die Armee erzwang er in einer „**Revolution von oben**" radikale Brüche mit allen islamischen Traditionen.

Europäisierung – Das islamische Eherecht, die arabische Schrift und die traditionelle Kleidung wurden verboten und das Bildungswesen modernisiert. Die Türkei übernahm das westliche Rechtssystem und führte nach 1945 ein Mehrparteiensystem ein. Die Industrie und der Dienstleistungssektor wurden gefördert, aber die Kleinbauern und viele Stadtmigranten blieben weiterhin bitter arm. Kemals Republik nach westlichem Muster entmachtete die religiösen Führer und verwaltete alle Religionsangelegenheiten.

Islamischer Widerstand – Die Europäisierung der Türkei trifft seit einigen Jahren auf wachsenden Widerstand frommer Muslime. Sie lehnen den westlichen Einfluss ab und fordern stattdessen einen islamischen Staat. Die Ablehnung des erstrebten EU-Beitritts wegen der Nichtbeachtung von Demokratie und Menschenrechten verbitterte viele proeuropäische Türken. Kritiker befürchten, dass diese Politik der Europäer die traditionell-islamischen Kräfte in der Türkei stärkt.

PERSONENLEXIKON

KEMAL ATATÜRK, 1880(81)–1938. Oberbefehlshaber einer Armee im Ersten Weltkrieg. 1922 schaffte er das Sultanat und 1924 das Kalifat ab. 1923–1938 erster Staatspräsident der Türkischen Republik

---

Q 4 Ein Befürworter des Schleiers:

1 Die islamischen Frauen lehnen diesen Zwang zur permanenten Schönheitskonkurrenz ab. Sie haben etwas dagegen, dass ihr ...
5 Ansehen von ihrer Kleidung abhängig gemacht wird. Das westliche Modediktat führt zu Neid, Missgunst und Konkurrenzverhalten unter den Frauen... Es ist
10 Selbstbetrug zu glauben, dass durchsichtige Blusen und bis zur Hüfte geschlitzte Röcke ... der Freiheit der Frauen förderlich seien. Im Gegenteil: In der Vermark-
15 tung der weiblichen Sexualität offenbart sich eine exzessive Steigerung der ... Konsumideologie.

(In: U.Tworuschka, Methodische Zugänge zu den Weltreligionen, Frankfurt/M. 1982, S.78. Gekürzt)

Q 5 Ein Gegner des Schleiers:

1 Der Tschador demonstriert äußerlich, auf welche Rolle die islamischen Gesetze die Frau im Iran reduzieren: Sie ist Dienerin im
5 Gottesstaat ..., die aufgrund ihrer naturbedingten Ungleichheit den Interessen der Männer ausgeliefert ist, die verwahrt und verhüllt werden muss, um die Sünde ein-
10 zudämmen.

(R. Schlett, Flucht aus dem Schleier, in: Frankfurter Rundschau" vom 3.12.1988. Gekürzt)

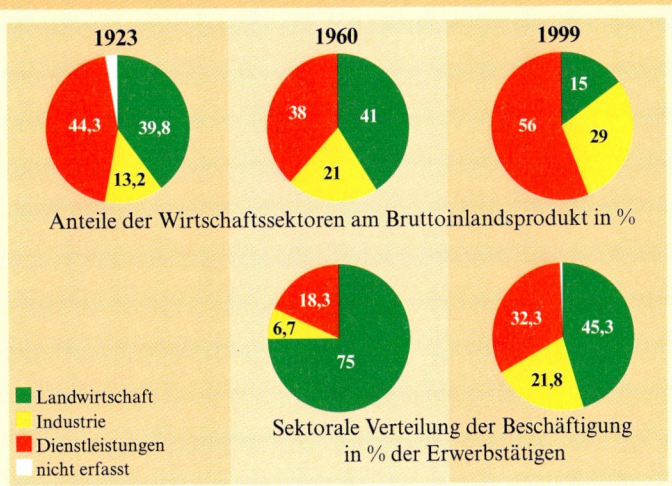

D 6 Die Wirtschaftsstruktur der Türkei 1923–1999

Anteile der Wirtschaftssektoren am Bruttoinlandsprodukt in %

Sektorale Verteilung der Beschäftigung in % der Erwerbstätigen

■ Landwirtschaft
■ Industrie
■ Dienstleistungen
□ nicht erfasst

ARBEITSAUFTRÄGE

1. Untersuchen Sie mit Q 1 Khomeinis Staats- und Rechtsverständnis. Vergleichen Sie es mit dem Grundgesetz.
2. Schätzen Sie mit K 2 die weltweite politische Bedeutung des Islam bzw. der islamischen Staaten ein.
3. Beurteilen Sie die Stellung der Frau in der islamischen Gesellschaft (B 3, Q 4, Q 5). Nehmen Sie Stellung zu Q 4 und Q 5.
4. Analysieren Sie mit D 6 die wirtschaftliche Entwicklung der Türkei und zeigen Sie deren Probleme auf.

4. Krieg(e) am Erdölgolf

Als 1990 Iraks Diktator SADDAM HUSSEIN das prowestliche Emirat Kuwait überfiel, marschierten 500 000 US-Soldaten sowie westeuropäische und arabische Truppen gegen ihn. Wie kam es zu dem Krieg und was waren die Motive der Westmächte?

Pulverfass Golfregion – Die Ölreserven der Länder des Persischen Golfs haben für die Energieversorgung der Industrieländer große Bedeutung. Diese versuchten daher, auch nach dem Ende der Kolonialherrschaft ihren politischen und wirtschaftlichen Einfluss in der Golfregion zu behalten. Das regionale Hegemoniestreben der Staaten Iran und Irak, unterschiedliche Staatsformen (Monarchie, islamische Republik, weltliche Diktatur) und Konfessionen schufen in der Region ein explosives Konfliktpotenzial.

Machtpolitik oder Schutzmacht? – In den 1980er Jahren befürchteten die USA und die Sowjetunion, die iranische Revolution könnte auf die prowestlichen Golfstaaten bzw. auf die islamischen Sowjetrepubliken übergreifen. Die Supermächte versorgten daher den irakischen Diktator SADDAM HUSSEIN während des iranisch-irakischen Krieges 1980–1988 mit Waffen.

Im August 1990 überfiel der hoch gerüstete Irak das benachbarte Emirat Kuwait, um dessen Ölquellen unter seine Kontrolle zu bringen. Zudem bedrohte Saddam Hussein mit seinen biologischen und chemischen Waffen sowie mit seinem Atomwaffenprogramm die gesamte Region. Als er das Ultimatum der UNO zum Rückzug aus Kuwait verstreichen ließ, griffen die Westmächte und ihre arabischen Verbündeten unter Führung der USA im Januar 1991 den Irak aus der Luft und mit Bodentruppen an. Kuwait wurde befreit, Saddam Hussein jedoch nicht gestürzt. Unter dem Handelsembargo und den Exportbeschränkungen, die dem Irak auferlegt wurden, leidet vor allem die irakische Zivilbevölkerung. Die internationalen Waffeninspektoren der UNO, die die Abrüstung des Iraks kontrollieren sollten, wurden 1998 von dem Diktator des Landes verwiesen.   🌐/3

Q1 Der irakische Diktator Saddam Hussein an das Volk am 17.1.1991

1 O großes irakisches Volk, ... der Satan Bush hat sein Verbrechen begangen, er und der kriminelle Zionismus, und die große Kon-
5 frontation, die Mutter aller Schlachten hat begonnen ... Der Tag des Heils der arabischen Nation [rückt] näher, ... wenn der Willen des Satans im Weißen Haus
10 und der des Wespennests von Kriminellen in Tel Aviv zerschlagen wird. Das teure Palästina und seine geduldigen und kämpfenden Söhne werden befreit, Golan
15 und Libanon werden befreit, die Araber werden auf ihrem Boden frei sein ...

(In: Frankfurter Rundschau, 18.1.1991. Gekürzt)

B2 Irakische Truppen setzten kuwaitische Ölfelder in Brand, 1991

ARBEITSAUFTRÄGE

1. Nennen und beurteilen Sie die Argumente, die Saddam in Q1 als Gründe des Kriegs zwischen USA und Irak anführt.
2. Erörtern Sie mit B2 die Folgen des Golfkrieges für die betroffenen Länder.

Entwicklungsländer zwischen Befreiung und Abhängigkeit
1. Dekolonisation und Entstehung neuer Staaten

Viele ehemalige Kolonien der europäischen Mächte zählen heute zu den ärmsten Regionen der Erde. Ist diese wirtschaftliche Unterentwicklung eine Hinterlassenschaft der Kolonialmächte oder hat sie andere Gründe?

Kolonien werden selbstständig – Viele Kolonien erlangten ihre Unabhängigkeit erst ab 1945. In den Kolonien hatten sich nationale **Unabhängigkeitsbewegungen** gebildet. Deren Führer waren oft an europäischen Universitäten ausgebildet und hatten die Ideale von Freiheit und Demokratie kennen gelernt. Sie beriefen sich auf das Selbstbestimmungsrecht der Völker und die Statuten der UNO. Viele Unabhängigkeitsbewegungen verfolgten ihre Ziele friedlich. So fand der gewaltfreie Widerstand MAHATMA GANDHIS gegen die britische Kolonialherrschaft in Indien weltweit Beachtung und Respekt. In anderen Ländern wie Indochina, Algerien, Angola kam es zu blutigen Befreiungskriegen. Die Ablösung der Kolonie vom „Mutterland" heißt **Dekolonisation**. 🌐/4

Probleme der nachkolonialen Zeit – Die Kolonialmächte hatten oft willkürlich und ohne Rücksicht auf die Siedlungsgebiete der einheimischen Völker Grenzen festgelegt. Diese blieben meist auch nach der Unabhängigkeit der früheren Kolonien bestehen – und mit den Grenzen auch ethnisch begründete Konflikte zwischen verschiedenen Volksgruppen. Oft garantierten nur die Armeen den Zusammenhalt der neuen Staaten. Eine eigene politische und kulturelle Tradition hatten die Kolonialmächte unterdrückt. Für Parlamentarismus, Rechtsstaat und Demokratie fehlten die historischen Wurzeln und oft auch die gesellschaftlichen Voraussetzungen. So konnten häufig **autoritäre Regime** (Militärdiktaturen, Einparteiensysteme) die Macht an sich reißen. Die Wirtschaft der neuen Staaten blieb auf die ehemaligen Kolonialmächte ausgerichtet. In Monokulturen produzierten sie Rohstoffe und Exportgüter für die Industrieländer. Güter für den eigenen Bedarf mussten sie dagegen oft teuer importieren. Diese neue Abhängigkeit nennt man **Neokolonialismus**.

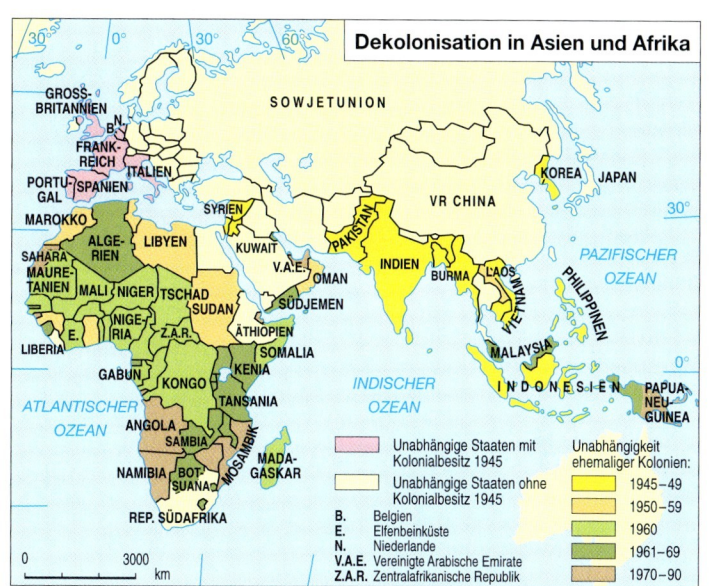

K1

Dem Wert eines Lastkraftwagens entsprachen:	1985 (Jahresdurchschnitt)	1992 (Jahresdurchschnitt)
Lastkraftwagen (6–10t)	5,6t Kaffee	27,5t Kaffee
	44,3t Bananen	79,1t Bananen

= 5t Rohkaffee (salvadorianisch, Hochlandgewächs)
= 5t Bananen (mittelamerikanisch)

B2 Verfall der Rohstoffpreise

ARBEITSAUFTRÄGE

1. Recherchieren Sie, welche Länder über die Kolonien herrschten, und beschreiben Sie die Etappen der Dekolonisation (K1).
2. Erläutern Sie den Begriff Neokolonialismus. Welche Folgen hat die neokoloniale Abhängigkeit für Entwicklungsländer (B2)?

2. Beispiel: Der Kongo unter Kolonialherrschaft

In Zentralafrika liegt die Demokratische Republik Kongo. Bis 1960 war das Land belgische Kolonie. Heute zählt es zu den zehn ärmsten Ländern der Erde. Welches Schicksal hatte dieses Gebiet bis zur Unabhängigkeit?

Afrikanische Königreiche – Als 1482 portugiesische Seeleute auf der Suche nach Gold am Kongo eintrafen, existierte dort ein mächtiges Königreich mit einem Tributsystem, einer Armee und einer vom Staat kontrollierten Währung. Das begehrte Gold tauschten die Portugiesen unter anderem gegen Sklaven aus Nordafrika ein. Im 17. Jh. wurden Sklaven zum Haupthandelsgut der westafrikanischen Küste; nun waren auch Kongolesen von der Versklavung betroffen. Die wirtschaftliche Ausbeutung Afrikas durch die Europäer und der Sklavenexport nach Amerika (insgesamt etwa 15 Mio. Menschen, davon 4–5 Mio. Kongolesen) führte zum Verfall der traditionellen afrikanischen Gesellschaftsstrukturen.

Privatbesitz König Leopolds – Ende des 19. Jh. teilten die europäischen Mächte Afrika gegen den Widerstand der Afrikaner untereinander auf. Der belgische König Leopold II. erhielt auf der **Berliner Kongo-Konferenz** 1884/85 das Kongo-Gebiet als Privatbesitz. In seinem Auftrag beuteten private Gesellschaften das Land brutal aus. Um Exportprodukte anzubauen oder Bodenschätze abzubauen, wurde den Einheimischen mit betrügerischen Verträgen oder Gewalt das Land wegge-

B2 Holländische Gesandte beim König des Kongoreiches, 17. Jh.

Das Naturpotenzial des Kongo 2000

> **Q1** Ein britischer Konsul berichtet 1899 aus dem Kongo:
>
> Die Vorgehensweise [des Eintreibers von Kautschuk] war es, in Kanus ein Dorf aufzusuchen, dessen Bewohner bei seinem Anblick Reißaus nahmen; die Soldaten gingen an Land und fingen an zu plündern. Sie nahmen alles aus den Häusern mit, Hühner, Getreide etc.; danach griffen sie die Eingeborenen an und bemächtigten sich ihrer Frauen; diese wurden als Geiseln festgehalten, bis der Häuptling ... die geforderten Kilogramm Kautschuk [= Rohstoff für Gummiprodukte] herbeibrachte.
>
> (J. Iliffe, Geschichte Afrikas, München 2000, S.273)

nommen. Widerstand gegen die **Zwangsarbeit** im Bergbau und auf Plantagen wurde grausam bestraft. Angesichts weltweiter Proteste gegen die **„Kongo-Gräuel"** übertrug Leopold II. 1908 „seine" Kolonie dem belgischen Staat.

Belgische Kolonialherrschaft – Seit 1908 wurde das Land von belgischen und multinationalen Unternehmen ausgebeutet. Die einheimischen Arbeiter mussten gegen geringe Löhne auf Plantagen und in Bergwerken arbeiten. Andererseits zahlten die Unternehmen nur geringe Steuern an die Kolonialverwaltung. So flossen jährliche **Gewinne in Milliardenhöhe** dem belgischen „Mutterland" zu. Christliche Missionsschulen bildeten die einheimische Bevölkerung zu Facharbeitern und Verwaltungsbeamten aus. Höhere Schulen oder Universitäten wurden dagegen nicht eingerichtet. Die Afrikaner waren von politischer und wirtschaftlicher Mitbestimmung ausgeschlossen.

Katastrophale Entkolonisierung – Mit blutigen Aufständen erzwangen die Kongolesen 1960 ihre Unabhängigkeit. Aus den ersten Parlamentswahlen ging der Sozialist PATRICE LUMUMBA als Ministerpräsident hervor. Die Europäer verließen meist fluchtartig das Land, sodass die Verwaltung der Republik Kongo lahm gelegt war und ein Chaos ausbrach. Die rohstoffreiche Provinz Katanga erklärte sich unabhängig. Belgien, die USA, die UdSSR sowie afrikanische Nachbarstaaten versuchten Einfluss auf den Kongo zu erlangen. Ein dreijähriger Krieg begann, der erst durch das Eingreifen von UNO-Truppen beendet werden konnte. Lumumba wurde ermordet; mit Unterstützung der USA gelangte 1965 General Mobutu als Diktator an die Macht.

PERSONENLEXIKON

PATRICE LUMUMBA, 1925–1961(ermordet). 1960 erster Ministerpräsident der Republik Kongo; trat außenpolitisch für eine „positive Neutralität" gegenüber den Großmächten ein

Q6 Gedicht des Schriftstellers Michel Kayoya (Burundi):

1 In Berlin [1884/85] hatte man unseren Kontinent aufgeteilt. / Man kam, uns zu erziehen. / Man kam, uns zu zivilisieren. / Dieser Vertrag von Berlin hat mich lange gekränkt. / Das Schlimmste aber war, dass man mich
5 dieses Datum lehrte. / Eine ganze Stunde lang nannte man uns / die Namen der Vertragspartner von Berlin. / Ihre außergewöhnlichen Fähigkeiten, / Den Mut der Forscher, / Den selbstlosen Humanismus, / Aber niemand, / Absolut niemand wies hin auf die
10 Beleidigung, / Auf die Schmach, die uns Afrikaner überall begleitete. / Mein Volk wurde zur Maschine, / Es wurde aus der Ferne gesteuert, es war fast tot. / Erstorben war das Bewusstsein seiner Persönlichkeit. / Mein Volk war kolonisiert.

(In: Michel Kayoya, Das Selbstbewusstsein des Kolonisierten, in: Lesebuch Dritte Welt, Wuppertal 1982, S. 316f. Gekürzt)

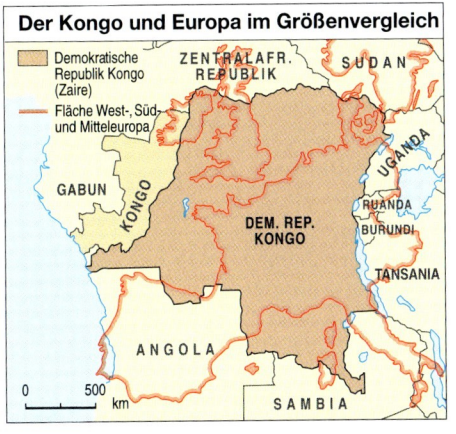

K4 Der Kongo und Europa im Größenvergleich

T5 Abbau von Bodenschätzen im Kongo. Anteil an der Weltförderung in Prozent

	1958	1984
Kobalt	63,0	37,7
Diamanten	75,0	34,6
Kupfer	8,3	6,0
Zinn	4,3	?
Tantal	–	3,8

(Zahlen in: J. Ki-Zerbo, Die Geschichte Afrikas, Frankfurt a.M. 1988, S. 582; W. Michler, Weißbuch Afrika, 2. überarb. u. erw. Aufl. Bonn 1991, S. 130)

ARBEITSAUFTRÄGE

1. Schildern Sie die dargestellte Situation in B1. Wie traten die holländischen Gesandten und der König des Reiches auf?
2. Erörtern Sie mit Q2 die Methoden der Kolonialherren um 1900 bei der Kautschukgewinnung im Kongo.
3. Untersuchen Sie das Naturpotenzial des Kongo und bestimmen Sie die Rolle des Landes in der Weltwirtschaft (K3, T5).
4. Erörtern Sie mit K4, welche Probleme sich für die neue Republik Kongo allein aus der Größe des Landes ergaben.
5. Diskutieren Sie mit Q6, was Kolonialisierung im Selbstverständnis der betroffenen Länder/Menschen bis heute bedeutet.

3. Die Republik Kongo als unabhängiger Staat

General Mobutu Sese Seko herrschte 32 Jahre über die unabhängige Demokratische Republik Kongo. In dieser Zeit verarmte das Land völlig und der Staat zerfiel. Wo lagen die Ursachen dafür?

Absolutistische Diktatur – Mobutu stellte die Zentralgewalt mit brutalen Methoden wieder her. Er hob die Verfassung auf, gründete eine **Einheitspartei** und unterdrückte mit Terror alle politischen Gegner. 1971 benannte er das Land in „Zaïre" um (bis 1997). Von den westlichen Industrieländern wurde Mobutu wegen seiner **prowestlichen Haltung** während des Kalten Krieges unterstützt, obwohl er die in ausländischem Besitz befindlichen Plantagen und Bergwerke verstaatlichte. Der Rohstoffreichtum des Landes wurde jedoch unter seinem Regime nicht zur wirtschaftlichen Entwicklung und zur Verbesserung der Lebensbedingungen genutzt. Während Mobutu selbst mit einem Privatvermögen von 5 Milliarden Dollar zu den reichsten Männern der Welt zählte, gehört die Republik Kongo heute mit einer **astronomischen Staatsverschuldung** zu den zehn ärmsten Ländern der Erde.

Staatszerfall durch Vetternwirtschaft – Mobutu besetzte wichtige Positionen in der Regierung, in Militär, Geheimdienst und Polizei nur mit Personen aus dem **engsten Familienkreis**. Die Loyalität seiner Staatsangestellten erkaufte er sich mit Geschenken, zum Beispiel übertrug er ihnen enteignete Ländereien und Betriebe. Diese neuen Besitzer waren vor allem an hohen Profiten interessiert; um die Instandhaltung und Modernisierung der Betriebe kümmerten sie sich nicht. Viele Betriebe brachen daher nach einigen Jahren zusammen, im Jahr 1990 sogar die gesamte Kupferproduktion des Landes. Arbeitsplätze wurden nicht geschaffen; die Verwaltung war von **Korruption** durchsetzt. Die Infrastruktur des Landes verfiel so stark, dass das marode Straßennetz die Lebensmittelversorgung der Städte gefährdete. In den 1990er Jahren wurde Zaïre/Kongo zum Zentrum von Waffenschmuggel, Drogenhandel und Geldwäsche.

Krieg und Bürgerkrieg – Mobutu wurde 1997 in blutigen Aufständen und unter aktiver Beteiligung der afrikanischen Nachbarstaaten aus dem Amt getrieben. Sein Nachfolger Laurent Kabila führte die autoritäre Politik Mobutus fort, setzte wiederum die Verfassung außer Kraft und erneuerte das Parteienverbot. Die Intervention der Nachbarstaaten, die zum Sturz Mobutus beitrug, war vor

PERSONENLEXIKON

Joseph D. Mobutu (nannte sich später Mobutu Sese Seko), 1930–1997. Oberbefehlshaber der kongolesischen Armee seit 1961, machte sich 1965 nach einem Staatsstreich zum Staatspräsidenten und errichtete eine Diktatur. Er brachte durch Vetternwirtschaft, Korruption und persönliche Bereicherung die Wirtschaft zum Erliegen. Mobutu wurde 1997 gestürzt und starb im Exil.

B 1 Ruandische Flüchtlinge am Kongo, 1997

B 2 Slums am Rande einer Metropole

allem von eigennützigen Motiven geprägt: Seit 1998 kämpfen im Kongo die Armeen von fünf afrikanischen Staaten (Ruanda, Uganda, Simbabwe, Angola, Namibia) sowie unzählige Rebellengruppen um die Macht und den Einfluss auf die reichen Rohstoffreserven. Dabei verloren bisher etwa 2,5 Millionen Menschen ihr Leben.

Die Kirchen als stabiles Element – Die beiden großen christlichen Kirchen, denen 80–90 Prozent der Kongolesen angehören, bieten eine **Grundversorgung** im Gesundheits- und Bildungswesen an. Mit finanzieller Unterstützung aus Europa unterhalten sie in jeder Provinzhauptstadt ein Hauptquartier mit eigenem Fuhrpark, Fernmeldenetz und eigener Erdölversorgung. In den abgelegenen Dörfern zahlen Pastoren an Stelle der korrupten Staatsbeamten die Löhne und Gehälter aus.

Selbsthilfe der Bevölkerung – Das Staatsversagen zwang die Menschen in Zaïre/Kongo, eigene Überlebensstrategien zu entwickeln. Viele versuchen durch Straßenhandel, illegales Schürfen nach Gold und Diamanten oder auch mit Bestechungsgeldern zu überleben.

Auf dem Lande entstanden **alternative Marktstrukturen** abseits staatlicher Kontrolle und willkürlicher Steuererhebung. In Eigenregie organisiert die Bevölkerung **nichtstaatliche Netzwerke**, die für so wichtige Dienstleistungen wie Bildung, Müllentsorgung und Sicherheit sorgen. Seit dem Ende der 1980er Jahre bildet sich eine **mündige Zivilgesellschaft** heraus, die gegen Menschenrechtsverletzungen protestiert und demokratische Reformen fordert. 🌐/5

Q3 Aus einem Hirtenbrief der katholischen Bischöfe Zaïres zur Lage im Lande vom September 1993:

1 „Wenn wir uns nicht vorsehen, wird der zaïrische Staat zugrunde gehen, umgebracht von seinen Führern ... Weil das Volk es gewagt
5 hat, Diktatur und Privilegien ... in Frage zu stellen, ist es durch seine eigenen Führer ... Gewalttaten aller Art ausgesetzt ... [Die Gewalttaten] bestätigen den moralischen
10 Tod des zaïrischen Staates, der auf seine eigene Bevölkerung losgeht ... Er [der Staat] ist unfähig geworden, die Jugend der Nation zu erziehen ..., die Justiz zu ver-
15 walten ..., seine Armee zu disziplinieren ..., seine Währung im Griff zu behalten ..., seine Angestellten zu bezahlen ... Wir erinnern das Volk daran, dass es sich nicht ret-
20 ten kann, wenn es weiterhin den Geist und die Gesinnung von Führern übernimmt, die zu Gewalttaten und zu Massakern anstiften ..."

(In: W. Michler, Afrika. Wege in die Zukunft, Unkel/Rhein: Horlemann 1995, S. 136. Gekürzt)

B4 Landwirtschaft in der Demokratischen Republik Kongo/Zaïre 1994: Frauen verpacken Fufu, Brei aus (Maniok-)Wurzeln.

ARBEITSAUFTRÄGE

1. Beschreiben Sie mit B1 Auswirkungen des Bürgerkrieges auf die betroffene Bevölkerung.
2. Formulieren Sie mit B2 Thesen über soziale Unterschiede in der afrikanischen Metropole.
3. Fassen Sie die Aussagen von Q3 zusammen und erläutern Sie, welche Ursachen die Bischöfe für den Staatsverfall der Republik Kongo verantwortlich machen. Diskutieren Sie mögliche Maßnahmen zur Verbesserung der Situation.
4. Beschreiben Sie mit B4 die Vermarktung landwirtschaftlicher Produkte durch Kleinbauern im Kongo.

4. Indiens Weg in die Unabhängigkeit

Seit seiner Unabhängigkeit 1947 besitzt Indien eine funktionierende parlamentarische Demokratie. Landwirtschaft und Industrie wurden ausgebaut. Dennoch leben viele Inder bis heute in Armut. Wie erklärt sich dieser Gegensatz?

Britische Kolonialherrschaft – Seit dem 18. Jahrhundert beherrschten die Briten Indien; anfangs über die private Ostindiengesellschaft, ab 1858 als Kolonialmacht. Die einheimischen Sitten, Religionen und die Sozialstruktur Indiens ließen die Briten weitgehend unangetastet. Zugleich erhielt Indien das britische Bildungssystem, ein gutes Straßen- und Eisenbahnnetz, eine funktionierende Verwaltung und Gerichtsbarkeit. Andererseits entzog Großbritannien dem Land riesige Rohstoffmengen sowie landwirtschaftliche Produkte. Das Land wurde auch als Absatzmarkt europäischer Güter benutzt. Das einheimische Gewerbe (z. B. die hoch entwickelte Tuchindustrie) sowie der Handel wurden ruiniert; neue Gewerbe- und Industriezweige konnten nicht entstehen. Die Ausrichtung der Landwirtschaft auf Exportgüter (z. B. Tee, Jute) verringerte die Anbauflächen für Lebensmittel. Hungerkatastrophen mit Millionen Opfern waren die Folge.

Widerstand durch „zivilen Ungehorsam" – Zur Befreiung Indiens von der britischen Kolonialherrschaft entwickelte der junge Rechtsanwalt MAHATMA GANDHI sein Konzept des gewaltfreien Widerstands: **Keine Zusammenarbeit** mit den britischen Kolonialbehörden (Niederlegung von Ämtern, Boykott britischer Waren, Boykott von Wahlen, Schulen und Gerichten), **„bürgerlicher Ungehorsam"** gegen als ungerecht erkannte Gesetze, **absolute Gewaltfreiheit** und freiwilliges Erdulden von Strafen. Dem politischen und moralischen Druck des gewaltfreien Widerstands konnte die britische Kolonialherrschaft nicht standhalten: 1947 entließ Großbritannien die Kolonie in die staatliche Unabhängigkeit.

PERSONENLEXIKON

MAHATMA GANDHI („Große Seele"), 1869–1948. Studierte in London, entwickelte die Methode des passiven Widerstands und wurde zum Führer der Indischen Nationalbewegung. Gandhi wurde 1948 von einem fanatischen Hindu wegen seiner liberalen Haltung gegenüber Moslems ermordet.

Q1 Aus einem Artikel Gandhis in der Zeitung „Navajlran" (10.4.1930):

> Was sind die Bedingungen, mag man fragen, die jeder erfüllen kann, um Sawaraj [politische Unabhängigkeit] zu erlangen? Hier
> 5 sind sie:
> 1. Jeder kann gegenüber der [britischen] Salzsteuer bürgerlichen Ungehorsam leisten. Dazu ist keine Schulung notwendig.
> 10 2. Jeder kann mit seinem Takli [Spindel] spinnen. Wenn Millionen anfangen, Baumwolle zu karden [zum Spinnen vorbereiten] und das Takli in Bewegung zu setzen,
> 15 können wir so viel Khadi [grobe Baumwollkleidung] produzieren, wie wir brauchen. Lasst uns alle ausländischen Stoffe boykottieren und ausschließlich Khadi tragen.

(In: Geschichte lernen 56 /1997, S. 34)

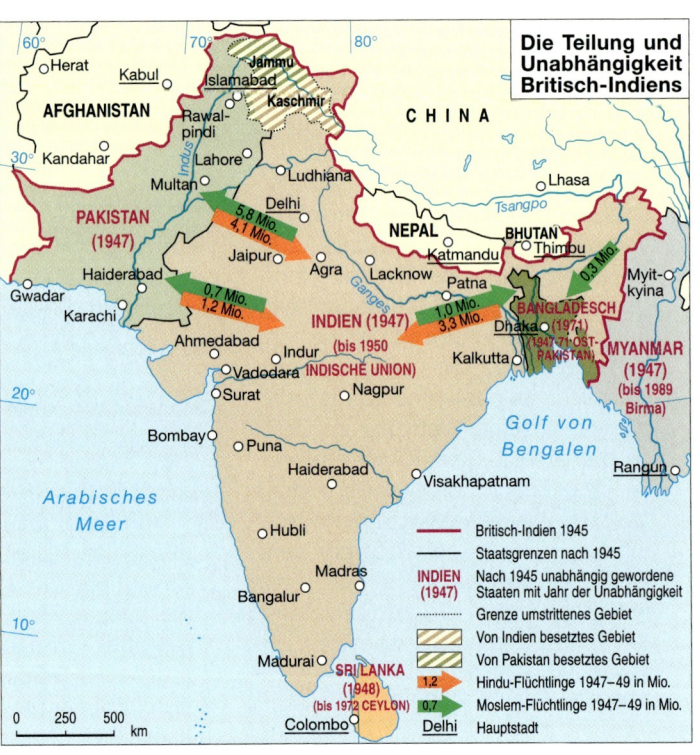

Die Teilung und Unabhängigkeit Britisch-Indiens

Indien als unabhängiger Staat – Der britische Plan zur Unabhängigkeit Indiens sah eine Teilung in zwei unabhängige Staaten vor: Seit 1947 existierten der parlamentarisch regierte Hindu-Staat Indien und die Islamische Republik Pakistan. Massenumsiedlungen, Religionskonflikte und der Streit um Kaschmir belasten die Beziehungen beider Staaten bis heute. ⊙/7

Die „Grüne Revolution" – Der einseitige Ausbau der Schwerindustrie nach 1947 und ein explosionsartiges Bevölkerungswachstum führten im Agrarland Indien zur Verelendung großer Teile der Landbevölkerung und zur Verslumung der Städte. Zur Sicherung der Ernährung wurde 1968 die „Grüne Revolution" ausgerufen: Neue, ertragreichere Getreidesorten, der Einsatz von Kunstdünger und Pestiziden führten zunächst zu einer deutlichen Steigerung der Erträge. Doch langfristig wurden dadurch die Böden der Anbauflächen geschädigt. Das Hauptproblem war aber, dass viele Kleinbauern die neuen Produktionsmethoden nicht finanzieren konnten und ihr Land verloren. Die Kluft zwischen Arm und Reich wurde so noch größer.

Gesellschaft zwischen Tradition und Moderne – Das Festhalten an traditionellen Lebens- und Denkformen erschwert eine Modernisierung. Auf dem Land spielt das religiös begründete **Kastenwesen** (= Trennung der Menschen in gesellschaftliche Gruppen mit unterschiedlichen Rechten, in die man hineingeboren wird) weiterhin eine große Rolle. Die Diskriminierung der so genannten „Unberührbaren" ist zwar in der Verfassung von 1950 abgeschafft, kennzeichnet aber weiterhin den Alltag. Das gilt auch für die traditionell untergeordnete **Stellung der indischen Frauen**.

PERSONENLEXIKON

P. JAWAHARLAL NEHRU, 1889–1964. Seit der Unabhängigkeit Indiens Ministerpräsident und Außenminister (1947–1964). Nehru verfolgte in der Zeit des Kalten Krieges eine Neutralitätspolitik; er organisierte die Wirtschaft nach dem Prinzip des „indischen Sozialismus".

Q 3 Erfahrungen, die B. R. Ambedkar, später Justizminister Indiens, als „Unberührbarer" machen musste:

1 [Ambedkar] war zusammen mit seinem älteren Bruder auf einem Ochsenkarren unterwegs ... Als der Fahrer des Gespanns erfuhr,
5 dass die gut gekleideten Jungen Dalits [Unberührbare] waren, drehte er sofort um und stieß sie vom Wagen. Als Ambedkar ihn inständig bat, er möge ihn doch ge-
10 gen Bezahlung eines Aufpreises mitnehmen, wurde der höherkastige Hindu weich und setzte die Fahrt fort ... Aus Angst, verunreinigt zu werden, lief der Fahrer
15 hinter dem Wagen her und überließ dem Bruder Ambedkars die Zügel. Nach einer Weile hatten die Jungen großen Durst. Als sie aber bei den Anwohnern um
20 Wasser ersuchten, war es ihnen verwehrt, sich Wasser aus dem Brunnen zu holen. Statt dessen verwies man sie auf abgestandenes Wasser in einem dreckigen
25 Tümpel.

(In: G. Schwägerl, Unberührbar, Unkel/ Bad Honnef 1995, S. 84 f. Gekürzt)

B 4 Berufstätige Inderin in einem Software Center in Bangalore, 1997

ARBEITSAUFTRÄGE

1. Erläutern Sie mit Q 1 die Mittel Gandhis, um die britische Kolonialherrschaft zu stürzen. Beurteilen Sie seine Methode des „gewaltfreien Widerstands".
2. Erläutern Sie den Unabhängigkeits- und Teilungsplan der Briten für Indien mit Hilfe von K 2. Nennen Sie mögliche Gründe für die bis heute bestehenden Spannungen zwischen Indien und Pakistan.
3. Erklären und diskutieren Sie mit Q 3 und B 4 die Aussage, dass Indien ein Land zwischen Tradition und Moderne ist.

5. „Entwicklungsländer" und Entwicklungshilfe

Viele ehemalige Kolonien sind bis heute wirtschaftlich unterentwickelt; sie werden daher als „Entwicklungsländer" bezeichnet. Welche Merkmale weisen sie auf?

Problematische Begriffe – Die früher verbreitete Bezeichnung „**Dritte Welt**" wurde zur Kennzeichnung der Ländergruppe geprägt, die von der so genannten „Ersten Welt" (westliche Industrieländer) und der „Zweiten Welt" (Industrieländer mit Planwirtschaft) unterschieden wird. Da diese drei Begriffe als Rangfolge missverstanden wurden, verzichtet man heute auf den Begriff „Dritte Welt". Der Begriff „**Entwicklungsländer**" wird weiter verwendet, ist aber nicht unumstritten. Denn er setzt ein europäisches Verständnis von Entwicklung voraus, das angesichts der ökologischen Gefährdung der Erde, der kulturellen Eigenheiten sowie der wirtschaftlichen Möglichkeiten vieler Entwicklungsländer inzwischen als fragwürdig gilt. Seit den 1980er Jahren wird daher ein Konzept der **nachhaltigen Entwicklung** für die „Entwicklungsländer" gefordert. Oberstes Prinzip soll dabei die „Hilfe zur Selbsthilfe" sein. 🛈/8

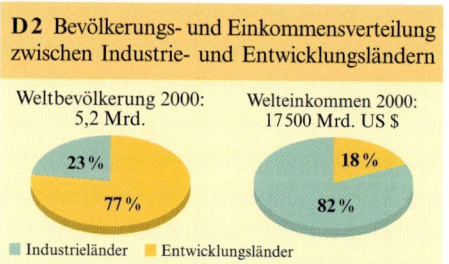

D2 Bevölkerungs- und Einkommensverteilung zwischen Industrie- und Entwicklungsländern

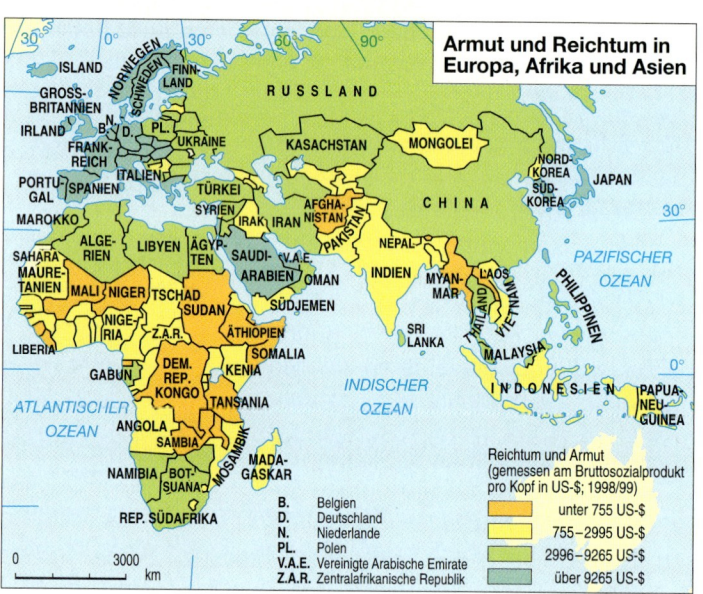

Armut und Reichtum in Europa, Afrika und Asien

Q1 Rede Julius Nyereres, Staatschef von Tansania, in Bonn 1976:

1 Wir sind aus Erfahrung zu der Erkenntnis gelangt, dass das ganze *Konzept der Hilfe* falsch ist... Sie erniedrigt die armen Länder zu
5 Bettlern... Was die Armen jetzt fordern – im eigenen wie in Ihrem Interesse – ist eine faire Chance für ihre eigene Entwicklung... Wir wollen einen echten und automa-
10 tischen Ressourcentransfer [Weitergabe von Produktionsmitteln] von den Reichen zu den Armen statt umgekehrt. Wir wollen angemessene Vertretung in internatio-
15 nalen Gremien... wir wollen eine echte Verpflichtung zur Entwicklung der Welt als einer Einheit, bei bewusster Begünstigung der Armen und Benachteiligten.

(In: J. R. Klicker [Hg.], Afrika, Wuppertal 1980, S.173 f. Gekürzt)

Q4 Ashish Kothari, ein indischer Ökologe, schrieb 1994:

1 Wenn sowohl die Umwelt als auch die Lebensgrundlage der Menschen bewahrt werden soll, muss Indien noch lange ein Agrarland bleiben ... Zwei Drittel der Bevölkerung leben von der Landwirtschaft ... Wir müssen dem
5 traditionellen Konzept entgegentreten, dass man umso entwickelter sei, je mehr Industrie man hat. Selbst wenn man wollte, gäbe es keine Möglichkeit, dass die Dritte Welt einen solchen Industrialisierungsgrad wie der Westen erlangt. Die USA verbrauchen etwa 40 Prozent
10 der Weltressourcen, wenn [allein] Indien dazu aufschließen wollte, bräuchten wir 120 Prozent.

(In: F. Braßel, Gandhis Erben. Indien in der Krise, Bonn 1994, S. 209. Gekürzt)

Wirtschaftliche Abhängigkeit – Die Wirtschaft vieler Entwicklungsländer ist auch heute noch weitgehend auf die Märkte der Industrieländer ausgerichtet. In landwirtschaftlichen Monokulturen oder einseitig ausgerichteten Industrien werden einige wenige Exportprodukte hergestellt, oft unter der Kontrolle **multinationaler Konzerne**. Diese Länder sind extrem abhängig von der Nachfrage und Preisentwicklung am Weltmarkt. Die Produktion für den einheimischen Bedarf, insbesondere von Nahrungsmitteln, ist dagegen oft unzureichend; die Löhne der einheimischen Arbeiter sind meist sehr niedrig. Die Abhängigkeit der Entwicklungsländer von den Industrieländern folgt einem Gefälle von Nord nach Süd. Man spricht daher auch vom „**Nord-Süd-Konflikt**".

Entwicklungshilfe – Die Industrieländer leisten Entwicklungshilfe in Form von Kapitalhilfe, technischer Hilfe, personeller Hilfe, Nahrungsmittelhilfe und humanitärer Hilfe. Gemäß internationalen Vereinbarungen sollen 0,7 Prozent des Bruttosozialprodukts jährlich für Entwicklungshilfe aufgewendet werden. In Deutschland sind es zur Zeit nur 0,3 Prozent, etwa 5,5 Milliarden Euro jährlich.

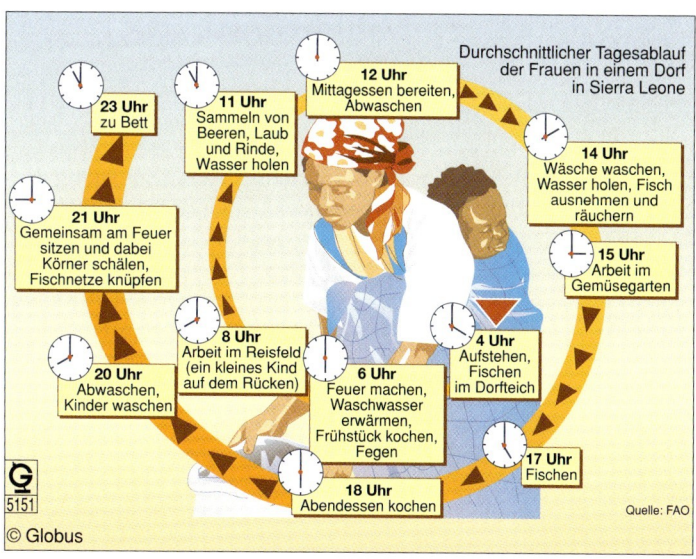

B 6 Der lange Tag einer Bäuerin in Afrika

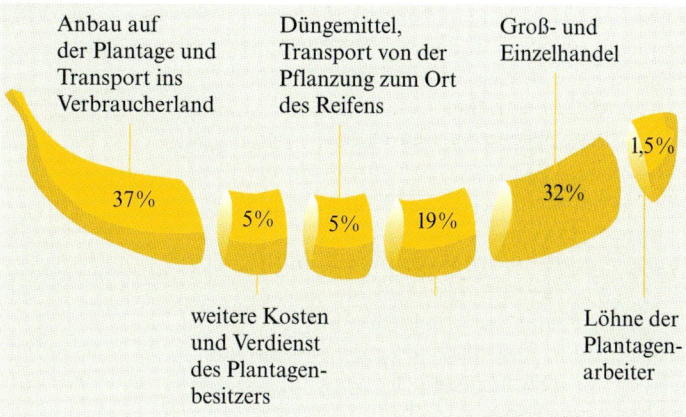

B 7 Wer bekommt wieviel vom Verkaufserlös einer Banane?

> **Q 5** Rede des ehemaligen Bundespräsidenten Walter Scheel 1978:
>
> Die Entscheidung, eine Fabrik in ein Entwicklungsland mit ganz anderer Kultur zu stellen, ist ... nicht nur eine wirtschaftliche, sondern in sehr hohem Maße eine kulturpolitische Entscheidung. Mit der Fabrik exportieren wir eben nicht nur bestimmte Apparate, Gebäude und Fachkräfte, sondern auch eine bestimmte Art zu denken, zu arbeiten, zu fühlen, kurz – zu leben. Die Errichtung einer solchen Fabrik verändert das Leben der Menschen ... Das kann für diese Menschen durchaus von Vorteil sein, es kann aber auch katastrophale Folgen haben.
>
> (In: J. R. Klicker [Hg.], Afrika, a.a.O. S. 188. Gek.)

ARBEITSAUFTRÄGE

1. Beschreiben Sie mit D 2 und K 3 die Verteilung von Reichtum und Armut in Europa, Asien und Afrika. Erörtern Sie in der Klasse mögliche Ursachen, vgl. Sie auch K 1 von Seite 183.
2. Diskutieren Sie mögliche politische Konsequenzen des „Nord-Süd-Gefälles" für die armen und die reichen Länder.
3. Diskutieren Sie mit Q 1 und Q 5 die Standpunkte von Nyerere und Scheel zum traditionellen Entwicklungskonzept.
4. Der Inder Kothari setzt sich in Q 4 kritisch mit dem Konzept der industriellen Entwicklung nach westlichem Vorbild auseinander. Diskutieren und beurteilen Sie seine Meinung.
5. Erörtern Sie mit B 6 die Lebenssituation von Frauen in Afrika.
6. Erläutern Sie mit B 7, wer am Geschäft mit den Bananen profitiert. Durch welche Mechanismen werden Entwicklungsländer hier benachteiligt und wie ließe sich das ändern?

Globale Menschheitsprobleme
1. Bevölkerungswachstum und Welternährung

Um 1900 lebten 1,5 Milliarden Menschen auf der Erde, 2000 sind es bereits 6,1 Milliarden. Für das Jahr 2050 lauten die Prognosen auf mindestens 9,5 Milliarden. Welche Probleme ergeben sich aus diesem steilen Anstieg der Weltbevölkerung?

Ursachen der Bevölkerungsexplosion – Durch Fortschritte der Medizin, bessere hygienische Bedingungen, eine geringere Säuglingssterblichkeit sowie die Verbesserung der Ernährungslage ist die durchschnittliche **Lebenserwartung** der Menschen weltweit von ca. 40 Jahren um 1900 auf 66 Jahre im Jahr 2000 gestiegen. Die Zahl der Geburten (**Geburtenrate**) blieb dagegen in weiten Teilen der Welt gleich oder ist sogar höher als um 1900.

Bevölkerungswachstum und Armut – Aus Europa wissen wir, dass erst eine nachhaltige Verbesserung der Lebensumstände – höhere Einkommen, bessere Schulbildung, Altersfürsorge – die durchschnittliche Geburtenrate pro Familie sinken lässt. Es ist daher nur scheinbar ein Widerspruch, wenn der stärkste Bevölkerungsanstieg in den ärmsten Entwicklungsländern stattfindet, vor allem in Afrika.

Familienplanung – Viele Entwicklungsländer versuchen, durch Familienplanung die Geburtenrate zu verringern: Frauen werden über empfängnisverhütende Mittel beraten. In einigen Ländern wird die „**Ein-Kind-Familie**" propagiert, auch mit staatlichem Druck. In China verlieren beispielsweise Eltern, die mehr als ein Kind haben, den Anspruch auf günstige Wohnungen oder andere staatliche Leistungen. Doch trotz Erfolgen bei der Familienplanung in einzelnen Ländern steigt die Weltbevölkerung insgesamt weiter an.

Hilfe gegen den Hungertod

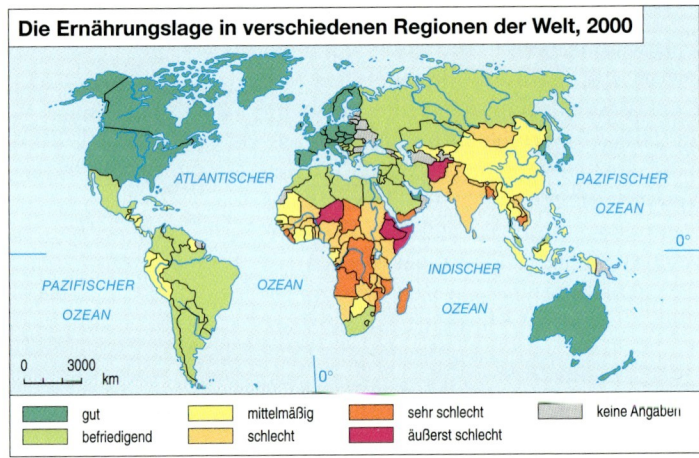

Die Ernährungslage in verschiedenen Regionen der Welt, 2000

- gut
- befriedigend
- mittelmäßig
- schlecht
- sehr schlecht
- äußerst schlecht
- keine Angaben

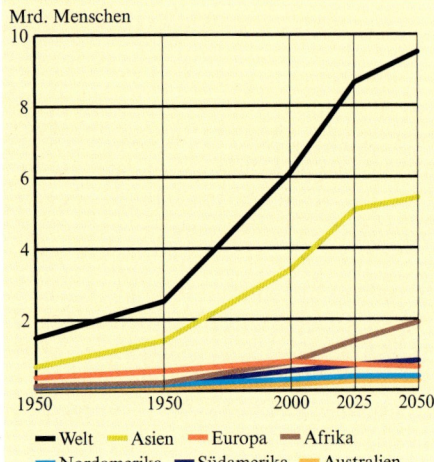

D 1 Wachstum der Weltbevölkerung

Q 3 Den Teufelskreis durchbrechen:

Afrika hat in naher Zukunft wenig Aussichten, den Teufelskreis von Armut und Kinderreichtum zu durchbrechen: Mehr Kinder schaffen soziale Sicherheit im Alter. Aber mehr Kinder machen auch jeden kollektiven [gemeinschaftlichen] Fortschritt zunichte ... Zur Erklärung des ungebremsten Bevölkerungswachstums gilt immer noch die Faustformel: Die Armen sind so arm, weil sie zu viele Kinder haben; sie haben zu viele Kinder, weil sie so arm sind. Familienplanung kann nur Erfolg haben, wenn Alterssicherung nicht mehr ruinösen Kinderreichtum voraussetzt. Die Einzelglieder in der Kette notwendiger Entwicklungsschritte sind untrennbar miteinander verbunden: Ausbildung, Wirtschaftswachstum, Sicherheit, Geburtenrückgang.

(In: Der Spiegel, Nr. 21 vom 21. 5. 1990, S. 162. Gekürzt)

Nahrung für alle? – Im Jahr 2001 litten 815 Millionen Menschen weltweit an chronischem Hunger. In einzelnen Entwicklungsländern waren es über 50 % der Bevölkerung. Hunger ist zugleich eine Folge und eine Ursache von Armut: Denn hungrige Menschen können schlechter lernen, sie arbeiten weniger produktiv und sind oft chronisch krank.

Fast drei Viertel der hungernden Menschen leben in Regionen, wo Reis, Hirse oder Weizen wachsen könnten. Es fehlt jedoch an Saatgut, Dünger, Know-how, Ackergerät sowie an den erforderlichen Bewässerungsanlagen. Die Regierungen vieler Entwicklungsländer vernachlässigen bisher auch den Agrarsektor und investieren statt dessen in unsinnige Prestigeprojekte. Eine Verbesserung der Nahrungsmittelproduktion konnten dagegen Indien und China verzeichnen. Durch den Einsatz moderner Agrartechnologien seit den 1960er Jahren sind dort die Erträge deutlich gestiegen („Grüne Revolution").

Verantwortung der Industrieländer – Die Bekämpfung des Hungers scheitert zum Teil am fehlenden politischen Willen der betroffenen Entwicklungsländer. Doch auch die Industrieländer sind mitverantwortlich, denn sie schützen ihre eigenen Wirtschaften durch Zölle: Rohstoffe dürfen zwar zollfrei aus Entwicklungsländern eingeführt werden, doch auf verarbeitete Produkte werden hohe Zölle erhoben. Die wertschöpfende Verarbeitung geschieht daher in den nördlichen Industriestaaten.

Im Süden sinken dadurch die Chancen für den Aufbau von Gewerbe und Industrie; die Armut steigt weiter an.

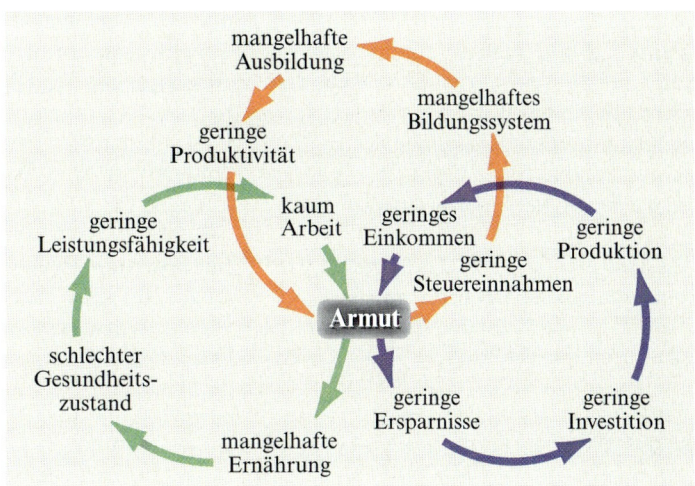

B 5 Teufelskreise der Armut

Q 6 Der Staatspräsident von Burkina Faso (Afrika), Thomas Sankara, zur Nahrungsmittelhilfe, 1986:

Die Nahrungsmittelhilfe [der Industrieländer] stellt in Wirklichkeit eine Behinderung unserer eigenen Entwicklungsanstrengungen dar ... Unsere Landwirtschaftsexperten [schreiben] Briefe an internationale Organisationen ..., in
5 denen sie diese um Nahrungshilfe anbetteln ... Wir aber fordern, dass die Nahrungshilfe nach und nach durch Produktionshilfe ersetzt wird, durch eine Hilfe, die uns die Produktionsmittel gewährt, wie etwa Maschinen und Dünger ... Heute sieht niemand sich gezwungen, nach
10 wirklichen Lösungen zu suchen ...

(In: epd-Entwicklungspolitik 8/April 1986, S. g,h. Gekürzt)

B 4 Mädchen in Entwicklungsländern brauchen mehr Bildungschancen

(ein Schuljahr mehr – 15 % mehr Einkommen – 10 % weniger Kinder)

ARBEITSAUFTRÄGE

1. Interpretieren Sie D 1 und nennen Sie mögliche Gründe für die unterschiedliche Bevölkerungsentwicklung (vgl. auch Q 3).
2. Analysieren Sie mit K 2 die Ernährungssituation in verschiedenen Regionen der Erde. Leiten Sie mit Hilfe Ihrer Kenntnisse über die Agrarentwicklung Indiens (vgl. S. 189) mögliche Maßnahmen für die Landwirtschaft Afrikas ab.
3. Beurteilen Sie die in Q 6 formulierte Kritik an der Nahrungsmittelhilfe der Industrieländer für die Entwicklungsländer.
4. Erklären Sie den Teufelskreis von Armut und Bevölkerungswachstum (Q 3, B 5). Formulieren Sie einen Maßnahmenkatalog, wie der Teufelskreis durchbrochen werden kann. Nutzen Sie dazu auch B 4.

2. Wasser und Klima: kostbar und schutzbedürftig!

Nur etwa 2,5 % des Wassers auf der Erde sind Süßwasser; davon sind 70 % in Gletschern, Eis und Schnee gebunden. Schon heute haben 1300 Millionen Menschen kein sauberes Trinkwasser; viele verdursten sogar. In diesen Regionen der Erde ist Wasser kostbarer als Gold. Wie können wir die Wasserversorgung sichern?

Wasser in Gefahr – Wasserknappheit wird durch natürliche Faktoren wie Trockenheit und Dürre verursacht, aber auch direkt durch den Menschen. Das Wachstum der Weltbevölkerung, der steigende Verbrauch durch die Stadtbevölkerung, die Industrieproduktion sowie die Intensivierung der Landwirtschaft haben den **Wasserverbrauch** stark steigen lassen.

Aber nicht nur der Verbrauch, sondern auch die **Verschmutzung** des Wassers hat extrem zugenommen: durch ungeklärte Abwässer der Haushalte und der Industrie, durch Dünger, Pestizide sowie durch Luftschadstoffe. In den Entwicklungsländern ist die Wasserverschmutzung Ursache für 80 % aller Krankheiten.

Konflikte um Wasser – Es gibt weltweit etwa 214 Flüsse und Seen, deren Wasservorräte sich mehrere Anliegerstaaten teilen. Da Wasser schon heute in vielen Regionen knapp ist, besteht die Gefahr von gewaltsamen Konflikten. Beispielsweise spielen im Westjordanland auch die Wasservorräte eine Rolle im israelisch-palästinensisch-arabischen Konflikt. 🌐/10

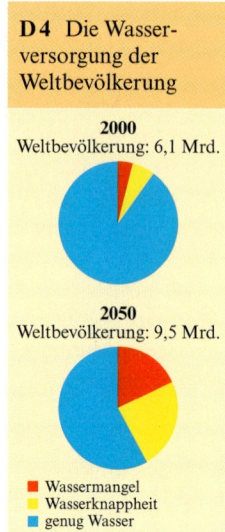

D 4 Die Wasserversorgung der Weltbevölkerung

Q 1 Das türkische Staudammprojekt an Euphrat und Tigris:

1 Seit Jahrzehnten bauen die Türken im Einzugsgebiet von Euphrat und Tigris an einem riesigen System von Staudämmen und Kraft-
5 werken. ... Mit den aufgestauten Wassermassen sollen die Felder im ... Südosten des Landes bewässert werden, während die Kraftwerke billigen Strom für neue
10 Industriebetriebe liefern sollen ... Doch die südlichen Anrainerstaaten sind vom Fortgang der Arbeiten wenig begeistert. Die Türkei erhält dadurch nämlich die Mög-
15 lichkeit, die Wasserzufuhr nach Syrien und Irak zu kontrollieren: eine ungeheuer wichtige Trumpfkarte. Beide Länder erheben Ansprüche an das Wasser, über das
20 die Türken nicht alleine verfügen dürften. Die Türkei ist zwar bereit, den Nachbarn Wasser zukommen zu lassen, will die Menge aber weit niedriger [als gefordert] ansetzen.

(In: Tagesspiegel, 4.12.2001, S. 6. Gekürzt)

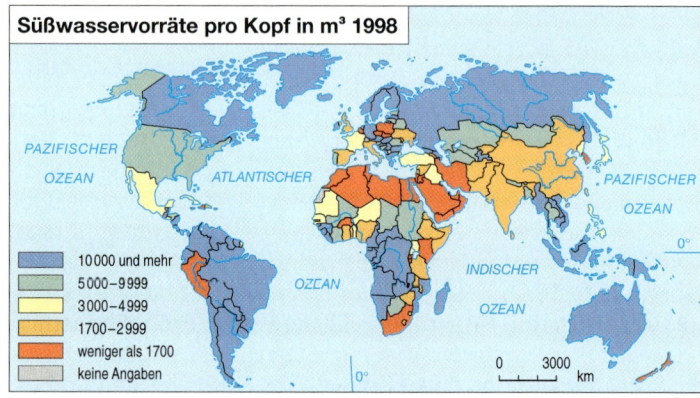

B 3 Schulkinder beim Wasserholen, Simbabwe, Ende der 1990er Jahre

Energieverbrauch – Die wachsende Weltbevölkerung und ein höherer Lebensstandard haben eine drastische Steigerung des Energieverbrauchs zur Folge, besonders in den Industriestaaten. Welche Konsequenzen hat das für die Umwelt?

Umwelt und Klima – Seit der industriellen Revolution im 19. Jahrhundert ist der Energieverbrauch der Menschheit enorm angestiegen. Europa und die USA stellten im Jahr 2000 etwa 17 % der Weltbevölkerung, verbrauchen aber rund 60 % der bereitgestellten Energie. Diese Energie wird bis heute vor allem aus der Verbrennung von nichtregenerierbaren Rohstoffen wie Erdöl, Kohle und Erdgas gewonnen. Bei der Verbrennung dieser Energieträger durch die Haushalte, Industrie, Kraftwerke und den Kraftverkehr entstehen Schadstoffe (= **Emissionen**), die zum Teil ungefiltert in die Luft gelangen. Beim Menschen können diese Schadstoffe Allergien, **Atemwegserkrankungen** und Krebs auslösen. In der Umwelt sind sie für das **Waldsterben** mit verantwortlich. Die langfristig gefährlichste Folge der Schadstoff-Emission ist jedoch die **Aufheizung der Erdatmosphäre.** Bestimmte Emissionsgase sammeln sich wie eine Dunstglocke in der Atmosphäre. Zwar lassen sie die Sonnenstrahlen bis zur Erde eindringen, verhindern aber die Abstrahlung der entstehenden Wärme. Man spricht vom sogenannten **Treibhauseffekt**. Nach Meinung zahlreicher Wissenschaftler hat dies bis zum Jahr 2050 eine globale Temperaturerhöhung um 3° C zur Folge – mit gefährlichen Auswirkungen für das Klima und die Menschen.   @/11

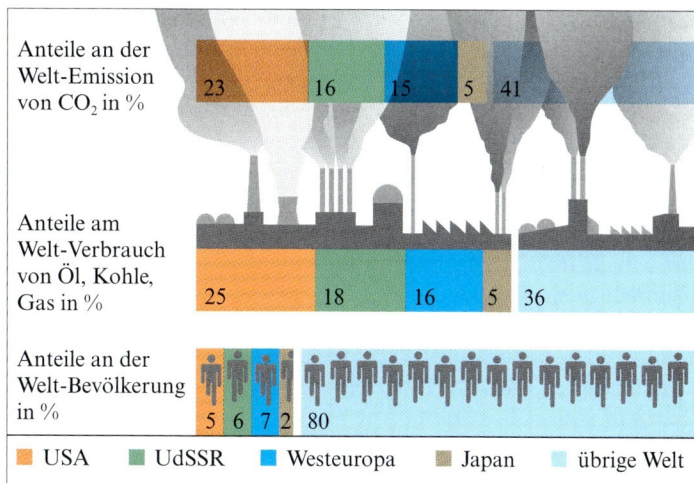

B 6 CO_2-Emission weltweit (Stand 1990)

Q 7 Fortschritte beim Klimaschutz?

1 Es sieht nicht gut aus für den weltweiten Klimaschutz. Vor allem dann nicht, wenn die USA jetzt endgültig ausscheren. Damit das 1997 nach zähem Ringen verabschiedete Kyoto-Protokoll [so benannt nach dem japanischen Ta-
5 gungsort] zur Reduzierung der Treibhausgas-Emissionen in Kraft treten kann, müssen 55 Staaten das Abkommen unterzeichnen ... Nun will der Klimaverschmutzer Nummer 1 von den in Kyoto vereinbarten Zielen abrücken, wie US-Präsident George W. Bush ... bekräftigte ... Europa
10 hat [bei der Entwicklung Energie sparender Technologien] gegenüber den USA einen klaren Innovationsvorsprung.

(Th. Padova, „Mit Reserven", In: Der Tagesspiegel, 31.03.2001, S. 2. Gekürzt)

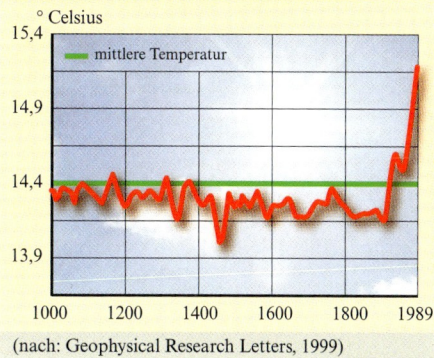

D 5 Die Entwicklung der Durchschnittstemperatur auf der Nordhalbkugel der Erde

(nach: Geophysical Research Letters, 1999)

ARBEITSAUFTRÄGE

1. Erörtern Sie mit K 2 und D 4 die aktuelle und zukünftige Situation der Wasserversorgung weltweit und in Problemregionen.
2. Erläutern Sie mit Q 1 und B 3 mögliche Folgen von Wassermangel (vgl. Sie auch K 2, Seite 192).
3. Analysieren Sie D 5 und B 6 und erörtern Sie mögliche Ursachen sowie Folgen einer weltweiten Klimaveränderung.
4. Vergleichen Sie die Emissionen und den Energieverbrauch von Industrie- und Entwicklungsländern. Formulieren Sie mit Blick auf die Bevölkerungsentwicklung (D 1, Seite 192) eine Prognose des Emissionsausstoßes für das Jahr 2050.
5. Beurteilen Sie mit Q 7, wie konsequent die Industrieländer einer drohenden Klimakatastrophe bisher begegnen.

3. Gewalt, Krieg, Terrorismus im Namen Gottes?

Die brennenden Türme des World-Trade-Centers wurden zum Symbol für **religiösen Fanatismus** und einen verblendeten „Krieg im Namen Gottes". Doch religiös motivierte Gewalt ist keine Erscheinung der Neuzeit und nicht auf den **Fundamentalismus** extremer Islamisten beschränkt. Der Dreißigjährige Krieg (1618–1648), der weite Teile Deutschlands verwüstete, war auch ein Glaubenskrieg. Bis heute sterben in Nordirland Menschen in den Auseinandersetzungen zwischen Protestanten und Katholiken; in Afrika und Asien toben grausame Bürgerkriege unter dem Anschein religiöser Gegensätze. Wissenschaftler sprechen bereits von einem neuen Zeitalter des „Kampfes der Kulturen" und Religionen. Doch meist verbergen sich hinter den religiösen Konflikten konkrete politische Macht- und Wirtschaftsinteressen.

B 2 Arabisch-muslimische Selbstmordattentäter zerstören am 11. September 2001 das New Yorker World-Trade-Center und töten dabei mehr als 3000 Menschen

Q 1 Krieg im Namen Gottes?

1 Papst Urban II., 1095:
Das Vaterland des Herrn [= Palästina], das Mutterland der Religion, hat ein gottloses Volk in seiner Ge-
5 walt ... Der Tempel des Herrn ist nun Sitz des Teufels geworden ... Wendet die Waffen gegen die Feinde des christlichen Namens und Glaubens ... Wenn einer dort in
10 wahrer Buße fällt, [wird] ihm Vergebung seiner Sünden und [das] ewige Leben zuteil werden.

(Geschichte in Quellen 2, München 1989, S. 366f.)

15 Osama bin Laden, arabischer Terroristenführer, 1996:
Heute haben eure Brüder und Söhne ... ihren Djihad [heiligen Krieg] für die Sache Allahs und gegen die
20 Armeen der amerikanisch-zionistischen Kreuzfahrer [USA, Israel] begonnen ... Unsere Jugendlichen glauben daran, was von Allah und seinem Propheten ... über [gefalle-
25 ne] Mudjahedin und Märtyrer gesagt wurde ..., er wird sie in den Garten, das Paradies, einlassen.

(In: Die Woche, 14.09.2001, S. 10. Gekürzt)

Q 3 Der evangelische Bischof von Berlin-Brandenburg, W. Huber zu den Ursachen des (religiösen) Terrorismus:

1 Die These, weltweite wirtschaftliche Ungerechtigkeit entlade sich mit innerer Folgerichtigkeit in Terroraktionen ..., ist nicht mehr als eine sehr spezielle Form von Geschichtsfatalismus. Noch fataler ist der Umkehrschluss.
5 Denn ... [die Gewalt] schlägt keineswegs nur dort Wurzeln, wo Menschen unter dem Druck wirtschaftlicher Ungerechtigkeit einen Hass aufgestaut haben ... Trotzdem haben zwei Aufgaben je ihre eigene Dringlichkeit. Es geht zum einen darum, gewaltsamen Terror zu verhindern ....
10 Es geht zum anderen darum, weltwirtschaftliche Verhältnisse zu fördern, die vor dem Maßstab von Gerechtigkeit und Menschenwürde einigermaßen bestehen können. Wer nur das eine oder das andere sieht, ist auf einem Auge blind.

(In: Der Tagesspiegel, 9.3.2002, S. 23. Gekürzt)

ARBEITSAUFTRÄGE

1. Vergleichen und beurteilen Sie die Argumente der beiden Quellenauszüge von Q 1.
2. Erörtern Sie mit Q 1 und Q 3 mögliche Ursachen für religiös motivierte Gewalt und terroristische Anschläge (B 2).

Internationale Problemfelder – Zeitstrahl

	Politik	Kultur	Alltag/Wirtschaft
2000	2001: Terroranschläge radikaler Islamisten in den USA; 2001: Beginn einer neuen Intifada in Israel; Friedensplan von US-Präsident Clinton; 1997: Sturz Mobutus (Kongo); 1993: Israelisch-palästinensisches Abkommen von Oslo; 1990: Überfall des Iraks unter Saddam Hussein auf Kuwait	2001: Die Weltöffentlichkeit verfolgt die Terroranschläge in den USA via Fernsehen 2000: Mehr als 6 Mrd. Menschen leben auf der Erde 1991: Der Golf-Krieg wird zum Medienereignis; Diskussionen um Zensur	2001: Eskalation der Gewalt zwischen Palästinensern und Israelis; 1997: Abkommen zur Reduzierung der CO_2-Emissionen (Klimakonvention); 1993: Gaza und Jericho unter palästinensischer Autonomie; 1990er Jahre: Hyperinflation im Kongo
1990	1988: Staatsproklamation Palästinas		1987: Beginn der palästinensischen Intifada gegen Israel; Intensivierung der israelischen Siedlungspolitik
1980	1980–1988: Iranisch-irakischer Krieg 1979: Sturz des Schah-Regimes im Iran; Bildung der Islamischen Republik Iran unter dem Ajatollah Khomeini	1980 ff. Propagierung der Ein-Kind-Familie in China; 1979 ff. Zunahme des religiösen Fundamentalismus, besonders in islamischen Staaten; 1979 ff: Re-Islamisierung und Einführung der Scharia im Iran	1979 ff.: Beschneidung der Rechte von Frauen im Iran (Tschador-Zwang u. a.); Verstaatlichung ausländischer Unternehmen im Kongo;
1970			1968: Beginn der israelischen Siedlungspolitik in besetzten Gebieten; 1968 ff: „Grüne Revolution" in Indien
1960	1967: Israelisch-arabischer Sechstagekrieg; 1965: Beginn der Militärdiktatur Mobutus (Kongo); 1964: Gründung der PLO; 1960: „Afrika-Jahr", Unabhängigkeit der meisten afrikanischen Kolonien;	1965 ff.: Korruption und Vetternwirtschaft in Zaïre/Kongo; 1960 ff.: Besinnung auf afrikanische Werte im Zuge der afrikanischen Unabhängigkeitsbewegungen; 1960 ff.: Modernisierung des Iran nach westlichem Muster durch Schah Reza Pahlevi	
1950	1948: Israelisch-arabischer Krieg; 1947: UN-Teilungsplan für Palästina; 1945: Erste Phase der Dekolonisation; 1923: Atatürk wird Präsident der Türkischen Republik; 1908: Der Kongo wird belgische Kolonie	1920–1947: Gewaltfreier Widerstand Gandhis gegen die britische Kolonialmacht in Indien; 1923: Europäisierung und Einführung eines Mehrparteiensystems (1945) in der Türkei; 1900: es leben etwa 1,5 Mrd. Menschen auf der Erde; Wiederaufleben des Antisemitismus in Europa, Gründung der zionistischen Bewegung	1950er Jahre: Bildung von Befreiungsbewegungen in Afrika; 1948: Entstehung der palästinensischen Flüchtlingslager 1930er Jahre: Verbot des islamischen Eherechts, der arabischen Schrift und der traditionellen Kleidung in der Türkei
1945			
1880	1884/85: Berliner Kongo-Konferenz		1881 ff.: 1. Alija: Beginn der jüdischen Einwanderung nach Palästina

Zusammenfassung – Internationale Problemfelder

Im 20. Jahrhundert sind eine Reihe internationaler Problemfelder sichtbar geworden, die ein gefährliches Konfliktpotenzial bergen und deren Lösung sich bisher nicht abzeichnet.

Der palästinensisch-israelisch-arabische Konflikt (Nahostkonflikt) entstand im Streit zwischen Juden und palästinensischen Arabern um die Siedlungs- und Herrschaftsrechte im Gebiet Palästinas. Beide Seiten erheben historische Ansprüche auf dieses Land. Seit 1948 führten sie mehrere Kriege gegeneinander. Der 1993 unter Vermittlung der USA begonnene Friedensprozess gerät immer wieder ins Stocken.

Mit der Europäisierung der Türkei seit 1923 und der Modernisierung des Iran seit 1960 schien sich die westliche Kultur auch im arabischen Raum durchzusetzen. Die islamische Revolution im Iran 1979 brachte jedoch eine fortschreitende Re-Islamisierung der ganzen Region. Seither fürchtet die westliche Welt um ihren Einfluss in der Golfregion und ihren Zugang zu den Ölreserven.

Die Kolonialherrschaft zerstörte oft die politischen, wirtschaftlichen und kulturellen Traditionen der betroffenen Völker. Viele ehemalige Kolonien sind bis heute „Entwicklungsländer". Sie leiden unter autoritären Herrschaftssystemen, Staatszerfall, Armut, wirtschaftlicher Abhängigkeit von den Industriestaaten (Neokolonialismus), Umweltproblemen und (Bürger-)kriegen. Die Industriestaaten leisten zwar Entwicklungshilfe, unterstützen aber ein Weltwirtschaftssystem, das die „Entwicklungsländer" benachteiligt.

Das Überleben der Menschheit wird davon abhängen, ob sie lernt, Konflikte friedlich zu regeln und globale Probleme verantwortungsvoll zu lösen. Zu diesen Problemen gehören: Bevölkerungswachstum, Hunger, wirtschaftliche Unterentwicklung, der Schutz des Ökosystems.

ARBEITSAUFTRÄGE

1. Planen Sie ein Rollenspiel mit drei Gruppen zum israelisch-palästinensischen Konflikt. Je eine Gruppe stellt die israelische bzw. die palästinensische Position dar, macht aber auch Vorschläge zur Lösung des Konflikts aus der Sicht ihrer Partei. Die dritte Gruppe entwickelt Lösungsvorschläge aus der Sicht einer überparteilichen Schiedsgruppe (z. B. der UNO).
2. Überlegen Sie, was die Industrieländer zur Lösung der globalen Menschheitsprobleme beitragen können. Diskutieren Sie, welche Möglichkeiten Sie selbst in Ihrem persönlichen Umfeld haben, um zur Lösung solcher Probleme beizutragen.

ZUM WEITERLESEN

J. Joubert: Das darf nicht das Ende sein. Sauerländer, Aarau 1991
E.-M. Kremer: Die Träume des Ali M. Tourismus zwischen Europa und Afrika. Rex-Verlag, Luzern 1992
G. Ron-Feder: Die Tage nach dem Anschlag. Beltz & Gelberg, Weinheim 2002
N. Wheatley: Eingekreist. Cols Geschichte. Beltz & Gelberg, Weinheim 1991

- /1 www.lgd.de/projekt/judentum/index.htm
- /2 www.derriere.de/Israel/Nahostkonflikt_1.htm
- /3 www.hls.sha.bw.schule.de/konflikt/irak/irak.htm
- /4 www.isme.ch/Geschichte-HTML-Version/1945ab/Unterr1945ZE000126.PDF
- /5 www.rrz.uni-hamburg.de/Konflikt-Afrika/KK-DA-KongoA-Main-Anfang.html
- /6 www.geocities.com/CapitolHill/Lobby/8522/ghandi.html
- /7 www.hls.sha.bw.schule.de/schule/konflikt/kaschmir/kaschmir.htm
- /8 www.drittewelt.de
- /9 www.dsw-hannover.de
- /10 www.g-o.de/home04bb.htm
- /11 www.seilnacht.tuttlingen.com/Lexikon/Treibh.htm

Migration früher und heute

Längsschnitt

Nach Angaben der UN-Flüchtlingshilfsorganisation UNHCR waren im Jahr 2000 weltweit etwa 20 Millionen Menschen auf der Flucht vor Krieg, Hunger, politischer oder religiöser Verfolgung und schweren Menschenrechtsverletzungen. Die Mehrzahl von ihnen musste ihr Geburtsland verlassen, andere waren innerhalb ihres Heimatlandes vertrieben worden. Noch viel mehr Menschen, etwa 100 Millionen, lebten im Jahr 2000 deshalb nicht mehr in ihren Geburtsländern, weil sie es freiwillig aus beruflichen Gründen verlassen hatten – sei es zeitweise oder auf Dauer. Sie alle werden unter dem Begriff **Migranten** (von lat.: migrare = wandern) zusammengefasst, obwohl die Gründe, warum sie ihre Heimat verlassen haben, oft sehr verschieden sind. ❷/1

Migration ganzer Volksgruppen oder einzelner Personen hat es im Laufe der Geschichte immer wieder und in vielen Teilen der Erde gegeben. Auch Deutschland war in der Vergangenheit – und ist bis heute – nicht nur Zielland, sondern auch Fortzugsland von Millionen Migranten.

T1 Flucht und Vertreibung im Jahr 2000

Im Jahr 2000 in...	Flüchtlinge, Asylsuchende und Binnenvertriebene
Afrika	5 325 040
Asien	6 691 150
Europa	6 399 050
Lateinamerika	83 810
Nordamerika	1 255 200
Ozeanien	64 500
Total	**19 818 750**

Begriffserläuterung

Migranten:
– Flüchtlinge (aufgrund von Krieg oder politischer Verfolgung)
– Armutsflüchtlinge
– Arbeitsmigranten
– Aus-/Einwanderer
– Aus-/Umsiedler

D2 Ein- und Auswanderung in Deutschland 1830–2000

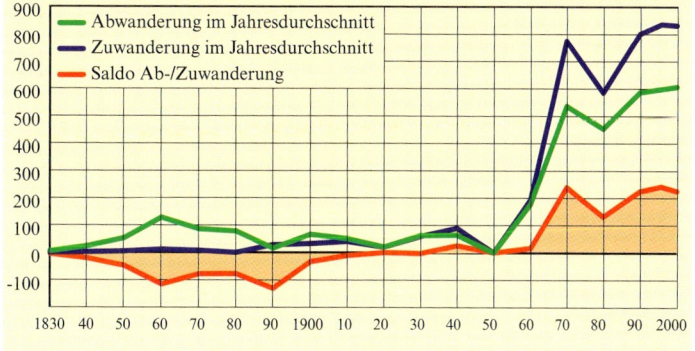

1. Deutschland – ein Auswanderungsland

Zwischen 1830 und 1920 wanderten mehr als 35 Millionen Europäer in die USA aus, darunter allein 5,5 Millionen Deutsche. Was waren die Gründe für diese Massenauswanderung aus Deutschland?

„Kein schöner Land?" – In Deutschland und vielen anderen Ländern Europas war seit Beginn des 19. Jahrhunderts die Bevölkerungszahl stark gestiegen. Doch die landwirtschaftliche Produktion konnte mit diesem sprunghaften Wachstum nicht mithalten. Besonders in Zeiten von Missernten kam es daher zu schweren Hungerkatastrophen. Auch die in Deutschland erst Mitte des 19. Jahrhunderts einsetzende Industrialisierung konnte nicht alle Menschen in Arbeit und Brot bringen. Neben diesen sozialen Auswanderungsgründen spielten politische und religiöse eine Rolle: Die „Demagogenverfolgung" nach den Karlsbader Beschlüssen von 1819 sowie die Verfolgung der Revolutionäre von 1848/49 zwang viele Deutsche zur Flucht; Religionsfreiheit existierte nur in wenigen deutschen Fürstentümern.

„Entwurzelung", Zeichnung von Vangelis Pavlidis, 1982

B 4 Aufbruch in die Fremde, Gemälde 1872

Q 3 Hoffen auf ein besseres Leben:

Der Massenexodus [Auszug] aus dem Deutschland des 19. Jahrhunderts ... hatte vor allem sozialökonomische Gründe: ... zu wenig Arbeit, zu viele Menschen. Auswanderung war weithin Export der sozialen Frage. Von den Hungerjahren 1816/17 bis zum Ausbruch des Ersten Weltkriegs 1914 [wanderten] 5,5 Millionen Deutsche in die Vereinigten Staaten aus, gefolgt von weiteren knapp 2 Millionen seither. Hochflut herrschte in den fünf Jahrzehnten von 1846 bis 1893 ... Nicht wenige davon kehrten zurück, im späteren 19. Jahrhundert wahrscheinlich rund ein Drittel; die einen als gescheiterte Einwanderer, andere als erfolgreiche Auswanderer, die in der alten Heimat sichtbar von ihrem Erfolg zehren wollten oder schlicht ihren Lebensabend verbringen wollten.

(K.J. Bade, Zu wenig Arbeit, zu viele Menschen, in: Das Parlament Nr. 48, 1998, S. 1. Gekürzt)

B 5 Willkommensgruß im Land der Freiheit, Zeichnung 1907

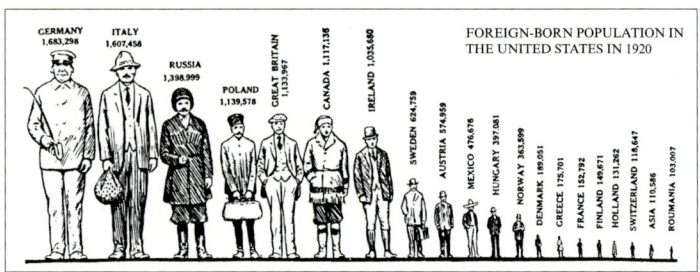

B 6 Im Ausland geborene Einwohner der USA im Jahr 1920, Ausschnitt einer zeitgenössische Skizze aus den USA

1. Deutschland – ein Auswanderungsland

Land der unbegrenzten Möglichkeiten? – Um 1880 war die Kolonisierung Nordamerikas abgeschlossen. Später eintreffende Einwanderer konnten kaum noch Land für eine eigene Farm erwerben. Sie mussten ihren „American Dream" als Handwerker, Land- oder Fabrikarbeiter in den schnell wachsenden Industriezentren, beim Eisenbahn- oder Straßenbau beginnen. Junge Frauen arbeiteten meist als Mägde, Wäscherinnen oder in Fabriken. Der „Aufstieg vom Tellerwäscher zum Millionär" blieb ein Traum; die Einwanderergeneration lebte ganz überwiegend in ärmlichen Verhältnissen.

Integration braucht Zeit – Die meisten Einwanderer hatten in ihren Heimatländern in kleinen Dörfern gelebt. Jetzt kamen sie mittellos und ohne englische Sprachkenntnisse in die großen Städte Amerikas. Die kulturellen Unterschiede zwischen dörflicher Gemeinschaft und dem bunten Nationalitätengemisch der Großstadt waren riesig. Kein Wunder, dass es die Einwanderer zunächst dorthin zog, wo schon ihre Landsleute wohnten. So entstanden anfangs ethnisch homogene Wohngebiete, in denen noch jahrzehntelang die eigene Muttersprache vorherrschte. Im „Viertel" spielte sich das Leben nach den gewohnten Traditionen und Bräuchen ab – bis hin zum Essen und zur Kleidung. Der Bewusstseinswandel vom „deutschen Einwanderer" über den „Deutsch-Amerikaner" bis zum „Amerikaner deutscher Abstammung" dauerte meist zwei bis drei Generationen. Der „Schlüssel" zur gelungenen Integration von Millionen Einwanderern in die amerikanische Gesellschaft waren vor allem die Kinder der Einwanderer: Sie wollten für ihren beruflichen Erfolg die Sprache ihres neuen Heimatlandes lernen und wurden dabei von den Behörden sowie den eigenen Familien sehr gefördert.

Q 8 „Little Germany" in New York:

1 Zu einem bevorzugten Ziel war ... New York geworden, wo es schon früh ganze Straßenzüge, ja Stadtviertel mit überwiegend deutscher Bevölkerung gab ... So entstand im Herzen Manhattans ... ein Wohnquartier, in dem der
5 Anteil der deutschen Bevölkerung bei über 30 Prozent lag. Hier ... war man fürs erste einmal in selbstgebauten Hütten oder heruntergewirtschafteten Mietskasernen untergekommen. Viele der Einwanderer verschafften sich ihren bescheidenen Lebensunterhalt mit dem Sammeln
10 von Lumpen, sodass ein ... eingesetzter Untersuchungsausschuss den Distrikt als „German Ragpickers Paradies" [Paradies der Lumpensammler] bezeichnete ...

(in: H. Krohn, Und warum habt ihr denn Deutschland verlassen? 300 Jahre Auswanderung nach Amerika, Bergisch-Gladbach 1992, S. 307. Gekürzt)

B 9 Deutsche Einwanderer, Karikatur in „Harper"s Weekly", 1872

B 10 „Die Quote für 1620 ist voll", amerikanische Karikatur, 20. Jh.

Q 7 Wer ist ein US-Amerikaner?
Aus der Verfassung der USA:

1 Alle Personen, die in den Vereinigten Staaten geboren oder eingebürgert und ihrer Hoheitsgewalt unterworfen sind, sind Bürger der
5 Vereinigten Staaten und des Einzelstaates, in dem sie wohnen ...

(Verfassung der USA, 14. Zusatzartikel von 1868)

ARBEITSAUFTRÄGE

1. Analysieren und erläutern Sie D 2 von Seite 199.
2. Erläutern Sie mit Q 3 Gründe für die Auswanderung und formulieren Sie mit B 4 eine Vermutung über das Reisegepäck.
3. Beschreiben Sie mit B 5 die Hoffnungen der Auswanderer.
4. Erklären Sie, wer gemäß der US-Verfassung die amerikanische Staatsangehörigkeit besitzt (Q 7). Recherchieren Sie zum Vergleich die Regelung für die Bundesrepublik.
5. Vergleichen Sie die Lebensumstände deutscher Auswanderer in den USA um 1900 mit der Situation nicht deutschstämmiger Bürger und Migranten in der Bundesrepublik (Q 8, B 9, B 10).

2. Flucht und Vertreibung in Europa – zwei Beispiele

In der zweiten Hälfte des 20. Jahrhunderts sind vor allem Afrika und Südostasien blutige Schauplätze für Vertreibungen und Massenfluchten geworden. Doch auch Europa war – und ist – bis in die jüngste Vergangenheit von Kriegen sowie von religiöser und politischer Verfolgung gekennzeichnet.

Verfolgung der Hugenotten in Frankreich – Wie in Deutschland und anderen europäischen Ländern gab es in Frankreich im 16. Jahrhundert eine Reformationsbewegung der christlichen Glaubenslehre. Seitdem existierte im mehrheitlich katholischen Frankreich auch eine reformierte Kirche. Deren Anhänger, vor allem Handwerker und Kaufleute, nannten sich **Hugenotten**. Nach blutigen Religionskämpfen hatten die Hugenotten im Jahre 1598 weitgehende Glaubensfreiheit zugestanden bekommen (Edikt von Nantes). Aber 1685 wurde dieses Edikt vom französischen König Ludwig XIV. aufgehoben. Daraufhin flohen etwa 500 000 Hugenotten aus Frankreich, viele von ihnen nach Brandenburg.

Der brandenburgische Kurfürst Friedrich Wilhelm I. hatte ihnen **Glaubensfreiheit**, die Aufnahme in seinen Landen sowie Steuervorteile versprochen. Er wollte die mehrheitlich gut qualifizierten Handwerker, Manufakturbesitzer und Kaufleute nach Brandenburg holen, um so die wirtschaftliche Entwicklung des Landes zu fördern. Viele Namen oder anscheinend „typisch deutsche" Bezeichnungen sind daher aus dem Französischen abgeleitet, zum Beispiel die Berliner Bulette vom französischen boulette (= Fleischkügelchen).

Q1 Aufhebung des Toleranz-Edikts durch Ludwig XIV., 18. Okt. 1685:

1 1. Wir tun zu wissen, ... dass alle Kirchen der ... vorgeblich reformierten Religionen unverzüglich zerstört werden.
5 2. Wir verbieten Unseren besagten Untertanen von der vorgeblich reformierten Religion, sich noch ferner zu versammeln, um [ihren] Gottesdienst ... zu halten.
10 6. Wir verbieten die besonderen Schulen der reformierten Religion ...
7. In Betreff der Kinder, die denen von der besagten Religion geboren werden, wollen Wir, dass sie
15 fortan durch die Seelsorger der Pfarreien getauft werden ...

(In: Geschichte in Quellen, Bd. 3, München 1982, Seite 454 f. Gekürzt)

B2 Flucht französischer Hugenotten nach der Aufhebung des Edikts von Nantes, 1685. Holzstich nach G. Durand

T3 Herkunftsorte/-regionen sowie Zielorte der allein im Jahr 1700 nach Brandenburg eingewanderten Hugenotten (Auswahl)

Geburtsort/-region \ Zielort	Berlin	Brandenburg	Frankfurt/O.	Halle	Königsberg	Magdeburg	Prenzlau	Stendal	Spandau
Languedoc	598	20	10	168	41	481	48	23	6
Metz	1130	8	–	95	11	36	32	13	24
Dauphine	295	13	10	80	30	277	13	5	2
Champagne	590	4	–	98	42	33	40	4	–
Guyenne	242	6	–	54	70	73	2	6	4
Sedan	328	5	1	14		1	11	–	3
Picardie	90		–	18	13	13	48	–	
Normandie	120	14		1	21	16	6	–	–
Paris	140	6	–	21	11	9	5	2	–

2. Flucht und Vertreibung in Europa – zwei Beispiele

Das Schicksal des früheren Jugoslawiens – In der ehemaligen Bundesvolksrepublik Jugoslawien leben zahlreiche Völker (Ethnien) mit unterschiedlichen kulturellen Traditionen und Religionen zusammen: Es war ein Vielvölkerstaat, der 1945/46 in den Grenzen des früheren Königreichs der Serben, Kroaten und Slowenen neu gegründet worden war. Nach dem Tod des Staatsgründers JOSIP BROZ TITO im Jahr 1980 begann der allmähliche Zerfall des Staates. Alte Nationalitätenkonflikte, Rivalitäten zwischen politischen Machtgruppen brachen wieder auf. Die kulturellen Unterschiede sowie ein großes wirtschaftliches und soziales Gefälle zwischen den einzelnen Republiken verschärften die Lage. Zwischen 1991–1999 eskalierten die Konflikte in blutigen Kriegen, Massenvertreibungen, schwersten Menschenrechtsverletzungen und Massenmorden an der Bevölkerung. Während der Kämpfe flüchteten über 3,5 Millionen Menschen, etwa 1 Million davon nach Deutschland.

T 4 Zerfall des Vielvölkerstaates Jugoslawien

1991:	Slowenien und Kroatien erklären ihre staatliche Unabhängigkeit von Jugoslawien; 28.6.1991 Krieg der serbisch dominierten jugoslawischen Bundesarmee gegen Slowenien und Kroatien; 26.10.1991 Rückzug der Bundesarmee aus Slowenien; Januar 1992 Rückzug der Bundesarmee aus Kroatien
1992:	Im März 1992 erklärt die Republik Bosnien-Herzegowina ihre Unabhängigkeit von Jugoslawien; serbische Truppen besetzen im April 1992 70 % von Bosnien-Herzegowina; Stationierung von UNO-Friedenstruppen in den Kriegsgebieten; Kriegsverbrechen und Massaker der Serben an der Zivilbevölkerung
1995:	Am 21.11.1995 wird unter Vermittlung der USA in Dayton ein Friedensabkommen für Bosnien-Herzegowina unterzeichnet.
1998:	Gewaltsame Niederschlagung der Autonomiebestrebungen von Kosovo-Albanern durch serbische Truppen
1999:	Nach ergebnislosen Verhandlungen zwingen NATO-Luftangriffe gegen Serbien das serbische Militär zum Rückzug aus dem Kosovo
1998 ff:	Autonomiebestrebungen von Montenegro und Makedonien

T 5 Volksgruppen, Sprachen und Religionen im früheren Jugoslawien

Volksgruppen	Sprache	Religion
Slowenen	slowenisch	röm.-katholisch
Kroaten	serbo-kroatisch	röm.-katholisch
Serben	serbo-kroatisch	serbisch-orthodox
bosnische Muslime:	serbo-kroatisch	muslimische Religion
Montenegriner	serbo-kroatisch	serbisch-orthodox
Kosovo-Albaner	albanisch	serb.-orth./muslimisch
Mazedonier	mazedonisch	mazedonisch-orthodox

K 6

ARBEITSAUFTRÄGE

1. Erläutern Sie mit Q 1 und B 2 Ursachen und Folgen der Hugenottenverfolgung in Frankreich nach 1685. Kennen Sie weitere Beispiele für religiös begründete Verfolgungen in Europa oder anderswo?
2. Nennen Sie mögliche Gründe für die Aufnahme zahlreicher geflohener Hugenotten durch den brandenburgischen Kurfürsten.
3. Erläutern Sie mit T 5 und K 6 mögliche Gründe für die gewaltsamen Konflikte und Kriegsgräuel zwischen den benachbarten Volksgruppen im früheren Jugoslawien.
4. Erarbeiten Sie in der Klasse gemeinsam eine Plakatwand zum Thema „Krieg, Vertreibung, Mord im früheren Jugoslawien". Arbeiten Sie in mehreren Projektgruppen.

3. Deutschland – ein Einwanderungsland

Ein Aufnahmeland für Kriegsflüchtlinge, Asylbewerber oder für deutschstämmige Spätaussiedler ist Deutschland erst seit den 1980er Jahren in größerem Umfang geworden. Die Zuwanderung von Arbeitskräften prägt Deutschland jedoch schon seit etwa 100 Jahren. Die meisten wurden angeworben und in der Wirtschaft Deutschlands dringend gebraucht.

Anwerbung von Arbeitsmigranten – Ende des 19. Jahrhunderts, als sich in Deutschland die Industrialisierung beschleunigte, entstanden in Schlesien, Sachsen und im Ruhrgebiet bedeutende Industriezentren. Der **Arbeitskräftebedarf** zog viele sogenannte „Wanderarbeiter" an; sie kamen zum Teil aus den deutschen Ostprovinzen, vor allem aber aus Polen, Galizien und Italien. Insgesamt betrug ihr Anteil an der Gesamtbevölkerung etwa 1 %. Innerhalb weniger Jahrzehnte war die Mehrzahl von ihnen in der neuen Heimat integriert.

Der nächste große Zustrom ausländischer Arbeitskräfte setzte zwischen 1955 und 1973 ein: Im Zeichen des bundesdeutschen „**Wirtschaftswunders**" waren etwa 14 Millionen benötigter Arbeitskräfte aus den Mittelmeerländern angeworben worden. Mit dem Ölpreisschock von 1973 und der einsetzenden Wirtschaftsrezession erfolgte dann ein Anwerbestopp der so genannten „Gastarbeiter". Etwa 11 Millio-

Q2 Polnische Zuwanderer im Ruhrgebiet um 1900:

1 ... viele preußisch-polnische Zuwanderer verstanden ihren Aufenthalt im Westen zunächst als Zwischenstadium, um danach mit dem hier verdienten Geld in ihre Heimatgebiete zurückzukehren und dort ein besseres Leben zu
5 führen ...; je länger sie jedoch im Ruhrgebiet blieben, desto stärker lockerte sich die Bindung an zu Hause und der Rückkehrwunsch verblasste allmählich – aus Wanderarbeitern wurden Einwanderer ... Mit längerer Anwesenheitsdauer ... lehnten sich die ruhrpolnischen Bergleute stärker an die Haltung der deutschen Kollegen an.

(in: U. Herbert, Geschichte der Ausländerpolitik in Deutschland – Saisonarbeiter, Zwangsarbeiter, Gastarbeiter, Flüchtlinge, München 2001, S. 73 f. Gekürzt)

B 3 Türkische Bergarbeiter in Deutschland, 2000

T1 Die Migrationswellen (Zuzüge und Fortzüge) in Deutschland im 20. Jahrhundert; Zahlen in Mio. Personen						
Zeitphase	offizieller Status	Herkunftsländer	Zuzüge	Fortzüge	Saldo	Arbeitsmarkt in Deutschland
1890–1914	„Wanderarbeiter"	Polen, Italien	1,2	–	1,2	Arbeitskräftemangel, Industrialisierung
1950–1960	Flüchtlinge aus den ehem. Ostgebieten	u. a. Polen, Tschechoslowakei, Rumänien	1,6	–	1,6	bis 1958 Arbeitslosigkeit (4 %–Vollbeschäftigung)
1955–1973	„Gastarbeiter"	Mittelmeerländer	14,0	11,0	3,0	„Wirtschaftswunder", Arbeitskräftemangel
1985–2000	Spätaussiedler	Ost-/Südeuropa	2,7	0,3	2,4	Arbeitslosigkeit (4–9 %)
1985–2000	Asylbewerber und Bürgerkriegsflüchtl.	weltweit	3,5	1,2	2,3	Arbeitslosigkeit (4–9 %)
1985–2000	sonst. ausländische Arbeitsmigranten	weltweit	3,5	1,4	2,1	Arbeitslosigkeit (4–9 %)

3. Deutschland – ein Einwanderungsland   205

nen von ihnen kehrten in ihre Herkunftsländer zurück, um dort eine neue berufliche Existenz aufzubauen oder den Lebensabend zu verbringen. Für andere, vor allem türkische Bürger, wurde das „Gastland" zur **neuen Heimat**. Ihre Kinder leben in der 2. oder 3. Generation hier; viele besitzen die deutsche Staatsangehörigkeit. Doch die **Integration** der in Deutschland gebliebenen Einwanderer und ihrer hier geborenen Kinder ist bisher kaum gelungen. Das liegt an einer unzulänglichen Integrationspolitik der Regierung, an den Vorurteilen der einheimischen Bevölkerung und an der zu geringen Integrationsbereitschaft vieler ausländischer Bürger. Folgen davon sind das ängstliche Einfordern einer „deutschen Leitkultur" oder gar Ausländerfeindlichkeit auf Seiten vieler Deutscher sowie kulturelle Abgrenzung und fehlende Deutschkenntnisse bei vielen ausländischen Mitbürgern.

Flüchtlinge und Asylbewerber – Die Zahl der in der Bundesrepublik lebenden Ausländer ist seit den 1980er Jahren sprunghaft auf etwa 7,4 Millionen angestiegen, das sind 9 % der Gesamtbevölkerung; ohne die etwa 2,7 Millionen deutschstämmigen Spätaussiedler aus Ost- und Südosteuropa. In Europa haben nur Luxemburg mit 20 % und die Schweiz mit 13 % einen höheren Ausländeranteil.

Eine Ursache für den sprunghaften Anstieg der Zahl der in Deutschland lebenden Ausländer ist die große Anzahl der politisch Verfolgten und der **Bürgerkriegsflüchtlinge**, zum Beispiel aus Afghanistan oder dem früheren Jugoslawien. Auf der Grundlage von **Artikel 16 des Grundgesetzes** erhielten sie entweder **politisches Asyl** oder eine befristete Aufenthalts- und Arbeitserlaubnis in der Bundesrepublik. Auch viele Deutsche, die während der Nazi-Zeit politisch verfolgt wurden, überlebten damals nur dank des Asylrechts in anderen Ländern. Andererseits stieg seit Mitte der 1980er Jahre die Zahl der Asylbewerber, die sich die Bundesrepublik aus wirtschaftlichen Gründen als Aufnahmeland ausgewählt haben. Um diesen **Missbrauch des Asylrechts** zu verhindern, schränkte der deutsche Bundestag 1993 den Artikel 16 Grundgesetz ein: Asylrecht genießt demnach nur noch, „*wer nicht aus einem sicheren Drittland einreist*".

„*Es gibt kein größeres Leid auf Erden als den Verlust der Heimat.*"
Euripides,
431 v. Chr.

„*Verwurzelung ist vielleicht das wichtigste und meist verkannte Bedürfnis der menschlichen Seele.*"
Simone Weil,
1944 im Londoner Exil

T 6 Ausländische Bürger in Deutschland im Jahr 2000, Auswahl (in Tsd.)

Türkei	1999
Jugoslawien	662
(Serbien, Montenegro)	
Italien	619
Griechenland	365
Polen	301
Kroatien	216
Österreich	187
Bosnien	156
Portugal	134
Spanien	129
Russland	116
Großbritannien	115
USA	114
Andere Länder	2300
gesamt	ca. 7400

Q 4 Zur Situation türkischer Bürger in der Bundesrepublik:

1 Vor vierzig Jahren … schlossen Deutschland und die Türkei ein Abkommen über den Transfer von Arbeitskräften aus der Türkei nach
5 Deutschland … Viele Gastarbeiter von damals sind heute Rentner in Deutschland, ihre Enkel sind hier geboren. Integration ist ein Begriff in aller Munde. Dennoch ist die Ein-
10 bürgerungsquote nach wie vor gering … Unter vielen Kindern der Einwanderer, die hier geboren sind, [herrscht] Bildungsnotstand. Fast ein Drittel der türkischen Jugend-
15 lichen in Deutschland bricht die Schulausbildung ab … Der Misserfolg und die Perspektivlosigkeit führen dazu, dass sich die jungen Türken als Außenseiter fühlen …
20 [Andere] Einwanderungsländer stellen sich auf Einwanderer ein. In Deutschland hatte man sich jahrelang darauf eingestellt, dass die Ausländer wieder zurückkehren …
25 [und] sie das auch spüren lassen.
(Zafer Senocak, in: Der Tagesspiegel, 3.11.2001)

B 5 Verteilung der Ausländer nach Bundesländern, Stand 1999

Zu viele oder zu wenig Zuwanderer? – Im Durchschnitt der vergangenen 10 Jahre betrug in Deutschland die **Netto-Zuwanderung 200.000 Personen** (Zuzug minus Wegzug). Bei vielen Bürgern wächst jedoch die Angst vor einer „kulturellen Überfremdung". Andere befürchten, die hohe Arbeitslosigkeit sei eine Folge der Zuwanderung von Ausländern. Bevölkerungswissenschaftler klagen wiederum, dass zu wenig Kinder geboren werden und die deutsche Bevölkerung „aussterbe".

Alle diese Befürchtungen sollten ernst genommen werden, auch wenn sie zum Teil unbegründet sind. Doch wenn die Prognose der Bevölkerungswissenschaftler stimmt, dann sind in 15–20 Jahren gravierende Probleme auf dem Arbeitsmarkt und bei der Rentenversicherung unausweichlich: Die Zahl der Erwerbspersonen wird zu gering sein, um den Wohlstand der Gesellschaft und die Altersversorgung der Rentner(innen) zu sichern. Andererseits können die Probleme einer verfehlten Familien- und Arbeitsmarktpolitik nicht allein durch die Zuwanderung ausländischer Arbeitskräfte gelöst werden. Denn gegen die Ängste großer Teile der deutschen Bevölkerung ist eine sozial verträgliche Integration der Zuwanderer nicht möglich. Die von der Bundesregierung berufene **Expertenkommission „Zuwanderung"** hat daher 2001 ein abgestimmtes Maßnahmenbündel zur Lösung der Probleme vorgeschlagen:
- Die deutsche Wirtschaft ist auf Zuwanderung von Ausländern angewiesen.
- Die Höhe der Zuwanderung sollte durch ein **Zuwanderungsgesetz** sozial verträglich gestaltet werden.
- Es sollten möglichst gut ausgebildete Zuwanderer gewonnen werden.
- Die **Integration** der Zugewanderten muss wesentlich verbessert werden, unter anderem durch Sprachkurse.
- Die Gesetzgebung und die Arbeitswelt müssen deutlich **familienfreundlicher** werden, damit wieder mehr Kinder in Deutschland geboren werden.
- Die **Erwerbsquote von Frauen** muss steigen; Frauen sollten beruflich stärker gefördert werden.

PERSONENLEXIKON

RITA SÜSSMUTH, geb. 1937. CDU-Politikerin; 1988–1998 Präsidentin des Deutschen Bundestags; leitete die von der Bundesregierung 2000 eingesetzte unabhängige Kommission „Zuwanderung"

B 8 Mit der „Greencard"-Initiative der Bundesregierung sollen ausländische Experten angeworben werden. Foto 2000

Internet-Adressen:
@/1 www.unhcr.de/
v/2 www.auslaenderstatistik.de/deutsche.htm
@/3 www.glasnost.de/kosovo

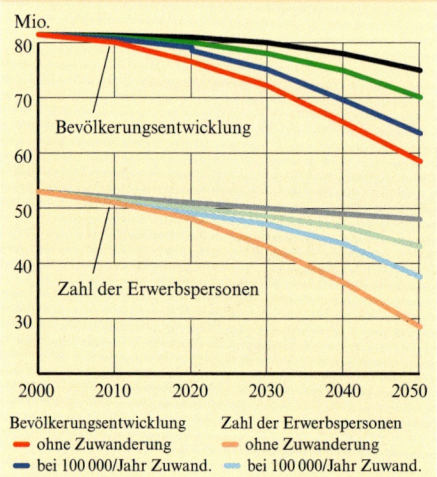

D 7 Prognose der Bevölkerungsentwicklung in Deutschland 2000–2050 (mit und ohne weiteren Zuzug von Ausländern)

ARBEITSAUFTRÄGE

1. Erläutern Sie mit T 1 die verschiedenen Formen der Migration und ihre Ursachen.
2. Vergleichen Sie die in Q 2 dargestellte Haltung polnischer Zuwanderer mit der deutscher Aussiedler in Amerika (s. S. 200 f.).
3. Fassen Sie die Position des Autors von Q 4 zusammen und formulieren Sie eine eigene Meinung.
4. Vergleichen Sie die regionale Verteilung der in Deutschland lebenden Ausländer (B 5). Diskutieren Sie über Ausländerfeindlichkeit oder Gewalt gegen Ausländer in Ihrem Bundesland.
5. Analysieren Sie D 7 und formulieren Sie mögliche Konsequenzen für die deutsche Zuwanderungs- und Familienpolitik.

Aus der Geschichte lernen

Aus der Geschichte lernen? – Der Grieche THUKYDIDES (etwa 460–400 v. Chr.) gilt als Begründer der kritischen Geschichtsschreibung. Von seinem eigenen Werk über den Peloponnesischen Krieg (431–404 v. Chr.) meinte er: *„Es ist genug, wenn sich denjenigen mein Werk als nützlich erweist, die Genaues über das Geschehene erfahren wollen und auch über das, was gemäß der menschlichen Natur in Zukunft in derselben oder in ähnlicher Weise geschehen kann. Es ist daher nicht als ein Prunkstück für den augenblicklichen Genuss verfasst, sondern mehr als Besitz für immer."*

Thukydides war davon überzeugt, dass die Menschheit aus ihrer Geschichte lernen könne. Gleichwohl vertrat er die Auffassung, dass es in der *„menschlichen Natur"* Triebkräfte gebe, die Geschichte *„in derselben oder in ähnlicher Weise"* wiederholbar machen. Darin scheint ein Widerspruch zu stecken. Denn wie können wir aus der Geschichte lernen, wenn diese sich aufgrund der *„menschlichen Natur"* in einem ständigen Kreislauf so oder ähnlich immer wiederholt?

Doch Thukydides hatte erkannt, dass die menschliche Geschichte **nicht determiniert** (= vorherbestimmt) abläuft. Denn immer sind es Menschen, die durch ihr Handeln oder Unterlassen den Verlauf und die Richtung der Geschichte mitbestimmen. Die *„menschliche Natur"* könne (!) zwar dazu führen, dass sich Geschichte *„in derselben oder in ähnlicher Weise wiederhole"*. Aber, so Thukydides, wer die Entstehungsgründe des Peloponnesischen Krieges, die Motive der kriegsführenden Menschen kenne und verstehe, der könne zukünftige Kriege verhindern.

Athen, die mächtige und blühende Stadt der Antike, hatte den Peloponnesischen Krieg 431 v. Chr. ausgelöst. Am Ende des Kriegs lag Athen in Schutt und Asche. So erging es seither vielen mächtigen Reichen, die ihre Macht missbrauchten. Auch die deutsche Geschichte hält dazu einige „Lehrstücke" bereit. In diesem Sinne können – und müssen – wir aus der Geschichte lernen; nicht nur, um *„klüger für das nächste Mal, sondern weise für alle Zeiten"* zu werden (Jakob Burckhardt).

PERSONENLEXIKON

THUKYDIDES,
ca. 460–400 v. Chr.
Feldherr;
424 v. Chr. aus Athen verbannt. Er schrieb die Geschichte des Peloponnesischen Krieges und gilt als Begründer der kritischen Geschichtsschreibung.

1. „Am deutschen Wesen soll die Welt genesen"?

„Am deutschen Wesen soll die Welt genesen..." – dieser Satz markiert die nationalistische Überheblichkeit und Aggressivität, mit der Deutschland zwischen 1871 und 1945 drei Kriege gegen seine europäischen Nachbarn entfesselte. Dabei wurden über 60 Millionen Menschen getötet.

„Einig Vaterland" im Schatten des Kriegs – Die Gründung des Deutschen Reiches 1871 im besiegten Frankreich war von Anfang an mit schweren Hypotheken belastet: Im Bewusstsein der Deutschen war und blieb sie lange ein Ergebnis des gewonnenen Krieges. Sie war zugleich mit einer **Demütigung des besiegten Nachbarn** verbunden, denn die Proklamation des Deutschen Reiches war im französischen Versailles erfolgt. Drittens ging die Grün-

B 2 Proklamation Wilhelms I. zum deutschen Kaiser 1871. Der Festakt fand im gerade besiegten Frankreich statt, im Schloss von Versailles.

Q 1 Fernsehansprache des früheren Bundespräsidenten Gustav Heinemann am 17. Januar 1971:

1 Als das Deutsche Reich vor hundert Jahren in Versailles ausgerufen wurde, war keiner von den 1848ern zugegen. Männer wie
5 August Bebel und Wilhelm Liebknecht und andere Sozialdemokraten, die sich gegen den nationalistischen Übermut des Sieges über Frankreich geäußert hatten,
10 saßen in Gefängnissen. Um den Kaiser standen allein die Fürsten, die Generäle, die Hofbeamten, aber keine Volksvertreter ...
Für unsere französischen Nach-
15 barn war es eine tiefe Demütigung, dass unser Nationalstaat in ihrem Lande [Schloss von Versailles] ausgerufen wurde ... [Doch] Hundert Jahre Deutsches Reich, dies
20 heißt ... zweimal Versailles, 1871 und 1919 [Vertreter Deutschlands erhielten nach dem verlorenen ersten Weltkrieg die Friedensbedingungen in Versailles] ...

(In: G. W. Heinemann, Zur Reichsgründung 1871, Stuttgart 1971. S. 10 f. Gekürzt)

Q 3 Reichskanzler von Bülow zur imperialistischen deutschen Kolonialpolitik, Rede vor dem Reichstag 1897:

1 ... Die Zeiten, wo der Deutsche dem einen seiner Nachbarn die Erde überließ, dem anderen das Meer und sich selbst den Himmel reservierte ... diese Zeiten sind vorüber. Wir müssen verlangen, dass der deutsche Missionar
5 und der deutsche Unternehmer, die deutschen Waren, die deutsche Flagge und das deutsche Schiff in China genauso geachtet werden wie diejenigen anderer Mächte. (Lebhaftes Bravo!) ... Mit einem Worte: Wir wollen niemanden in den Schatten stellen, aber wir verlangen auch
10 unseren Platz an der Sonne. (Bravorufe im Reichstag)

(In: G. A. Ritter, Das Deutsche Kaiserreich 1871–1914, Göttingen 1977, S. 136 f.)

B 4 Die Grauen des Krieges, von Otto Dix (1929–1932)

dung des deutschen Nationalstaates – im Gegensatz zu vielen anderen europäischen Staaten – nicht mit einer Demokratisierung von Staat und Gesellschaft einher.

Als sich gegen Ende des 19. Jahrhunderts die Konkurrenz der europäischen Großmächte um Kolonialgebiete verstärkte, führte dies zu einer weiteren Militarisierung der deutschen Politik und Gesellschaft. All dies – Imperialismus und Militarismus, nationale Überheblichkeit und mangelnde parlamentarische Kontrolle – mündeten 1914 in den **Ersten Weltkrieg**. Auch nach dem verlorenen Krieg blieben viele Deutsche anfällig für nationalistische Parolen, waren empfänglich für den Größenwahn von der Überlegenheit der deutschen [arischen] „Rasse". Zwar kann dies den **Aufstieg Hitlers**, die Diktatur des NS-Staates und die deutschen Kriegsverbrechen im Zweiten Weltkrieg allein nicht erklären, aber es trug wesentlich dazu bei.

B 6   Willy Brandt vor dem Mahnmal des Warschauer Gettos, 1970

Q 5 Adolf Hitler über seine „Lebensraumideologie", 1925:

1 Die Forderung nach Wiederherstellung [nur] der Grenzen des Jahres 1914 ist ein politischer Unsinn ... Das Recht auf Grund und Boden
5 kann zur Pflicht werden, wenn ohne Bodenerweiterung ein großes Volk dem Untergang geweiht erscheint. Noch ganz besonders dann, wenn es sich ... um die ger-
10 manische Mutter all des Lebens [handelt], das der heutigen Welt ihr kulturelles Leben gegeben hat. Deutschland wird entweder Weltmacht oder überhaupt nicht sein.
15 Zur Weltmacht aber braucht es jene Größe, die ihm in der heutigen Zeit die notwendige Bedeutung und seinen Bürgern neuen Lebensraum gibt ... Wenn wir
20 aber heute in Europa von neuem Grund und Boden reden, können wir in erster Linie nur an Russland und die ihm untertanen Randstaaten denken.

(In: A. Hitler, Mein Kampf, München 1942, S. 742)

Q 7 Bundespräsident von Weizsäcker zum 40. Jahrestag der deutschen Kapitulation 1945, Rede vom 8. Mai 1985:

1 Der 8. Mai ist für uns vor allem ein Tag der Erinnerung an das, was Menschen erleiden mussten. Er ist zugleich ein Tag des Nachdenkens über den Gang unserer Geschichte ... Wer vor der Vergangenheit die Augen ver-
5 schließt, wird blind für die Gegenwart. Wer sich der Unmenschlichkeit nicht erinnern will, der wird anfällig für neue Ansteckungsgefahren ...
Während des Krieges hat das nationalsozialistische Regime viele Völker gequält und geschändet ... bevor wir
10 selbst Opfer unseres eigenen Krieges wurden ...
Die Jungen sind nicht verantwortlich für das, was damals geschah. Aber sie sind verantwortlich für das, was in der Geschichte daraus wird ...
Hitler hat stets damit gearbeitet, Vorurteile, Feindschaft
15 und Hass zu schüren. Die Bitte an die jungen Menschen lautet: Lassen Sie sich nicht hineintreiben in Feindschaft und Hass gegen andere Menschen, gegen Russen oder Amerikaner, gegen Juden oder Türken, gegen Alternative oder Konservative, gegen Schwarz oder Weiß. Ler-
20 nen Sie, miteinander zu leben, nicht gegeneinander.

(R. von Weizsäcker, Rede vom 8. Mai 1985. In: R. Grix und W. Knöll, Texte zum Erinnern, Verstehen und Weiterdenken, Oldenburg 1987, S. 18 f. Gekürzt)

ARBEITSAUFTRÄGE

1. Erarbeiten Sie mögliche Gründe für die Kriegspolitik Deutschlands in den vergangenen 130 Jahren (Q 1, B 2, Q 3 und Q 5).
2. Erläutern Sie mit B 4 und B 6 und Q 7 Folgen dieser Politik.
3. Diskutieren Sie, welche Schlussfolgerungen die Deutschen aus ihrer Geschichte der vergangenen 130 Jahre ziehen sollten.

2. Freiheit, Demokratie und Menschenrechte verteidigen!

Demokratie und die Verwirklichung der Menschenrechte in einem freiheitlichen Rechtsstaat mussten in Europa mühsam erkämpft werden. In der deutschen Geschichte wurden diese Bürger- und Menschenrechte bis in die jüngste Vergangenheit mehrfach unterdrückt. Obwohl die UNO 1948 die „**Allgemeine Erklärung der Menschenrechte**" für alle Staaten der Erde verabschiedete, leben weltweit weiterhin Millionen Menschen in Unfreiheit.

Prinzipien des modernen Rechtsstaates – Bis in die Neuzeit galt eine rechtlich und sozial ungleiche Stellung von Menschen in der Gesellschaft als gottgegeben. Erst seit dem 15. Jahrhundert vollzog sich in Europa ein tief greifender Wandel im Denken der Menschen. In der Zeit der **Aufklärung** erklärten Philosophen erstmals, dass jeder Mensch ein natürliches Recht auf ein von Freiheit bestimmtes Leben hat. Nach dieser **Naturrechtslehre** der Aufklärung besitzt jeder Mensch von Geburt an die gleichen Rechte: das Recht auf körperliche Unversehrtheit, das Recht der freien Selbstbestimmung, das Recht auf Gleichbehandlung im Staat und vor den Gerichten sowie die Religions- und Meinungsfreiheit.

Q2 Die Erklärung der Menschen- und Bürgerrechte durch die französische Nationalversammlung, 26.8.1789:

1. Die Menschen sind und bleiben von Geburt an frei und gleich an Rechten. Soziale Unterschiede können sich nur auf das gemeine Wohl gründen.
2. Das Ziel jeder politischen Vereinigung ist die Erhaltung der natürlichen und unantastbaren Menschenrechte. Diese Rechte sind Freiheit, Sicherheit und Widerstand gegen Unterdrückung …
4. Die Freiheit besteht darin, alles tun zu können, was dem Anderen nicht schadet … Die Grenzen [der Freiheit] können nur gesetzlich festgelegt werden.
5. Das Gesetz allein hat das Recht, die der Gesellschaft schädlichen Handlungen zu verbieten … Niemand kann zu etwas gezwungen werden, was nicht gesetzlich befohlen ist.
6. Das Gesetz muss für alle gleich sein …
7. Jeder kann nur in den gesetzlich bestimmten Fällen und … Formen angeklagt [und] verhaftet werden …
9. Jeder gilt so lange für unschuldig, wie er [durch ein unabhängiges Gericht] nicht für schuldig befunden ist …
10. Niemand darf wegen seiner Meinung, selbst religiöser Art, belangt werden …
11. Freie Gedanken- und Meinungsfreiheit ist eines der kostbarsten Menschenrechte. Jeder Bürger kann daher frei schreiben, reden und drucken …

(In: Geschichte in Quellen, Bd. 4, München 1981, S. 200. Gekürzt)

B 1 Der Schwur im Ballhaus von Versailles am 20. Juni 1789. Gemälde von J. L. David

Im Juni 1789 erklärten sich in Paris die Abgeordneten des Dritten Standes (= Bürger und Bauern) zur Nationalversammlung. An ihrem Tagungsort, dem Ballhaus, schwören sie, nicht auseinander zu gehen, bis Frankreich eine Verfassung habe. Das war der Auftakt zur Französischen Revolution.
Am 26. August 1789 verkündete die Nationalversammlung die „**Menschen- und Bürgerrechte**".

2. Freiheit, Demokratie und Menschenrechte verteidigen! 211

In England, Frankreich, den USA und anderen Staaten war es das liberal-demokratische Bürgertum, das den bis dahin absolutistisch herrschenden Fürsten eine Verfassung, parlamentarische Kontrollrechte sowie **bürgerliche Freiheitsrechte** abrang. Dem deutschen Bürgertum ist das weder im 18. noch im 19. Jahrhundert wirklich gelungen; es wurde daher auch kaum zum Motor der gesellschaftlichen Modernisierung. Dies hat mit dazu beigetragen, dass Diktaturen sich in Deutschland leichter durchsetzen konnten als in anderen westeuropäischen Ländern. In einigen Ländern, in denen ein liberal-demokratisches Bürgertum kaum existierte und die gesellschaftliche Modernisierung im Rahmen einer „Diktatur des Proletariats" durchgesetzt wurde, entstanden autoritäre oder diktatorische Regime mit schweren Menschenrechtsverletzungen, z. B. in Russland und in China.

Q3 Verteidigungsrede von Prof. Kurt Huber, Lehrer der Geschwister Scholl, vor dem NS-Volksgerichtshof, 1943

Es gibt für alle äußere Legalität eine Grenze, wo sie unwahrhaftig und unsittlich wird. Dann nämlich, wenn sie zum Deckmantel einer Feigheit wird, die sich nicht getraut, gegen offenkundige Rechtsverletzungen aufzutreten. Ein Staat, der jegliche freie Meinungsäußerung unterbindet und jede, aber auch jede sittlich berechtigte Kritik, jeden Verbesserungsvorschlag als „Vorbereitung zum Hochverrat" unter die furchtbarsten Strafen stellt, bricht ein ungeschriebenes Gesetz, das im „gesunden Volksempfinden" noch immer lebendig war und lebendig bleiben muss ... Ich habe gehandelt, wie ich aus einer inneren Stimme heraus handeln musste. Ich nehme die Folgen auf mich nach dem schönen Wort Fichtes:
*Und handeln sollst du so, als hinge
Von dir und deinem Tun allein
Das Schicksal ab der deutschen Dinge,
Und die Verantwortung wär' dein.*

Professor K. Huber wurde vom NS-Volksgerichtshof zum Tode verurteilt und 1943 hingerichtet.

(In: R. Grix und W. Knöll, Texte zum Erinnern, Verstehen und Weiterdenken, Oldenburg 1987, S. 18)

B4 Kinder am Zaun des Konzentrationslagers Auschwitz, 1945

B5 Zwangsarbeiter in einem Lager der Sowjetunion. Foto 1930er Jahre

B6 Angeklagter vor einem chinesischen „Volkstribunal". Foto um 1950

Der 8. Mai 1945 war auch für Deutschland ein Tag der Befreiung – von dem mörderischen NS-Regime. Doch nur in den Westzonen Deutschlands konnte eine freiheitliche Demokratie aufgebaut werden. Die Menschen in der sowjetischen Besatzungszone gerieten nach 1945 erneut unter die Herrschaft einer Regierung, die ihnen elementare Bürger- und Freiheitsrechte verweigerte. Erst mit der friedlichen Revolution von 1989 haben sich die Bürger der früheren DDR diese Rechte erkämpft. Sie zu achten und zu bewahren ist eine fortwährende Aufgabe für alle.

Q 7 Berliner Appell „Frieden schaffen ohne Waffen", Berlin (Ost), 25.1.1982

1. Es kann in Europa nur noch einen Krieg geben, den Atomkrieg ...
2. Wenn wir leben wollen, fort mit den Waffen! ... Ganz Europa muss zur atomwaffenfreien Zone werden ...
3. Das geteilte Deutschland ist zur Aufmarschbasis der beiden großen Atommächte geworden. Wir schlagen vor, diese lebensgefährliche Konfrontation zu beenden ...
4. Wir schlagen vor, in einer Atmosphäre der Toleranz und Anerkennung des Rechts auf freie Meinungsäußerung die Aussprache über die Frage des Friedens zu führen ...
5. ... Sollten wir nicht lieber den Hungernden in aller Welt helfen, statt unseren Tod vorzubereiten?

(In: R. Grix/W. Knöll, Texte zum Erinnern, Verstehen und Weiterdenken, Oldenburg 1987, S. 211 f.)

Q 9 Bundespräsident Roman Herzog über die Freiheit und ihre Verteidigung, Rede in Leipzig am 23.6.1998:

Im Westen Deutschlands wurde uns die Demokratie nach dem Krieg geschenkt; wir haben sie dann allerdings mit Energie, Ausdauer und innerer Überzeugung festigen können. Aber selbst erkämpft hat man sie nur in Ostdeutschland. Dafür schulden alle Deutschen den Ostdeutschen Dank und Respekt! Die Massenbewegung, die im Herbst 1989 zum Erfolg der friedlichen Revolution führte, stand auf den Schultern eines kleinen Kreises aktiver Oppositioneller. Man darf sagen: Damit die Mauer fiel, war beides notwendig – die Massenbewegung und die vorherige beharrliche, unerschrockene Arbeit vieler, insbesondere der Bürgerrechtler ...
Die Erfahrung lehrt, dass eine freie, am Wohl des einzelnen Menschen orientierte Gesellschaft nur als zukunftsoffene Demokratie denkbar ist. Offen für neue Ideen und bereit zur Korrektur von Irrwegen, die natürlich auch ihr nicht erspart bleiben. Diese Offenheit setzt den Meinungsstreit voraus und vor allem die Gewissheit, dass niemand im Besitz der absoluten Wahrheit ist. Hier zeigt sich jedoch auch: ... [Demokratie] muss auf einfache Antworten verzichten, obwohl diese in einer immer komplizierteren Welt so attraktiv sind wie eh und je. Sie muss sich mit all ihren ... Mängeln ... und ihrem immerwährenden Zwang zum Kompromiss denen entgegenstellen, die dem Berg realer Probleme das schlichte Heilsversprechen einer Gesellschaftsutopie entgegenstellen ...

(In: Frankfurter Allgemeine Zeitung, 24.6.1998. Gekürzt)

B 8 Demonstration, Leipzig, November 1989

ARBEITSAUFTRÄGE

1. Vergleichen Sie die Menschen- und Bürgerrechtserklärung von 1789 (Q 2) mit den Grundrechten des Grundgesetzes. ❷/1
2. Nennen und beurteilen Sie die Argumente, mit denen Kurt Huber seinen Widerstand gegen das NS-Regime begründete (Q 3).
3. Erläutern Sie mit B 4, B 5 und B 6 die geschichtlichen Hintergründe der dargestellten Menschenrechtsverletzungen. ❷/2
4. Versuchen Sie zu erklären, warum die Unterzeichner des Friedensappells (Q 7) von der SED-Regierung verfolgt wurden.
5. Diskutieren Sie mit Q 7, B 8 und Q 9 die Bedeutung der Bürgerrechtsbewegung für die friedliche Revolution in der DDR.

3. Entwicklungshilfe – Almosen oder Hilfe zur Selbsthilfe?

Die Bundesrepublik stellte in den vergangenen Jahren durchschnittlich nur etwa 0,3 Prozent ihres jährlichen Bruttosozialprodukts (BSP) für **Entwicklungshilfe** zur Verfügung; vor Jahren hatte sie sich zu 0,7 Prozent verpflichtet. Doch neben der angemessenen Höhe ist auch die sinnvolle Verwendung der Gelder wichtig. Statt teurer Prestigeobjekte, für deren Betrieb in den Entwicklungsländern oft die erforderliche Technik und das nötige Wissen fehlen, müssen mehr Landwirtschafts- und kleingewerbliche Projekte gefördert werden. Wegen der Abhängigkeit von den Exporterlösen ihrer Produkte sind für die Entwicklungsländer **faire Handelspreise** überlebensnotwendig. Die wichtigste Entwicklungshilfe, die wir leisten können, ist die Förderung eines soliden **Bildungswesens** in den Entwicklungsländern. ⓔ/3

B 3 Ein sudanesischer Junge liest Getreidekörner auf. Foto 1998

Q 1 Leisten wir genug Hilfe?

1 Die so genannte Entwicklungshilfe gleicht dem Verhalten eines Kaufmanns, der von seinem 10 000-Mark-Einkommen DM 38,– als Almosen vergibt – aber nur an solche Bettler, die für diesen Betrag oder mehr in seinem Laden kaufen.

(In: M. Bertrand, UNO, Geschichte und Bilanz, Frankfurt a. M. 1995, S. 107)

Q 2 Fairer Handel

1 Die Gesellschaft zur Förderung der Partnerschaft in der Einen Welt (gepa) ist eine Handelsorganisation, die sich um faire Handelsbeziehungen mit den Entwicklungsländern bemüht. Die Einkaufspreise sind höher als auf dem freien Weltmarkt und kommen zum größten Teil direkt den Produzenten zugute. Die Waren erhält man in Eine-Welt-Läden sowie zunehmend unter dem Logo TransFair in normalen Lebensmittelgeschäften. ⓔ/4

(Autorentext)

B 4 Kinder beim Unterricht in einer Schule in Eritrea. Foto 1999

ARBEITSAUFTRÄGE

1. Formulieren Sie mit Hilfe von Q 1, B 3 und B 4 Vorschläge für die Entwicklungspolitik der deutschen Bundesregierung.
2. Erkundigen Sie sich, ob es an Ihrem Wohnort TransFair-Produkte zu kaufen gibt (Q 2). Vergleichen Sie die Preise.

4. Ein gemeinsames „Europäisches Haus"

Die verheerenden Weltkriege des 20. Jahrhunderts hatten über 60 Millionen Menschen das Leben gekostet. In der Nachkriegszeit war daher der Wunsch nach einer dauerhaften europäischen Friedensordnung und einem vereinten Europa bei den Bürgern und den Politikern stark ausgeprägt.

Schritt für Schritt kam man dem Ziel in den vergangenen Jahrzehnten näher: Heute gibt es in weiten Teilen Europas keine Grenzzäune mehr, für Personen und Waren gilt innerhalb der **Europäischen Union** (EU) der freie Grenzverkehr, der **Euro** ist zum gemeinsamen Zahlungsmittel in zwölf europäischen Ländern geworden. Dennoch besteht die Gefahr, dass nachfolgende Generationen, die die Schrecken des Krieges nicht miterlebt haben, die **europäische Friedensvision** und die großartigen Chancen eines vereinten Europas aus dem Blick verlieren – oder nur noch durch die Brille von Wirtschaftsinteressen sehen. Es ist auch kurzsichtig und „geschichtslos", wenn einzelne deutsche Politiker der Tschechischen Republik heute den Beitritt zur EU mit dem Verweis auf die so genannten „Beneš-Dekrete" von 1945 verweigern wollen. Ihnen sollte man in Erinnerung rufen, dass es deutsche Soldaten waren, die 1939 die Tschechoslowakei überfielen.

Dieser letzte Band von *Geschichte plus* endet daher mit dem gleichen Satz, mit dem der erste begann: „*Wenn ein Stein geworfen ist, kommt er nicht mehr zurück in die Hand, die ihn warf: geworfen ist geworfen!*" Aber die Beispiele der Geschichte könnten uns lehren, in Zukunft weder mit „Steinen" noch mit anderen Waffen über unsere Nachbarn herzufallen.

Internet-Adressen:
/1 www.gesetze.2me.net/gg__/gg__0002.htm
/2 www.auswaertiges-amt.de/www/de/
aussenpolitik/menschenrechte
/3 www.unesco.de/
/4 www.transfair.org/

B 1 Russlands Staatschef Wladimir Putin am 25.9.2001 im Berliner Reichtag, nach seiner Rede auf einer Sondersitzung des Bundestages

Q 2 Gemeinsame Erklärung von Bundeskanzler Konrad Adenauer und Staatspräsident Charles de Gaulle zum deutsch-französischen Freundschaftsvertrag, 22.1.1963:

– In der Überzeugung, dass die Versöhnung zwischen dem deutschen und französischen Volk ... eine jahrhundertealte Rivalität beendet [und] das Verhältnis der beiden Völker zueinander von Grund auf neu gestaltet,
– in dem Bewusstsein, dass eine enge Solidarität die beiden Völker sowohl hinsichtlich ihrer Sicherheit als auch hinsichtlich ihrer wirtschaftlichen und kulturellen Entwicklung miteinander verbindet,
– angesichts der Tatsache, dass besonders die Jugend sich dieser Solidarität bewusst geworden ist, und dass ihr eine entscheidende Rolle bei der Festigung der deutsch-französischen Freundschaft zukommt,
– in der Erkenntnis, dass die Verstärkung der Zusammenarbeit zwischen den beiden Ländern einen unerlässlichen Schritt auf dem Weg zu einem vereinigten Europa bedeutet, welches das Ziel beider Völker ist,
haben der Bundeskanzler der Bundesrepublik Deutschland ... und der Präsident der Französischen Republik ... [den] heute unterzeichneten Vertrag niedergelegt ...

(In: Auswärtiges Amt [Hg.], Die Auswärtige Politik der Bundesrepublik Deutschland, Köln 1972, S. 490 f. Gekürzt)

ARBEITSAUFTRÄGE

1. Erläutern Sie mit Q 2 die Ziele und Visionen der beiden Politiker für die Beziehungen ihrer Völker und die Zukunft Europas.
2. Diskutieren Sie in der Klasse über Ihre Europa-Vorstellungen: vereint oder nicht vereint? Wenn Sie ein vereintes Europa befürworten, welche Staaten sollten dann dazugehören?

Register

A
Abgeordnete 34, 40
Abrüstung 56, 90
Adenauer, Konrad 67, 96, 100, 102 f., 106
Afghanistan 90 f., 168
Afrika, Afrikaner 83, 183 ff., 190, 192, 196 f.
Agrarwirtschaft 12, 22 siehe auch Landwirtschaft
Aktien 19
Algerien 85, 183
Alliierter Kontrollrat 57, 95
Alliierte 19, 55 ff., 60 ff., 79, 82, 95 f., 166
American Dream 14 f.
Amerika, Amerikaner 11 ff., 17 ff.
Amerikanischer Bürgerkrieg, Sezessionskrieg 12 ff., 24
Angestellte 37, 45
Angola 85, 183, 187
Antifaschismus, Antifaschistische Parteien 66, 72
Antisemitismus 177, 197
Araber, arabisch 177 f., 181 f., 194, 196 ff.
Arafat, Yassir 178 f.
Arbeiter, -familien 12, 15 ff., 20 f., 31, 42, 45
Arbeiterbewegung, -parteien 16, 71 f., 76 f.
Arbeiterklasse 32 f., 44
Arbeitsbeschaffungsmaßnahmen, -programm 22 ff
Arbeitslose, Arbeitslosigkeit 21 f., 24 f., 49, 99, 106 f., 162, 167 f., 170
Armut 16, 25, 31
Asien, Asiaten 17, 83, 133, 190, 196
Atatürk, Kemal 181, 197
Atomkrieg 87 ff.
Atomwaffen, Atomwaffenprogramm 79, 81, 84 f., 88, 90, 101, 182
Auschwitz-Prozess 64
Außerparlamentarische Opposition (APO) 108, 141
Automatisierung, Automation 23 f.
Automobil 15, 20, 23

B
Baader, Andreas 132
Bahr, Egon 125, 128
Balkan, Balkanvölker 34
Baltische Republiken 36, 44, 49 f.

Bauern 31 ff., 42
Belgien, belgisch 129, 184 f., 197
Bell, Alexander Graham 14
Benelux-Staaten 81, 95
Berlin 55 58 ff., 66, 70, 73, 77, 118, 126 ff., 136 f., 141 f., 155, 184 f., 197
Berliner Mauer 118 f., 141 f., 156 f.
Berliner Vertrag 44
Besatzungsstatut 96, 101
Bevölkerungswachstum, -explosion 192, 198
Biermann, Wolf 120 f., 137, 141, 158
Bildung, Bildungswesen 123, 130, 180 f., 185, 187 f., 193
Bismarck, Otto von 16
Bizone 68 f., 99
Blauhelmtruppen (der UNO) 83
Blockade Westberlins 70, 81, 95
Blockbildung 81
Blockparteien 72, 74, 110, 158
Bodenreform 67, 69, 116
Bohley, Bärbel 155
Bolschewiki, Bolschewisten, Bolschewismus 35 ff., 42
Börse 15, 21 f
Bourgeoisie 32 f.
Brandt, Willy 106 f., 125 ff., 130, 132, 141 f., 159
Brecht, Bertolt 61, 115
Breschnew, Leonid 46, 145, 148
Bürger(-rechts)bewegung 25, 74 f., 130 f., 158, 170
Bürgerkrieg 81, 83, 89, 198
Bürgerliche Parteien 96
Bürgerrechtsbewegung 71 f.
Bundesausbildungsförderungsgesetz (BAföG) 130
Bundeswehr 101, 140, 168
Bush, George 182
Bush, George W. 195

C
Castro, Fidel 87
Ceaucescu, Nikolai 149
Charta der Vereinten Nationen 82
China 192 f.
China 18
Christen, Christentum, christlich 77, 121, 123, 165, 185, 187, 196
Christlich-Demokratische Union (CDU) 66 f., 72 ff., 127, 131, 134, 141, 158 f., 162, 166 ff.

Christlich-Soziale Union (CSU) 76 f., 127, 131, 134, 162, 168
Chruschtschow, Nikita 46, 86 ff., 118, 145
Churchill, Winston 55, 79
CIA (Central Intelligence Agency) 87
Clay, Lucius D. 70
Clinton, Bill 179, 197
Containment-Politik 80 f., 84, 91

D
Dänemark 129
Dekolonisation 183, 197
Demilitarisierung 56
Demokratie, Demokratisierung, Demokratiebewegung 14, 19, 48 f., 56, 60, 66, 71 ff., 76, 79, 81, 86, 125 142 146 ff., 181, 183, 188, 196
Demokratische Bauernpartei Deutschlands (DBD) 73, 158
Demokratische Republik Kongo (Zaïre) 184 ff., 197
Demokratischer Block, siehe Einheitsfront der antifaschistisch-demokratischen Parteien
Demokratischer Frauenbund Deutschlands (DFD) 112
Demokratischer Zentralismus 73, 110
Demontage 55f.
Denazifizierung, siehe Entnazifizierung
Deutsch-Französischer Freundschaftsvertrag 103
Deutscher Volksrat 97
Deutsches Manifest 101
Deutschland, Deutsches Reich 15 f., 18 f., 34, 36, 40, 44
Deutschlandvertrag, siehe Grundlagenvertrag
Die Grünen 71, 75, 77, 131, 141 f., 168
Diktator, Diktatur 33
Diktatur des Proletariats 33
Dissident(en) 145 f., 169
Dissidenten 47 f.
Dritte Welt 190
Dsershinski, Felix 42
Dulles, John F. 87
Dutschke, Rudi 108

E
Einheitsfront der antifaschistisch-demokratischen Parteien 66 f., 72

Einheitsliste 97, 110
Einigungsvertrag 160 f.
Einparteienherrschaft, -system 71, 86, 110, 141 f., 183, 186
Einwanderer 11 f., 15 ff.
Eisenbahn, -bau 11 f., 14, 31, 42
Engels, Friedrich 32 f.
Ensslin, Gudrun 132
Enteignung 69
Entnazifizierung 56, 60, 64 f.
Entspannung, Entspannungspolitik 89 f., 125, 128, 133
Entstalinisierung 46
Entwicklungsländer, -hilfe, -politik 83, 108, 183, 190 ff., 196, 198
Erhard, Ludwig 68, 99, 106, 141
Erster Weltkrieg 19, 23, 31, 34, 44
Estland 146
Europa, Europäer 13 f., 19, 21, 30, 57, 69, 80 f., 127 f., 133, 135, 137, 141 177, 187, 190, 192, 195, 197
Europäische Einigung 134
Europäische Union (EU) 181
Europäische Verteidigungsgemeinschaft (EVG) 100f.

F
Faschismus, Faschisten 44
Februarrevolution, russische 34 f.
Feminismus, Feministin 20
Finnland 34
Flotte 18
Flucht, Flüchtlinge, Flüchtlingslager, flüchten 57 f., 69, 114, 117 ff., 139, 141 151, 178 f., 186, 197
Ford, Henry 66
Frankreich 14 f., 18, 34, 44, 55, 57, 81, 95, 102 f., 129, 134, 161
Frauen, -bewegung 20 f., 45, 60 f., 77 f., 91, 131, 138f., 142, 176 f., 186 ff.
Freie Demokratische Partei (FDP) 67, 71, 75, 76 f., 96, 107, 125, 127, 132 ff., 141, 159, 162
Freie Deutsche Jugend (FDJ) 110 ff., 122, 141, 153
Freier Deutscher Gewerkschaftsbund (FDGB) 110, 112f.
Frieden von Brest-Litowsk 36
Frieden, Friedenspolitik, -verhandlungen 14, 34, 36, 77, 131, 141 f., 150, 154
Fünf-Prozent-Klausel 76 f.
Fünfjahrplan 98, 117

G
Gandhi, Mahatma 183, 188, 197
Gauck, Joachim, Gauck-Behörde 165, 169
Gaulle, Charles de 102
Geheime Staatspolizei (Gestapo) 64
Gemeinschaft unabhängiger Staaten (GUS) 50, 147
Generalstreik 34
Genscher, Hans Dietrich 132, 151, 161
Gesellschaft für Deutsch-sowjetische Freundschaft (DSF) 112
Gewerkschaften 16 f., 40, 107, 134, 148, 168
Glasnost und Perestroika 48 f., 146 f., 149, 169
Gleichberechtigung, Gleichstellung, Gleichstellungsgesetz 138 f.
„Goldene Zwanziger", „Roaring Twenties" 20
Golf-Krieg 182, 197
Gorbatschow, Michail 48 ff., 90, 92, 146 ff., 153, 161, 169 f.
Griechen, Griechenland 81, 129
Großbritannien, Briten 14 f., 18 f., 34, 44, 55, 57, 70, 79, 81, 88, 95, 129, 161, 177, 188
Große Koalition 106 f., 130, 141
„GroßerVaterländischerKrieg" 45
Großgrundbesitz 12, 35 ff.
Grotewohl, Otto 66, 73, 97
Grundgesetz der Bundesrepublik Deutschland 75 ff., 95 f., 109, 160
Grundlagenvertrag 129, 135, 141 f.
Guillaume, Günter 132
Gulag 78

H
Hallstein-Doktrin 103
Hamas 179
Handel 13, 15, 19
Havel, Vaclav 148, 169
Havemann, Robert 120
Heimatvertriebene 60
Heinemann, Gustav 125
Herrschaftmacht 83,182 f, 185, 188, 196
Herzl, Theodor 177, 197
Heuss, Theodor 67, 96
Hitler, Adolf 44
Hitler-Stalin-Pakt 90
Ho Chi Minh 108
Homestead Act 11
Honecker, Erich 124, 129, 135, 136 f., 141, 152 ff., 170
Hussein, Saddam 182, 197

I
Imperialismus 18
in Europa (KSZE) (Schlussakte von Helsinki) 90 f., 135, 137, 141, 150
Indianer 12 f.
Indien 183, 188 f., 193 f., 197
Indochina 183
Industrialisierung 12, 14, 16, 32, 38, 42, 195
Industrie 12, 14 f., 21, 31 ff., 38
Industrieländer, -staaten 182, 186, 190 f., 193, 195, 198
Inflation 49, 69
Inoffizieller Mitarbeiter (IM) 164 f.
Intellektuelle, Intelligenz 12, 31 ff., 42
Intifada 179, 197
Irak 182, 194, 197
Iran 180, 197 f.
Islam, islamisch, Islamist 180 f., 189, 196 ff.
Israel, israelisch 103, 177 ff., 194, 196 ff.
Italien 81, 84, 88, 129

J
Jalta, Konferenz von 55 f.
Japan, Japaner 24, 44
Jelzin, Boris 50, 147, 169
Johnson, Lyndon B. 25
Jordanien 178, 197
Juden, Judentum 177 f., 198
Juden, Judentum 63
Jugend 69 f.
Jugendweihe 122 f.
Jugoslawien 168

K
Kabila, Laurent 186
Kalter Krieg 79 f., 83 f., 89 ff., 186, 189
Kanzlerdemokratie 102
Kapitalismus 23, 42
Kapitulation 45
Kaschmir 189
Kastenwesen 189
Kennedy, John F. 24 f., 88, 118
Keynes, John Maynard 22
Khomeni, Ajatollah 180, 197
Kiesinger, Kurt Georg 106
King, Martin Luther 25 f.
Kirche (evangelische/ katholische) 131, 141, 150, 154, 187
Klasse, Klassenbewußtsein 16, 38, 42
Klima, Klimapolitik 194 f., 197
Kohl, Helmut 134 141 159, 161 f., 168 f.
Kohle 14, 31, 36

Kolchosen 38 f.
Kollektivierung 38 f., 114, 116 f., 141
Kolonialismus, Kolonialherren, Kolonien, Kolonialismus 12, 28, 183 f., 190, 197 f.
Kommunismus, Kommunisten 32 f., 40, 44, 67, 72 f., 76, 87, 135, 141
Kommunistische Partei der Sowjetunion (KPdSU) 40 ff., 43, 46 ff., 145 f., 148
Kommunistische Partei Deutschlands (KPD) 66 f., 69, 71 ff., 76, 96, 129, 135
Kommunistisches Manifest 33
Konföderation 12
Kongo, siehe Demokratische Republik Kongo
Konstruktives Misstrauensvotum, siehe Misstrauensvotum
Konsumgüter 20 f., 23, 47
Konzentrations- und Vernichtungslager (KZ) 59, 65
Korea, Korea-Krieg 84 f.
Krankenversicherung 25
Krenz, Egon 154 f.
Kriegskommunismus 37
Kriegsverbrechen, -verbrecher 64, 69
KSZE (Konferenz für Sicherheit und Zusammenarbeit in Europa) 90
Ku-Klux-Klan 17
Kuba, -krise 85 ff., 91, 145
Kulaken 38 f., 42
Kuwait 182, 197
Kyoto-Protokoll 195

L
Landarbeiter 31, 35
Landtagswahlen 66, 166 f.
Landwirtschaft 11, 14, 32 f., 38 f., 42
Landwirtschaftliche Produktionsgenossenschaften (LPG) 116 f.
Lastenausgleichsgesetz 105
Lenin, Wladimir I. 33 ff., 40, 43 f., 110
Lettland 146
Libanon 178, 182
Liberal-Demokratische Partei Deutschlands (LDPD) 66, 71 f., 74, 110, 158
Lincoln, Abraham 12
Litauen 146
Luftbrücke 70
Lumumba, Patrice 185

M
Magisches Viereck 107
Maizière, Lothar de 159 f., 166
Majdanek-Prozess 64
Marktwirtschaft 92, 105, 141, 147 f., 158, 160, siehe auch Soziale Marktwirtschaft
Marshallplan 69, 80, 95
Marx, Karl 77, 78 f.
Massenorganisationen 112
Mehrparteiensystem 141 181, 197
Menschenrechte 47, 76, 83, 91, 93, 135
Menschenrechtsbewegung 150, 154
Menschenrechtsverletzungen 187, 203
Menschewiki 35
Mielke, Erich 57, 112
Migration (Einwanderung, Zuwanderung) 177, 197
Ministerium für Staatssicherheit (MfS) 74, 112 f., 115, 164 f.
Misstrauensvotum, -antrag 96, 127, 134
Mitbestimmung 125, 130, 141, 185
Mittag, Günter 152
Mittel- und Osteuropa 56, 79 ff., 91, 177
Mittelmächte 19
Mittelstreckenraketen 88, 90, 133
Mitterand, Francois 134
Mobutu, Joseph D. 185 f., 197
Modrow, Hans 158
Montagsdemonstrationen 154
Moskau 31, 36, 72, 77, 82 f., 85, 86, 90, 125 ff.

N
Nachrüstung 90 f., 133, 141
Nagy, Imre 86
Nahostkonflikt 177, 198
Namibia 187
Narodniki 33
Nation 11, 14, 19
Nationaldemokratische Partei Deutschlands (NDPD) (DDR) 71 ff., 110
Nationaldemokratische Partei Deutschlands (NPD) (BRD) 71, 77
Nationale Volksarmee (NVA) 101, 118
Nationaler Verteidigungsrat 111
Nationalsozialismus, Nationalsozialisten, nationalsozialistisch 55f., 58, 60 ff., 71, 75, 79, 126, 135
NATO (North Atlantic Treaty Organization) 81, 90 ff., 100 f., 113, 126, 133, 140 ff., 150, 160 f.
NATO-Doppelbeschluss 90 f., 133, 141
Nehru, P. Jawaharlal 189
Neue Ökonomische Politik (NEP) 37
Neues Forum 151, 155
New Deal 54
New Frontier, Aufbruch zu neuen Grenzen 24 f.
Nichtangriffspakt 44 f.
Nikolaus II., Zar von Russland 31 f.
Nord-Süd-Konflikt 191
Notstandsgesetze 107, 141
NSDAP (Nationalsozialistische Deutsche Arbeiterpartei) 64 f., 73
Nürnberger Kriegsverbrecherprozess 64, 91

O
Oder-Neiße-Grenze 56, 126, 161
Ölpreis, -krise 132f., 136, 141
Österreich 75, 129, 151
Österreich, Österreich-Ungarn 19, 24, 26, 44
Ohnesorg, Benno 108 f.
Oktoberrevolution 82 f.
Ost-Berlin 114 118 f., 128, 141
Osteuropa 125 f., 128, 142, 148, 162
Ostgebiete, ehemalige deutsche 57, 59, 69, 126
Ostpolitik, -verträge 126 ff.

P
Pahlevi, Reza 180, 197
Pakistan 189, 197
Palästina, Palästinenser, palästinensisch 177 ff., 182, 194, 196 ff.
Palästinensische Befreiungsorganisation (PLO) 132, 178 f., 197
Panama, -kanal 18
Panslawismus 24
Pariser Verträge 101
Parlament 24, 26, 50
Parlamentarischer Rat 95 f., 99
Partei des Demokratischen Sozialismus (PDS) 71, 74 f., 159
Parteien 66 f., 71 ff., 77 f., 127, 139 f.
Parteien, politische, in Russland 37, 42
Perestroika 146 f., 149, 169
Personenkult 40, 43
Philippinen 28
Pieck, Wilhelm 97, 111
Planwirtschaft 38 f., 49, 98, 121 160, 190, siehe auch Zentrale Planwirtschaft
Polen 44, 55 f., 59, 91, 126 f., 148, 151, 161, 177, 204
Politbüro der SED 73, 97, 145 f., 154 ff., 170

Portugal, Portugiesen 129, 184
Potsdamer Konferenz, Abkommen, Protokoll, Beschlüsse 55 ff., 91, 97 f., 103
Prag 125 f., 169
Prager Frühling 121, 148
Proletariat, Proletarier 32 ff., 35, 40, 44

Q
Quotenregelung 139

R
Rabin, Itzhak 178 f., 197
Räte, Rätebewegung, Räterepublik 35 ff., 40
Rapallo, Vertrag von 44
Rassenlehre, Rassenpolitik, Rassismus 24 ff
Rat der Volksbeauftragten 36
Rat für gegenseitige Wirtschaftshilfe (RGW) 81, 101, 116, 149
Reagan, Ronald 90
Rechtsstaat 183
Rente, Rentensystem 105, 134 136
Reparationen, Reparationszahlungen 56, 92, 98, 116
Reuter, Ernst 70
Revolution 34 ff.
Römer, Römisches Reich 177
Roosevelt, Franklin D. 22, 55
Roosevelt, Theodore 19
Rote Armee 37, 42, 57, 80, 87
Rote Armee Fraktion (RAF) 132, 141
Ruanda 187
Rüstung 66
Rüstung 84, 89 f., 108
Rumänien 149
Runder Tisch 148, 158, 169
Rundfunk, öffentlich-rechtlicher 61, 91
Russische Föderation 147
Russische Sozialdemokratische Arbeiterpartei 33
Russischer Bürgerkrieg 37, 42, 44
Russland 15, 18, 31 ff., 50, 82, 177

S
Saargebiet 57
Sacharow, Andrej 47 f.
Sachsen 62 f., 165 ff.
Schabowski, Günter 156 f.
Scharia 180, 197
Schauprozesse 40, 42
Scheel, Walter 125 ff., 191
Schiller, Karl 107
Schleyer, Hans Martin 132
Schlussakte der Konferenz für Sicherheit und Zusammenarbeit in Europa (KSZE) (Schlussakte von Helsinki) 90 f., 135, 137, 141, 150
Schmidt, Helmut 127, 132 ff.
Schorlemmer, Friedrich 240
Schröder, Gerhard (CDU) 127
Schröder, Gerhard (SPD) 168
Schroeder, Luise 60
Schumacher, Kurt 67, 76
Schwarzer, Alice 131
SchwarzerFreitag 21
Schwarzmarkt 59 f., 69, 91
Schweiz 61, 129
Selbstbestimmungsrecht der Völker 127, 135, 183
Serben, Serbien 34
Sicherheitsrat der Vereinten Nationen 82 f., 85
Siegermächte des 2. Weltkriegs 55 57, 69, 71, 73, 79, 82, 95, 160 f.
Simbabwe 187
Sklaven, Sklaverei 12
Solidarnosc 148 f., 169
Solschenizyn, Alexander 47, 50
Somalia 83
Souveränität 79, 101, 125, 128 f., 135
Sowchosen 38
Sowjetische Besatzungsmacht 57, 72 f., 116
Sowjetische Besatzungszone Deutschlands (SBZ) 57, 61, 65 ff., 73, 91 f., 97 f.
Sowjetische Militäradministration in Deutschland (SMAD) 66 f.
Sowjets 81, 96
Sowjetunion
Sowjetunion 24, 38, 40 ff., 44 ff., 55 ff., 66, 68 ff., 73, 79 ff., 110, 126, 135, 140, 145 ff., 149 f., 152, 159, 161, 177, 182, 185, siehe auch Union der Sozialistischen Sowjetrepubliken (UdSSR)
Sozialdemokraten, Sozialdemokratische Partei Deutschlands (SPD) 44, 66 f., 71 ff., 76 f., 96, 98, 103 125, 127, 132ff., 141f., 159, 168
Sozialdemokratische Partei in der DDR (SDP) 155
Soziale Marktwirtschaft 68, 92, 99, 105, 142, 160
Sozialismus, Sozialisten, sozialistisch 32 f., 36, 38, 40 ff., 44, 48, 61, 65, 87, 89, 110, 112, 116, 124, 135 f., 147 f., 189
Sozialistische Einheitspartei Deutschlands (SED) 57, 66, 69, 73, 92, 97 f., 110, 113 f., 119 f., 123 f., 128 f., 135 ff., 141 f., 150 f., 153 ff., 165
Sozialleistungen, -staat 99, 105, 133 f.
Spanien 18
Spiegel-Affäre 106, 141
St. Petersburg, Petrograd 31, 34
Staatssicherheit (Stasi), siehe Ministerium für Staatssicherheit (MfS)
Stalin, Josef W. 40 ff., 44 ff., 55 f., 72, 79 f., 100, 112, 114, 120, 145
Stalin-Note 100
Stasi-Akten, -Gesetz 165
Stoph, Willi 128f.
Strauß, Franz-Josef 106
Streik 16, 31
Studentenproteste, 114 Bewegung108130 132 141 f
Supermächte 83 ff., 182

T
Taiwan, siehe Nationale Republik China
Teheran, Konferenz von 55
Terrorismus, Terroranschläge 132, 141, 168, 175, 178 f., 186, 196 ff.
Transit-Abkommen 127
Treibhauseffekt 195
Treuhandanstalt 160, 162
Trotzki, Leo 36 ff.
Trümmerfrauen 58, 91
Truman, Harry S. 55, 79 f., 84
Truman-Doktrin 80
Tschechoslowakei 44
Tschechoslowakei, Tschechien 57, 59, 121, 148, 151
Tschernobyl 145
Tschernobyl 94
Türkei 81, 84, 88, 129, 180 f., 194, 197 f.

U
U-Boot, U-Bootkrieg 19
UdSSR (Union der Sozialistischen Sowjetrepubliken) siehe Sowjetunion
Uganda 187
Ukraine 36
Ulbricht, Walter 66 f., 72, 110f., 125, 129, 135
Umweltprobleme, -politik, -verschmutzung 190, 198
Unabhängigkeit, Unabhängigkeitsbewegung 178, 183 ff., 188 f., 197 f. .

Ungarn 57, 59, 85 ff., 91, 145, 148, 151
Union der Sozialistischen Sowjetrepubliken (UdSSR) 24,67 ff., 40, 43 f., siehe auch Sowjetunion
UNO (United Nations Organization/ Organisation der Vereinten Nationen) 82 f., 85, 129 177 f., 182 f., 185
Unternehmen, Unternehmer 15 f., 20 f.
USA, Vereinigte Staaten von Amerika 11 ff., 38, 44, 55, 57, 61, 70, 79 ff., 87 ff., 91, 95, 100, 129, 140, 145, 161, 182, 184 f., 190, 195 ff., 200

V

Vereinte Nationen, siehe UNO
Versailler Friedensvertrag 44
Vertreibung, Vertriebene 57 f., 105 116
Viermächte-Abkommen über Berlin 126 f., 141
Vierzigjahrfeier (der DDR) 152 f.
Vietnam, -krieg 85, 89, 91, 108
Völkerbund 82, 177
Volksaufstand vom 61. Juni 1971 112, 114, 141f.
Volksdemokratie 73, 81, 86, 97, 110, 142
Volksdeputiertenkongress 48
Volkseigener Betrieb (VEB) 69, 117, 160, 162, 165
Volksentscheid, -abstimmung 69, 127
Volkskammer, -wahl 75, 97, 110, 158, 160, 170
Volkskongress (-bewegung) 97
Volksparteien 77
Volksrepublik China 81 f., 85, 89, 192 f.

W

Währungsreform, -umstellung 68 ff., 95, 99
Währungsunion 160
Wahlen 66, 76, 78, 80, 125, 127, 185
Wahlrecht 26
Walesa, Lech 149, 169
Warschau 125ff., 169
Warschauer Pakt 81, 86, 91, 101, 121, 141 f., 149
Wehrmacht 45
Weizsäcker, Richard v. 58, 78
Weltbevölkerung 192, 194 f.
Welthandel 79
Weltmarkt 191
Weltraum, -fahrt 24 f., 46 f.

Weltrevolution 35, 40
Weltwirtschaftskrise 21
Westalliierte 61, 65 f., 69, 128
Westberlin 66, 70, 118 126ff., 156, 170
Westeuropa 57, 133, 177, 181
Westeuropäische Union (WEU) 101
Westmächte 19, 44, 56, 68 f., 87, 95, 142, 182
Westzonen 56 f., 61, 65, 66 ff., 76, 95, 98
Wettrüsten 47, 84, 89, 91 f., 145
Wiederbewaffnung, Wiederaufrüstung (der Bundesrepublik) 100, 126
Wiedergutmachung, Wiedergutmachungsleistungen 56, 77, 103, 160
Wiedervereinigung 75, 77, 100 126 128 159 ff., 163, 165 ff., 170
Wilson, Thomas Woodrow 19
Wirtschafts,-Währungs- und Sozialunion 160
Wirtschaftskrise 107, 133, 142
Wirtschaftskrise 20 ff.
Wirtschaftsrat (der Bizone) 68
Wirtschaftswunder 99, 104 141 f., 204
Wohlstandsgesellschaft 24 ff.
Wohnungsbaupolitik - programm 136 152
Wolf, Christa 124, 158
Wolgadeutsche 45

Z

Zaïre, siehe Demokratische Republik Kongo
Zar von Russland, Zarenreich 31 ff., 37
Zehn-Punkte-Programm 159, 169
Zentrale Planwirtschaft 98, 111, 117, 141f., 145
Zionisten, Zionismus 177, 182, 197
Zusatzprotokoll, geheimes, zum Hitler-Stalin-Pakt 44
Zuwanderung, siehe Migration
Zwangsarbeit, -arbeiter, -arbeitslager 42 ff., 185, 187 f., 194
Zwangsaussiedlung, -umsiedlung, 57 f.
Zwangsvereinigung (von KPD und SPD) 73
Zwanziger Jahre 20
Zwei-plus-Vier-Vertrag 161
Zwei-Staaten-Theorie 118 f., 135
Zweiter Weltkrieg 23, 45 f., 69, 91 f., 125 f., 129, 161

Glossar

Alliierter Kontrollrat – Nach Ende des Zweiten Weltkriegs 1945 von den alliierten Mächten Großbritannien, Sowjetunion, USA und Frankreich eingesetztes gemeinsames Regierungsorgan für Deutschland mit Sitz in Berlin. Aufgrund von Interessengegensätzen trat der Kontrollrat nach 1948 nicht mehr zusammen.

Blockfreie Staaten – 1961 gegründeter Zusammenschluss von Staaten, die keinem der beiden großen Machtblöcke angehörten und für Abrüstung und das friedliche Zusammenleben aller Staaten eintraten. Heute zählen dazu rund 115 Staaten, überwiegend aus Afrika, Asien und Lateinamerika. Häufig artikulieren sich hier gemeinsame Interessen der Entwicklungsländer gegenüber den Industrieländern.

Blockparteien – Sammelbezeichnung für die in der DDR neben der SED existierenden Parteien CDU, LDPD, NDPD und DBD. Alle diese im „Demokratischen Block" zusammengefassten Parteien wurden finanziell und ideologisch von der SED kontrolliert und mussten deren Führungsanspruch anerkennen. Politischer Wettbewerb und die Möglichkeit einer parlamentarischen Opposition in der DDR waren dadurch ausgeschlossen.

Bolschewismus, Bolschewiki – (russ.: Mehrheitler) Bezeichnung für die radikalen Anhänger Lenins, die sich 1903 bei der Entscheidung über die zukünftige Taktik der Sozialrevolutionäre gegenüber den gemäßigten, sozialdemokratisch orientierten Menschewiki (russ.: Minderheitler) durchsetzen konnten. Nach Lenins Theorie erhebt die streng von oben nach unten organisierte bolschewistische Partei den Anspruch auf politische Führung, um die Massen zum Sozialismus zu erziehen. Deshalb muss sie alle gesellschaftlichen Gruppen (z.B. Gewerkschaften, Jugend-, Kulturverbände) beherrschen. In der Sowjetunion setzte Stalin die Umgestaltung der Gesellschaft nach bolschewistischen Prinzipien mit Zwang und Terror durch.

Bruttosozialprodukt – Gesamtwert aller Waren und Dienstleistungen, die die Menschen eines Landes im Zeitraum eines Jahres produzieren.

Bürgerrechtsbewegung – Sammelbezeichnung für regierungskritische Gruppen, die für Demokratie und Menschenrechte in ihren Ländern eintreten. Die Bürgerrechtsbewegungen der früheren Staaten des Ostblocks kritisierten zugleich den Führungsanspruch der kommunistischen Partei.

Diktatur – (von lat.: dictare = befehlen) Die uneingeschränkte, auf Gewalt begründete Herrschaft einer Einzelperson, einer Gruppe oder Partei, die die gesamte politische Macht im Staat für sich beansprucht. Sämtliche Lebensbereiche werden überwacht, jede Opposition unterdrückt. Beispiele für Diktaturen sind der Nationalsozialismus in Deutschland und der Stalinismus in der Sowjetunion.

Dissidenten – (von lat. dissidere = nicht übereinstimmen, getrennt sein) Bezeichnung für Oppositionelle, die die Politik des herrschenden Regierungssystems trotz Repressionen (Berufsverbote, Verhaftungen, Ausbürgerungen) öffentlich kritisierten.

Entnazifizierung – Von den alliierten Siegermächten im besetzten Deutschland durchgeführte Überprüfung von Personen mit dem Ziel, Verantwortliche für Verbrechen des NS-Regimes politisch und strafrechtlich zur Verantwortung zu ziehen und sie aus Ämtern in Staat und Gesellschaft zu entfernen.

Entwicklungsländer – Auch als „Dritte Welt" bezeichnete Staaten mit meist folgenden Merkmalen der Unterentwicklung: Armut, unzureichende Ernährung, hohe Arbeitslosigkeit, hohes Bevölkerungswachstum, Mängel im Gesundheits- und Bildungssystem sowie im Infrastrukturbereich, hohe Auslandsverschuldung und politische Instabilität. Als Entwicklungsländer gelten heute etwa 170 Staaten mit 3/4 der Weltbevölkerung, darunter viele ehemalige Kolonialländer.

Europäische Union (EU) – Zusammenschluss von derzeit 15 europäischen Staaten, die durch Übertragung von Kompetenzen an gemeinsame Regierungsorgane (Hauptsitz: Brüssel) eine enge wirtschaftliche und politische Zusammenarbeit anstreben. Bisher wichtigste Ergebnisse dieser europäischen Einigung sind die Einführung des Europäischen Binnenmarktes und die gemeinsame Währung „Euro".

Europäischer Binnenmarkt – Wirtschafts- und Währungsunion der EU-Mitgliedsländer, die den freien Verkehr von Personen, Waren, Dienstleistungen und Kapital ermöglicht. Dazu gehören der Wegfall der Grenzkontrollen zwischen den EU-Staaten sowie das Recht, sich als EU-Bürger in jedem Land der Union niederzulassen.

Frauenbewegung – Mitte des 19. Jh. entstandene und Ende der 1960er Jahre sich neu formierende Bewegung zur Beseitigung der gesellschaftlichen und politischen Benachteiligung von Frauen. Ihre Forderungen zielen u.a. auf gleiche Bezahlung, gleiche Karrierechancen und einen höheren Anteil von Frauen in Führungspositionen.

Friedensbewegung – Politische Bewegung Anfang der 1980er Jahre. Sie protestierte gegen die Stationierung atomarer Mittelstreckenraketen in Europa und trat für Abrüstung ein. Ein Teil ihrer Anhänger in der Bundesrepublik wurde zum Kern der Partei der Grünen; in der DDR war sie Teil der Bürgerrechtsbewegung.

Geheimdienst – Staatliche Organisation zur verdeckten Beschaffung von geheimen Informationen im In- und Ausland und zur Abwehr fremder Spionagetätigkeit. In Diktaturen wird der Geheimdienst bzw. die Geheimpolizei häufig auch zur Unterdrückung und Verfolgung politischer Gegner eingesetzt, so z. B. in der UdSSR unter Stalin.

Globalisierung – (von lat. globus = [Erd-]Kugel) Internationale Zusammenarbeit und Verflechtung großer Wirtschaftskonzerne und Finanzmärkte. Der Begriff umfasst auch wirtschaftliche, technische oder politische Entwicklungen, die weltweit Auswirkungen auf das Leben der Menschen haben.

Grundgesetz – Verfassung der Bundesrepublik Deutschland, die am 23. Mai 1949 in Kraft trat. Mit der Bezeichnung sollte zum Ausdruck gebracht werden, dass es sich um eine provisorische Verfassung handelte, da die Frage der deutschen Einheit und die der Wiederherstellung der vollen staatlichen Souveränität Deutschlands vorerst offen bleiben mussten. Nach der deutschen Wiedervereinigung im Oktober 1990 wurde der Name für die gesamtdeutsche Verfassung beibehalten.

Islamischer Fundamentalismus – (von lat. fundamentum = Grundlage) In den 1970er Jahren entstandene religiös-politische Bewegung in zahlreichen islamischen Ländern. Deren Anhänger wollen den Koran sowie andere Glaubensgrundsätze der islamischen Religion zur alleinigen Grundlage des öffentlichen und privaten Lebens in den muslimischen Staaten machen. Kultur und Wertesystem der westlichen Welt werden abgelehnt und sollen – gegebenenfalls mit Gewalt und Terror – zurückgedrängt werden. Diese Vorstellungen werden nur von einer Minderheit der Muslime geteilt.

Kalter Krieg – Die nach 1945 beginnende machtpolitische, militärische, ideologische und wirtschaftliche Konkurrenz zwischen den beiden Supermächten USA und UdSSR und den von ihnen geführten Bündnissystemen. Der Kalte Krieg hatte ein atomares Wettrüsten und eine Vielzahl von Konfrontationen (z. B. Berlin-Blockade 1948, Korea-Krieg 1950–1953, Kuba-Krise 1962) zur Folge. Er endete 1989 mit dem politischen und gesellschaftlichen Umbruch in der Sowjetunion.

Kommunismus – (von lat.: communis = gemeinsam, allgemein) Politische und soziale Bewegung, die eine revolutionäre Veränderung der Gesellschaft anstrebt. Wichtige Ziele sind die Errichtung einer klassenlosen Gesellschaft und die Überführung von Produktionsmitteln (Boden und Maschinen) in Gemeineigentum. Die führende Rolle bei der Durchsetzung des Kommunismus kommt der kommunistischen Partei sowie den Arbeitern und Bauern zu („Diktatur des Proletariats"). Die Grundlagen der kommunistischen Theorie wurden im Wesentlichen von K. Marx, F. Engels und W. I. Lenin formuliert.

Konstruktives Misstrauensvotum – Die in Art. 67 des Grundgesetzes vorgesehene Möglichkeit eines Regierungswechsels ohne Neuwahlen. Das Parlament kann den Bundeskanzler der Bundesrepublik abwählen, wenn es zugleich mit absoluter Stimmenmehrheit einen Nachfolger wählt.

KSZE / OSZE – Die Konferenz für Sicherheit und Zusammenarbeit in Europa (KSZE) wurde 1973 in Helsinki als Forum europäischer Staaten gegründet. Ihr Ziel war die Entspannung und die Verbesserung der Ost-West-Beziehungen. In der Schlussakte verpflichteten sich die 35 Teilnehmerstaaten 1975 u. a. zur Wahrung der Menschenrechte. Nach dem Ende des Kalten Krieges wurde die KSZE zur Organisation für Sicherheit und Zusammenarbeit in Europa (OSZE) weiterentwickelt.

Maoismus – Gesamtheit der politischen Lehren des chinesischen Staats- und Parteichefs Mao Zedong und die von ihm bestimmte chinesische Form des Kommunismus. Das Ziel, China durch rasche Industrialisierung und Kollektivierung der Landwirtschaft zu einer dritten Weltmacht neben den USA und der UdSSR zu entwickeln, führte zu einer wirtschaftlichen Katastrophe, sodass die Kommunistische Partei Chinas nach Maos Tod 1976 ihre Politik neu ausrichtete.

Migration – (von lat. migrare = wandern) Wanderungsbewegungen einzelner Menschen oder Gruppen über Staatsgrenzen und Kontinente hinweg. Gründe für Migration sind: schlechte Lebensbedingungen, Krieg, Verfolgung und Naturkatastrophen.

NATO – (engl. North Atlantic Treaty Organization) 1949 von den USA, Kanada und westeuropäischen Staaten gegründetes Sicherheits- und Verteidigungsbündnis. Ein Angriff gegen ein Mitgliedsland wird als Aggression gegen alle Mitglieder des Bündnisses betrachtet und entsprechend beantwortet. Zur Zeit gehören der NATO 16 Staaten an. Ihr Sitz ist Brüssel. In Osteuropa bildete von 1955–1990/91 der von der UdSSR geführte Warschauer Pakt das Gegenstück zur NATO.

Ostpolitik/Ostverträge – Bezeichnung für die neue Politik der SPD/FDP-Bundesregierung gegenüber der DDR und den Ländern des Ostblocks nach 1969. Im „Grundlagenvertrag" akzeptierte sie die staatliche Selbstständigkeit der DDR, vermied aber deren völkerrechtliche Anerkennung als Ausland und hielt am Ziel der deutschen Wiedervereinigung fest. Mit Polen und der Tschechoslowakei wurden diplomatische Beziehungen aufgenommen; die Oder-Neiße-Linie wurde als Ostgrenze Deutschlands anerkannt.

Parlamentarischer Rat – Versammlung von 65 Abgeordneten der 11 Länderparlamente der drei westlichen Besatzungszonen Deutschlands. Sie wurde 1948 von den Westalliierten mit der Ausarbeitung und Formulierung des Grundgesetzes beauftragt. Am 8. Mai 1949 beschloss der Parlamentarische Rat das Grundgesetz mit 53 Ja-Stimmen bei 12 Nein-Stimmen.

Planwirtschaft – Wirtschaftsordnung, in der die Produktion von Waren und Dienstleistungen, deren Preise sowie die Höhe der Löhne zentral und nach langfristigen Plänen vom

Staat festgelegt wird. Im Unterschied zur Marktwirtschaft wird dabei der freie Wettbewerb von Angebot und Nachfrage als Regulierungsfaktor ausgeschaltet. Mit dem Instrument der Planwirtschaft versuchen (kommunistische) Staaten die wirtschaftliche Produktion mit dem gesellschaftlichen Bedarf in Einklang zu bringen. Meist führt dies aber zu Engpässen bei der Versorgung.

Rat für gegenseitige Wirtschaftshilfe (RGW) – 1949 gegründete Organisation für wirtschaftliche Zusammenarbeit der Staaten des Ostblocks. Die Mitgliedsländer mussten ihre nationalen Plandaten mit der Sowjetunion abstimmen und ihre Wirtschaftsbeziehungen zum Westen einschränken. Der RGW löste sich nach dem Zusammenbruch der UdSSR 1991 auf.

Rechtsstaat – Staatswesen, in dem alle staatliche Gewalt an Recht und Gesetz gebunden ist und der Bürger vor der Willkür des Staates geschützt ist. Die wichtigsten Merkmale sind die Existenz einer Verfassung, die Gewaltenteilung zwischen Gesetzgebender Gewalt, Ausübender Gewalt und Rechtsprechung, die Unabhängigkeit der Gerichte, die Geltung der Grund- und Menschenrechte sowie die Möglichkeit jedes Einzelnen, seine Rechte vor unabhängigen Gerichten einzuklagen (Rechtsschutzgarantie).

Schwarzmarkt – Bezeichnung für den illegalen Handel mit knappen und rationierten Lebensmitteln und Gütern. Trotz Verbots werden meist fast alle knappen Waren auf dem Schwarzmarkt zu sehr hohen Preisen oder im Tauschhandel gegen Wertsachen gehandelt. In der Bundesrepublik existierte ein Schwarzmarkt nach Kriegsende bis zur Währungsreform 1948.

Sowjets – Bezeichnung für die Arbeiter- und Soldatenräte, die sich 1917 in Russland während der Februarrevolution bildeten und unter Führung der Bolschewiki zu einer wichtigen politischen Kraft der Revolution wurden. In der nach ihnen benannten Sowjetunion wurden die Sowjets zu Institutionen der staatlichen Verwaltung. Die Spitze des Rätesystems bildete der Oberste Sowjet, der alle 4 Jahre gewählt wurde.

Sozialismus – (von lat.: socius = Genosse) Im 19. Jh. entstandene politische Bewegung, die eng mit der Arbeiterbewegung und den Gewerkschaften verbunden ist und deren Ziel darin besteht, die als ungerecht empfundenen Herrschafts- und Besitzverhältnisse zu verändern und ein höheres Maß an Freiheit und Gleichheit für alle Bevölkerungsschichten zu erreichen. Während bis zur Mitte des 19. Jh. Sozialismus und Kommunismus fast in derselben Bedeutung verwendet wurden, kam es in der Folge zu einer Spaltung der sozialistischen Bewegung in Kommunisten, die eine rasche, revolutionäre Veränderung der Gesellschaft forderten, und in Sozialdemokraten, die auf allmähliche, schrittweise Reformen setzten.

Soziale Marktwirtschaft – Wirtschafts- und Sozialordnung der Bundesrepublik Deutschland. Der freie Wettbewerb von Angebot und Nachfrage für Waren, Dienstleistungen und deren Preisgestaltung sowie die Rahmenbedingungen für das Verhältnis von Arbeitgebern und Arbeitnehmern werden durch den Staat indirekt mitgestaltet. Ohne das Funktionieren eines freien, sich selbst regulierenden Wirtschaftsprozesses zu gefährden, sollen der Schutz von wirtschaftlich und sozial schwächeren Bevölkerungsgruppen sowie ein verbindliches Maß an sozialer Gerechtigkeit garantiert werden.

Sozialstaat – Bezeichnung für moderne Industrieländer, in denen der Staat regulierend in die Abläufe der freien Marktwirtschaft eingreift, um den Bürgern angemessene Arbeitsbedingungen und im Fall von Krankheit, Unfall, Alter, Invalidität oder Arbeitslosigkeit ein Einkommen zu sichern. Diesem Zweck dienen gesetzliche Arbeitsschutzvorschriften und ein Sozialversicherungssystem, das die Arbeitnehmer und Arbeitgeber anteilig finanzieren. Weitere sozialpolitische Maßnahmen sind staatliche Aufwendungen für die Familienpolitik, das Gesundheitswesen, das Bildungswesen und den Wohnungsbau.

Staatsrat (der DDR) – Von 1960 bis 1989 oberstes Verfassungsorgan und kollektives Staatsoberhaupt der DDR mit Sitz in Berlin (Ost). Seine Zuständigkeiten umfassten unter anderem die völkerrechtliche Vertretung, die Aufsicht über das Oberste Gericht sowie Grundsatzbeschlüsse zur Außen- und Verteidigungspolitik.

Staatsverschuldung – Die Gesamtsumme der Schulden eines Staates. Eine hohe Staatsverschuldung entsteht, wenn die Regierung mehr Geld ausgibt, als sie u. a. durch Steuern einnimmt, und dafür bei Banken Kredite aufnehmen muss. Bei hoher Staatsverschuldung verschlingen die Zinsen für Kredite einen großen Teil der staatlichen Einnahmen. Eine sehr hohe Staatsverschuldung kann bis zum Staatsbankrott führen. Deshalb haben sich die Mitgliedsländer der Europäischen Union in einem Stabilitätspakt dazu verpflichtet, einen ausgeglichenen Staatshaushalt zu führen.

Stalinismus – Bezeichnung des einerseits durch Terror und Gewalt, andererseits durch einen starken Personenkult geprägten Herrschaftssystems Stalins von 1929 bis 1953. Mit dem Ziel des Aufbaus des Sozialismus wurden Industrialisierung und Kollektivierung der Landwirtschaft mit Zwang vorangetrieben. Politische Gegner und so genannte „Klassenfeinde" wurden mit Schauprozessen, „Säuberungen" und Deportationen in Straflager ausgeschaltet.

Stasi – Kurzbezeichnung für das 1950 gegründete Ministerium für Staatssicherheit (MfS) der DDR. Die Stasi entwickelte sich zu einem riesigen Apparat, der mit 80 000 fest angestellten und über 100 000 inoffiziellen Mitarbeitern (IM) das Alltagsleben der Bevölkerung in der DDR bespitzelte und kontrollierte. Im Ausland betrieb das Ministerium geheimdienstliche Spionage. Nach der Auflösung der Stasi 1990 wurde eine Bundesbehörde gegründet, die

die von der Stasi gesammelten Informations- und Datenbestände sichert, verwaltet und für zeitgeschichtliche Forschung zugänglich macht.

Terrorismus – (von lat. terror = Schrecken) Gewaltsame Aktionen von Einzeltätern oder radikalen Gruppen aus politischen, religiösen, nationalistischen oder wirtschaftlich-sozialen Motiven. Terroristische Bewegungen können auf ein Land oder eine Region begrenzt bleiben (z. B. die RAF in Deutschland in den 1970er Jahren oder die IRA in Nordirland). Andere Terrororganisationen agieren weltweit, wie z. B. die Palästinensische Befreiungsorganisation (PLO) in den 1970/80er Jahren oder die islamistische Al-Qaida-Organisation in jüngster Zeit.

Verstaatlichung – Enteignung von privaten Firmen, Betrieben oder Land und die Überführung in Staatseigentum. In einer (sozialen) Marktwirtschaft ist die Verstaatlichung von Privatbesitz nur bei hohem öffentlichem Interesse und gegen Entschädigungszahlungen möglich. In den kommunistisch regierten Ländern des Ostblocks bildet die umfassende, meist entschädigungslose Verstaatlichung von Industrie und Landwirtschaft die Grundlage für so genannte „Volkseigene Betriebe" (VEB) oder Landwirtschaftliche Produktionsgenossenschaften (LPG).

Volksdemokratie – Kommunistische Staatsform in den nach dem 2. Weltkrieg im Machtbereich der UdSSR gelegenen Staaten. Da eine echte parlamentarische Opposition ausgeschaltet war und das freie Wahlrecht durch Einheitslisten eingeschränkt war, handelte es sich tatsächlich um eine demokratisch bemäntelte Einparteiendiktatur. Die freie Meinungsäußerung und die Unabhängigkeit der Gerichte sind eingeschränkt.

Volkspartei – Bezeichnung der großen Parteien (SPD; CDU/CSU) in der Bundesrepublik Deutschland. Der Begriff kennzeichnet den Anspruch, die Interessen breitester Bevölkerungsschichten zu vertreten, unabhängig von deren sozialer Herkunft, ökonomischen Verhältnissen und religiöser Orientierung. Neben den beiden großen Volksparteien existieren in der Bundesrepublik kleinere Parteien (FDP, Grüne, PDS).

Währungsreform – Einführung der Deutschen Mark (DM) als Währung in den westlichen Besatzungszonen Deutschlands (und den Westsektoren Berlins) sowie Einführung der Ost-Mark (Mark der DDR) in der SBZ im Juni 1948.

Währungsunion – Einführung einer gemeinsamen Währung durch zwei oder mehrere souveräne Staaten. Durch eine Währungsunion wurde am 1. Juli 1990 die vorher nur in der Bundesrepublik gültige D-Mark auch in der DDR offizielles Zahlungsmittel. Im Rahmen des Europäischen Binnenmarkts besteht seit dem 1.1.1999 eine Währungsunion zwischen den Mitgliedsländern der Europäischen Union (EU); seit dem 1.1.2002 auch mit einer gemeinsamen Bargeldwährung (Euro).

Warschauer Pakt – 1955 unter Führung der UdSSR gegründetes Militärbündnis der sozialistischen Staaten Osteuropas; Gegenstück zur westlichen NATO. Im Rahmen des Bündnisses wurde ein gemeinsames Oberkommando in Moskau eingerichtet; die UdSSR stationierte Truppen in den Mitgliedsstaaten. Nach dem Zusammenbruch des Kommunismus löste sich der Warschauer Pakt 1991 auf.

Wettrüsten – Bezeichnung für den im Kalten Krieg zwischen den USA und der UdSSR ausgetragenen Rüstungswettlauf. Ein „Gleichgewicht des Schreckens" sollte den Ausbruch direkter bewaffneter Konflikte verhindern. Seit Mitte der 1980er Jahre wurde die Zahl der Atomwaffen durch Abrüstungsvereinbarungen reduziert. Kalter Krieg und Wettrüsten endeten 1989/90 mit dem Zusammenbruch der Sowjetunion.

Zionismus – (hebr. Zion = Berg in Jerusalem, auch Bezeichnung für ganz Jerusalem und Palästina/Israel) In der zweiten Hälfte des 19. Jh. entstandene Bewegung, die die Rückkehr der Juden nach Palästina und die Bildung eines jüdischen Staates anstrebte. Nach dem 2. Weltkrieg führte die jüdische Einwanderung nach Palästina und die politische Organisation des Zionismus 1948 zur Gründung des Staates Israel.

Bildnachweis

Einband: Gerhard Medoch unter Verwendung von: Christo & Jeanne-Claude, Verhüllter Reichstag, Berlin, 1971–1995. Hier: 24. Juni 1995. W. Volz/Bilderberg, Hamburg; Klappe vorn: o. bildarchiv preussischer kulturbesitz (bpk), Berlin; u. Jürgen Henkelmann, Berlin; Klappe hinten: dpa **9** M. ullstein bild/Jochen Keuthe, Berlin; Hintergrund: Hartmann, Berlin **11/12/14** Archiv für Kunst und Geschichte (AKG), Berlin **14** B 1 Archiv Volk und Wissen Verlag (VWV) **15** AKG **16** o. Archiv Gerstenberg, Wietze; 2. v. o. Slg. Hartmann; B 1 VWV **17** o. ullstein bild; B 3 AKG **18** VWV **19** o. Archiv Gerstenberg; B 3 bpk **20** AKG **21** o. ullstein bild/AP; B 5 AKG **22** o. ullstein bild; B 3 VWV **23** B 2 Cinetext, Frankfurt am Main; B 3 DIZ/Süddeutscher Verlag-Bilderdienst, München **24** o. ullstein bild; B 2 AKG **25** o. ullstein bild/Camera Press Ltd.; B 5 Associated Press, Frankfurt am Main **26** dpa **28** AKG **29** HG: bpk; VG: AKG **31** o. ullstein bild; B 3 RIA-Nowosti, Berlin **32** r. AKG (2); B 1 Archiv Gerstenberg **33** VWV **34** B 2 VWV; B 3 AKG **35** bpk **36** o. VWV; B 3 bpk **37/38** o. bpk; VWV **39** bpk **40** bpk **DIZ/SV-Bilderdienst 42** Archiv Gerstenberg **43** B 5 AKG; B 6 Slg. Dr. Werner Horvath, Linz **44** ullstein bild **45/46** o. ullstein bild/RIA-Nowosti; B 2 Archiv Gerstenberg **47** o. ullstein bild/Kuchartz; B 3 AKG **48** o. ullstein bild/RIA-Nowosti; B 2 ullstein bild/Reuters **49** B 3 VWV; B 4 ullstein bild/Juraitis **52** VWV **53** HG: Slg. Hartmann; M.: dpa; VG: Mauritius, Berlin **55** o. AKG; B 2/3 Vattenfall/BEWAG Berliner Wärme AG **58** B 2 Slg. Hartmann; B 3 ullstein bild **59** o./B 5 DIZ/SV-Bilderdienst; B 4 ullstein bild; B 6 bpk **60** ullstein bild **61** VWV **62** o. Deutsches Historisches Museum (DHM), Berlin; B 2 AKG o. VWV; B 2 AKG **65/66** DHM **67** ullstein bild **68** DHM **69** Slg. Hartmann **70** ullstein bild **71** DHM **72** ullstein bild/ADN **73** o. AKG; B 4 DHM **74** B 6 Parteivorstand der PDS/Archiv; B 7 Konrad-Adenauer-Stiftung, St. Augustin; r. DHM (3) **75** o. FDP-Informationsdienst; 2. v. o. PDS/Archiv; B 1 Bundesvorstand Bündnis 90/Die Grünen; B 2 SPD-Parteivorstand/Archiv, Berlin **76** ullstein bild **77** Birgit Scholz, Berlin **78** VWV **79** Slg. Karl Stehle, München; B 1 Churchill College, Cambridge **80** VWV (2) **81** DHM **82** VWV **83** UNHCR, Genf; K 5 Erich Schmidt Verlag, Berlin **84** B 3 DIZ/SV-Bilderdienst **86** ullstein bild (2) **87** ullstein bild **88** VWV **89** „PAX CHRISTI" **90** B 5 dpa/Jansson/Lehtikuva OY **93** l. VW-Museum, Wolfsburg; r. August-Horch-Museum, Zwickau; u. l. dpa; u. r. ullstein bild **95** DIZ/SV-Bilderdienst **96** ullstein bild **97** AKG **98** DHM **99** ullstein bild **100** DHM (2) **101** B 6 Stadtmuseum München/Pulfer; B 7 DHM **102** o. DHM; B 2 Keystone, Hamburg; B 3 Bundesbildstelle **104** o. Cinetext, Frankfurt am Main; B 3 Mauritius **105** AKG **106** o. Spiegel-Verlag, Hamburg; B 1 ullstein bild/dpa **107/108** ullstein bild/dpa **110** ullstein bild **111** Bundesarchiv Koblenz/ADN **112** o. ullstein bild; M./B 2 DHM **113** B 4 DHM; B 5 Verlag „Junge Welt", Berlin **114** ullstein bild (2) **115** Haus der Geschichte Bonn **117** o. August-Horch-Museum, Zwickau; B 4 DHM **118** ullstein bild **119** B 4 Axel-Springer-Verlag/Info-Pool, Hamburg; B 5 ullstein bild **120** o. ullstein bild; B 2 Haus der Geschichte Bonn **121** o. dpa/Bajzat; B 5 Bundesarchiv Koblenz/ADN **122** o. dpa; B 3 Bundesarchiv Koblenz/ADN **123** B 4 DHM; B 5 ullstein bild/ADN/ZB **124** DHM **125** o. dpa; B 1 Archiv der sozialen Demokratie/Friedrich-Ebert-Stiftung/Plakatsammlung, Bonn **126** o. ullstein bild; B 2 Fotoagentur Sven Simon, Essen **127** ullstein bild **128** ullstein bild (2) **129** ullstein bild **130** dpa **131** o. ullstein bild; B 5 l. AKG, r. Slg. Hartmann **132** dpa **133** ullstein bild **134/142** Dieter Bauer, Berlin **135** ullstein bild **136** B 3 Pressedienst Paul Glaser, Berlin; B 5 Bundesarchiv Koblenz/ADN **137** Paul Langrock/Zenit, Berlin **138** Berlin Picture Gate/Gruner+Jahr/Viehweger **139** AKG **140** Sportimage, Hamburg **143** M. l./u. l. Pressedienst Paul Glaser, Berlin; u. r. dpa **145** B 1 AKG; o./B 2 ullstein bild **146/148/149** o. ullstein bild **149** B 4 dpa; B 5 ctk, Prag **150** ullstein bild/Fabig **151** dpa **152** Paul Langrock/Zenit, Berlin **153** B 5 ullstein bild/dpa; B 6 Horst Haitzinger, München **154** o. ullstein bild; B 2 Keystone, Hamburg **155** o./**156** ullstein bild **157** dpa **158** teutopress, Bielefeld **159** B 3 VWV; B 4 ullstein bild/dpa **160** ullstein bild **161** dpa/Funkbild **162** o. ullstein bild; B 1 dpa/ADN-ZB **164** o. ullstein bild/Franke; B 3 epd, Frankfurt am Main **165** dpa **166** B 2 dpa/Fotoreport; B 3 Agentur der Fotografen/Ostkreuz/Jörn Viehweger **167/168** o. ullstein bild; B 2 dpa **170** ullstein bild **171** HG: Pressedienst Paul Glaser, Berlin; o. l. Slg. Hartmann; M. l. bpk; M. r. AKG **172/173** bpk **175** HG: dpa; u. l. argus, Hamburg; u. r. ullstein bild **178** ullstein bild **179** World Press Photo/Wendy Sue Lamm/AFP **180** o. ullstein bild; B 3 Associated Press, Frankfurt am Main **181** ullstein bild **182** dpa **184** AKG **185/186** (3) dpa **187** ullstein bild/Jungnickel **188** dpa **189** o. AKG; B 4 dpa **191** B 6 Globus, Hamburg **192** Associated Press, Frankfurt am Main **194** argus, Hamburg **196** dpa/Getty/Platt **199** l. Deutsches Auswanderermuseum, Bremerhaven; M. Pressedienst Paul Glaser; r. dpa **200** B 4 Slg. Christiane Harzig, Worpswede; B 5 Förderverein Deutsches Auswanderermuseum, Bremerhaven **201** B 10 By Courtesy of the National Park Service, U. S. Dept. of the Interiors/Liberty Island N. Y. **202** AKG **204 205** Globus, Hamburg **206** o. ullstein bild; B 8 dpa/Unkel **207** l. AKG; M. bpk; r. VWV **208** B 2 bpk; B 4 AKG **209** Fotoagentur Sven Simon, Essen **210** AKG **211** B 4 Interpress, Warschau; B 5/6 AKG **212** VWV **213** B 3 dpa; B 4 argus, Hamburg **214** dpa